Franz Prinz zu Sayn-Wittgenstein / Schlösser in Bayern

Schlösser in Bayern

Residenzen, Burgen und Landsitze
in Altbayern und Schwaben

Von Franz Prinz zu Sayn-Wittgenstein
unter Mitarbeit von Marina Freiin von Bibra
Mit Aufnahmen von
Emmanuel Boudot-Lamotte

Verlag C.H.Beck München

Mit 302 Abbildungen und einer Übersichtskarte

ISBN 3 406 09532 1
Dritte, durchgesehene Auflage. 1984
Umschlagentwurf von Bruno Schachtner, Dachau
Umschlagabbildungen: Schloß Lustheim bei Schleißheim
und die Burg Trausnitz in Landshut (Emmanuel Boudot-Lamotte)
© 1972 C.H. Beck'sche Verlagsbuchhandlung (Oscar Beck), München
Satz und Druck: C.H. Beck'sche Buchdruckerei Nördlingen
Printed in Germany

Inhaltsverzeichnis

Wer den bayerischen Charakter kennenlernen will, darf seine Beobachtungen nicht auf die Hauptstadt München, auf große Städte wie Augsburg oder Nürnberg beschränken. Er muß hinausfahren ins Land, muß sich in Kleinstädten und Dörfern umsehen. Er darf nicht versäumen, die großen Klöster, die Wallfahrtskirchen aufzusuchen, ländliche Feste mitzumachen, und nicht zuletzt muß er die Schloßbauten in Augenschein nehmen, die in reicher Fülle über das ganze bayerische Staatsgebiet verstreut liegen. Dann erst wird er das ‹bayerische Wesen› – dazu gehören ja heute auch Franken und Schwaben – in allen seinen Verhältnissen, Bräuchen und Stimmungen erfahren.

Ein großer Reiz der bayerischen Lande liegt noch immer im Festhalten am Überlieferten, und, ungeachtet der Zerstörungen im letzten Krieg, die ja vor allem die Städte betroffen haben, ist Bayern auch in unseren Tagen noch sehr reich an großen und kleinen Schlössern, unter denen wahre Perlen der Architektur zu finden sind.

Das Interesse an Schlössern, deren viele heute dem Publikum zugänglich gemacht sind, beruht auf echter historischer Wißbegier, auf der Freude am Schönen, aber auch auf persönlicher Neugier: man möchte erfahren, wie die Besitzer solcher Häuser lebten und leben.

Ein kurzer Überblick über die Entwicklung des Schloßbaus mag zum Verständnis beitragen. Die Burg war reiner Zweckbau, deren Grundform in ganz Europa, ja selbst im vorderen Orient und in Nordafrika die gleiche ist. Sie diente in erster Linie der Verteidigung, mußte durch Mauern, Gräben, Tore und Türme gesichert werden. Die Befestigungen nahmen mehr Platz ein als der Wohnraum, dennoch gab es auch hier schon schmückendes Beiwerk, Skulptur und Malerei. Im 15. Jahrhundert, mit zunehmendem Einfluß der Feuerwaffen, verloren die Burgen an militärischer Bedeutung. Der Bedarf an Luxus und Bequemlichkeit nahm zu; daher war die spätgotische Burg zwar ein Gebäude, das noch von Verteidigungswerken umgeben war, doch zeigte es wohnlicheren Charakter und war schon mehr ein Schloß. Zu diesem Typus gehört z. B. das Jagdschlößchen Blutenburg bei München.

Auch das innere Gefüge der deutschen Adelswelt fand durch die allmähliche Auflösung des mittelalterlichen Lehensstaates, durch die Einwirkung von Renaissance und Humanismus zu neuen Formen. In den Reichsstädten hatte sich ein Patriziat entwickelt, das weitverzweigten Handel trieb und sich auch die Förderung geistiger und kultureller Kräfte angelegen sein ließ. Der Stadtadel gewann an Einfluß, auch auf die Politik, und mit diesem Einfluß wuchs sein Interesse an adligen Lebensformen, denen er durch Schloßbauten den Rahmen schuf. Man erinnere sich der Fugger, Welser, Tucher, Imhof. Damals wurde Kultur zur ‹Bildung›; die bisher geltenden ritterlichen Ideale verblaßten.

Unter dem geistigen Primat der italienischen Renaissance sollte fortan der Palast, das Schloß von der Macht und der Würde des regierenden Fürsten zeugen; Adel und Patriziat taten es ihm nach, soweit es die Mittel erlaubten. Man zog von den Burgen hinab in die Ebene oder baute Talburgen um. Bauherren des neuen Schloßtyps waren vor allem die Landesherren, in Bayern das Haus Wittelsbach mit seinen Hauptlinien Bayern und Pfalz, dann die zum heutigen bayerischen Gebiet gehörigen brandenburgischen Markgrafschaften; aber auch die geistlichen Fürsten, deren Gebiete später ganz oder teilweise bayerisch geworden sind, wie Mainz, Kempten, Eichstätt, Bamberg, Würzburg, Augsburg oder die großen Reichsabteien wie Ottobeuren oder Ebrach, haben bedeutende Schloßbauten errichtet.

Gleichzeitig vollzog sich die Wandlung in der Baugesinnung; heimische Baumeister, Künstler und Kunsthandwerker schufen aus fremden Einflüssen einen eigenen Stil. Man denke an die Stadtresidenz zu Landshut, das Schloß von Neuburg an der Donau, die Münchener Residenz, die großartige Plassenburg über Kulmbach. Wir sehen, wie in der ersten Hälfte des 16. Jahrhunderts noch alt und neu sich mischen, nicht selten in der reizvollsten Weise, wie sich im Bereich höfischer und adliger Baukunst ein außerordentlich vielgestaltiges Bild künstlerischen Schaffens zeigt. Die klare straffe Architektur Italiens verbindet sich mit heimischer Tradition, und das Ringen überlieferter Formen mit neuer Baugesinnung wird deutlich an manch kleinerem Schloß, dessen Besitzer nicht die Mittel hatte, berühmte Meister zu beschäftigen. Wie ein gewaltiger Rausch wirkte die Renaissance; stürmischer Tatendrang und hemmungslose Genußsucht hatten die europäische Welt ergriffen. Aber man soff, fraß, liebte nicht nur; man war mit allen Impulsen der Kunst ergeben. Mit dieser neuen Wertung der Kunst begann auch das Sammeln von Kunstwerken. Die ersten Kunst- und Wunderkammern entstanden, wie wir sie noch im Hohenlohe-Schloß Neuenstein in Württemberg sehen können. Aus ihnen haben sich bei uns die großen Museen entwickelt, so zum Beispiel die Münchener Pinakothek.

Dieser reichen, aus dem vollen schöpfenden Epoche folgte die unsägliche Not des Dreißigjährigen Krieges, der alles künstlerische Leben lahmlegte. In diese Leere strömten erst lange nach dem Friedensschluß die Einflüsse der Kultur- und Lebensformen der Nachbarländer, vor allem Italiens und Frankreichs. Sie wurden begierig aufgenommen, und da die Volkskraft noch stark genug war, um diese Einflüsse zu verarbeiten, ist dabei durchaus Eigenes entstanden. Ja, es sind Barock und Rokoko recht eigentlich zu einem deutsch-österreichischen Stil geworden, der eine Zeitlang sogar ‹Reichsstil› genannt worden ist.

Es gab damals in unseren Landen eine ungeheure Menge genialer Künstler und Kunsthandwerker, sei es, daß sie Einheimische waren, die im Ausland gelernt hatten, oder Ausländer, die ihre Kunst bei uns entfalten konnten, und weder früher noch später in der Geschichte der Kunst erwiesen sich Fürsten und große Herren in so allumfassender Weise als Mäzene von hohem Rang. Der Adel des Barock und Rokoko war aber nicht Mäzen, weil es die Mode verlangte; er war es, weil ein echtes Bedürfnis ihn mit der Kunst verband. Er förderte die Kunst, die Musik, das Handwerk, er wußte die schöpferischen Kräfte und die Fülle der Begabungen ausfindig zu machen, ihren Ehrgeiz zu wecken.

Der Fürstabt von Kempten begann den Reigen der großen Profanbauten im heutigen bayerischen Schwaben mit seiner Residenz von 1651/75. In München hielten die Italiener ihren Einzug: Nymphenburg wurde gebaut, die Theatinerkirche entstand, in Passau baute man die alte Residenz aus, in Bamberg wurde die Neue Hofhaltung begonnen. Die Baulust erstreckte sich bis weit ins 18. Jahrhundert hinein; die kleinsten Fürsten und Herren waren vom ‹Bauwurm› besessen. Wenn sie von einem Neubau in der Nachbarschaft hörten, lief ihnen, um mit Lothar Franz von Schönborn, Kurfürsten von Mainz und Bischof von Bamberg zu sprechen, «das Wasser im Maul zusammen». Wohin wir blicken, überall entstanden Schlösser, Abteien, Herrenhäuser, überall regte es sich, wurde gebaut und geschmückt. Das späte 18. Jahrhundert klang aus in maßvoll klassizistischen Bauten, während das folgende Bayern die großartige Bautätigkeit König Ludwigs I. brachte und erst mit den phantastischen Schöpfungen König Ludwigs II. zu Ende ging.

So sind die Schlösser auch noch im 19. Jahrhundert zu lebendigen Zeugnissen heimischer Kunsttätigkeit geworden, wahre Schatzkammern, organisch eingefügt in das kulturelle Leben des Landes. Die Schloßbesitzer sind die Hüter dieses Erbes, dieser gewachsenen Kultur; wer heute noch ein Schloß bewohnt, stellt seine Opferbereitschaft unter Beweis, die überlieferten Zeugnisse dieser Kultur erhalten zu wollen, obgleich das in sehr vielen Fällen vielleicht seine

Kräfte übersteigt. Für viele wäre es leichter und angenehmer, in einem modernen Haus zu leben und das alte Schloß aufzugeben. Natürlich greift die staatliche Denkmalspflege helfend ein, wo sie es zu tun vermag, doch sind solche Hilfen bei der Fülle der Objekte sehr beschränkt.

Der vorliegende Band behandelt den altbayerischen Raum und das bayerische Schwaben, ihm wird ein Band über das fränkische Gebiet folgen. Diese Zweiteilung war nötig, weil es anders nicht möglich gewesen wäre, eine ausreichende Zahl schöner und charakteristischer Häuser in das Werk aufzunehmen. Dabei sind auch einige Burgen berücksichtigt worden, die wie etwa Aschau und Kronburg dank der geschichtlichen Entwicklung schloßartigen Charakter tragen oder wie Burghausen oder Prunn beherrschende Akzente in die bayerische Landschaft setzen. Alles was in diesem Buch gezeigt wird, ist mit der unermüdlichen Hilfe von Marina Freiin von Bibra und den ausgezeichneten Aufnahmen Emmanuel Boudot-Lamottes, vor allem dank der Konzeption und verlegerischen Erfahrung meines Freundes Horst Wiemer zustande gekommen. Das Buch soll uns ja vor Augen führen, wie sehr diese Häuser mit dem Land und seiner Geschichte verbunden sind.

Bis in unsere Tage hat der konservative Sinn vieler alter Familien der völligen Auflösung, der traditionsfeindlichen Haltung unserer Zeit standgehalten. Wird er die Kraft haben, diese Haltung auch in Zukunft zu behaupten? Wir wissen es nicht. Lassen wir jedoch die schönen Bauten auf uns wirken, wandern wir durch ihre weiten Räume, durchstreifen wir ihre Gärten und Parks, so werden wir den Geist der Schlösser erfahren, auch spüren, daß die künstlerischen und geistigen Leistungen einen wesentlichen Teil dessen vorstellen, was als unser aller ‹Vergangenheit› seinen eigenen Charakter trägt. So mag auch Fontane das Fluidum der Schlösser empfunden haben, als er schrieb: «Jegliches, was seit Jahrhunderten hier war und wuchs, es ist nicht tot, es lebt und schafft und wirkt wie ein geheimnisvolles Band zwischen dem Vergangenen und dem Gegenwärtigen.»

München und Umgebung

Wer nach München kommt, sollte zuerst den Odeonsplatz aufsuchen, durch den Hofgarten schlendern und ein Stück die Ludwigstraße hinuntergehen. Hier ist der Reisende im Mittelpunkt der Stadt, hier umgeben ihn Residenz, Feldherrenhalle, Theatinerkirche und die noblen Häuser der Ludwigstraße. Renaissance, Barock und das 19. Jahrhundert König Ludwigs I. stehen nebeneinander. Sie vertragen sich gut, sie ergänzen sich. Will der Besucher ein übriges tun, betrachte er im Bayerischen Nationalmuseum das prachtvolle Sandtnersche Stadtmodell von 1572, welches das alte, fast ganz verschwundene München zeigt.

München ist die Stadt der bayerischen Herzöge, Kurfürsten und Könige, die Stadt eines wohlhäbigen Bürgertums, der Lola Montez, Richard Wagners, der Malerfürsten und eines glänzenden Kunsthandwerks, die Stadt, die Dichter wie Wedekind, Ringelnatz und die Reventlow hier heimisch werden ließ, die Stadt Thomas Manns oder Annette Kolbs und nicht zuletzt die Stadt, in der der Gründer des modernen bayerischen Staates, der Graf Montgelas wirkte. Manches ist im 19. Jahrhundert abgebrochen, noch mehr im letzten Krieg zerstört worden, aber immer noch ist München eine Stadt mit vielen Gesichtern. Es kommt ganz darauf an, von wo aus man sie betrachtet.

Gehen wir durch die Straßen, so spüren wir immer wieder: hier ist eine königliche, eine geistliche und bürgerliche Stadt mit einer alten und stolzen Geschichte, an der manche Familien, deren Schlösser wir später besuchen werden, nicht geringen Anteil gehabt haben, so die Toerring, Arco oder Preysing. Gestalt und Geschichte einer Stadt werden von vielerlei Kräften bestimmt, und daß geschichtliche Ereignisse das Schicksal einer Stadt durchaus zu verändern vermögen, zeigt auch die Geschichte Münchens.

1493, ein Jahr nach der Entdeckung Amerikas, erschien in Nürnberg die Schedelsche Weltchronik mit der ersten Ansicht von München, als deren Schöpfer Michael Wolgemut gilt. Auf dem Holzschnitt sehen wir die Stadt in ihrem zweifachen, mit zahlreichen Türmen besetzten Mauerring. Die Silhouette der Stadt muß einst von großer Eindrücklichkeit gewesen sein, als noch keine Vorstädte das Bild beeinträchtigten und die Türme der Kirchen und Befestigungen alles beherrschend in den Himmel ragten. Sie sind jetzt durch die modernen Hochhäuser in ihrer Wirkung geschmälert. Dennoch sind es immer noch die Frauentürme, die Kuppeln der Theatinerkirche, die Türme von St. Peter, St. Ludwig und des Rathauses, welche das Bild der Stadt bestimmen. Ja, auch die weitgespannte Kette der Alpen, die an föhnigen Tagen am Horizont zu sehen ist, gehört zu diesem Bild, wie der Stadt überhaupt etwas Ländliches eignet, vor dem letzten Krieg noch stärker als heute.

Jahrhunderte haben das Antlitz Münchens geformt, und die treibende Kraft dabei ist das Haus Wittelsbach gewesen, das in den fast achthundert Jahren seiner Herrschaft mit Hauptstadt und Volk so eng verbunden gewesen ist, wie kaum eine andere fürstliche Familie des alten Reichs.

München ist infolge einer wirtschaftspolitischen Entscheidung entstanden. Gründer ist der Welfenherzog Heinrich der Löwe, dem das Herzogtum Bayern verliehen worden war. Es ging dem neuen Herrn um die Einkünfte aus dem Salzhandel, von denen der Bischof von Freising, durch dessen Gebiet die Salzstraße zog, den Rahm abschöpfte. Kurz entschlossen ließ Herzog Heinrich 1158 die Isarbrücke bei Föhring abbrechen und an einer geeigneten Stelle flußaufwärts neu errichten. Natürlich beklagte sich der Bischof bitter beim Kaiser über diesen Gewaltakt, doch wurde er nicht rückgängig gemacht. Heinrich ließ die neue Brücke – sie lag bei einer

Siedlung, die ‹Zu den Mönchen› hieß (vermutlich gehörte sie dem Kloster Tegernsee) – durch eine Burg und Befestigungen sichern. So entstand München als Handelsplatz auf dem Westufer der Isar, und es blieb auch bestehen, als Heinrich der Löwe 1180 geächtet wurde; er verlor das ganze Herzogtum Bayern, das nun dem Pfalzgrafen Otto von Wittelsbach zufiel.

Die Wittelsbacher residierten in Landshut, ließen aber München ihre Huld in vollem Maße zuteil werden. Nach der Erbteilung von 1255 wählte Herzog Ludwig II., der Strenge, München, das 1239 Stadt geworden war, als Residenz der oberbayerischen Linie. 1271 baute man die Pfarrkirche Unserer Lieben Frau; am heutigen Viktualienmarkt entstand das Heiliggeistspital und am Ende des Jahrhunderts bauten die Augustiner ihr Kloster unmittelbar vor dem Westtor.

Ludwig IV., der Bayer, hat entscheidend in die Geschichte der Stadt eingegriffen. Er war seit 1294 Herzog von Oberbayern, seit 1328 deutscher Kaiser und residierte, wenn er in München weilte, im Alten Hof. Ab 1319 hat er die Stadterweiterung so großzügig und weitblickend durchgeführt, daß der Mauerring durch fast fünfhundert Jahre dem Anwachsen der Stadt Raum bot; sie dehnte sich nun zwischen Isartor und Karlstor, zwischen Schwabinger- und Sendlingertor aus.

1327 legte ein großer Brand die Stadt in Asche, und im Zuge des Wiederaufbaus erhielt München als spätgotische Stadt das Gesicht, welches sich bis auf unsere Tage in großen Zügen erhalten hat. Die alte Salzstraße durch das Tal, über den Marienplatz und durch die Kaufinger und Neuhauser Straße blieb in ihrem Verlauf bestehen, gekreuzt von dem Straßenzug, der heute die Namen Theatiner-, Wein- und Sendlinger Straße trägt.

Herzog Stephan III. begann 1384 mit dem Bau der Neuveste, aus welcher die Residenz hervorgegangen ist. Ein neuerlicher Brand 1418, Pest, wirtschaftliche Not und die Erbstreitigkeiten der Herzöge hemmten die Bautätigkeit in der Stadt. Diese kritische Zeit ist um die Jahrhundertmitte überwunden worden; es begann eine Blütezeit für München, wo sich ein reiches, angesehenes Patriziat der Angelegenheiten der Bürger annahm. Familien wie die Schrenck, Ligsalz, Barth, Pütrich, Kazmair haben eine große Rolle gespielt und wurden zum Teil in den Adelsstand erhoben. Viele dieser Familien, wie z. B. die Schrenck und Barth, sind schon früh als Besitzer von Hofmarken und Edelsitzen im bayerischen Landadel aufgegangen.

Um 1450 entstand die Heiliggeistkirche als frühe Hallenkirche, deren Charakter trotz des barocken Umbaus durch Johann Georg Ettenhofer 1723/30 spürbar geblieben ist. 1468 wurde der Grundstein zur neuen Frauenkirche gelegt. Es ist ein Datum, das Georg Dehio zum Zeitpunkt des Eintritts Münchens in die Kunstgeschichte erhoben hat. Mit ihrem mächtigen Schiff unter hohem steilem Dach und den beiden überkuppelten kraftvollen Türmen ist sie ein Wahrzeichen Münchens geworden wie der ‹Alte Peter›. Der aus Moosburg stammende Jörg Ganghofer war ihr Baumeister. Ganghofer baute auch das alte Rathaus, für dessen Saal Erasmus Grasser 1480 die ‹Moriskentänzer› schuf (jetzt im Stadtmuseum).

1506 vereinigte Herzog Albrecht IV. die altbayerischen Lande in seiner Hand; München wurde Hauptstadt und entwickelte sich nun als Residenz. Hof und Bürgerschaft, Geistlichkeit und Adel wuchsen zu besonderer Eigenart zusammen, vor allem unter der Regierung Herzog Albrechts V., des leidenschaftlichen Sammlers und Mäzens der Künste. Er ließ 1563/67 die Kunstkammer und den Marstall – die heutige Münze mit ihrem bedeutenden Arkadenhof – von Wilhelm Egckl bauen und 1569/73 von ihm das Antiquarium errichten. Albrechts Sohn Wilhelm V. brachte von Landshut, wo er als Erbprinz gelebt hatte, eine Gruppe von Künstlern nach München, die vorher für die befreundeten Fugger in Augsburg tätig gewesen waren. Unter Leitung des in Italien geschulten Niederländers Friedrich Sustris bestimmten sie nun Geist und Stil des Münchner Kunstlebens. Zu diesem Kreis gehörte der große Bildhauer Hubert Gerhard aus Antwerpen, der ebenfalls in Italien gelernt hatte. Wilhelm V. brachte auch die Jesuiten nach München, die das weitläufige Kollegium an der Neuhauser Straße bauten, wo der Herzog St. Michael als Hofkirche und

Grablege seines Hauses 1583/97 durch Sustris aufführen ließ, als ersten großen Renaissancebau Deutschlands mit gewaltiger tonnengewölbter Halle. Als die Befürchtung laut wurde, die Tonne könne einstürzen, ließ der Herzog ein Geschütz im Kirchenschiff abfeuern; die Tonne hielt.

Wilhelm V. baute ab 1590 die Herzog-Max-Burg, von der nur noch der Turm vor dem nach dem letzten Krieg neu aufgeführten Glas-Betonbau steht; er ließ von Sustris das Antiquarium zum Festsaal umgestalten; er baute an der Residenz den Trakt um den Grottenhof und richtete die Alte Hofkapelle ein. Wie München damals aussah, zeigt das erwähnte Sandtnersche Modell. 1597 übergab Wilhelm V. die Regierung seinem Sohn Maximilian I., dem späteren Kurfürsten, einem weitplanenden, hochbegabten, klugen Herrscher, der die Vierflügelanlage zwischen Residenzstraße und Hofgarten baute und die Reiche Kapelle, diesen Raum von größter Pracht. Einer seiner Baumeister war der Weilheimer Hans Krumpper, der sich auch als Bildhauer von hoher Qualität erwies. Als 1618 der Dreißigjährige Krieg ausbrach, waren Maximilians Residenzbauten abgeschlossen. ‹Trionfi della Architettura› nannten die Zeitgenossen diesen maximilianischen Trakt, den auch Gustav Adolf von Schweden bewunderte. 1619/38 legte der Herzog einen modernen Befestigungsgürtel um München. 1638 ließ er die Mariensäule auf dem Schrannenplatz aufrichten, der seither Marienplatz heißt. Das geschah zum Gedächtnis an die Errettung Münchens aus der Schwedennot. Die schöne Marienfigur, ‹Patrona Bavariae› genannt, ist ein Werk Hubert Gerhards, das er ursprünglich für den Hochaltar der Frauenkirche geschaffen hatte.

Während dreier Generationen war München der prächtigste und eleganteste Hof Deutschlands, unter Maximilians Sohn Kurfürst Ferdinand Maria (1651/79), unter Max Emanuel (1679/1726) und unter Karl Albrecht (1726/45). Oper und Komödie, Konzerte, Feste aller Art füllten den Alltag. In jener Zeit erfolgte die große Verwandlung der Stadt der Gotik und Renaissance in die Stadt des Barock. 1663 begann diese Epoche mit dem Bau der Theatinerkirche. Es war wie ein Trompetenstoß der beginnenden neuen Zeit.

Ferdinand Marias Gemahlin Adelaide von Savoyen zog italienische Künstler und Baumeister nach München. In den Räumen der Residenz wurde gearbeitet, und Agostino Barelli baute von 1663 bis zu seiner Abberufung 1667 an der Theatinerkirche, deren Bau dann von Enrico Zuccalli weitergeführt wurde. Ihm verdankt sie die Ausgestaltung des Inneren, vor allem aber die prachtvollen Türme, während der Mittelteil der Fassade erst 1767 unter François Cuvilliés d. Ä. entstand.

Es folgte die glänzende, kühne und elegante Gestalt Max Emanuels, des Türkensiegers, der Schleißheim erbaute, der François Cuvilliés nach München brachte, der Nymphenburg umgestalten und die ‹Reichen Zimmer› in der Residenz mit höchster Pracht ausstatten ließ. Damals entstanden die zahlreichen, nur noch in Resten erhaltenen Adelspalais, wie die der Preysing, Portia, Holnstein, Toerring im Stadtviertel zwischen Theatinerkirche und Michaelskirche.

Im Süden der Stadt entstand 1715 bis 1717 das hübsche kleine Jagdschloß Fürstenried nach Plänen von Joseph Effner. Die alte vierreihige Lindenallee, inzwischen zum Auftakt der Olympiastraße nach Garmisch geworden, zeugt noch heute von der Großzügigkeit der inzwischen stark veränderten Anlage. Gleichzeitig ließ sich der geheime Kabinettsekretär Max Emanuels, Franz Ignaz von Wilhelm, vermutlich von Gunetzrhainer d. Ä., um 1715/18, das Schlößchen in Schwabing bauen, das wir unter dem Namen Werneckschlößchen kennen, das aber eigentlich ‹Suresnes-Schlößl› heißt, nach dem Château de Suresnes bei Paris, in dem sich Wilhelm 1713 mit seinem Herrn längere Zeit aufgehalten hatte. Heute ist die Katholische Akademie darin untergebracht.

Vor den Wällen der Stadt lagen einst zahlreiche Villeggiaturen des Adels, wie der La Rosée und Montgelas. Zu diesen reizenden Sitzen gehört das noch erhaltene Asam-Schlößl, das sich Cosmas Damian Asam in Thalkirchen bei München 1729 baute und bis zu seinem Tode 1737 bewohnte. Zum Dank für den Auftrag des Klosters Maria Einsiedeln in der Schweiz nannte er seinen Sitz Maria Einsiedeln und erbaute auch eine Einsiedler-Kapelle, die zu Beginn des 19. Jahrhunderts abgebrochen wurde. Asam setzte auf das ältere, bereits vorhandene Gebäude seines Sitzes ein zweites Obergeschoß und in dieses eingestellt ein großes Atelier mit Satteldach. Die großen Fenster zu beiden Seiten des Ateliers sind mit eleganten, vergoldeten und mit den Initialen CDA geschmückten Eisengittern versehen. Die großartige Wandbemalung der Vorder- und Rückfront mit Architekturgliederung, Karyatiden und allegorischen Figuren ist vom jetzigen Besitzer, Regierungs-Baumeister Dr. Erwin Schleich, glänzend wiederhergestellt worden. Außerdem hat er einen höchst eleganten kleinen Seitenflügel angebaut. 1943 ist das Schlößchen weitgehend zerstört worden. Schleich hat es zwischen 1958/59 wieder aufgebaut.

Für die Bautätigkeit von Hof, Adel, Geistlichkeit und Bürgerschaft standen hochqualifizierte Werkstätten von Kunsthandwerkern und Künstlern zur Verfügung, unter denen sich auch Franzosen und Italiener befanden. Um nur einige zu nennen: die Brüder Asam als Baumeister, Maler und Stukkatoren, Joachim Dietrich, Anton Pichler, Johann Georg Greif, Ignaz Günther und Johann Baptist Straub als Bildhauer, Joseph Effner, François Cuvilliés, Johann Michael Fischer, Johann Baptist Gunetzrhainer als Architekten, Johann Baptist Zimmermann als Stukkator. Bayerisches und Europäisches schlossen sich in eindrucksvoller Einheit zusammen. Diese Einheit, aber auch das ganz Besondere des bayerischen Stils werden deutlich. Für Kurfürst Maximilian III. Joseph baute Cuvilliés 1750/53 das Residenztheater und schuf damit einen der schönsten Theaterräume des bayerischen Rokoko und des Rokoko überhaupt.

Eine glänzende Zeit ging zu Ende, als Carl Theodor von der Pfalz nach dem Erlöschen der bayerischen Kurlinie Bayern und Pfalz vereinigte. Er liebte München nicht und hätte es am liebsten an Österreich abgetreten. Dennoch ließ er auf Betreiben des Benjamin Thompson, späteren Grafen von Rumford, «zur allgemeinen Ergötzung für dero Residenzstadt München» den Englischen Garten von Friedrich Ludwig von Sckell anlegen, der als «schönste Anlage der Natur dem Publikum in ihren Erholungsstunden nicht länger vorzuenthalten sei». Carl Theodor brachte auch den gewaltigen pfälzischen Kunstbesitz, vor allem die Düsseldorfer Galeriebestände, nach München, aus denen dann die Pinakothek hervorgegangen ist. Der Kurfürst hatte keinen Erben, so daß Maximilian IV. Joseph von Pfalz-Zweibrücken-Birkenfeld auf dem Thron folgte, der erste bayerische König.

Carl Theodor hatte die Befestigungen schleifen lassen, und nun begann die Stadt nach draußen zu drängen. Es bestand die Gefahr, daß München sein bis dahin bewahrtes Gesicht inmitten unorganisch und rasch aufschießender Vorstädte verlieren würde. Deshalb wurde 1804 eine Baukommission mit der Festlegung eines vorläufigen Bebauungsplanes beauftragt. Als maßgebliche Architekten amtierten Karl von Fischer, der 1803/11 das Prinz-Carl-Palais baute, und Leo von Klenze, der kongeniale Mitarbeiter König Ludwigs I. Dieser König und sein Baumeister sind die eigentlichen Gründer des modernen München, denn der König betrieb leidenschaftlich die Vergrößerung und Verschönerung seiner Residenzstadt. Klenze schuf den Odeonsplatz bis 1830 mit der Feldherrnhalle. Im Café Annast am Hofgarten befand sich damals das Café Tambosi, wo sich die Welt der Kunst und Literatur traf. Ferdinand Raimund schrieb in seinem Loblied auf München:

> «Beim Hirsch und beim Hahn
> Ißt man wie ein Gourmand.
> Und dann der famosi
> Kaffee beim Tambosi.»

Klenze legte auch die Ludwigstraße mit ihren vornehmen Häusern bis zur Theresienstraße an, während Friedrich Gärtner den folgenden Abschnitt bis zum Siegestor baute. In den vierziger

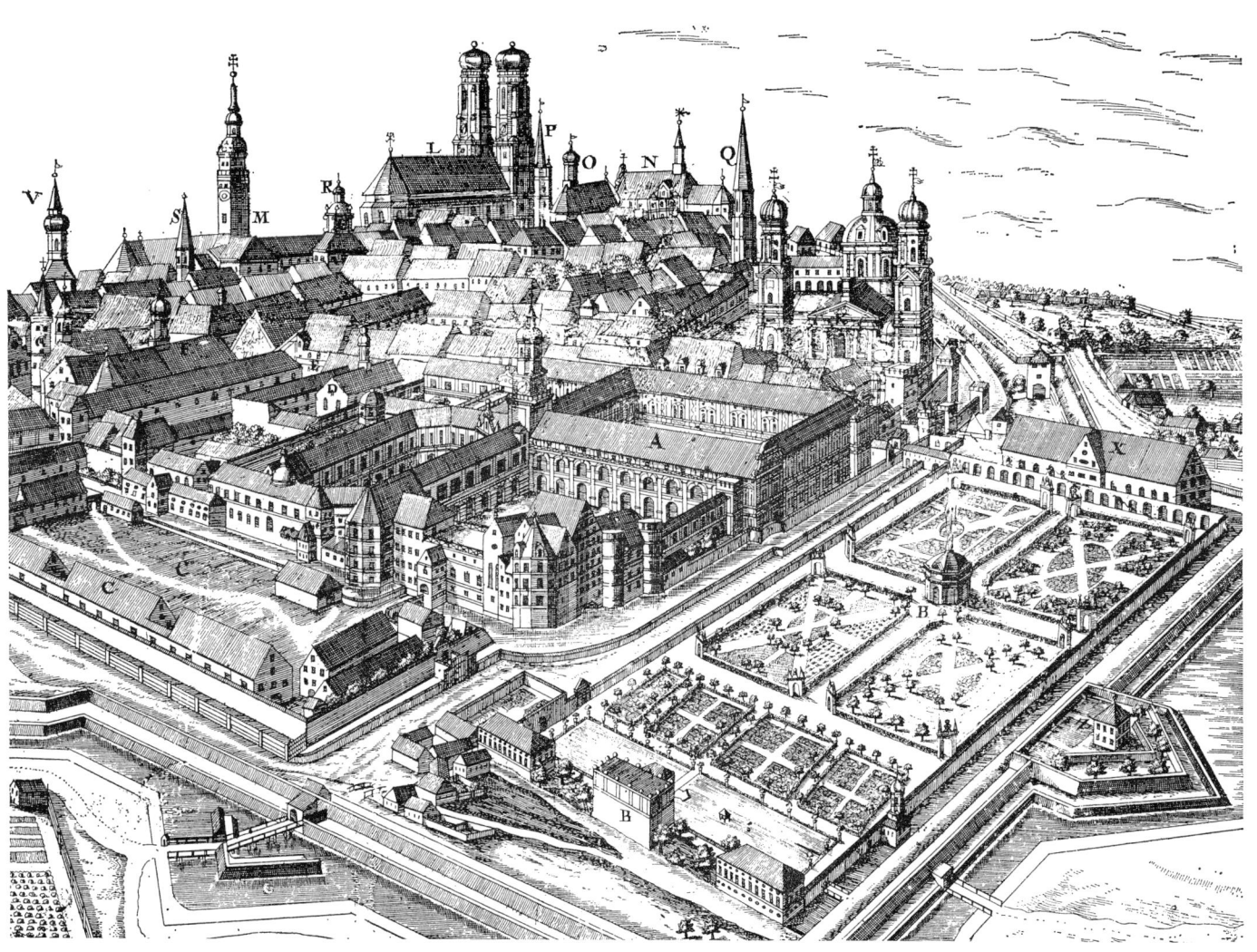

München, Die Residenz. Ausschnitt aus dem großen Kupferstich von Michael Wening, 1701

Jahren war diese einzigartige Straße vollendet, an deren Entstehung der König den Hauptanteil hatte, denn immer wieder wußte er Hindernisse zu beseitigen, zwang er den Baumeistern seinen Willen auf.

Wie volkstümlich die Ludwigstraße wurde, dafür zeugt eine Anekdote aus jüngerer Zeit, die Karl Spengler in seinem ‹Münchner Straßenbummel› mitteilt: «Am Morgen eines 25. August erschien Karl Valentin in der Ludwigstraße, ein Geranienstöckchen in der Hand, das er behutsam an den Straßenrand stellte. Ein vorübergehender Bekannter fragte ihn verdutzt, was er da mache. ‹Ja›, sagte Valentin erstaunt über so viel Unwissenheit, ‹gratuliern tua i, Sie san scho guat!› ‹Wem wollen Sie denn gratulieren, da is ja gar neamds!› sagte der andere. Da erhob sich Valentin zur ganzen Würde des gestandenen Münchners: ‹Sie wissen scheint's net, daß heut Ludwig ist, und da g'hört sa se, daß man da Ludwigstraß zum Namenstag gratuliert, daß Sie's wissen!›»

Klenze baute auch für die verwitwete Königin Karoline das neue Schlößchen Biederstein in Schwabing, 1828/30. Überall in den entstehenden großzügig geplanten Stadtteilen sehen wir die treibende Kraft und den persönlichen Geschmack des Königs am Werk, und auch an der

Residenz nahm er bedeutende Veränderungen vor, indem er von Klenze den Königsbau am Max-Joseph-Platz und am Hofgarten den Festsaalbau errichten ließ.

König Maximilian II. hat das städtebauliche Programm seines Vaters weitergeführt und von Friedrich Bürklein die lange Achse der Maximilianstraße 1856/64 bauen lassen. Diese originelle Anlage ergab einen sehr reizvollen Straßenzug, der in seiner Geschlossenheit der Ludwigstraße kaum nachsteht und bei dem als Point de vue wirkenden Maximilianeum endet, das nach dem Entwurf von Gottfried Semper 1854 erbaut worden ist.

Nach 1850 – München hatte nun über 100000 Einwohner – war die Bauplanung der Hand eines in seinen Entschlüssen noch freien Monarchen entglitten. Doch mit Takt und Einfühlungsvermögen haben die Nachfolger Ludwigs I. das königliche München weiter ausgebaut, woran auch die Architekten des späten 19. Jahrhunderts, Bauten von den Brüdern Gabriel und Emanuel von Seidl und Friedrich von Thiersch, und die des beginnenden 20. Jahrhunderts ihren Anteil haben.

Jene Zeit setzte noch einmal Akzente ins Stadtbild, wie das neue Rathaus, dem leider die schöne Häuserzeile am Marienplatz weichen mußte, und das Georg Hauberrisser zwischen 1867/93 entwarf, wie das Bayerische Nationalmuseum von Gabriel von Seidl, 1894/99, der 1899 vollendete Friedensengel am Ende der Prinzregentenstraße über der Isar, die Annakirche oder das Deutsche Museum, wie der Wittelsbacher-Brunnen von Adolf von Hildebrand. Es ist die Zeit Lenbachs, der sich von Gabriel von Seidl ein ‹italienisches› Palais bei den Propyläen bauen ließ, die Zeit der Künstlerfeste, einer ganz speziellen Münchner Atmosphäre, in der Schwabing als Künstlerviertel seine Rolle zu spielen begann; es ist die sorglose Zeit vor dem ersten Weltkrieg, von der man heute noch in sehnsüchtiger Erinnerung erzählen hört. Noch rollten die weiß-blauen Hofequipagen durch die Stadt, ritten Damen und Herren der Gesellschaft im Englischen Garten, aber schon tauchten die ersten Automobile in den Straßen auf. Noch 1925 konnte Thomas Wolfe, der große amerikanische Romancier, schreiben: «Viele Menschen schlafen und träumen manchmal, sie seien in den Himmel gekommen – in ganz Deutschland aber träumen die Leute oft, sie seien nach Bayern, nach München gefahren. Und tatsächlich ist diese Stadt auf erstaunliche Art und Weise ein großer deutscher, ins Leben übersetzter Traum...»

Der zweite Weltkrieg hat München die schwersten Wunden geschlagen. Vieles ist für immer verloren, vieles ist wieder aufgebaut und neu gewonnen worden. Was sich jedoch in den Außenbezirken der Stadt begibt, übergeht man besser mit Stillschweigen. Das München von heute verliert immer mehr den Reiz einer weitläufigen Landstadt. Es dehnt sich immer weiter aus, zerfließt gestaltlos und planlos. Wir können nur hoffen, daß wir nicht einst wie Annette Kolb sagen müssen: «Des is doch net mei München!»

Die Residenz

Nach der Landesteilung des Herzogtums Bayern von 1255 verlegte Herzog Ludwig der Strenge die Regierung für seinen Landesteil von Landshut nach München, wo er im Alten Hof residierte. Wahrscheinlich veranlaßte der Bürgeraufstand von 1384 Herzog Stephan III., an der Nordostecke der erweiterten Stadtbefestigungen eine neue Burg zu bauen, die Neuveste, die im jetzigen Apothekenhof der Residenz stand. Nach wiederholten Um- und Neubauten bildeten am Ende des 15. Jahrhunderts der Christophturm im Norden, der Silberturm im Südwesten und die ‹Rundstube› im Südosten die Eckpunkte der vierflügeligen Wasserburg. Mit dem Bau der Neuveste begann die über vierhundertjährige Bautätigkeit der Wittelsbacher an der Münchner Residenz.

Westlich der Neuveste entstand zwischen 1570 und 1620 eine neue Schloßanlage, begrenzt im Norden durch die Stadtmauer, heute Hofgarten, im Westen durch die heutige Residenzstraße. Herzog Albrecht V., der große Sammler (1550/79), ließ von Wilhelm Egckl nach Entwurf von Jacopo Strada für «Bibliotec und antiquitatibus ein newe Behausung», nämlich das Antiquarium bauen. Diese große Renaissancehalle, die größte nördlich der Alpen, mit Deckenbildern von Peter Candid, Antonio Maria Viviani, Antonio Ponzano und Hans Thonauer, zum Teil nach Entwürfen von Friedrich Sustris, darunter altbayrische Ortsansichten, enthält die damals berühmte Sammlung antiker Skulpturen des Herzogs. Im Obergeschoß befand sich seine Bibliothek.

Herzog Albrecht war es, der München zu einem Mittelpunkt italienisch gestimmter Kultur werden ließ. Er rief den großen Musiker Orlando di Lasso in die Hauptstadt, er beauftragte den Mathematiker Philipp Apian mit der kartographischen Aufnahme des Herzogtums. Unter Herzog Wilhelm V. (1579/97) baute der in Italien ausgebildete Niederländer Friedrich Sustris 1581/88 westlich des Antiquariums die Vierflügelanlage um den Grottenhof, in dem 1595 der Perseusbrunnen von Hubert Gerhard aufgestellt wurde.

Maximilian I. (1597/1651), der erste Kurfürst von Bayern – man nennt ihn zu Recht den ‹Großen Kurfürsten› – ein Staatsmann von Format, klug, fromm, sparsam, ein Mäzen der Künste und Wissenschaften, begann dem Schloß den Charakter einer richtigen Residenz zu geben; sie sollte den repräsentativen Rahmen für Würde und Macht des Herrschers bilden. 1601 wurde die Hofkapelle, sechs Jahre später die ‹Reiche Kapelle› geweiht. Letztere liegt im Obergeschoß des Grottenhofs und wurde außerordentlich kostbar ausgestattet. Reicher vergoldeter Stuckdekor auf blauem Grund an der Decke: Ranken und Blumengehänge mit den Initialen ME (Maximilian, Elisabeth); dazwischen Reliefs aus Terrakotta; in der Nische eine vergoldete Christusfigur,

ebenfalls aus Terrakotta, Nachschöpfung der Statue von Michelangelo in Santa Maria sopra Minerva in Rom. Die Wände sind mit rötlichem Stuckmarmor verkleidet und tragen Szenen aus dem Marienleben in Scagliola (1632), frei nach Dürer. Diese Zutat ließ Maximilian zum Dank für den Abzug der Schweden aus München anbringen.

1611 bis etwa 1618 entstand die mächtige Vierflügelanlage um den Kaiserhof zwischen Residenzstraße und Hofgarten, deren dekorative Ausstattung zum großen Teil in der Hand Hans Krumppers lag. Der Name des Baumeisters ist unbekannt; es werden mehrere Architekten des Hofbauamtes sowie der Fürst selbst daran beteiligt gewesen sein. Die Fassade an der Residenzstraße war bis zur Zerstörung im letzten Weltkrieg mit reicher Architekturmalerei geschmückt, die 1958 nach Entwurf von Prof. Hermann Kaspar ausgezeichnet neu gestaltet worden ist. Die Front zur Residenzstraße wird durch die Nische mit der Patrona Bavariae von Hans Krumpper und die beiden rotmarmornen Portale gegliedert. Die Figuren der vier Kardinaltugenden auf den Portalgiebeln schuf Hubert Gerhard, die beiden Löwenpaare waren ursprünglich für ein Grabmal Herzog Wilhelms V. bestimmt und sind vermutlich Werke des Carlo Pallago, der ein Mitarbeiter Krumppers war. Mit ihren Bauten um fünf Höfe: Kaiserhof, Kapellenhof, Grottenhof, Apothekenhof und Brunnenhof, hatte die Residenz die Ausdehnung gewonnen, die sie bis ins 19. Jahrhundert im wesentlichen beibehalten hat.

In den ersten Jahrzehnten der Regierung Kurfürst Max Emanuels (1679/1726) wurden die Trakte um den Grottenhof weitgehend verändert. Seit 1715 war Joseph Effner Hofbaumeister. Da aber Schleißheim und Nymphenburg im Vordergrund des Bauwesens standen, hat Effner erst 1725 Pläne für den neuerlichen Umbau des Grottenhofs ausgearbeitet, der 1726 begann. Kurfürst Karl Albrecht (Kaiser Karl VII.), 1726/45, ließ die Arbeiten weiterführen. Während dieser Bauarbeiten brach 1729 im Hauptgeschoß ein Brand aus, der drei Räume zerstörte; dabei verbrannte auch das Mittelbild von Dürers Heller-Altar.

François Cuvilliés d. Ä., nun mit dem Umbau und der Ausstattung der Residenz beauftragt, blendete den Längswänden 1730/31 neue Fassaden vor. Die Räume im Südbau des Grottenhofs wurden neu eingerichtet; gleichzeitig begann die Ausstattung der Erdgeschoßräume dieses Traktes, der als Ahnengalerie reich ausgestattet wurde. Der verschwenderische Dekor im Hauptgeschoß des Südflügels ist das Werk des Stukkators Wenzeslaus Miroffsky und des Schnitzers Adam Pichler. Die 120 Bildnisse von Ahnen des Hauses Wittelsbach und verwandter Familien stammen aus der Werkstatt Jacopo Amigonis und sind zum Teil nach alten Vorbildern kopiert worden; doch sind auch Gemälde aus der Werkstatt des Georges Desmarées darunter.

Das Porzellankabinett zeigt weiße Boiserien mit verglasten Wandschränken und eingesetzten Spiegeln, vergoldete Schnitzarbeit von Joachim Dietrich, 1733, Stukkaturen von Johann Baptist Zimmermann.

Die ‹Reichen Zimmer› sind auf das prachtvollste dekoriert und durch die Grüne Galerie erweitert worden. Die Effner-Zimmer im Ostflügel blieben bestehen, wurden jedoch von Cuvilliés überarbeitet. Es ist eine Enfilade von Repräsentationsräumen mit elegantester und qualitätvollster Ausstattung, die nach den Kriegszerstörungen der vierziger Jahre bis 1969 wiederhergestellt worden sind. Hier wohnten der französische Staatspräsident Charles de Gaulle und die Königin Elisabeth II. von Großbritannien, als sie München besuchten.

Von diesen Räumen sei zuerst das Innere Audienzzimmer genannt, dessen Fenster sich zum Königshof öffnen und dessen Boiserien Joachim Dietrich schnitzte. Original sind der Marmorkamin und die Stukkaturen der Fensterlaibungen. Der Deckenstuck wurde nach altem Vorbild erneuert, ebenso die Wandbespannung aus venezianischem Brocatello. Die Supraporten zeigen vier Imperatorenbildnisse aus dem Umkreis des Tizian; über der Eingangstür Kaiser Ludwig der Bayer von Peter Candid, frühes 17. Jahrhundert. Der Thronbaldachin wurde zwischen 1720 und 1730 in München gearbeitet, die Möbel stammen aus Paris und aus der Werkstatt Cuvilliés' und gehören der gleichen Zeit an.

Das Paradeschlafzimmer entstand nach Entwurf von Cuvilliés. Die vergoldete Schnitzarbeit von Wenzeslaus Miroffsky wurde 1732 vollendet. Die 1957/58 erneuerten Deckenstukkaturen gehen auf Johann Baptist Zimmermann zurück, 1731. Im vorderen Teil sind die Wände vertäfelt; der durch eine Balustrade abgeschlossene Bettraum ist mit altem rotem Samt mit Goldapplikationen bespannt. Überaus reiche Schnitzereien von Band- und Gitterwerk mit Akanthus- und Blumengehängen zeigen auch Vögel, Masken, Putten. Die vier Jahreszeiten bekrönen die seitlichen Wandfelder, und die Supraporten zeigen Allegorien der vier Tageszeiten von Giuseppe Valeriani. Die Möbel stammen aus München und aus Paris, zwischen 1730/40.

Kurfürst Maximilian III. Joseph ließ sich von Hofbaumeister Johann Gunetzrhainer im Oberstock des Antiquariums ein Appartement einrichten, die Kurfürstenzimmer. 1750 zerstörte ein großer Brand die Reste der Neuveste. Als Ersatz für den ausgebrannten St. Georgssaal baute Cuvilliés das ‹Neue Opera Haus›, das heutige alte Residenztheater (1751/53), eines der schönsten Opernhäuser der Welt. Es ist nach dem Krieg im Apothekenstock sehr glücklich wieder eingebaut worden. Man betritt es vom Brunnenhof aus, diesem langgestreckten Achteck mit dem wiederhergestellten Residenzturm und dem prachtvollen Wittelsbacherbrunnen; er ist dem Begründer der bayerischen Dynastie, Otto von

Wittelsbach, gewidmet, dessen Bronzefigur wohl von Hans Krumpper stammt. Die Figuren am Rand des Beckens stellen Donau, Lech, Isar und Inn dar; Ceres, Vulkan, Neptun und Juno symbolisieren die vier Elemente. Sie wurden vor und um 1600 von Hubert Gerhard und seiner Werkstatt gearbeitet.

Mochte der Kaiserhof in Wien auch der erste des Reichs sein, an Pracht und Glanz wurde er im ersten Drittel des 18. Jahrhunderts von manch anderem deutschen Hof übertroffen, so von Dresden und München. Man müsse wissen, daß Magnifizenz einem Fürsten notwendig sei, schrieb ein Zeitgenosse, sei doch der Fürst der Statthalter Gottes auf Erden. Alles was Kunst und Kultur an Raffinement boten, diente dazu, den Glanz des fürstlichen Hauses und seine Bedeutung zu erhöhen.

Mit Kurfürst Maximilian III. Joseph starb die kurbayerische Linie aus und Kurpfalz folgte mit Carl Theodor (1777/1799), der den Hofgarten den Bürgern öffnete und seit 1789 auf Anregung Rumfords den Englischen Garten anlegen ließ. Auf Carl Theodor folgt die pfalzgräfliche Linie Zweibrücken-Birkenfeld mit Maximilian IV. Joseph (1799/1825), dem ersten König von Bayern (ab 1806), der im Nordflügel der Maximilianischen Residenz eine Flucht von Wohnräumen schaffen ließ, womit Charles Pierre Puille beauftragt wurde, der sie 1803 vollendete. Im gleichen Jahr erfolgte der Umbau des Herkulessaales zum Speisesaal durch Andreas Gärtner. 1810 erhielten einige Räume im Westtrakt eine neue Einrichtung.

König Ludwig I. (1825/48) führte die letzten großen Bauabschnitte der Residenz durch. Die Residenz, nun Königsschloß, sollte eine geschlossene Einheit werden und repräsentative Fronten gegen den Max-Joseph-Platz und den Hofgarten erhalten. Schon 1825 begann Leo von Klenze mit dem Bau des Königsbaus am Max-Joseph-Platz, der die Fassade des Palazzo Pitti in Florenz zeigt und die Gliederung des Florentiner Palazzos Rucellai. 1835 war er fertig.

Die Allerheiligen-Hofkirche hinter dem Neuen Residenztheater wurde 1837 geweiht, steht aber heute als Ruine da, noch immer ein Zeichen der schweren Zerstörungen im zweiten Weltkrieg.

1832 begann Klenze den im Stil der italienischen Renaissance ausgeführten Festsaalbau entlang dem Hofgarten, der eine langgestreckte, mächtige Fassade erhielt und mit zwei Flügeln den Apothekenhof umschließt. 1842 war er vollendet. Die Steinskulpturen an diesem Bau schuf Ludwig von Schwanthaler: Allegorien der damaligen acht bayerischen Kreise. Dieser Bau barg den Thron- und Ballsaal.

Die Raumflucht im westlichen Erdgeschoß des Königsbaus wurde in Anlehnung an italienische Vorbilder ausgestaltet. Die Wand- und Deckenbilder stammen hier von Julius Schnorr von Carolsfeld, unter Mitwirkung von Fried-

Schloß Grünwald
Eine der ältesten erhaltenen Burg-
anlagen in der Nähe Münchens.
Nach einem Kupferstich
von Michael Wening, 1701

rich Olivier und Wilhelm Hauschild, 1827/34 und 1843/67. Sie zeigen Darstellungen aus dem Nibelungenlied.

Wie Stadt und Residenz gewirkt haben, hören wir von Gottfried Keller, der 1840 in München eintraf und seine Eindrücke in der Urfassung des ‹Grünen Heinrich› niederschrieb: «Da glühten im letzten Abendscheine griechische Giebelfelder und gotische Türme; Säulen der verschiedensten Art tauchten ihre geschmückten Häupter noch in den Rosenglanz; helle gegossene Bilder, funkelneu, schimmerten aus dem Helldunkel der Dämmerung, indessen buntbemalte offene Hallen schon durch Laternenlicht erleuchtet waren und von geschmückten Frauen durchwandelt wurden. Steinbilder ragten in langen Reihen von hohen Zinnen in die Luft, Königsburgen, Paläste, Theater, Kirchen bildeten große Gruppen zusammen, Gebäude von allen möglichen Bauarten, alle gleich neu, sah man hier vereinigt, während dort alte geschwärzte Kuppeln, Rat- und Bürgerhäuser einen schroffen Gegensatz machten...» Er schildert das Leben und Treiben auf den Straßen, die flanierenden Künstler und Studenten, die Bürger, Equipagen und Reiter. «Glänzende Wagen mit Mohren und Jägern fuhren vorbei und wurden aufgehalten durch einen ungeheuren Knäuel von Soldaten und Handwerksburschen, welche sich die Köpfe zerbläuten. Es war ein unendliches Gesumme überall.»

Als 1918 die Revolution ausbrach, verließen König und Hof die Residenz für immer. König Ludwig III. wurde, als er im Hofgarten spazierenging, von einem Mann angehalten, der sagte: «Majestät, reisen s’ ab. Revolution ham mer.» Ein Jahr später wurde die Einrichtung des Oberhofmeisteramtes aufgelöst und die ‹Verwaltung des ehemaligen Krongutes› geschaffen. 1925 errichtete Kronprinz Rupprecht den ‹Wittelsbacher Ausgleichsfond› und die ‹Wittelsbacher Landesstiftung für Kunst und Wissenschaft›. Die Residenz wurde Museum, dessen Aufbau mit der Einrichtung der Schatzkammer im Königsbau 1931 seinen Abschluß fand.

Im zweiten Weltkrieg sind große Teile des Kunstbesitzes der Residenz an sichere Orte gebracht worden. Die großen Bronzen, die nicht transportiert werden konnten, wurden vergraben. Zuletzt wurden noch Gemälde aus Kassettendecken, Wandbespannungen, Boiserien als ‹Proben› in Sicherheit gebracht, und 1943 wurde sogar die gesamte Ausstattung des Residenztheaters ausgebaut und ausgelagert. Ein Jahr später ist das Theatergebäude durch Bomben zerstört worden und mit ihm die ganze Residenz. «Feuerstürme von infernalischer Gewalt rasten durch alle Raumfluchten und Höfe. Jahrhundertealte Dachstühle brannten im Phosphorregen lichterloh. Ihre schweren Trame durchschlugen die Decken der Obergeschosse. Der Uhrturm, das Wahrzeichen der Residenz, fiel in sich zusammen. Alle Löschversuche waren sinnlos geworden; die Zapfstellen gaben bald kein Wasser mehr.» (Hans Thoma)

Im Februar 1945 gründete sich eine Gemeinschaft ‹Freunde der Residenz›. Sie veranstaltete im August 1945 in den Ruinen des Grottenhofs das erste öffentliche Konzert. Der Wiederaufbau begann. In einer Denkschrift des Bayerischen

Landesamtes für Denkmalpflege hieß es 1946: «Wer will, wer kann noch Residenzen bauen in unserem demokratischen und uniformierten Zeitalter? Zu welchem Zweck und wem zu Liebe? Aus Ehrfurcht vor der Vergangenheit sicher nicht, denn wer hegt noch solche Verehrung? Wer hat noch die kunstfertigen Hände, die Zeit, die Geduld, die Geschicklichkeit, die Phantasie?» Welche Resignation, welche Hoffnungslosigkeit spricht aus diesen Zeilen einer Behörde, der die Pflege der alten Bauten so sehr am Herzen liegt. Dennoch ging man an den Wiederaufbau. Der heutige große Konzertsaal Münchens wurde im Thronsaal des Festsaalbaus am Hofgarten eingebaut; 1953 war er vollendet als neuer Herkulessaal. So ist die Residenz langsam wieder erstanden, und daran haben der damalige Präsident der Schlösserverwaltung Prof. Esterer und der Staatssekretär im Finanzministerium Dr. Panholzer die größten Verdienste, denn sie traten dafür ein, daß charakteristische Trakte der Residenz in der ursprünglichen Erscheinung wiederhergestellt werden müßten. So geschah es auch. Als ich einmal die Werkstätten der Schnitzer besuchte und die alten und jungen Männer an der Arbeit sah, fragte ich einen jungen Mann, ob er denn glaube, Schnitzereien des Rokoko kopieren oder ersetzen zu können. «Das ist schwer», sagte er, «wir leben ja in einer anderen Zeit. Vier Wochen habe ich geschnitzt und geschnitzt. Es hat nichts werden wollen. Auf einmal ging's, und jetzt hab ich's im Griff.» Ähnliches sagten die Stukkatoren. Das Kunsthandwerk hat durch diese Arbeiten in München wieder eine große Höhe erlangt.

1955 wurde das Alte Residenztheater, das Cuvilliés-Theater, mit der kostbaren Ausstattung von Johann Baptist Straub und Joachim Dietrich im Apothekenstock der Residenz eingebaut und drei Jahre später mit Mozarts ‹Figaro› feierlich eröffnet. Die Vertäfelungen der Ahnengalerie (1726/1731) und das Porzellankabinett (1731/33) sowie die Ahnenbilder waren gerettet worden, die Deckenstukkaturen wurden ergänzt, in den ‹Reichen Zimmern› wurden Zimmermanns Stuckdecken nach vorhandenen Abbildungen und Resten neu geschaffen. Die Boiserien waren zum Teil noch vorhanden, das Fehlende wurde ergänzt, das Mobiliar wieder aufgestellt; auch die stark mitgenommenen Wandbilder der Nibelungensäle im westlichen Erdgeschoß des Königsbaus sind damals wieder instand gesetzt worden.

Beim Wiederaufbau der Residenz entschloß man sich, die Bestände der Schatzkammer im östlichen Erdgeschoß des Königsbaus neu aufzustellen. 1958 wurden Residenzmuseum und Schatzkammer eröffnet.

Schließlich sei noch des Hofgartens gedacht, den Kurfürst Maximilian I. 1613/15 hatte anlegen lassen, umgeben von den Arkaden auf der West- und Nordseite. In die Mitte setzte man die Rotunde. Die Bavaria auf der Kuppel, ursprünglich eine Diana für einen Brunnen in der Residenz,

ist eine der besten Arbeiten Hubert Gerhards (das Original steht jetzt in Nymphenburg). Der Nordflügel der Arkaden war unter Carl Theodor zur Aufnahme der Gemäldegalerie um ein Geschoß erhöht worden, der Westflügel erneuert und 1830/34 von Karl Rottmann mit einer Folge italienischer Landschaften geschmückt worden. (Sie befinden sich seit 1943 im Allerheiligengang der Residenz.) Die nach Entwürfen von Peter Cornelius gemalten Szenen aus der bayerischen Geschichte in den Arkaden beiderseits des Tores wurden 1945 teilweise, die Groteskenmalereien der Decken total zerstört. Richard Seewald hat hier schöne neue Fresken geschaffen. Die Anlage des Hofgartens wurde nach dem Krieg in der alten Form des ehemaligen barocken Lustgartens erneuert.

Inzwischen ist die Wiederherstellung der großartigen Schloßanlage beendet, und der Besucher kann sich wieder ein gutes Bild vom Glanz und der Schönheit der einstigen Residenz machen, wenn er durch die fertiggestellten Räume geht. *Abb. 1 bis 12*

Nymphenburg

Kurfürst Ferdinand Maria hatte seiner Frau Adelaide von Savoyen die Schwaige Kemnath geschenkt, da die Kurfürstin wünschte, in der waldreichen Umgebung der Hauptstadt einen Sommersitz zu haben. 1664 begann Agostino Barelli mit dem Bau des «Borgo delle Ninfe», den Enrico Zuccalli 1675 vollendete. Die Innenausstattung hatte Adelaide nicht mehr erlebt, denn sie starb schon 1676.

Der Stich Wenings zeigt, daß es sich anfangs um einen schlichten Bau mit kleinem italienischem Garten gehandelt hatte, doch wurde bis weit ins 18. Jahrhundert hinein an Nymphenburg gebaut. So ließ Kurfürst Max Emanuel (1679/1726) das Schloß ab 1702 durch Giovanni Antonio Viscardi vergrößern und den italienischen Garten durch den Le Nôtre-Schüler Carbonet nach französischem Vorbild umgestalten. Viscardi baute noch zwei quadratische Seitenpavillons und verband sie mit dem Mitteltrakt durch Galeriebauten. 1715 setzte Joseph Effner, der bei Germain Boffrand in Paris gelernt hatte, die Erweiterung der Schloßanlage fort. Er fügte neue Flankenbauten hinzu, deren südlicher heute das Marstallmuseum birgt. Er gab dem Mittelbau eine straffere Fassadengliederung und führte durchgreifende Änderungen im Innern durch. Der Dreiecksgiebel des Hauptbaus wurde 1826 durch das schwere Kranzgesims ersetzt.

Kurfürst Karl Albrecht, der spätere Kaiser Karl VII. (1726/1745), ließ von Effner um den Rondellplatz die Kavaliershäuser bauen. Ihre Umrisse wiederholen sich spiegelbildlich. Dieser Platz sollte Ausgangspunkt für die Karlstadt werden, im Sinne von Karlsruhe oder Rastatt, aber daraus ist nichts geworden. Das schöne Bild von Bernardo Bellotto gen. Canaletto zeigt uns Nymphenburg im Jahre 1761, so wie es unter Karl Albrecht ausgesehen hat. Schon vierzig Jahre zuvor hatte hier der Kurfürst seine Hochzeit mit der Erzherzogin Maria Amalia, Tochter Kaiser Josephs I., gefeiert. Das muß ein großartiges Fest gewesen sein. «Als die Hochzeitsgäste gegen Abend des 29. Oktobers 1722 in vielen sechsspännigen Karossen von der Stadt heranfuhren, strahlte ganz Nymphenburg in feenhafter Beleuchtung. Auf dem kurzen Kanal vor dem Schloßplatz schwammen und brannten zu bayerischen Rauten geordnete Holzklötze; an der Kaskade sogar in Form zweier Löwen mit Kurfürstenhut. Zwischen den Linden der Allee vor und hinter dem Schloß hingen unzählige Lampen. Alle Rabatten in den Parterres waren mit Lichtern nachgezeichnet. Schloß und Treppen bildeten ein Lichter-Meer... Hinter der großen Kaskade am Ende des Parkes schimmert ein dreifacher Triumphbogen. Langsam fahren die Gäste auf beiden ebenfalls beleuchteten Kanalseiten darauf zu, von einem auf dem Wasser schwimmenden und brennenden Mont-Parnasse begleitet. Von versteckten Orchestern erklingen Musik und Chöre. Vor der Kaskade kreuzen sich die Wagenreihen, so daß Damen und Herren sich begrüßen und die Wasserkünste betrachten können. Dann fährt man zurück ins Schloß zum Souper en public mit Musik im Großen Saal. Anschließend Ball, unter großem Zulauf aus allen Schichten.» So schildert Prinz Adalbert von Bayern in unseren Tagen diese großartige Feier.

Kurfürst Maximilian III. Joseph (1745/77) ließ den Steinernen Saal im Mittelbau 1756/57 nochmals verändern, und zwar von François Cuvilliés. Der prachtvolle Stuckdekor stammt von Johann Baptist Zimmermann, der auch die Fresken malte: im Gewölbe die Verherrlichung der Nymphe Flora, seitlich Kephalus und Prokris, gegenüber Mars und Venus, unter der Empore Aurora und Zephir, darüber die Verwandlung der Bauern in Frösche. Die heute noch bestehende Anordnung je eines Appartements seitlich des Steinernen Saals im ‹Piano Nobile› geht auf die Kurfürstin Adelaide zurück. Die Italiener Antonio Domenico Triva und Antonio Zanchi malten die Deckenbilder, welche die Nymphe Aretusa, die Göttinnen Flora, Ceres und andere zeigen. Die nördlichen Vorzimmer und die anschließende Galerie stammen aus der Zeit Max Emanuels. Der Raumeindruck wird bestimmt durch die vornehmen weiß-gold gefaßten Vertäfelungen und Schnitzereien. In den Galerien vereinigte Max Emanuel eine Serie von Gemälden seiner Schlösser und Gärten, wie schon ähnlich Ludwig XIV. sein Trianon mit Gartenansichten aus Versailles hatte schmücken lassen. Zu erwähnen sind das Chinesische Kabinett, 1763/67, mit ostasiatischen Lackplatten des 17. Jahrhunderts als Wandverkleidung; das Schreibkabinett, das 1763/64 unter Cuvilliés'

Leitung entstand mit Deckenstukkaturen von Franz Xaver Feichtmayr d. J.; der Blaue Salon, der unter König Maximilian I. Joseph im Empirestil eingerichtet wurde und der ehemalige Speisesaal, welcher heute die berühmte Schönheitsgalerie König Ludwigs I. enthält.

Alle Wittelsbacher haben Nymphenburg geliebt, auch die Nachfolger der ausgestorbenen kurbayerischen Linie, allen voran Kurfürst Carl Theodor und König Max I. Joseph. Wie ein junger bayerischer Prinz in Nymphenburg noch vor dem ersten Weltkrieg gelebt hat, schildert uns sehr anschaulich Prinz Adalbert von Bayern: «Uns ist erst später klargeworden, wie schön wir es gehabt hatten. Man konnte von einem Ende des Schlosses zum anderen laufen, fast siebenhundert Meter durch Säle und Gänge über zwei Kanäle, und auf engen Wendeltreppen hinauf und hinunter... Es fehlte auch nicht an unheimlichem Gruseln, wenn es dunkel wurde und unsere Schritte in den langen Gängen hallten, der Schneesturm an den Fenstern rüttelte, und der Wind durch die Kamine pfiff... Im Freien hatten wir in ‹unserem› Garten alles, was ein Kinderherz zum Spielen begehrte: Badebassin, Taubenhaus, Schaukeln, Turnwiese... Rings um den Park war offenes Land, Wiesen und Felder... überall konnte man im Herbst unbeschränkt galoppieren. – Wir waren wie auf einer Insel, und die Stadt schien uns weit.»

Noch weht die weiß-blaue Rautenfahne vom rechten Trakt des Schlosses, in dem den Wittelsbachern das Wohnrecht verblieben ist, wenn der Chef des Hauses anwesend ist.

Der nach den Plänen Charles Carbonets 1701 angelegte, seit 1715 von Dominique Girard weiter ausgebaute französische Garten ist ein rechteckiges Parterre mit Fontänen, Boskets und Blumenrabatten. Damals entstand, als Fortsetzung des zum Schlosse leitenden Kanals, in der Mittelachse des Gartens der breite Kanal, der bei der großen Kaskade Joseph Effners in den Landschaftsgarten einmündet. Architektonische Mittelpunkte der Querachse des Formgartens waren einst Pagoden- und Badenburg. An den Seitenwegen stehen marmorne Vasen und Götterbilder, um 1769 geschaffen. Die Figuren am Mittelweg sind Werke von Giovanni Marchioni und von Dominik Auliczek, 1772, der auch die Figuren hinter dem Bassin nach Modellen von Johann Baptist Straub gefertigt hat, 1778. Am südlichen Rand des Parterres befinden sich Götterbilder von Roman Anton Boos und Ignaz Günther (Venus, Merkur, 1773 von Boos vollendet). Auch die große Kaskade von Effner, die 1770/80 ihre jetzige Marmorverkleidung erhielt, ist mit Figuren geschmückt: Giuseppe Volpini schuf die liegenden Flußgötter Donau und Isar, die stehenden Figuren der Minerva und des Herkules, 1717/20. Flora und Äolus sind von Dubut, um 1725, Mars, Minerva und Thetis von Boos, Neptun von Wilhelm de Groff, um 1730 geschaffen. 1804/23 veränderte Sckell den Garten zum Teil im englischen Stil.

Im Park verstreut stehen die reizenden Parkburgen, als älteste die Pagodenburg, 1718/19 von Effner erbaut, ein ausgezeichnetes Beispiel für die Mode der Chinoiserie im 18. Jahrhundert. Der geistreiche Grundriß, der ein Achteck durch kreuzförmige Arme zu reich bewegtem Umriß erweitert, stammt von Kurfürst Max Emanuel selbst. Das Salettl im Erdgeschoß ist ganz mit Delfter Kacheln in Blau und Weiß verkleidet, und dieser Farbgebung entsprechen die Deckenmalerei von Johann Anton Gumpp, 1719, die stukkierte Wandgliederung und das Mobiliar, dieses aus der Zeit des Kurfürsten Maximilian III. Joseph stammend. Im Obergeschoß zwei Kabinette mit Täfelungen in schwarz-roter Lackmalerei und als Spalier bemalten Seidentapeten und späteren Reisstrohtapeten. Hier stehen Pariser Möbel mit japanischen Lackplatten furniert, um 1715.

Gegenüber der als Teehaus bestimmten Pagodenburg befindet sich die Badenburg, auch sie von Joseph Effner, 1719/21, erbaut; Max Emanuel hatte hier für sich einige Zimmer einrichten lassen. Den Grundriß des Schlößchens bestimmt der nahezu ovale Saal, hinter dem Wohnräume liegen. Die Fassade ist im frühen 19. Jahrhundert von Leo von Klenze klassizistisch umgestaltet worden. Ein ‹Gartenkasino› wie dieses war ein beliebtes Requisit des barocken Gartens, aber Max Emanuel beschränkte sich nicht auf ein ‹Nymphäum›, sondern ließ einen richtigen Badesaal anlegen, ein veritables Schwimmbad. Die Badenburg ist das einzig erhaltene Beispiel dieser Art. Wir kennen aber den Entwurf eines ähnlichen Badehauses von Robert de Cotte für das Schloß Saverne des Kardinals Rohan; doch ist er nicht ausgeführt worden. Erst sehr viel später, 1769/76, entstand der Badepavillon des Kurfürsten Carl Theodor in Schwetzingen. Das Innere der Badenburg ist reich ausgestattet, mit Stuck von Charles Dubut, Deckenbildern von Jacopo Amigoni, mit chinesischen Papiertapeten.

Das schönste der Gartenschlößchen ist die Amalienburg, welche Kurfürst Karl Albrecht für seine Frau Maria Amalia 1734/39 von François Cuvilliés d. Ä. erbauen ließ. Es ist eine der vollendetsten und kostbarsten Schöpfungen des europäischen Rokoko überhaupt, von höchster Eleganz und verschwenderischem Reichtum der Dekoration, und das, ohne überladen zu wirken. Die Amalienburg ist eine Rotunde mit seitlichen Flügelbauten in eleganter, geschmeidiger Linienführung und von klarer, strenger Außengliederung. Über dem Hauptportal die graziöse Gruppe der Diana mit Jagdemblemen. Die figürliche Plastik über diesem Portal und am Deckengesims des Spiegelsaals sowie die figürlichen Bestandteile an den Boiserien des Schlafzimmers gehen über die sonst übliche dekorative Schnitzerei hinaus. Archivalisch steht fest, daß Egidius Verhelst d. Ä. 1735/39 in Nymphenburg tätig war, aber für diese Arbeiten sind Joh. Bapt. Zimmermann und Joachim Dietrich nachgewiesen. Urkundlich belegt ist auch der Niederländer Wolfgang Jakob Gerstens als Bildhauer und ‹Hofzierratschnitzer›.

Die flache Kuppel des Spiegelsaals trägt eine kleine, von zierlichem Eisengitter umschlossene Plattform; von hier aus konnte die Kurfürstin Maria Amalia Fasanen schießen.

Der Konzeption des eleganten Schlößchens entspricht durchaus die Ausstattung aller Räume in ihrer beispiellosen Einheit. Als Stukkator wirkte Johann Baptist Zimmermann, als Schnitzer Joachim Dietrich und als Urheber der zarten dekorativen Malereien Joseph Pascalin Moretti. Mittelpunkt ist der kreisrunde Festsaal, ausgezeichnet durch die großen Spiegelflächen, durch seine prachtvolle Dekoration versilberten Schnitzwerks der Wandfelder und des Stucks an der Decke auf milchblauem Grund. Ist der Saal durch Kerzenlicht erleuchtet, so hat man einen fast unwirklich zauberischen Eindruck.

Außerdem gibt es das auf Strohgelb und Silber abgestimmte Schlafzimmer der Fürstin, das Jagdzimmer in Silber und Zitronengelb, das Fasanenzimmer oder ‹Indianische Kabinett› mit bemalten Leinentapeten und versilbertem Deckenstuck, eine Hundekammer für die Jagdhunde und die Küche, eine der reizendsten Küchen, die man sehen kann. Die Wände sind mit blau-weißen und bunten holländischen Kacheln belegt, Plafond und Vertäfelungen zeigen Chinoiserien in Blau und Weiß. Alles, was zu einer Küche gehört, ist vorhanden. 1763 wurde der junge Mozart von seinen Eltern in Nymphenburg vorgestellt. Seine Mutter vermerkt in ihrem Tagebuch: «Amalienburg ist das schönste, worin das schöne bett ist und die kuchel, wo die kurfürstin selbst gekocht hat.»

Schließlich gibt es im Park noch die Magdalenenklause, eine künstliche Ruine – im Innern als Grotte gestaltet und mit vier anschließenden Räumen versehen – die Joseph Effner 1725 für Max Emanuel gebaut hat. Hierher wollte sich der Fürst von Zeit zu Zeit zurückziehen, um zu meditieren. Doch verkündet eine Gedenktafel über dem Eingang, daß die Weihe der Kapelle erst nach seinem Tode stattgefunden hat. *Abb. 15 bis 25*

Blutenburg

Am Rand der Stadt München, unmittelbar vor der Einfahrt zur Autobahn nach Stuttgart, liegt an der Würm das Schlößchen Blutenburg, dessen Name (Pluedenburg = Blütenburg) seit 1432 bezeugt ist.

An Stelle einer älteren Burg, die 1422 während der Schlacht bei Alling und Blutenburg niedergebrannt wurde, erstand unter dem kunstsinnigen Herzog Sigismund, dem Sohn Herzog Albrechts III. von Bayern, die Blutenburg. Sie war Mittelpunkt der herzoglichen Hofhaltung, ein Sammel-

Schloß Planegg
Nach einem Kupferstich von
Michael Wening, 1701

punkt der besten Künstler jener Zeit. 1488 wurde die Kirche St. Sigismund gebaut, welcher der Liebfrauendom in München und die Kirche in Pipping vorausgegangen waren. Aber schon mit dem Tode des Herzogs, 1501, war die Blütezeit der ‹Blütenburg› vorüber. 1632 steckten die Schweden das Schloß in Brand und plünderten die Kirche. 1676 ging das Gut in Besitz des kurfürstlichen Geheimrats Freiherrn von Berchem über, der das Schlößchen wieder aufbauen ließ (1681?). Hier begrüßte der neue Schloßherr 1690 Kaiser Leopold und Kurfürst Max Emanuel als seine Gäste. Nach Berchems Tod – er fand in der Kirche seine letzte Ruhestatt – wurde die Blutenburg wieder kurfürstlicher Besitz. Von 1866 bis 1957 war sie den Englischen Fräulein verpachtet und beherbergt heute, mustergültig restauriert, die Internationale Jugendbibliothek.

Das Schloß ist von einer mit kleinen Türmen unter Spitzhelmen besetzten Mauer umgeben. Durch den Torturm betritt man den Hof. Die Außenseite der Kirche, welche 1761 den Dachreiter erhielt, trägt einige Fresken. Unter dem Dach verläuft ein breiter farbiger Maßwerkfries, wie in Pipping, in dem sich die Wappen Wittelsbach und der mit ihnen verwandten Familien befinden.

Die einheitliche Ausstattung der Kirche ist sehr kostbar. Die Glasgemälde von 1497, aus einer Münchner Werkstatt (einige sind erneuert), zeigen die Passion Christi sowie Wappenscheiben der Wittelsbacher und der mit ihnen verwandten Familien. Verblaßte Wandmalereien lassen erkennen, daß die Kirche vollständig ausgemalt war.

Da ist der prächtige Hochaltar mit der heiligen Dreifaltigkeit in der Form eines Gnadenstuhls, zu Seiten die Taufe Christi und die Marienkrönung. Bei geschlossenen Flügeln sieht man links den heiligen Sigismund, rechts Herzog Sigismund unter dem Schutz des heiligen Bartholomäus knieend. Die Predella zeigt die gemalten Büsten der vier Evangelisten, eine besonders eindrucksvolle, innige Darstellung. Auf den beiden Seitenaltären sind Mariae Verkündigung und Christus als König dargestellt, umgeben von Heiligen, die beiden Predellen enthalten die heilige Sippe und die Vierzehn Nothelfer. Die Altartafeln sind Zeugnisse einer starken individuellen Persönlichkeit, wahrscheinlich stammen sie von Jan Pollak, 1491.

Die berühmten Holzfiguren des Schmerzensmannes, der Maria und der Apostel, zwischen 1490 und 1500 gearbeitet, sind Werke eines Münchner Meisters aus dem Umkreis des Erasmus Grasser. *Abb. 13, 14*

Planegg

Planegg ist einer der hübschesten Herrensitze in unmittelbarer Nähe von München. An der Würm, die durch den stillen, mauerumhegten Park fließt, steht von breitem Wassergraben umzogen das Schloß mit heiterer, weiß-rosa Fassade. Der wohlproportionierte Bau in seiner angenehmen Schlichtheit läßt auf den ersten Blick an Fontanes märkische Herrenhäuser denken. Aber da ist der hohe Schloßturm mit seiner eleganten, vielfach gebrochenen Zwiebelhaube; wie ein Ausrufungszeichen steht er da: bayerisch!

Planegg wird urkundlich zum ersten Mal in dem Kaufbrief von 1409 erwähnt, durch den der Münchner Jörg Tömlinger sein Gut an Herzog Wilhelm III. abtrat. Wahrscheinlich aber ist es ein alter Edelsitz, der zu Steinkirchen gehörte und erst um die Wende vom 14. zum 15. Jahrhundert den Namen Planegg erhielt. Herzog Wilhelm vergrößerte den Besitz, baute eine kleine Wasserburg und schenkte 1425 die Hofmark seinem natürlichen Sohn Konrad von Egenhofen, Pfleger zu Aibling. Diesen Sohn hatte er mit der Enkelin – ihr Vorname ist nicht bekannt – des Schankwirts Schymel aus der Münchner Burgstraße gezeugt. Ihr Vater, Hans Schymel, wurde zum herzoglichen Zöllner in Wasserburg ernannt.

Obwohl Konrads Sohn Wilhelm einen Sohn hatte, erbte Wilhelms Schwester Magdalena die Hofmark Planegg. Sie war mit dem Münchner Patrizier Christoph Lung verheiratet. 1610 verkauften die Lung das Gut an Karl Villinger, von dem es drei Jahre später der bayerische Kanzler Hans Georg von Hörwarth erwarb. 1732 folgte Freiherr Johann Baptist von Ruffin als Besitzer der Hofmark, die seit 1825 Eigentum der Freiherren von Hirsch ist.

Die 1568 entstandene bayerische Landkarte von Philipp Apian zeigt das Schloß als ein massiges Bauwerk mit zwei kleinen Türmen am Eingang. Reste dieser Burg sind noch im Mauerwerk des heutigen Schlosses enthalten. Der Kupferstich von Wening aus dem ersten Viertel des 18. Jahrhunderts stellt das Schloß wohl nach dem zwischen 1617/19 vorgenommenen Umbau durch den Kanzler von Hörwarth und der Übergehung der Fassade durch den Freiherrn von Ruffin dar. Die Schloßkapelle, welche Karl Villinger 1610/13 einbaute, wurde 1617 von Hörwarth umgestaltet, von Ruffin noch einmal verändert und reich ausgestattet.

1938 legte die SA Feuer an das Schloß; der Brand konnte aber gelöscht werden, und nach der ausgezeichneten Instandsetzung nach dem letzten Krieg ist die einfache, strenge, sehr vornehme Form des Gebäudes noch deutlicher geworden; die Haltung des 18. Jahrhunderts verbindet sich hier auf das glücklichste mit dem Einfühlungsvermögen und dem Geschmack des heutigen Besitzers.   *Abb. 26*

Ismaning

Ismaning, berühmt durch die Güte seiner Krautköpfe, ist eine uralte Siedlung. Sie wird urkundlich zum ersten Mal 809 erwähnt. 1272 übergab Herzog Ludwig der Strenge von Bayern die niedere Gerichtsbarkeit dem Hochstift Freising, das die ‹Grafschaft auf dem Isarrain› 1319 als Eigentum erwarb. 1520 baute der Freisinger Kanoniker Haushammer in Ismaning ein Schloß, welches sechs Jahre spater vom Bischof angekauft wurde.

Fürstbischof Johann Franz Freiherr Eckher von Kapfing ließ es 1716/23 von Dominikus Glasl als Sommersitz umbauen. Fürstbischof Johann Theodor, der ‹Kardinal von Bayern›, ein Sohn des Kurfürsten Max Emanuel, erweiterte das Schloß, ließ es prächtig ausstatten und legte den großen Park an. Nach der Säkularisierung geriet das Schloß in Verfall; von der alten Ausstattung ist nichts erhalten.

1816 kaufte König Maximilian I. Joseph von Bayern Schloß und Gut Ismaning und schenkte es seinem Schwiegersohn Eugène Beauharnais, Herzog von Leuchtenberg, der bis zur Entthronung Napoleons I. als dessen Adoptivsohn auch kaiserlicher Prinz von Frankreich gewesen war. Leuchtenberg beauftragte Leo von Klenze mit der Instandsetzung und dem Umbau des Schlosses. Die feierliche Einweihung des erneuerten Sommersitzes erfolgte 1817 am 29. Geburtstag seiner Frau, der Prinzessin Auguste von Bayern, mit einem großen Diner für das Königspaar, den Minister Grafen Montgelas und andere Würdenträger.

Bis 1852 blieb Ismaning in Leuchtenbergschem Besitz. Der letzte Eigentümer, Ritter von Poschinger, schenkte es 1899 der Stadt München, von der es die Gemeinde 1919 zurückkaufte. Heute dient das Schloß als Sitz der Gemeindeverwaltung von Ismaning.

Es ist ein schlichtes, gut proportioniertes zweiflügeliges Gebäude in großem Park. Von der alten Einrichtung und Ausstattung ist nichts erhalten bis auf zwei Säle von besonderer Qualität des Dekors: der Napoleon- und der Blaue Saal. Beide sind für die verwitwete Herzogin Auguste von Leuchtenberg zwischen 1836 und 1845 im pompejanischen Stil auf das zierlichste und geschmackvollste ausgemalt worden. Den Napoleonsaal schmücken überdies Büsten griechischer Philosophen, Dichter und Göttinnen auf Konsolen zwischen den oberen Halbkreisfenstern. Auf den Kaminen stehen die Büsten Napoleons, des Herzogs Eugen, seines Sohnes Maximilian, König Maximilian II. und dessen Gemahlin.

Der Blaue Saal mit Tonnengewölbe enthält noch einige Möbel der Zeit um 1830, mit blauem Samt bezogen, der gemalte Blumenbuketts trägt.

Acht Kilometer nördlich von Ismaning liegt das frühbarocke Wasserschloß Erching, das der Freisinger Fürstbischof Albert Sigmund aus dem Hause der Herzöge von Bayern 1652 als Jagdschloß erbauen ließ. Um 750 hatte hier der agilolfingische Herzog Tassilo III. dem Kloster Freising eine Schenkung gemacht. Die Bischöfe legten sehr bald einen großen Mairhof an und errichteten ein Schloß (erichinga), das ihnen als Sommerresidenz diente. Mit der Säkularisation wurde Schloß Erching veräußert, und noch heute befindet sich das idyllische Schloßgut in Privatbesitz.   *Abb. 35*

Schleißheim

Der kunstliebende, sehr fromme Herzog Wilhelm V. von Bayern, der die berühmte St. Michael-Hofkirche in München erbauen ließ, hatte 1577 von seinem Bruder Ernst, Fürstbischof von Freising, die Schwaige Schleißheim gekauft. Dort baute er ein Herrenhaus. Höfe, Ställe und Ökonomiegebäude erinnern noch heute an die einst ganz einsam gelegene Schwaige, wo der Fürst Erholung suchte und nach seinem Thronverzicht gern länger Aufenthalt nahm. Der Augsburger Kunstagent Philipp Hainhofer, der ihn 1611 in Schleißheim besuchte, berichtet, daß er hier wie ein Einsiedler lebe, wie ein Kanoniker gekleidet sei und die Waldkapellen und Klausen besuche.

Im Anschluß an diese fürstliche Eremitage ließ Wilhelms Sohn Maximilian, der erste Kurfürst von Bayern (1597/1651), ab 1616 das aus dem Herrenhaus hervorgegangene Alte Schloß durch Heinrich Schön erbauen, aber erst sein Enkel, Kurfürst Max Emanuel (1679/1726) war der Schöpfer des großartigen neuen Schlosses, das wir heute kennen. Es ist ein Torso geblieben, da die Planung der riesigen Vierflügelanlage, die das Alte Schloß mit einbezog, nicht ausgeführt werden konnte; doch auch als Fragment gehört Schleißheim zu den eindrucksvollsten Schöpfungen der Wittelsbacher.

Max Emanuel war durch seine Türkensiege berühmt geworden. Doch war er nicht nur ein ausgezeichneter General, sondern auch ein überaus verschwenderischer, schönheitsdurstiger Herr, «in den Geschäften von der größten Schwäche, im Feld von der höchsten Bravour», wie ihn Markgraf Ludwig Wilhelm von Baden, der ‹Türkenlouis›, charakterisiert. «Kein Zweifel, der Münchner Hof ist einer der glänzendsten in Europa», urteilte der Beichtvater Pierre de Bretagne, und ein anderer Zeitgenosse, der Freiherr von Pölnitz, schreibt in seinen Memoiren: «Der Kurfürst ordnete selbst alle Fêten an, die er gab, und ich glaube, schwerlich wird man jemand finden, der sich besser darauf versteht. Überall herrschten ausgesuchter Geschmack und Ordnung. Ich glaubte, mich auf eine verzauberte Insel versetzt zu sehen.»

Die Bautätigkeit des Kurfürsten in Schleißheim begann 1684, als er sich von Enrico Zuccalli, dem Graubündner aus Roveredo, das Schlößchen Lustheim in Schleißheim bauen ließ. Schon während dieses Baus faßte Max Emanuel den Entschluß, einen riesigen barocken Garten mit einem Kanalsystem anzulegen. Zuccalli begann 1689 mit den Arbeiten. Dafür benötigte man Zubringerkanäle. Zuerst wurde der Schleißheimer Kanal vom Aumeister bei München nach Lustheim gezogen, dann von Südwesten her, von der Würm aus, der Karlsfelder Kanal angelegt; ein dritter, von Dachau nach Schleißheim, wurde 1691/92 gebaut. Der Kurfürst wollte mit diesem Netz von Kanälen der ebenen, eintönigen Landschaft im Norden der Hauptstadt einen holländischen Charakter geben, wobei sicher seine Statthalterzeit in den Niederlanden eine Rolle spielte.

Lustheim genügte dem baulustigen Fürsten nicht, und so kam es zur Planung des Neuen Schlosses. 1693 legte Zuccalli seinem Herrn, der damals noch in den Niederlanden weilte, die ersten Pläne vor, aber erst nach der Rückkehr Max Emanuels wurde im April 1701 der Grundstein gelegt. 1704 blieb das Bauvorhaben wegen des Spanischen Erbfolgekriegs stecken, doch war der Rohbau des heutigen Schlosses unter Dach. 1714 hat Max Emanuel bei Robert de Cotte Pläne für Schleißheim bestellt – sie liegen heute in der Nationalbibliothek in Paris – die eine Vierflügelanlage vorsehen, welche auf Grund der schlechten Finanzlage nicht ausgeführt werden konnte. Max Emanuel ersetzte 1719 Zuccalli durch den jungen Dachauer Joseph Effner, der bei Germain Boffrand in Paris ausgebildet worden war. Dieser hat den ursprünglichen Plan Zuccallis übernommen, lediglich den Fassadendekor im Zeitgeschmack entworfen und dem Mittelbau das Obergeschoß aufgesetzt und ihm eine Terrasse vorgelegt. Die Verlängerungsgalerien und Eckpavillons baute er ebenfalls nach Zuccallis Plan.

Effner leitete auch den Innenausbau und die Innenausstattung. Die Zusammenfassung von Räumen zu Enfiladen entspricht bereits dem französischen Geschmack. Die Große oder Schöne Galerie nach dem Vorbild der Spiegelgalerie von Versailles vor dem großen Saal auf der Gartenseite verbindet die Appartements des Kurfürsten und der Kurfürstin. Die endgültige Raumgestaltung ist Effners Werk und die Ausführung der Dekoration oblag den Münchner Hofwerkstätten, in denen einheimische und ausländische Künstler und Kunsthandwerker arbeiteten, so als Stukkatoren Johann Baptist Zimmermann, Charles Dubut und Giuseppe Volpini, der hervorragende Schnitzer Joseph Pichler, als Freskanten vor allem Jacopo Amigoni, Cosmas Damian Asam und Nikolaus Gottfried Stuber. Die Innenausstattung erfolgte im wesentlichen in den Jahren 1722/26.

Kurfürst Maximilian III. Joseph (1745/77) hat außer einigen Stuckergänzungen im Billardsaal und den prachtvollen Eingangstoren von Ignaz Günther nur noch den Speisesaal ausstatten lassen. Erst König Ludwig I. vollendete das Stiegenhaus, 1847/48, nach dem alten Entwurf und mit den alten Werkstücken. Im frühen 19. Jahrhundert hat Leo von Klenze die Westfassade überarbeitet und den Giebel des Mittelbaus entfernt. Die ursprüngliche Gestaltung Effners ist 1959/62 im Zuge des Wiederaufbaus wiederhergestellt worden.

«Die besondere architektonische Leistung beim Neuen Schloß in Schleißheim war auch für diese Zeit einmalig. Sie verwirklichte eine klare und zweckmäßige Raumeinteilung des Corps de Logis mit seiner ebenso großzügigen wie selbstverständlichen Verknüpfung der Wohnfluchten mit dem Treppenhaus und den Festsälen.» (Luisa Hager)

Es ist ein mächtiger, langgestreckter Bau. Der leicht vorgezogene Mittelrisalit ist höher als die Seitenflügel, gegliedert durch mächtige Pilaster. Die Eckbauten sind gegen den Garten hin ebenfalls leicht vorgezogen. Von ihnen aus ziehen lange, schmucklose Galeriebauten zu den Eckpavillons. In dem weiträumigen, kühlen, dreischiffigen Vestibül, dessen Gewölbe von rotmarmornen Säulen getragen werden, steigt die Treppe einläufig an, um doppelläufig, getragen von Säulen und Halbsäulen aus grünem Brixener Marmor, in das Obergeschoß zu führen. Prachtvoller Stuckdekor in Form von Trophäen, Kartuschen, gehalten von Genien. Das Kuppelbild malte Cosmas Damian Asam 1720: Venus in der Schmiede des Vulkan, der die Waffen für den Trojanischen Krieg schmiedet. Die Wände des Großen Saales, den man von der Stiege aus erreicht, sind durch eine Kolossalordnung kannelierter Pilaster gegliedert, und das riesige Deckenfresko Amigonis zeigt den Kampf des Aeneas und Turnus um die Königstochter Lavinia. Es setzt einen prachtvollen Farbakzent zum Weiß des Stuckdekors.

Joachim Beichs große Gemälde auf den Schmalseiten, 1702 in Auftrag gegeben, zeigen Waffentaten Max Emanuels im Türkenkrieg: Entsatz von Wien 1683 und Niederlage der Türken bei Mohács 1687.

Von besonders festlicher Wirkung ist der Viktoriensaal, der als einer der schönsten Innenräume des Barock gilt. Die prächtige Ausstattung an Schnitzereien stammt von Pichler und seiner Werkstatt, der Stuck von Dubut, die Malereien von Amigoni, dessen Deckenbild, Dido empfängt Aeneas, wieder auf den Trojanischen Krieg verweist. Über dem Kamin in prachtvollem Rahmen die sogenannte Audienztafel von Amigoni, 1723: Max Emanuel empfängt 1688 eine türkische Gesandtschaft im Lager vor Belgrad, in seiner Begleitung sieht man die Grafen Arco, Preysing und Törring. Ringsum an den Wänden Schlachtenbilder von Beich.

Die Große Galerie mit Stubers Deckenbild enthält heute Werke niederländischer, deutscher und italienischer Meister aus dem Bestand der Bayerischen Staatsgemäldesammlung. Die Wohnräume sind außerordentlich prächtig ausgestattet, mit Brüsseler und Münchner Gobelins und mit Pariser Seidengobelins geschmückt.

Die Anlage des Parks geht bis auf das Ende der achtziger Jahre des 17. Jahrhunderts zurück. Ein Plan Zuccallis sah einen italienischen Garten vor, von Mauern umschlossen, aus denen Fontänen springen sollten, mit einer Fontänenwand an der Einmündung des Kanals und mit zwei Toren an den Auffahrtsalleen zu Seiten dieses Kanals. 1713/14 legten Claude Desgots, Neffe von Le Nôtre, und der Hofarchitekt Ludwigs XIV. Robert de Cotte Gartenpläne vor, aber schließlich entschied sich der Kurfürst für den Plan des Dominique Girard, der seit 1715 als Wasserbauingenieur in bayerischen Diensten stand. Unter seiner Leitung ist die Schleißheimer Gartenanlage verwirklicht worden, mit ihr ein Teil des Projektes von Carbonet, der ebenfalls ein Le Nôtre-Schüler gewesen war.

«Wenn . . . auch der Garten ein Torso blieb, viele der vorgesehenen Skulpturen nie erstanden oder noch in der Zeit Max III. Josephs nach Nymphenburg transferiert worden sind, und nicht einmal die Bassins der Boskettzone jemals in Betrieb waren, so brachte diese Vernachlässigung doch den Vorteil mit sich, daß eine grundlegende Umgestaltung des Schleißheimer Boskettgartens in einen Landschaftsgarten unterblieb. Dadurch wurden seine Achsen und Wege erhalten und spiegeln auch in dieser fragmentarischen Form den großartigen Zuschnitt eines absolutistischen Hofgartens wider. Neben Herrenhausen ist der Garten von Schleißheim die einzige große Gartenanlage des Absolutismus in Westdeutschland, die in ihrer Grundkonzeption erhalten geblieben ist.» (Luisa Hager)

Vom Schloß schaut man über die Gartenanlagen hinüber zum Schlößchen Lustheim, das jetzt als Point de vue am Westende des Gartens steht. 1684 hatte Enrico Zuccalli den Bau begonnen, der 1688 abgeschlossen worden war. Anlaß für die Errichtung des Schlößchens war die Hochzeit Max Emanuels mit der Kaisertochter Maria Antonia, 1685, gewesen. 1716/1719 wurden die im Halbkreis hinter Lustheim stehenden Gebäude gebaut, die zum größten Teil verschwunden sind, so daß die großzügig geplante Anlage vom Typus eines ‹Orangerieschlosses› nur noch Fragment ist.

Lustheim ist ein eleganter Bau mit Pilastergliederung, mit Eingängen zwischen Säulen; auf dem Mittelbau sitzt ein geschlossener Belvedere. Der im Mittelbau durch zwei Stockwerke reichende Saal ist mit Fresken von Francesco Rosa geschmückt. Gemalte Atlanten tragen das Gewölbe, auf dem Jupiter dargestellt ist, wie er Diana mit Pfeil und Bogen beschenkt. Große Ölgemälde in den Kabinetten der grünen, gelben, blauen und roten Appartements stammen von Rosa und dem Innsbrucker Johann Anton Gumpp und zeigen vorwiegend Szenen aus der Diana-Mythologie. Im südlichen Pavillon ist die Renatuskapelle eingerichtet.

Im Erd- und Untergeschoß ist jetzt die großartige Stiftung Meißner Porzellans von Ernst Schneider untergebracht, eine der schönsten deutschen Porzellansammlungen, die fast alle Meißner Tafelservice enthält. *Abb. 28 bis 34*

2 – München · Residenz, Grottenhof

3 – München · Residenz, Königsbau

4 – München · Residenz, Festsaalbau

5 – München · Residenz, Antiquarium

8 – München · Residenz, Schlafzimmer der ‹Reichen Zimmer›

9 – München · Residenz, Porzellankammer, Blick in die Ahnengalerie

10|11 – München · Residenz
Nibelungensäle
Siegfried und Kriemhild,
Gunter und Brunhild

12 – München · Residenz
Nibelungensäle
Siegfrieds Tod

13 – München · Schloß Blutenburg

14 – München · Blutenburg
Schloßkapelle St. Sigismund

15 – München · Schloß Nymphenburg, Gartenseite

17 – München · Nymphenburg
Pagodenburg, Ausschnitt aus dem Deckengemälde
im Chinesischen Salon

18 – München · Nymphenburg
Pagodenburg, Das Salettl

19 – München · Nymphenburg
Badenburg, Ansicht von Nordosten

20 – München · Nymphenburg
Badenburg, Der Badesaal

24 – München · Nymphenburg
Amalienburg, Die Küche

25 – München · Nymphenburg
Amalienburg, Die Hundekammer

26 – Schloß Planegg
bei München

27 – München
Das Asamschlößl

28 – Schleißheim · Neues Schloß, Gartenseite

34 – Schleißheim · Schloß Lustheim

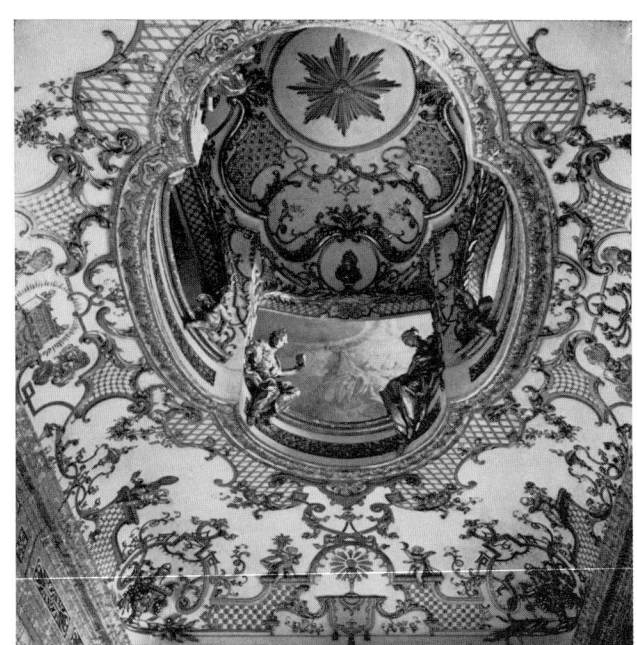

32 – Schleißheim · Neues Schloß
Blick in die Kuppel der Kammerkapelle

33 – Schleißheim · Neues Schloß
Audienzsäle, Zweites Zimmer

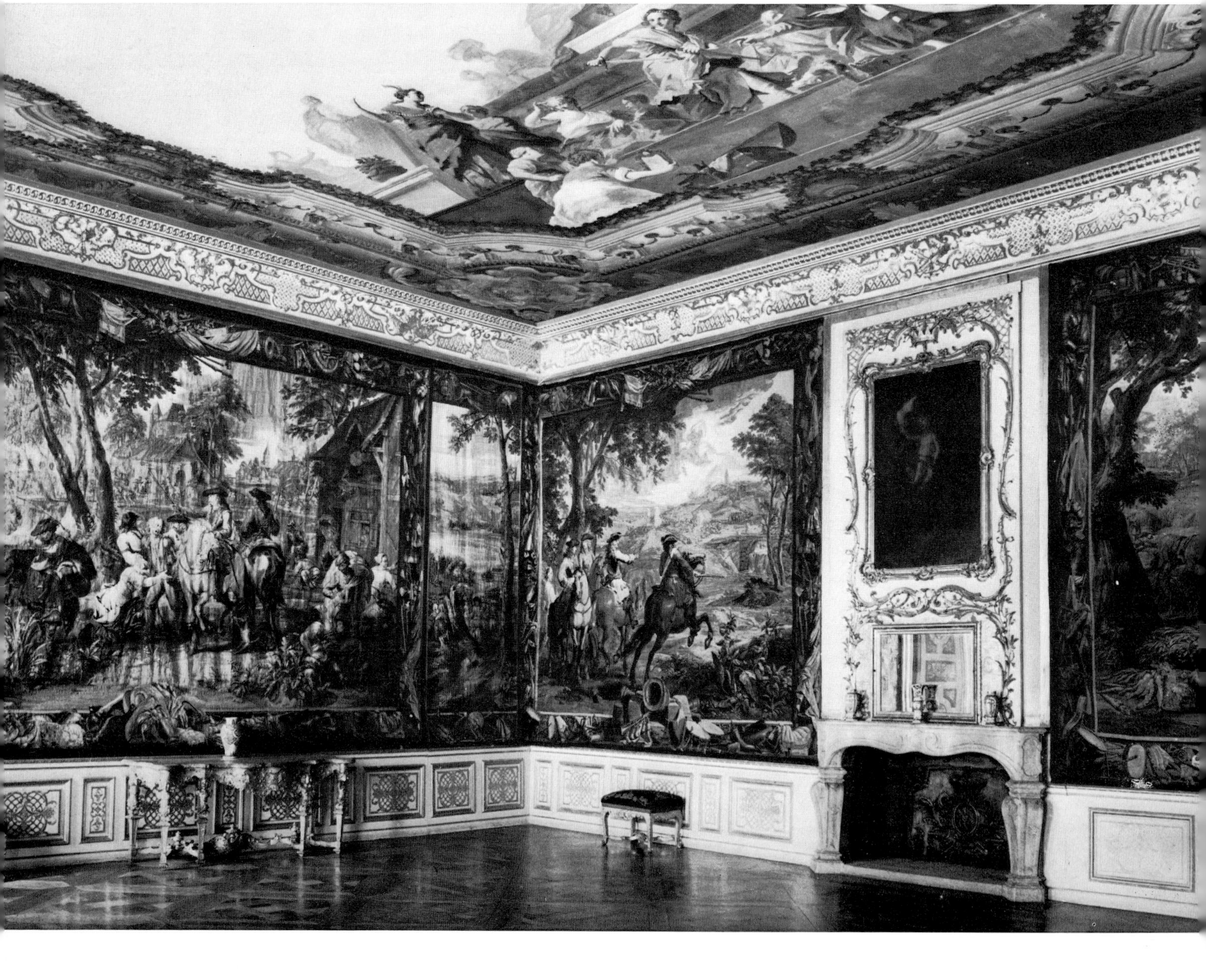

35 – Ismaning · Schloß, Napoleonsaal

Oberbayern

Im Südosten von München liegt die weite Schotterebene mit ihren uralten Siedlungen, mit ihren ausgedehnten Wäldern, wie dem Ebersberger und Hofoldinger Forst, den einstigen Jagdgebieten der bayerischen Herzöge, Kurfürsten und Könige. Durch dieses Gebiet führen von München aus drei Straßen, die Autobahn nicht eingerechnet: nach Mühldorf-Burghausen, nach Rosenheim und zum Chiemsee und in der Mitte nach Wasserburg. Alle laufen zuerst durch die Ebene, dann durch anmutigstes Hügelland.

Nehmen wir die Straße nach Mühldorf über Haag, das den Grafen gleichen Namens gehörte. Von der riesigen Schloßanlage steht heute noch der gewaltige, weithin sichtbare Bergfried, während das Schloß selbst 1804 abgebrochen worden ist. Von Haag ist es nicht weit nach Schwindegg im Isengau, wo es früher viele Schlösser gab; nur wenige sind erhalten geblieben, wie Burgrain, Zangberg oder Schwindegg selbst, das zwischen alten Bäumen steht und dessen Mauern und Türme sich im Wasser spiegeln, denn es liegt am Zusammenfluß der Schwindach und Rimpach, in einer stillen, lieblichen Landschaft.

Kurz vor Mühldorf erreichen wir den Inn; von der Höhe des Friedensbergs, auf dem das kleine Turmschloß Stampfl steht wie eine Burg aus dem Märchenbuch, geht der Blick weit hinaus über die breiten Windungen des Flusses, über Felder, Wiesen, über dunkle Wälder, hinter denen sich am Horizont die Kette der Alpen hinzieht, vom Dachstein bis zur Benediktenwand. Es ist eine der schönsten Landschaften Oberbayerns, besonders im Herbst, wenn die Berggipfel unter scharfblauem Himmel weiß leuchten, die Wälder im stumpfen Grün um das Braun der Äcker und das satte Grün der Wiesen stehen. Gegenüber dem ‹Stampfl› liegt Schloß Jettenbach der Grafen von Törring, am diesseitigen Ufer des Inns Kloster Au und etwas weiter, im Schutze der Hügel, Kloster Gars.

Wir kehren zur Hauptstraße zurück, die nach Mühldorf steil abfällt, vermeiden die Umgehungsstraße und fahren durch den kräftigen Torturm, der in den Rahmen der Befestigungen eingefügt ist, in die Stadt, welche die Erzbischöfe von Salzburg in der ersten Hälfte des 10. Jahrhunderts gründeten und bis zur Säkularisierung besaßen. Seit 1239 ist Mühldorf Stadt, die nach zwei großen Bränden 1285 und 1640 wieder aufgebaut wurde. Hinter dem Torturm öffnet sich überraschend der eindrucksvolle, breite Straßenmarkt wie ein heiterer Festsaal, besetzt mit Brunnen, gesäumt von farbigen Häusern, deren Erdgeschosse vielfach in Lauben geöffnet sind.

Nördlich von Mühldorf liegt zwischen Vils und Rott inmitten einer hügelreichen Landschaft Schloß Egglkofen, ein stattlicher Renaissance-Bau, der nach 1830 im neugotischen Geschmack verändert wurde und den Grafen von Montgelas gehört. Hierher hat sich 1817 Graf Maximilian von Montgelas nach seinem Sturz durch Kronprinz Ludwig I. zurückgezogen und noch heute erinnern hier einige Räume der Empire-Zeit an den berühmten bayerischen Staatsmann.

Auf dem anderen Ufer des Inns liegt vor dem Wald der Markt Tüßling mit dem stattlichen viertürmigen Schloß, das die Grafen von Törring im späten 16. Jahrhundert erbaut haben.

Unfern von Mühldorf tauchen die Türme des berühmten Wallfahrtsortes Altötting auf. Altötting kannte nicht den Handel, hatte keine Kaufherren; es war und ist ganz dem Dienste der Muttergottes geweiht. Das ‹Kirchfahrten›, wie es Aventin so hübsch nennt, ist dem Bayern ebenso altgewohnt wie dem Südländer. Es gehört zum religiösen Leben wie die Kirchen im Land, das Heer der Heiligen, wie Musik, Prozessionen und geistliches Schauspiel. 1489 begann hier das Wesen der Wallfahrt mit der Erweckung eines ertrunkenen Bübchens, das auf dem Altar der

Muttergottes wieder zum Leben erwachte. In kurzer Zeit entwickelte sich das Chorherrenstift zur größten bayerischen Wallfahrt, deren Ruhm über die Grenzen des Landes drang. Angehörige des Kaiserhauses, der herzoglichen und kurfürstlichen Familie, Adel, Bürger, Bauern, fahrendes Volk, Menschen aus aller Welt bildeten und bilden die vielfarbige processio universalis durch die Jahrhunderte.

Daß gerade in Altötting ein geistliches Zentrum entstand, ist vielleicht auf die Erinnerung des Volkes an die karolingische Kaiserpfalz zurückzuführen, die hier stand. Maximilian I., Bayerns ‹Großer Kurfürst›, gab im 17. Jahrhundert dem Gnadenbild den Namen Patrona Bavariae. Neben der großen Stiftskirche, welche den reichen Schatz an Silbergerät und Kunstgegenständen birgt, steht die 877 bezeugte «finster, uralt, heylig Capel Unser Lieben Frauen auff der grünen Matte». Sie ist als Taufkapelle gebaut worden, umgeben von einem Umgang, den die Wallfahrer mit Holzkreuzen auf der Schulter umziehen. Drinnen steht über dem silbernen Tabernakel das Gnadenbild der schwarzen Muttergottes. In dem halbdunklen Raum herrscht tiefste Stille. Im Schein der Kerzen funkeln die silbernen Ornamente. Links vom Altar kniet die Silberstatue des heiligen Konrad von Parzham, rechts das silberne, lebensgroße Bildnis des Kurprinzen Maximilian Joseph, das Wilhelm de Groff 1731 zum Dank für die Errettung aus schwerer Krankheit anfertigen mußte. In den Wandnischen stehen die Urnen mit den Herzen Wittelsbacher Fürsten, und so ist Altötting im doppelten Sinn das Herz Bayerns.

Fast mit Altötting zusammengewachsen ist Neuötting, diese schöne alte Innstadt, überragt von der großen Pfarrkirche St. Nikolaus, die Hans Stethaimer zu bauen begann, die aber erst 1623 nach seinen Plänen vollendet wurde. Von hier aus gelangt man in das reizvolle Hügelland, in dem weiß die Dörfer leuchten und die Zwiebeltürme der Kirchen über die Baumkronen ragen. In dieser Landschaft liegt Winhöring mit dem Schloß Frauenbühl der Grafen von Törring. Von hier aus kann man über Perach, Leonberg, Marktl am Inn auf die Hauptstraße zurückkehren, die aus dem Inntal durch herrlichen Wald zur Salzach führt. Noch einmal umfließt sie hier eine prächtige Stadt. «Dies ist Burghausen», schreibt Wilhelm Hausenstein, «die berühmte und doch nicht genug berühmte alte Stadt, unwahrscheinlich merkwürdig schön wie ein Märchen, dichterisch großartig wie mittelalterliche Geschichte in einer schon mythischen Gestalt, Romanze, Ballade, Stadtfigur von einer Ungewöhnlichkeit, die nicht mehr der wirklichen Welt anzugehören, vielmehr in das Außerordentliche der Legende entrückt zu sein scheint...»

Eingeklemmt zwischen Burgberg und Salzach liegt die Stadt, die man durch die ‹Gräben›, eine enge Straße, betritt, um dann plötzlich auf den hellen weiträumigen Marktplatz zu gelangen, rings umgeben von hohen Häusern mit geraden Stirnwänden oder geschweiften Giebeln. Napoleon hat hier 1809 einige Tage im Hause des bayerischen Vizedoms Graf Taufkirchen gewohnt, als seine Truppen über die Salzach in Österreich einmarschierten.

In Burghausen beginnt eine der schönsten Straßen durch das Alpenvorland; durch die fruchtbare Landschaft des Rupertiwinkels windet sie sich hoch über dem Fluß, vorüber an der barocken Wallfahrtskirche Marienberg, vorüber am ehemaligen Zisterzienserstift Raitenhaslach, das in einer Schleife der Salzach liegt, und weiter, bis sie steil nach Tittmoning abfällt. Hier bin ich oft Gast im Hause des Dr. Poschacher gewesen, gerade gegenüber dem Burghauser Tor mit der Wappenkartusche der Salzburger Erzbischöfe, als ich vor Jahren in der Burg das Museum des Rupertiwinkels eingerichtet habe. Der Stadtplatz von Tittmoning ist einer der herrlichsten und gemütlichsten. Drei Brunnen stehen unter der Doppelreihe kugelig geschnittener Kastanien zwischen den beiden Stadttoren, und ringsum die Häuser des 17. und 18. Jahrhunderts, in allen Farben leuchtend, teilweise stukkiert mit den graziösen Ornamenten des Rokoko, und an der Fassade des Rathauses blitzen derbe, vergoldete Kaiserbüsten im Sonnenlicht. Man muß diesen heiteren Platz in Ruhe auf sich wirken lassen, entweder vor einem der behäbigen Gasthäuser sitzen, oder ihn abends umschreiten, wenn der Verkehr nachgelassen hat, und nur die Stundenschläge vom Kirchturm die Stille unterbrechen. Wenn ich bei Dr. Poschacher war, machte ich allabendlich mit ihm die Runde um den Platz, langsam und gemütlich schlendernd, Vorübergehende grüßend, denn jeder kennt hier jeden: «Gut' Nacht, Herr Doktor» – «Gut' Nacht, Frau Huber».

Eine andere sehr lohnende Fahrt führt über Ebersberg nach Süden in Richtung Rosenheim bis nach Elkofen mit dem burgartigen Schloß der Grafen von Rechberg. Von hier aus kann man über Maxlrain bei Aibling, über Rott am Inn weiter nach Wasserburg reisen, denn Rott, diese Schöpfung des großen Johann Michael Fischer (1759/67 umgebaut und ausgestattet) muß man gesehen haben. Es ist seine reifste Leistung, sein letztes Werk. Über dem Steilufer des Inns steht die ehemalige Benediktinerabtei. Das schmucklose Portal läßt nicht ahnen, welcher Glanz sich dem Eintretenden offenbaren wird.

Nach Wasserburg weiterreisend, durchfährt man eine ähnliche Landschaft, wie sie Mühldorf umgibt. Wald, Feld und Wiese begleiten im ständigen Auf und Ab den Weg zum Inn, an dem, tief unten, die Stadt liegt. «Man sieht sie nicht, bis einer daran kommt.» Trefflicher konnte Merian die versteckte Lage der Stadt Wasserburg nicht kennzeichnen, denn man sieht sie erst, wenn man die steilen Serpentinen über dem Fluß hinter sich hat. Da liegt sie plötzlich vor uns, vom Inn umschlungen, wirklich eine Wasserburg.

In den Städten an Inn und Salzach – auch an der Donau finden wir sie – hat sich eine eigentümliche Architektur entwickelt, die man als ‹alpenländische Bauweise der Innstädte› bezeichnet. Wie schön ist es in diesen Städten im Sommer, wenn die Häuser hell vor dem blauen Himmel stehen, wenn die tiefen Laubengänge schattenkühlen Höhlen gleichen. Geschlossen verläuft die Häuserfront Wasserburgs am Fluß entlang, geschnitten von schmalen Gassen, unerschöpflich an Durchblicken, Winkeln, Plätzen. Über den gotisch gewölbten Lauben erheben sich die Fassaden mit Staffelgiebeln oder hohen Blendmauern vor den Grabendächern, mit Erkern, tiefen gotischen Hallen. Wie malerisch ist der Marienplatz mit der Frauenkirche, dem Maut- und Rathaus, dem Weinhaus, dessen Fassade die eleganten Stukkaturen von Johann Baptist Zimmermann trägt (um 1740). Neben den Resten des kurbayerischen Schlosses steht die ‹hohe Pfarr› St. Jakob, ein weiterer Bau Hans Stethaimers, 1410 begonnen und erst gegen Ende des Jahrhunderts vollendet.

Die Straße zieht jenseits des Flusses am Steilhang empor, und von oben hat man noch einmal einen prächtigen Blick auf die alte Stadt. In Frabertsham biegen wir rechts ab, in Richtung Rosenheim, und gelangen über Amerang mit seinem mittelalterlichen Schloß, wo man einkehren kann, zum Chiemsee. Schon bei Rosenheim beginnt die unvergleichliche Schönheit des Chiemgaus um den größten See Bayerns, diese weithin gestreckte Wasserfläche vor dem Gebirge. Wer könnte einen Sommerabend an seinem Nordufer vergessen? Von Osten zieht die Dämmerung herauf, verschleiert liegt die Kette der Alpen im dunkelblauen Duft über dem See, der sich in allen Farben schillernd zwischen den Ufern spannt. In der ruhigen Flut schwimmen die beiden Inseln Frauenwörth und Herreninsel mit dem Schlosse König Ludwigs II.

Von Prien aus südlich liegt das Wittelsbacherschloß Wildenwart, von wo aus es nicht weit bis zum weißen Kirchlein von Urschalling ist. Dieser kleine romanische Bau aus der Zeit um 1200 hat im Innern bedeutende Wandmalereien, in zwei verschiedenen Schichten übereinander; der ältere Zyklus stammt wohl aus der Erbauungszeit, der jüngere aus der Zeit nach 1370. Jenseits der Autobahn sieht man bereits die Masse des hochgelegenen Schlosses Hohenaschau.

Wir fahren nun auf der Autobahn in Richtung Salzburg und können einen Abstecher zum Höhlenschloß Stein an der Traun machen. Verlassen wir die Autobahn bei Anger, dann kommen wir in das Gebiet des Högl, den eine ganz eigene, unverwechselbare Landschaft prägt. Wir durchfahren Anger, ein Dorf, von dem König Ludwig I. sagte, es sei das schönste Dorf in

Bayern. Von dort – man sollte den Weg zu Fuß machen – ist es nicht weit bis zu einem der reizendsten Orte des Voralpenlandes, nach Höglwörth. Zwischen Wiesen, umschlossen von steilen Laubwaldhügeln, liegt ein kleiner See und auf der Halbinsel das ehemalige Chorherrenstift, eigentlich ein Schlößchen, und die schöne Kirche.

Vor der österreichischen Grenze wenden wir uns in Richtung Reichenhall. Rechts am Hang des Staufen steht die Burg Staufeneck, aus deren Fenstern man hinüber zum Högl und nach Salzburg sieht. Im Süden riegelt der gewaltige Klotz des Untersbergs das Tal ab. Durch die Auwälder der Saalach geht es weiter nach Reichenhall und von dort durch den Wald über Hallturm in das alte Stiftsland Berchtesgaden unter dem prachtvoll aufgetürmten Massiv des Watzmanns und Hochkalters, rings umgeben von Wiesenhängen mit uralten, riesigen Bergahornen, von Wäldern und Hochalmen. In Berchtesgaden sollte man bleiben, am besten vor oder nach der Hauptreisezeit, um Stadt und Landschaft kennenzulernen. Da ist der vornehme Bezirk des ehemaligen fürstpröpstlichen, reichsunmittelbaren Augustinerchorherrenstifts mit der großen Kirche St. Peter und Johannes und den Stiftsgebäuden, heute Schloß der Wittelsbacher. Da ist am Ortsausgang nach Salzburg das Adelsheimer Schlößchen, in dem das Heimatmuseum eingerichtet ist, ein helles, freundliches Haus, rosa und weiß, und zwischen diesen beiden Schlössern liegt der schöne alte Ort.

Eine besonders hübsche Strecke führt von München ins Isartal, in Richtung Tölz und Lenggries mit Schloß Hohenburg, und dann weiter zum Walchensee. «Welche Wonne, die Augen schweifen zu lassen über das alte Land, über die lieblichen Wiesenhügel und die dunklen Forsten zu meinen Füßen, zwischen denen der alte Heimatfluß in herrlichem Bogen herangezogen kommt, stolz und ungebrochen, weit über graugrüne Geschiebe-Inseln ausgebreitet gleich einer Riesenmuschel, in der die Silberadern seiner Wasser aufblitzen – und hinter ihm über das große, weitgeschwungene, wälderübergossene Osterland, das Höhe hinter Höhe, Welle hinter Welle, flutend aufsteigt bis zum felsigen Kranz der Alpen . . .» (Karl Alexander von Müller). In den Alpen selbst liegt das kleine Jagdschloß auf dem Schachen, das sich König Ludwig II. erbaut hat, eine besondere Sehenswürdigkeit. Man erreicht es von Elmau aus oder bequemer noch durch das Raintal, äußerlich ein schlichtes Holzhaus in oberbayerischer Bauweise. Um so mehr wird der Besucher von der orientalischen Pracht überrascht, mit der der Saal ausgestattet ist, der hier in Anlehnung an türkische Vorbilder entstanden ist. Ein zeitgenössischer Bericht schildert uns, wie der König in seinem Jagdhaus in türkischer Tracht gesessen hat, «während der Troß seiner Dienerschaft als Moslems gekleidet, auf Teppichen und Kissen herumlagerte, Tabak rauchend und Mokka schlürfend . . . Dabei dufteten Räucherpfannen und wurden große Pfauenfächer geschwenkt» (Louise von Kobell). Das lange vernachlässigte Haus ist mit großer Umsicht wieder instand gesetzt worden und kann besichtigt werden.

Bei Ascholding liegt das Turmschlößchen Harmating auf dem östlichen Hügelrand. Man sieht es von der Straße aus. Fahren wir von hier aus nach Westen, so kommen wir südlich von Wolfratshausen ins Loisachtal, an dessen Westhang die Eurasburg sitzt. Hier hat Herzog Albrecht, der Bruder Maximilians I., das alte Schloß 1626 abbrechen und vermutlich nach Plänen Peter Candids (oder Heinrich Schöns) wieder aufbauen lassen. Der Spätrenaissance-Bau mit seinen Achtecktürmen gehört heute den Brüdern Dieter und Günther Wolf, die ihn auch bewohnen. Hier biegen wir ab nach Seeshaupt, denn es empfiehlt sich, das schöne Land um den Starnberger See zu besuchen. «Sieh den träumerischen Mittag: in der Sonnenglut schläft das tiefe Wasser; die Wälder der Ufer duften stärker, die Berge aber hüllen sich in einen blendenden Schleier . . . Von Italiens Ebenen aus schauen die Alpen finster und schwarz in die Welt, hier glänzen sie, von tausendfach zurückgeworfenen Strahlen übergossen.» So schildert Heinrich Noë 1865 die Landschaft des Starnberger Sees oder des Würmsees, wie er auch genannt wird, geliebt von den bayerischen Kurfürsten und Königen, vom Adel und dem Münchner Bürgertum, die an seinen Ufern ihre Schlösser und Landsitze hatten und hier alle Annehmlichkeiten eines heiteren ländlichen Lebens nahe der Hauptstadt fanden.

Da liegt am Ostufer Schloß Berg, wo der unglückliche König Ludwig II. den Tod gefunden hat; da liegt, dem nördlichen See-Ende zu, Schloß Ammerland der Grafen Pocci, eines der typischen bayerischen Landschlösser, wohl des 16. Jahrhunderts, ein Kubus mit Ecktürmchen und hohem Walmdach. «Anmutsvoll und lustig steht das getürmte Schlößlein über den Wogen, die es weithin sichtbar beherrscht», schreibt Ludwig Steub und fährt fort: «Nicht selten erscheint dort ein etwas langes, bräunliches Gesicht am Fenster, ein Gesicht voll heiligen Ernstes und weltlicher Schalkheit, das scheinbar dem Zug der Wolken oder dem Spiel der Wellen nachgeht, während der Geist vielleicht vertieft ist, eine alte Legende neu zu firnissen oder unsere göttliche Bürokratie an ihre Menschlichkeit zu erinnern. Ist das nicht, wird alsbald jeder Münchner sich fragen, ist das nicht der Graf und Burgherr, unser Pocci, der Dichter, Zeichner und Musiker, Dramatiker für Kinder und Erwachsene, der oft an schönen Sommertagen hier zu finden ist, in glücklicher Ferne von der Stadt, um rein aufzugehen in der Schönheit der Landschaft und in der Kindlichkeit des Gemütes?» Franz von Pocci war nicht nur ein hoher Kronbeamter unter drei bayerischen Königen, er war ein glänzender Karikaturist, der Wilhelm Busch ebenbürtig zur Seite steht. Im früheren Münchner Herrenklub hingen viele seiner boshaft-witzigen Porträts der Hofgesellschaft, und in manchem Schloß habe ich solche Zeichnungen gesehen. Heute gehört Schloß Ammerland Frau Helga Röchling.

Am Nordende des Sees, dem Mühltal zu, sehen wir das 1565 erbaute wittelsbachische Schloß Leutstetten, und über Starnberg thront die einstige kurfürstliche Burg, eine Vierflügelanlage des 16. und 17. Jahrhunderts, die heute das Amtsgericht beherbergt. Etwas weiter südlich liegen am Seeufer Possenhofen und Garatshausen. Das Schlößchen Garatshausen, diese hübsche zweitürmige Anlage, die der Münchner Ratsherr Caspar Weiler im 16. Jahrhundert gebaut hat, gehört heute den Fürsten von Thurn und Taxis.

Possenhofen, ein stattliches viertürmiges Schloß, war schon im 12. Jahrhundert Eigentum der Wittelsbacher. Später ging es durch die Hände verschiedener Besitzer, bis Kurfürst Ferdinand Maria es 1688 zurückkaufte. 1834 erwarb Herzog Maximilian in Bayern das Gut und ließ Türme und Dachsims mit neugotischen Zinnen schmücken. Da Possenhofen bald ein Lieblingssitz der herzoglichen Familie wurde, entschloß sich der Herzog schon im Jahre 1838 – wahrscheinlich unter Beteiligung Leo von Klenzes und Friedrich Gärtners – zum Bau der Hufeisenanlage des Neuen Schlosses. Hier hat die Kaiserin Elisabeth von Österreich, damals noch als bayerische Prinzessin, die schönsten Tage ihrer Kindheit verlebt, hier erfuhr sie ein Menschenalter später von der erzwungenen Abdankung und dem Tod des geliebten Vetters, König Ludwigs II. von Bayern.

Weiter geht es, an dem herrlich gelegenen Hochschloß Pähl vorbei, über Weilheim und Murnau in das Tal der Ammer, nach Oberammergau, dem berühmten Bildschnitzer- und Schauspielort, diesen weitläufigen, behäbigen Markt, dessen Häuser noch hie und da farbigen Freskenschmuck des Rokoko von Franz Zwink tragen.

Ganz in der Nähe liegt das Kloster Ettal. Vor uns steht die breite barocke Front der Klosterkirche mit der grandiosen Kuppel zwischen den Türmen. 1330 hat Kaiser Ludwig der Bayer das Kloster gestiftet. Die Legende erzählt, daß der Kaiser während seines Aufenthaltes in Italien in Geldnöte geraten sei. Da sei ihm ein Mönch erschienen, der versprochen habe, ihn aller Sorgen zu entheben, wenn er seinen Weisungen folgen und ein Kloster gründen würde. Ludwig versprach es, und der Mönch übergab ihm ein Gnadenbild der Muttergottes. Nach Hause zurückgekehrt, ritt der Kaiser ins Ammertal, um den Platz für das Kloster zu suchen. Bei einer alten Fichte ließ

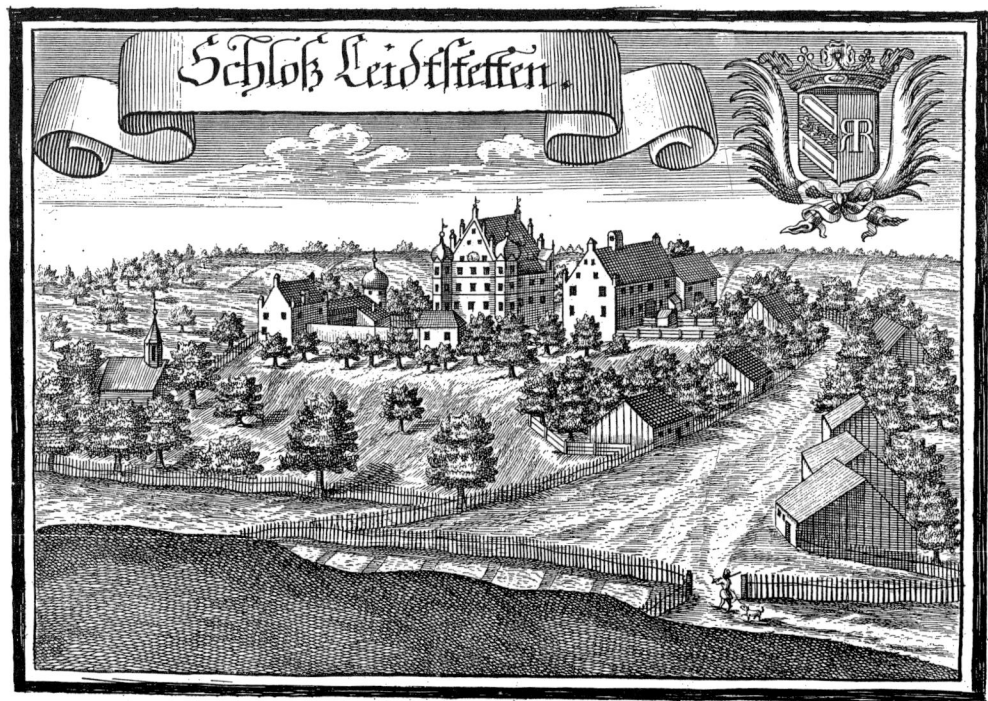

Schloß Leutstetten im Würmtal
Nach einem Kupferstich von Michael Wening, 1701

sich sein Pferd dreimal auf die Knie nieder; der Kaiser wußte: hier sollte er bauen. Hinter der Legende verbirgt sich wohl eine handfeste politische Überlegung, daß nämlich hier an der Grenze zwischen Bayern, der Grafschaft Werdenfels und Italien ein Stützpunkt nötig sei. Deshalb gründete Ludwig außer dem Benediktinerstift auch ein Ritterstift, das nach seinem Tod aufgelöst wurde, aber im 18. Jahrhundert als die heute noch bekannte Klosterschule wieder auflebte. Kaiser Ludwig habe dem Kloster den Namen Ettal gegeben, «ze unser lieben Frauen Etal», was bedeutet: Ehe-Tal, Tal des Bundes mit der Gottesmutter. Das Gnadenbild, eine kleine Marmorfigur, vielleicht von Giovanni Pisano, hatte der Kaiser tatsächlich aus Italien mitgebracht.

Ursprünglich war die Kirche eine zwölfseitige Rotunde, eine für jene Zeit sicherlich ungewöhnliche Konzeption. Seit der Mitte des 18. Jahrhunderts besitzt sie einen der glorreichsten Innenräume des bayerischen Rokoko, das den vorhandenen gotischen Baukörper völlig überdeckt. Während der Säkularisierung von 1803 wurden die Klostergebäude größtenteils abgetragen. Freiherr von Cramer-Klett kaufte das Stift aus eigenen Mitteln zurück und übergab es wieder klösterlicher Bestimmung, und seit 1906 wirken dort wie ehemals die Benediktiner. Die heutigen Konventbauten entstanden in unserem Jahrhundert.

Nun ist es nur noch ein kurzes Stück bis Linderhof am Ende des stillen Graswangtals, zur frühesten Schöpfung König Ludwigs II., eines der letzten Zeugnisse wittelsbachischer Baulust. Über Steingaden geht es dann zur Wies, der berühmten Wallfahrtskirche mitten im Wald auf einer großen Wiese. Da steht die Kirche zum ‹Gegeißelten Heiland›, ein Bau von bewegtem Umriß – er gleicht beinahe einer buckelnden Katze – und schlichtem Äußeren.

Hier gab es einst beim Bauern auf der Wies eine geschnitzte Figur des Heilands an der Geißelsäule; sie begann eines Tages Tränen zu vergießen. Ihr Besitzer errichtete ihr 1739 eine Feldkapelle, die Wallfahrt nahm ihren Anfang. Kloster Steingaden ließ 1745/54 von Dominikus Zimmermann die Kirche bauen. Sein Bruder Johann Baptist Zimmermann leitete die Ausstattungs-

Schloß Garatshausen am Würmsee, dem heutigen Starnberger See
Nach einem Kupferstich von Michael Wening, 1701

arbeiten. Welch ein Eindruck im Innern! Ein heller, lichterfüllter Saal, leichte Farben, Gold, ein Schimmern und Glänzen in dem ovalen Raum von kräftiger, klarer Architektur. Ein Ballsaal möchte man sagen, und doch eine Kirche von tiefer volkstümlicher Frömmigkeit.

Auf der Rückfahrt nach München sollte man von Weilheim am Ammersee entlangfahren, die herrliche Wallfahrtskirche Andechs besuchen und einen Blick auf die Schlösser von Seefeld und Greifenberg werfen.

Vergessen wir bei unseren Fahrten nach Süden nicht, einen Abstecher nach Tegernsee zu machen. Das Tegernseer Tal war in meinen Kindertagen noch nicht so verbaut wie heute; Rottach, Egern und Wiessee waren noch echte Dörfer. Kehrten wir gegen Abend vom Baden im Ringsee im Boot zurück, so schimmerte der ruhige See im Licht der sinkenden Sonne, und ein goldenes Leuchten ließ auf den Graten die grauen Schroffen erglühen. Über allem schwebte das unergründliche Schweigen der Bergwelt, durchklungen nur vom Schrillen der Grillen und dem dunkelhellen Geläut der abendlichen Kirchenglocken. Man hatte damals noch keinen Heimatabend nötig, um das echt Bayerische dieses Landstrichs zu fühlen und zu schmecken, ja, ich möchte sagen, das Wittelsbachische, denn das Tegernseer- und Kreuther Tal gehörten zu den Lieblingslandschaften des königlichen und herzoglichen Hauses. Davon zeugen noch das Schloß in Tegernsee und der mächtige Bau des Schlosses auf dem Ringberg.

Nicht nur die Fremden, auch viele Einheimische besuchen nur die Landstriche südlich und östlich von München. Wer fährt schon nach Norden, zum Beispiel in das Dachauer Hinterland oder das Gebiet um Schrobenhausen und Pfaffenhofen an der Ilm? Dennoch, wer sich einmal über die Amper gewagt hat, die unterhalb von Dachau vorüberfließt, kommt in eine Landschaft von ganz eigenem Reiz, in ein ernstes Land dunkler Wälder, ein Land der Felder und Wiesen, ein Bauernland par excellence, das noch unversehrt im Gebiet zwischen Dachau, Aichach, Schrobenhausen und Pfaffenhofen zu finden ist. Von München aus kann man über Schleißheim nach Haimhausen fahren, mit dem schönen, 1747 von François Cuvilliés umgebauten Schloß, oder nach Dachau, um dort im Schloßgarten hoch über der Ebene des Dachauer Mooses zu promenieren und in der Schloßgaststätte zu Mittag zu essen, ehe die Erkundungsfahrten in die Umgebung beginnen.

Es ist ein stilles Land, das wir durchfahren, hügelauf, hügelab, mit gemütlichen Dörfern und Einödhöfen. Eine Eigenart der Bauernhäuser sind die Haustafeln, die in der Mitte des vorigen Jahrhunderts von der Familie Strasser in Großberghofen und Walkertshofen hergestellt wurden: aus Solnhofer Stein gefertigte, bunt bemalte Reliefs religiösen Inhalts oder mit Sinnsprüchen sitzen zu beiden Seiten der Haustüren. Ein ähnlicher Schmuck sind die ‹Hansln›, Reliefbildwerke der gleichen Zeit von dem Maurer Bartholomäus Ostermeir aus Unterweilenbach; sie zeigen Bierwagen, pflügende Bauern und andere Motive aus dem ländlichen Leben.

Wir kommen durch Indersdorf mit dem ehemaligen Chorherrenstift, 1120 von Pfalzgraf Otto IV. von Wittelsbach gegründet. 1754/55 ist die langgestreckte romanische Basilika überarbeitet worden; aus dieser Zeit stammt die kostbare Innenausstattung des Stukkators Franz Xaver Feichtmayr und des Freskomalers Matthäus Günther. Weiter im Norden liegen die Schlösser Jetzendorf und Reichertshausen, während die Straße im Südwesten zum Petersberg bei Eisenhofen führt, der einst eine wittelsbachische Burg trug. Die Basilika wurde im ersten Jahrzehnt des 12. Jahrhunderts gebaut, ein kleiner massiver Bau mit romanischen Wandmalereien in den Apsiden. Von hier ist es nicht weit nach Altomünster mit der schönen Klosterkirche des Birgittenordens – einzig in dieser Gegend – ein Werk Johann Michael Fischers.

Weiter geht es nach Schrobenhausen. Zwischen dieser Stadt und Aichach lag auf einer Anhöhe die Burg Oberwittelsbach, deren Namen die Grafen von Scheyern angenommen haben. Heute erinnert nur noch ein Gedenkstein an die Burg, die im 12. Jahrhundert Mittelpunkt der wittelsbachischen Herrschaft gewesen ist. Vermutlich wurde sie Anfang des 13. Jahrhunderts geschleift, nachdem Pfalzgraf Otto von Wittelsbach 1208 den Stauferkönig Philipp ermordet hatte und geächtet worden war. Dicht dabei steht das kleine, hübsche Schloß Unterwittelsbach, das 1533 dem Stift St. Ulrich und Afra in Augsburg verkauft und 1838 von Herzog Maximilian in Bayern zurückerworben wurde. Das Schloß erhielt im 18. Jahrhundert seine heutige Gestalt, ein schlichtes Haus mit Walmdach, das inzwischen erneut den Besitzer gewechselt hat.

Schrobenhausen, die Heimatstadt des Malers Franz von Lenbach – es gibt ein interessantes Lenbachmuseum dort – ist eine sehr ansehnliche alte Stadt, noch von Wall, Graben und Mauern umgeben. Auf dem Wall kann man in einer Allee uralter Linden die Stadt umkreisen. Im Land ringsum wechseln Wald und Ackerbreiten, im Norden dehnt sich das fast baumlose Donaumoos, dann folgt jenseits der Paar ein bewaldeter Höhenzug. Westlich von Schrobenhausen gelangen wir nach Sandizell, dem Stammsitz der Grafen gleichen Namens, der mit der Kirche St. Peter eine Baugruppe von großem Reiz bildet. Ganz in der Nähe liegt der Gumppenbergsche Besitz Pöttmes.

Ein anderes, auf dem Wege nach Ingolstadt gelegenes Schloß ist Niederarnbach der Freiherren von Pfetten, eine sehr stattliche Anlage mit hübschem Park. Die Fahrt führt weiter nach Ingolstadt, der alten bayerischen Festung. In seinen größtenteils geschleiften Befestigungen drängt sich die Stadt. Am Südende liegt das herzogliche Schloß, eines der interessantesten Bauwerke gotischer Schloßarchitektur in Bayern. Auf der anderen Seite der Stadt steht die Frauenkirche, die Obere Pfarr, der räumlich mächtigste Bau unter den spätgotischen bayerischen Kirchen. Einzigartig ist St. Maria Victoria mit den Fresken Cosmas Damian Asams und der wundervollen Monstranz, welche die Schlacht von Lepanto darstellt. Die vier Universitätsfakultäten hatten 1732 den ersten Stein zu dem schönen Saalbau gelegt. Hier lebte und studierte im 18. Jahrhundert Michael Sturm, eine Zeitlang Prediger in München, der als Vikar in Hiltersried 1812 starb. Er ist

Schloß Unterwittelsbach bei Aichach. Nach einem Kupferstich von Michael Wening, 1701

einer der kraftvollsten, volkstümlichsten Dichter und Prediger Bayerns gewesen. Wie er ist, spürt man schon am sogenannten Quodlibet aus dem Alten und Neuen Testament. Zum Beispiel die Austreibung Luzifers:

> Wer ist wie Gott, schreit Michael
>   Wo ist der freche Schrolln?
> Den soll ja gleich mit Leib und Seel
>   Der Teufel hellicht holn!
> Schnell war der stolze Luzifer
> Durch Sonn und Mond getrieben,
> Daß ihm ein ganzes Sternenheer
> Am A... ist hängen blieben.

Die bayerische Gebietsreform von 1972 hat Oberbayern nach Norden zu erweitert, und das Eichstätter Land liegt jetzt auf oberbayerischem Gebiet. Trotzdem wollen wir diesen Teil des alten ‹Nordgau› erst besuchen, wenn wir nach Franken fahren.

Unsere letzte Reise durch Oberbayern soll uns über Erding und Moosburg nach Niederbayern führen. Wir kommen bald hinter München in das Gebiet des Erdinger Mooses, das größtenteils trockengelegt ist, ein weites Wiesen- und Ackerland von besonderer Eigenart. Bäche und Flüßchen, wie die Sempt, durchziehen das Land, und es gibt Moorwiesen, aus denen der Ruf des Brachvogels und der Kiebitze tönt. Nördlich von Markt Schwaben erreichen wir Ottenhofen, wo im Park des nicht mehr vorhandenen Schlosses ein reizender Pavillon Zeuge des besten bayerischen Rokoko ist.

Man sollte aber auch nicht versäumen, Freising einen Besuch abzustatten. Joseph Hofmiller schreibt, daß die Abneigung des Münchners, nordwärts zu wandern, bereits beim Aumeister am Ende des Englischen Gartens beginne. Daher bliebe auch Freising den meisten Münchnern unbekannt. Dabei ist Freising eine typische, freundliche altbayerische Stadt, mit der langen Flucht seiner Hauptstraße zwischen hübschen behäbigen Häusern. Vor allem aber ist da der Domberg mit dem großen Dom, wie Hofmiller fortfährt, «siebenhundertjährig dem Mauergehäuse nach, romanisch angelegt zur Zeit Friedrich Barbarossas, gotisch überwölbt von Jörg Ganghofer, dem Erbauer der Frauenkirche, festlich aufgehellt durch das frühe, zum großartigen Thronsaal der triumphierenden Kirche neu geschaffen durchs hohe Barock der Brüder Asam». In der Münchner Staatsgemäldesammlung befindet sich ein Gemälde Jan Pollaks, um 1485, den Tod des heiligen Korbinian darstellend, das im Hintergrund Freising mit dem Domberg zeigt. Auf ihm stand einst die Pfalz der Agilolfinger Herzöge. Herzog Garibald holte den heiligen Korbinian nach Freising, der dort als zweiter Bischof im 8. Jahrhundert den ersten Dom erbaut hat.

Die beiden frühen Dombauten brannten ab, und erst der Neubau von 1160 hatte Bestand und ist im Laufe der Jahrhunderte von den Fürstbischöfen herrlich ausgestattet worden. In der geräumigen Krypta, nach 1205 nach dem Vorbild von San Zeno in Verona angelegt, gehört eine der Säulen, die ‹Bestiensäule›, zu den merkwürdigsten und eindrucksvollsten Bildwerken. Sie ist bedeckt mit Monstren und sie bekämpfenden Rittern. Am Bildinhalt ist viel gerätselt worden, doch dürfte es sich um den Kampf des Guten gegen das Böse handeln. Die alte Taufkirche St. Johannes schlägt die Brücke vom Dom zur fürstbischöflichen Residenz, und zwar verläuft über ihrem südlichen Seitenschiff der Fürstengang, den Fürstbischof Eckher von Kapfing von Jakob Maffiol 1723 als Verbindungsgang anlegen ließ.

Von der mittelalterlichen Residenz steht wohl nur noch der Unterbau des Nordostturms; ihr ältester Teil ist der architektonisch bemerkenswerte Arkadenhof, den Stephan Rottaler 1519 für Fürstbischof Philipp Pfalzgrafen bei Rhein, Neffe des Kurfürsten Ottheinrich von der Pfalz, errichtet hat. Die Arkaden umziehen den Hof auf der Nord- und Ostseite, und zwar entsprechen je einer Halle im Erdgeschoß zwei Arkaden im Obergeschoß. Im Nordflügel ist das alte figurierte Rippengewölbe noch erhalten. Die oberen Arkaden werden von Rotmarmorsäulen in verschiedener Form und mit reicher Dekoration wie Wappenschilden, Masken und Blattkelchen getragen. 1534 ließ der Bischof den Westflügel anfügen, der ebenso wie die älteren Teile der Residenz 1619/21 unter Fürstbischof Veit Adam von Gebeck entscheidend umgestaltet worden ist. Veit Adam hat auch die Hofkapelle im älteren Turm mit reichem Stuckdekor in der Art des Hans Krumpper schmücken lassen. Weitere Umgestaltungen des Inneren brachte das 18. Jahrhundert. Die Residenz diente seit der Säkularisierung bis vor kurzem als Klerikalseminar.

Über die östlich von Erding aufsteigenden, in unendlichen Wellen bis ins Niederbayerische ziehenden Hügelrücken erreichen wir Moosburg mit der stattlichen ehemaligen Stiftskirche St. Castulus, wohl zwischen 1160/70 entstanden. 1867 wurde das Innere neugotisch eingerichtet. Von den drei Portalen ist das westliche (Anfang 13. Jahrhundert) berühmt wegen seiner reichen Dekoration an Säulen, Kämpfern und Archivolten; im Tympanon Christus zwischen Maria, Castulus, Kaiser Heinrich II. und Bischof Adalbert. Der Hochaltar ist ein frühes Werk Hans Leinbergers. Vier Relieftafeln von seiner Hand, die Legende des hl. Castulus zeigend und vormals die beweglichen Flügel des Hochaltars, befinden sich jetzt unter den Chorfenstern. Von Leinberger ist auch das Sandsteinepitaph des Kanonikers Mornauer am westlichen dritten Nordpfeiler. Von hier aus führt die Straße nach Landshut der Amper entlang, vorbei an Schloß Isareck und dem bereits zu Niederbayern gehörenden Schloß Kronwinkl.

Ottenhofen

Eine der reizendsten Schöpfungen des Rokoko besitzt Ottenhofen, nicht weit von Erding, nördlich von Markt Schwaben. Das einstige Schloß gibt es nicht mehr, aber im ehemaligen Park, der gegen die Sempt leicht abfällt, steht unter uralten Bäumen fast verborgen ein Pavillon, der zum Besten gezählt werden kann, was das bayerische Rokoko hervorgebracht hat. Park und Pavillon gehören heute dem Druckereibesitzer Heinz Kliempt, der den Bau kunstinteressierten Besuchern gern zeigt.

Im Erdgeschoß liegt ein quadratischer Raum mit abgeschrägten Ecken, dessen Wandfelder von geschnitzten Rahmenleisten mit zartfarbenen Blüten umschlossen sind. Darin hüpfen allerlei Vögel zwischen gemalten Rocaillen, Buketts, Ranken- und Blumengehängen. Dem Eingang gegenüber wird durch ein Gemälde eine Laube imitiert, in der ein großer Blumenstrauß zu sehen ist. An den schrägen Wandflächen stehen Konsolen, darüber Spiegel mit eleganten Schnitzereien. Eine Stiege führt hinauf in die Mansarde, deren Wände mit den hübschesten Chinoiserien bemalt sind.

Schloßherren waren bis 1709 die Grafen von Rivera, dann bis 1821 die Grafen von Perusa. Eine Inschrift am ‹geheimen Örtchen› nennt als Baudatum den 8. Oktober 1760, so daß Graf Carl Felix von Perusa als Bauherr gelten kann. Der Name des Erbauers bricht leider nach dem Anfangsbuchstaben ab: ‹Verfertiger S...›. Obwohl der Meister unbekannt ist, muß er zu den besten Münchner Hofkünstlern gerechnet werden. *Abb. 47, 48*

Schwindegg

Westlich von Mühldorf liegt das malerische Weiherschloß Schwindegg. Der Beginn des Schloßbaus fällt in das Jahr 1594. Bauherr war Sebastian von Haunsperg (gest. 1606), aus einem Salzburger Adelsgeschlecht stammend. Sein Wappen und das seiner Frau Magdalena, geborene Altin, mit der Jahreszahl 1594 befinden sich an zwei Rotmarmorsäulen im sogenannten Rittersaal im südwestlichen Teil des Schlosses. Die Größe der Anlage deutet darauf hin, daß sich die Bauzeit noch in das 17. Jahrhundert erstreckt haben muß. 1620 wurde Schwindegg von Herzog Albrecht in Bayern übernommen, 1648 von den Schweden verwüstet, jedoch nicht abgebrannt. Im 18. Jahrhundert gehörte Schwindegg den Grafen Fugger, worauf noch ein kupfernes Türband hindeutet (Joseph Xavier Graf von Fugger und dessen Gemahlin Adelheid, geborene Gräfin von Taufkirchen, 18. Juni 1788). 1833 wurde von Freifrau Elise von Moreau, die das Schloß 1816 von den Fugger gekauft hatte, statt der vorhandenen bei Wening noch gezeichneten Holzbrücke eine Steinbrücke erbaut. Nach 1849 ist die Anlage im Innern durch Einbau eines Brauhauses völlig verändert worden.

Schwindegg ist auch heute noch von einem breiten, mit Seerosen bewachsenen Wassergraben umgeben. Ein zweiter Graben führte ehemals um die dazugehörigen Wirtschaftsgebäude. Das Schloß, das einen ungefähr quadratischen Grundriß besitzt, wird an den Ecken durch vier oktogonale Türme befestigt, während ein fünfter viereckiger Turm in der Mitte der Südseite als Tor- und Brückenturm angelegt ist. Schreitet man durch den mit Kreuzgewölben gedeckten Torweg, so erreicht man den etwa rechteckigen Schloßhof, dessen Nord- und Ostseite in zwei Geschossen Laubengänge zeigen. Im Erdgeschoß sind es an der Nordseite drei, an der Ostseite vier Arkaden, während sich im Obergeschoß die Zahl der Bogen verdoppelt. Die Säulen sind toskanischer Ordnung. Das obere Geschoß besitzt eine Holzbalustrade.

In der Nordostecke des Schlosses liegt im Erdgeschoß die Schloßkapelle St. Mariä Himmelfahrt. Links der Eingangstür befindet sich außen ein Rotmarmorgrabstein, den sich Magdalena von Haunsperg zu ihren Lebzeiten hat setzen lassen. Das Sterbedatum ist hier noch nicht eingetragen (Am . . . tag Anno 16 . . .). In der Kapelle standen ursprünglich drei Altäre (um 1725). Das Altarblatt des linken Seitenaltars zeigte das Martyrium des hl. Sebastian, das nicht ohne Ähnlichkeit mit einem Sebastian in der Zisterzienserklosterkirche in Raitenhaslach von Johann Michael Rottmayr gewesen ist. *Abb. 36*

Tüßling

Seit der zweiten Hälfte des 14. Jahrhunderts werden die Herren von Törring als Besitzer von Tüßling erwähnt. Das Renaissanceschloß wurde 1583 von Johann Veit von Törring erbaut. 1659 gelangte es an die Grafen von Wartenberg, Wittelsbacher Bastarde, die auf Herzog Ferdinand I. (1550 bis 1608) zurückgehen, der Maria Pettenbeck geheiratet hatte und deshalb den Titel Graf von Wartenberg führte. Nach mehrfachem Wechsel ist Tüßling seit Beginn unseres Jahrhunderts im Besitz der Freiherren von Michel.

Das ehemalige Wasserschloß ist eine imposante Renaissance-Anlage, dreigeschossig, mit schweren oktogonalen Ecktürmen und abschließenden Zwiebelhauben, wie sie auch Schloß Schwindegg besitzt. Den reizvollsten Teil bildet der Innenhof, der sechs Arkaden an jeder Seite zeigt. Während das Erdgeschoß derbe Steinsäulen aufweist, wurden in den Obergeschossen schlanke toskanische Säulen auf Balusterpfeilern verwendet. In den beiden oberen Stockwerken der Nord- und Südseite wurden die Loggien später geschlossen.

1725 ließ Graf Ferdinand Marquard Joseph von Wartenberg den Nordflügel zu einem Festsaal mit acht Fensterachsen umgestalten. Die ungegliederten Fensterpfeiler sind mit Régence-Stukkaturen überzogen. Über den Fenstern sitzen Ideal-Landschaften. Das Spiegelgewölbe ruht auf einem Konsolenkranzgesims; an seinen Schmalseiten befinden sich die Wappen des Erbauers und seiner Gemahlin Maria Johanna Baptista de Melun. Aus derselben Zeit stammt auch der sehr reizvolle Stuckdekor der Enfilade im zweiten Obergeschoß der Südseite, eine Arbeit des Stukkators Alexius Bader (Pader) aus Dorfen (1729).

Die Schloßkapelle St. Vitus im Ostflügel des Schlosses geht auf das 17. Jahrhundert zurück, ihre Innenausstattung wurde 1712 nach einem Brand völlig erneuert. Vor einiger Zeit ist hier unter dem barocken Altar ein romanischer Steinaltar gefunden worden. Zwei kostbare Reliquiarkästchen gehörten ursprünglich zum Inventar dieser Kapelle, sie befinden sich heute im Bayerischen Nationalmuseum in München (Nr. MA 262 und MA 263). Beide sind in Grubenschmelztechnik in Limoges gearbeitet und wahrscheinlich im 12./13. Jahrhundert entstanden. *Abb. 37 bis 44*

Winhöring

Schön liegt das früher Frauenbühl genannte Schloß auf einer Terrasse des Höhenzuges über dem Dorf Winhöring. Das alte Schloß, um 1400 von Wilhelm von Fraunhofen einem Bambergschen Amtmann zu Winhöring, erbaut, wechselte mehrfach seine Besitzer. 1568 kam es an die Toerring zu Tüßling und Jettenbach, in deren Besitz es sich, mit kurzer Unterbrechung, heute noch befindet.

Der älteste Teil des bestehenden Schlosses wurde unter dem Freiherrn Johann Veit II. von Toerring durch Meister Michael Oettel, Stadtmaurer zu Neuötting, erbaut und 1622 vollendet. 1721–30 hat es Graf Ignaz von Toerring vergrößert, als einen dreigeschossigen Bau, der sich um einen etwa quadratischen Hof legt. Das Erdgeschoß öffnete sich zum Hof hin in einem schmalen Arkadengang, in den Obergeschossen entsprachen dem breitere von Fenstern erhellte Gänge, an welche sich die Zimmer anschlossen. Aus dieser Zeit stammt auch der ovale Vorhof, den zwei hübsche Pavillons abschließen. Bei den jüngsten Renovierungsarbeiten vor einigen Jahren ist vor allem der Innenhof umgestaltet und mit einem Brunnen geschmückt worden. Ein zu dieser Zeit im barocken Stil erbauter Gartenpavillon fügt sich glücklich in die Reste der ehemaligen Terrassen-Anlage ein.

Von den Innenräumen verdient der Große Saal mit vier Fensterachsen im nördlichen Flügel besondere Erwähnung. An der westlichen Schmalseite des Saales über einem Marmorkamin hängt das Reiterbildnis des Grafen Ignaz von Toerring, 1727 von einem unbekannten Meister (wahrscheinlich Schule Desmarées) gemalt. Aus dem gleichen Jahr stammt auch das Porträt des Grafen Ignaz von Desmarées, welches jetzt an der östlichen Schmalseite des Großen Saales hängt. Dieses Bild hing früher im ehemaligen Toerring-Palais am Max-Joseph-Platz, der jetzigen Hauptpost. Die Decke zeigt Régence-Stukkatur um 1725.

Das Schloß ist mit schönem Mobiliar ausgestattet und schon zu seiner Zeit sehr bewundert worden. Wir verdanken einem zeitgenössischen Chronisten die folgende Schilderung: «Selbst Kurfürst Karl Albrecht besuchte den Grafen am 16. August 1736 mit seiner Gemahlin, dem Kurprinzen, den beiden Prinzessinnen, der Obersthofmeisterin Gräfin von Leubelfing, der Hofmeisterin von Starzhausen, der Hofdame Baronin von Frauenhofen, dem Baron von Freyberg, den Grafen von Preysing, Seinsheim, Taufkirchen und noch 14 adeligen Herren und Damen. Nachdem alles Sehenswerthe gezeigt war und die Herrschaften zu Mittag gespeist hatten, veranstaltete der freundliche Wirth seinen hohen Gästen ein Schießen, wobei er zum Preis ein sehr schönes Meißner Porzellan-Necessaire, für den besten Kranz aber ein Paar mit Silber garnierte Pistolen bestimmte. Für den Kurprinzen und seine Schwestern wurde eine mit Gold garnierte Tabatiere als Preis ausgesetzt, welche der Kurprinz gewann. Inzwischen hatte der Kurfürst durch einen Courrier das Ordenskreuz von Brillanten, welches er selbst zu tragen pflegte, aus München holen lassen, und überreichte es bei seiner Abreise dem hocherfreuten Wirth als Geschenk seiner Gnade.» *Abb. 45, 46*

Piesing

Schloß Piesing liegt sechs Kilometer nördlich von Burghausen auf einem zur Salzach hin abfallenden Terrassenhang. Der frühere Sedelhof und ‹adelige Sitz›, wie Wening ihn nannte, gehörte 1489 bis 1575 den Offenhaimern, 1575 bis 1708 den Schwabpachs. Während des Spanischen Erbfolgekriegs wurde Karl Adam von Freyberg, Vicedom von Burghausen, hier ansässig und gab im Jahre 1726 einem Zimmermeister aus Trostberg den Auftrag, ein Schloß auf Akkord um 9000 fl. zu errichten. Doch starb Freyberg bereits 1736, und seine kinderlose Witwe heiratete 1740 den kurfürstlichen Minister Max Freiherr von Berchem. Dadurch wurden die Berchem, und 1869 durch Einheirat die Freiherren von Ow Eigentümer des Schlosses und Gutes Piesing.

Schloß Piesing ist ein schlichter Barockbau, umgeben von einer ursprünglich barocken Gartenanlage. Innenarchitektur und Einrichtungsgegenstände haben sich zum großen Teil aus der Zeit des Ministers von Berchem erhalten. Zwei Räume sind mit bemalten Wandbespannungen verkleidet,

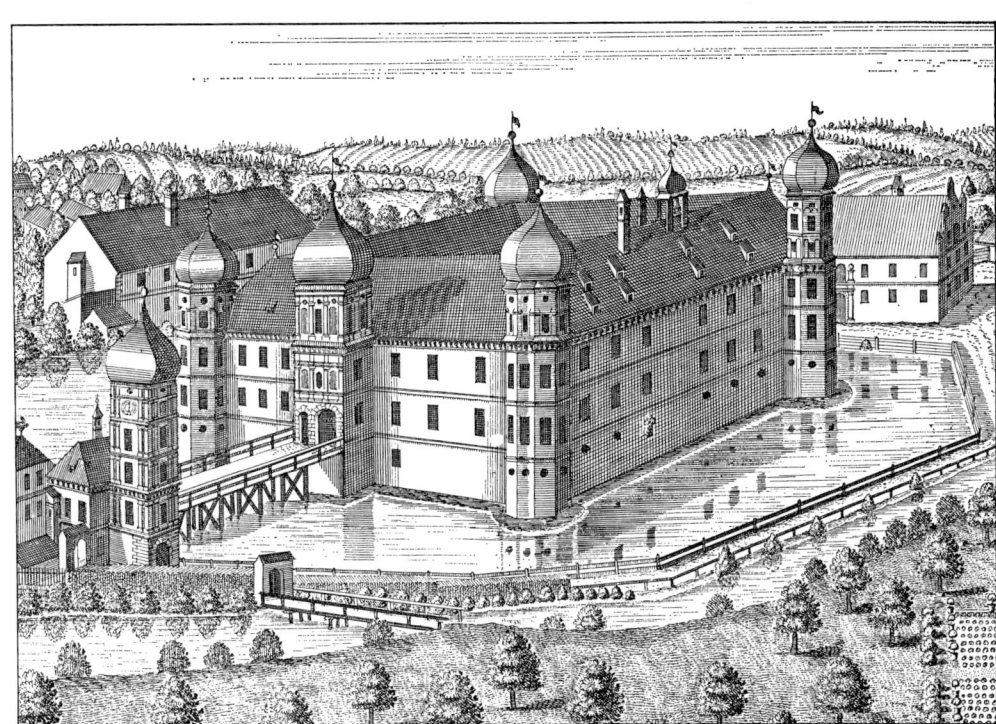

Schloß Schwindegg im Isengau
Ausschnitt aus einem Kupferstich
aus der Werkstatt
von Michael Wening, 1723

die Landschaften und Genresszenen zeigen. Ein chinesisches Kabinett gibt davon Zeugnis, daß die Mode der Chinoiserie damals bis in entlegene Landschlösser vorgedrungen war. Schmale, reich geschnitzte Holzrahmen teilen die mit Chinoiserien bemalten Wandflächen auf. In den Rahmen sind – unter Glas – farbige chinesische Kupferstiche auf Silberfolien aufgeklebt. Es handelt sich dabei wohl um Teile von Verpackungsmaterial, das mit dem Karawanen-Tee auf dem Landweg von China nach Europa kam.

Die 1906 erbaute Bibliothek und die Schloßkapelle schließen sich würdig dem einfachen Barockstil des Schlosses an. In der Kapelle befindet sich ein Altarbild, Maria mit der Heiliggeisttaube, und ein großes Gemälde des hl. Antonius, beide Bilder von der Hand des in Burghausen tätig gewesenen Barockmalers Johann Nepomuk della Croce.

Burghausen

Die Lage Burghausens an der Salzach hat Dichter und Schriftsteller von jeher entzückt, so auch Adalbert Stifter, der an seine Frau schreibt: «Es war ganz heiter und kalt. Nach 12 Uhr sah ich die Stadt Burghausen vor mir. Eine seltsame Stadt. Lange, altertümliche, festungsartige Mauerwerke, hie und da ein viereckiger Turm, am linken Ende ein altes Schloß, von einer Kirche nur sehr wenig Kapellenartiges mit einem kapellenartigen Türmchen ... Da machte der Weg eine Wendung nach rechts, dann wieder nach links,

dann stand eine Tafel, auf der zu lesen war, daß der Radschuh eingelegt werden müsse ... Da sah ich ein neues Wunder. Auf dem Feld stand eine Kuppel, wie sie sonst auf großen Türmen sind; mit einem tüchtigen Turmkreuz, als wäre ein Kathedralturm bis auf die Kuppel in die Erde gesunken. Die Straße fing jetzt an, steiler abwärts zu gehen. Plötzlich löste sich das Rätsel. Wir kamen ein wenig vorwärts, und zu unseren Füßen lag eine Schlucht und in derselben eine Stadt. Was ich früher gesehen hatte, war das alte Schloß und die alte Festung gewesen, die auf einer langen Bergzunge in allerlei Gebäuden oberhalb der Stadt hinging. Jetzt sah ich allerdings eine große Kirche und einen großen Turm, auf dem die Kuppel statt auf dem Felde saß ... Die Stadt aber sieht nicht anders aus, als wäre sie aus einem altdeutschen Gemälde herausgeschnitten und hierher gestellt worden.»

Zwischen Burgberg und Salzach eingeklemmt liegt also die Stadt von heiterer, fast südlicher Schönheit. Jenseits des Burgbergs erstreckt sich der Wöhrsee und zwischen See und Fluß zieht der langgestreckte schmale Bergrücken hin, rund tausend Meter lang, an dessen äußerster Spitze die eigentliche Burg als geschlossener, wuchtiger Klotz sitzt. Joseph Hofmiller beschreibt die großartige Anfahrt zum Hauptbau: «Von der Salzachseite aus gesehen ist die alte Burg aufgelockert und kaum mehr erkennbar als das, was sie war: eine einheitliche sechsgliedrige Wehranlage. Was links ganz vorn nach Süden ragt, ist, aufeinander und ineinander gepelzt, schon für sich eine stattliche Burg mit zinnengekrönter Brustwehr und Torriegel, Bergfried, Dürnitzstock und Schatzkammer, Burgkirche, zuletzt der Fürstenbau, der wiederum eine Burg für sich ist. Aber dann dehnt sich und streckt sich ein wunderhübsches mittelalterliches Städtchen, niedrige und höhere Speicher, Vorratskammern und Wohnhäuser, Mauern und immer wieder Tore und Türme mit Bäumen davor, dazwischen, dahinter, und verläuft sich ins Grün des Hinterlandes . . .»

1025 ist das erste Mal die Rede von einer Hofhaltung auf der Burg, und am Ende des Jahrhunderts saßen hier die Grafen von Burghausen, die 1164 ausstarben. Die Burg wurde Eigentum der Herzöge von Bayern-Landshut. Der Bau der Burg vollzog sich seit 1253 in Etappen. Herzog Heinrich XIII. ließ Palas, Kapelle, Dürnitz und Kemenate aufführen. Unter Georg dem Reichen, um 1480, folgten großzügige Umbauten und die Erweiterung nach Norden über fünf Höfe.

Durch das Torhaus des späten 15. Jahrhunderts erreichen wir die gewaltige, an den runden Bergfried angelehnte Schildmauer. Im Innenhof des Hauptbaus steht links die Dürnitz oder der Gesindebau, gegenüber die Kemenate. Beide Trakte sind durch einen gedeckten Gang verbunden und jenseits dieses Ganges setzt sich die Kemenate fort. Ihr gegenüber liegt die Kapelle und am Ende des Hofes, alles beherrschend, steht der wuchtige Palas oder Fürstenbau, dessen Innenausstattung im späten 15. Jahrhundert geschaffen wurde, und dessen zweites Obergeschoß heute eine Filialgalerie der Staatlichen Gemäldesammlung birgt. Die Dürnitz enthält drei große Säle übereinander, die zweischiffige, gewölbte Vorratshalle, den ebenfalls zweischiffigen Speisesaal und den Großen Tanzsaal mit mächtiger Bohlendecke. Im Kemenatenbau ist heute das schöne Heimatmuseum untergebracht.

Die ausgedehnten Vorwerke gegen Norden gehören dem 15. und 16. Jahrhundert an. Im zweiten Außenhof steht das alte Zeughaus, im dritten das sogenannte Aventinshaus – die Wohnung des bayerischen Geschichtsschreibers und Prinzenerziehers, 1509/10 – und im vierten Hof die spätgotische äußere Schloßkapelle St. Rupert, ein reizender Bau, zwischen 1479/89 von Ulrich Pesnitzer gebaut. Mit Türmen besetzte Mauern schützten beiderseits den gesamten Bezirk zwischen Salzach und Wöhrsee. Nur Teile sind erhalten, aber noch immer hat man den Eindruck einer großartigen, uneinnehmbaren Burg. *Abb. 49 bis 53*

Tittmoning

Vom weiträumigen Straßenmarkt, einer der heitersten und farbigsten Plätze der Inn- und Salzachstädte, geht man, vorüber an der Stadtpfarrkirche St. Laurentius, durch den Buchenwald des Ponlach steil bergan zur Burg und gelangt durch die tiefe Torfahrt in den weiten Hof. Schlichte, gut proportionierte Gebäude umstehen ihn, darunter die Schloßkirche mit dem schlanken Zwiebeltürmchen.

Vielleicht machen wir erst die Runde auf dem Wehrgang, aus dessen Schießscharten der Blick weit hinausgeht über die Stadt, über das grüne Hügelland zu beiden Seiten der Salzach. Im Österreichischen leuchtet hell die Kirche von Ostermiething, und wenn der Föhn weht, steht die Kette der Alpen zum Greifen nah am Horizont. Es ist ein altes Schloß, zuerst der Verteidigung und dem Schutz dienend, später als Jagdschloß der Salzburger Erzbischöfe benutzt, welche die Exklave Tittmoning und Laufen besaßen, die erst 1816 endgültig an Bayern fiel.

In Verbindung von Wehr- und Wohnbauten ist ein malerisches Gesamtbild geschaffen worden, von dem man den besten Eindruck auf der Südseite vor dem zweiten Tor erhält. Möglicherweise steht das Schloß an Stelle einer römischen Befestigung, denn am Fuß des Burgbergs wurden Grundmauern einer römischen Villa mit Mosaikfußboden, Terra Sigillata, Hypokausten und Gebrauchsgegenständen ausgegraben. Um 510 trug der Burgberg eine bajuwarische Siedlung, und 701 schenkte der Agilolfinger, Herzog Theodo, das Gut der Kirche von Salzburg. Von ihm, der auch Dieht genannt wird, dürfte der Name Tittmoning abgeleitet sein. Die ersten urkundlichen Nachrichten über die Burg aus den Jahren 1111/67 bezeichnen sie als Sitz eines Rittergeschlechtes von Tittmoning. 1242 wird der Ort ‹oppidum› genannt, und 1243 tritt die Äbtissin des Salzburger Nonnbergklosters die Pflege an der Burg dem Erzbischof ab, welcher den Berg befestigen läßt. 1324 nahm Kaiser Ludwig der Bayer im Krieg mit Herzog Friedrich von Österreich die Burg ein, die bis 1327 in bayerischem Besitz blieb. In der zweiten Hälfte des 15. Jahrhunderts fanden Umbauten statt, vor allem erfolgte wohl eine Verstärkung der Befestigungen. 1488 wird Ulrich Pesnitzer, Leiter des Schloßbaus in Burghausen, von Erzbischof Bernhard nach Tittmoning berufen.

Auch im 16. Jahrhundert wurde gebaut, so ließ Erzbischof Ernst 1553 wahrscheinlich den Getreidekasten errichten, der heute die großartige Sammlung von Schützenscheiben birgt. Erzbischof Markus Sittich von Hohenems ließ von seinem Dombaumeister Santino Solari 1614/17 Umbauten vornehmen, so an Kavalier- und Prälatenstock. Ersterer enthält jetzt das schöne Heimathaus des Rupertiwinkels.

Die Schloßkirche baute Erzbischof Johann Ernst von Thun 1693. Sie besitzt einen schönen Altar aus verschiedenfarbigem Marmor mit dem ausgezeichneten Altarblatt des Engelsturzes, das Johann Michael Rottmayr 1697 malte. Die Altarplastik stammt von Michael Bernhard Mändl (Mendl, Mandl), dem bedeutenden Salzburger Bildhauer des späten 17. Jahrhunderts.

1805 brannte ein Teil des nördlichen Gebäudetraktes der von den Franzosen besetzten Burg ab; diesem Brand fielen Dürnitz und Karabinierstube zum Opfer. Doch ist die Anlage ein sehr stattlicher Komplex geblieben, mit zwei Toren auf dem Ausläufer der Hochterrasse über Stadt und Fluß, umgeben von starker Ringmauer, mit hoher Schildmauer im Süden, der noch eigene Befestigungen vorgelegt wurden. Das Ganze bietet auch heute ein Bild von eindrücklicher Geschlossenheit und ist von großem Reiz. *Abb. 54*

Elkofen (Ölkofen)

Der Ursprung der heutigen Burg ‹Ellencophan› – 2 km von Grafing entfernt – ist der Bergfried, der vermutlich aus dem 10. Jahrhundert stammt. Die oberen Turmzimmer waren nur durch einen Eingang in etwa 10 m Höhe mit Leitern oder Strickleitern zu erreichen. Die Anlage gehörte zum Besitz der Grafen von Ebersberg, die 888 durch Kaiser Arnulf den Sundgau erhielten. Sie stifteten das Kloster Ebersberg und schenkten diesem (etwa 1040) auch Elkofen Die Herren von ‹Ellencophan› waren dem Kloster dienst- und lehenspflichtig. Sie bauten die Anlage in den folgenden Jahrhunderten zu einer Burg aus. Es entstanden der Hauptbau (Palas) im Süden und die Kemenate im Norden. Beide sind durch zwei Wehrgänge verbunden, von denen der östliche noch heute fast unverändert erhalten ist. 1382–1384 erwarben die Herzöge Stephan III. und Johann II. von Bayern-Oberbayern die Burg von den Erben der Herren von Ellencophan (auch Ellenhoven genannt). Bei der dritten großen bayerischen Landesteilung 1392 gelangte Elkofen dann zu Bayern-Ingolstadt. In diese Zeit fällt der Ausbau des Ritterganges und des Hauptbaus. Besonders erwähnenswert sind dort die gotischen mit diagonal gelegtem Blattmuster versehenen Fliesen im ersten und zweiten Stock (um 1400).

Auf Herzog Stephan III. von Bayern-Ingolstadt folgte 1413 sein Sohn Herzog Ludwig der Gebartete, dessen Schwester Isabeau die Frau Karl VI. und die Mutter Karl VII. von Frankreich war. Die Einmauerung schwerer Ketten und Anker, die die Mauern der Burg zusammenhalten, soll auf französische Bauweise zurückgehen. Nach dem Tode Herzog Ludwigs 1447 wurde die Burg von den Herzögen von Bayern-Landshut in Besitz genommen. Aus dieser Zeit etwa stammt die Ausgestaltung des oberen Turmzimmers. Nach dem Friedensschluß mit Georgs Enkeln Ottheinrich und Philipp von der Pfalz fiel Elkofen 1506 an Bayern-München. Da die Burg nun keine kriegerische Bedeutung mehr hatte, wurde sie von den Herzögen 1516 an Hildebrand von Kutscher verkauft. Er kann als Auftraggeber des schönen Flügelaltars gelten, der einst in der Kapelle stand und sich heute im Bayerischen Nationalmuseum befindet. Sein

Wappen ist an der Predella zu sehen, ebenso die Jahreszahl 1520. Am Sockel des Mittelschreins, in dem drei Schnitzfiguren stehen, die aus der Werkstatt des Meisters von Rabenden stammen, ist das Jahr 1517 zu lesen.

Unter Hildebrand von Kutscher und seinen Nachfolgern von Muggenthal (1585), dem Notar Michael Friedinger von Wasserburg (1628) und den Barth von Harmating (1642) wurde Elkofen als Wohnsitz ausgebaut. Um etwa 1635 entstanden die Türen im Hauptbau. In der Zeit des Dreißigjährigen Krieges wurde Elkofen nicht zerstört, während das nahegelegene Grafing dreimal verheert und niedergebrannt wurde.

1664 kaufte Bernhard Bero Graf von Rechberg, Obersthofmeister des Kurfürsten in München, Elkofen. Die Grafen von Rechberg, aus schwäbischem Uradel stammend, standen seit dem 16. Jahrhundert häufig im Dienst der bayerischen Herzöge und Kurfürsten. Graf Bernhard Bero hielt sich Elkofen als Sommersitz und Jagdschloß. Unter ihm und seinen Nachkommen wurde der Hauptbau großzügig ausgestattet und im Hof vor der Kapelle der sogenannte Rechbergbau errichtet. 1719 erhielt die Kapelle einen neuen Altar und eine barocke Innenausstattung, die heute nach der Restaurierung wieder zu sehen ist. Als Graf Alois von Rechberg von der Herzogin von Northumberland ein besonders großes Kreuzpartikel als Geschenk erhielt und es in die Kapelle stiftete, war diese durch Jahrzehnte ein Wallfahrtsort. Etliche Votivbilder, die in der Kapelle zu sehen sind, erinnern noch heute an diese Zeit.

1732, nach dem Tode des letzten Grafen von Rechberg dieser Linie, ging Elkofen an dessen Tochter Gräfin Morawitzky über. Besonders prächtige Ampeln für das Ewige Licht in der Kapelle und viele andere Ausstattungsgegenstände sind ihre Stiftung.

In den folgenden hundert Jahren wechselte Elkofen oft den Besitzer, war aber stets bewohnt, wodurch es in einer Zeit, in der sonst viele Burgen in Verfall gerieten, erhalten blieb. 1869 erwarb der Münchner Heinrich Höcht den Besitz, ein Unternehmer, der in München den Luitpoldblock mit dem Café Luitpold erbauen ließ und dadurch in Konkurs ging. Damals wurde die gesamte Einrichtung Elkofens, soweit sie nicht zur Schloßkapelle gehörte, versteigert. Das Schloß verfiel.

Dann kaufte wieder ein Rechberg, und zwar Graf Ernst von Rechberg, Elkofen, baute es aus und machte es wieder bewohnbar. An der Nordseite im alten Hundezwinger wurde 1885 von Gabriel von Seidl der Ludwig-Heinrich-Bau errichtet. Im unteren Hof wurden die Ställe zu einem Wohnungsgebäude umgestaltet.

Noch heute stellt sich das Oberschloß als eine sehr reizvolle mittelalterliche Anlage dar, die zu den wenigen noch bewohnten Burgen in Oberbayern zählt. Der alte künstlich gespeiste Wassergraben um das Schloß wurde 1800 aufgelassen und an seiner Stelle ein Park angelegt. Besondere Sehenswürdigkeiten bilden die hoch im Bergfried gelegene einstige Gerichtsstube mit umlaufender spätmittelalterlicher Galerie, ein spätgotischer Erker an der ehemaligen Kemenate, sowie der genannte Wehrgang, dessen durchbrochene Brüstung aus Backsteinen aufgeführt ist. Dieses Motiv findet sich auch an den Loggien eines zweigeschossigen Hauses in Mühldorf, Hauptstraße 360, einem Gebäude aus dem 16. Jahrhundert. Der obere Schloßhof mit dem Wehrgang an der Südseite gehört zu dem idyllischsten Teil der Burg.

Abb. 56 bis 58

Maxlrain

Maxlrain, nahe bei Bad Aibling, dem alten Königshof, ist ein herrschaftlicher Sitz in landschaftlich allerschönster Lage angesichts der Alpen. Man gelangt durch eine Allee herrlicher alter Linden und Eichen zum Schloß, vor dem ein vertieftes Parterre mit großem barocken Bassin und seitlich geschnittenem Buchengang liegt.

814 schenkten Ritter Podalunc und sein Sohn Reginhart ihr Gut der Domkirche zu Freising und nahmen es als Lehen zurück. 1080 taucht der Name Maxlrain auf, und die Herren dieses Namens leiten ihre Herkunft von Podalunc ab. Sie erheirateten im 16. Jahrhundert die Reichsgrafschaft Hohenwaldeck im Gebiet des Schliersees und Miesbachs, wurden 1521 damit vom Kaiser belehnt und 1548 in den Reichsfreiherren-, später in den Reichsgrafenstand erhoben.

Die mittelalterliche Wasserburg brannte 1577 ab, nur die Schloßkapelle blieb erhalten. Graf Wolf Wilhelm von Hohenwaldeck-Maxlrain baute 1582/85 das Schloß wieder auf. Es gehört zum Typus der oberbayerischen Renaissance-Schlösser, wie Tüßling, Schwindegg, Hurlach oder Hohenkammer, der bis zum Ende des 17. Jahrhunderts vorherrschend blieb. Es sind meist Vierflügelanlagen um einen in Lauben geöffneten Hof – er fehlt bei Maxlrain – und vier Ecktürmen unter Zwiebelhauben. Mit Graf Johann Joseph Veit starb 1734 die Familie aus.

Johann Joseph Veit muß ein merkwürdiger Herr gewesen sein, denn er arbeitete auf den ‹Stein der Weisen›, um sich von seinen Schulden zu befreien, aber diese Unternehmungen stürzten ihn immer tiefer in Verschuldung. Um zu Gold zu kommen, begann der Graf in dem von dem Münchner Hans Zwikof 1509 begonnenen Schwefelerzbergwerk bei Schliersee, das auch geringe Mengen Goldes und Silbers enthielt, schürfen zu lassen, aber das blieb ohne Erfolg.

Zu Beginn des 19. Jahrhunderts wurde im Osten des Schlosses ein niedriger Seitenflügel angebaut, nach 1871 von dem damaligen Besitzer Graf von Arco-Zinneberg ein unschöner hoher Seitenflügel im Westen; dadurch ist der Eindruck des Hauptbaus stark beeinträchtigt worden. 1936 kaufte Graf von Hohenthal und Bergen das Gut und brachte manch schönes Möbel aus seiner sächsischen Heimat mit hierher.

Die Schloßkapelle zeigt noch ein freigelegtes Fresko aus dem Ende des 16. Jahrhunderts sowie leichten eleganten Deckenstuck von Johann Baptist Zimmermann, der um 1715 entstanden ist. Von ihm sind auch die ausgezeichneten reichen Deckenstukkaturen eines großen Salons und des anschließenden Turmzimmers. Die Deckenbilder zeigen Apollo und Athena. Zimmermann schuf 1704/10 die Stukkaturen der benachbarten Kirche von Beyharting sowie den Stuck der Pfarrkirche in Schliersee, 1712/14. Ein anderer Raum des Schlosses zeigt eine schwere Stuckdecke des ausgehenden 17. Jahrhunderts. Es gibt einige Zimmer mit hübschen schablonierten Chinoiserietapeten aus dem ersten Viertel des 18. Jahrhunderts, Schwarzgrau und Grün auf Weiß; im Speisesaal sehen wir ein besonders schönes Beispiel dieser Art Wandverkleidung. Das dort anschließende runde Turmzimmer hat noch die alte weiß-goldene Boiserie. Zahlreiche Porträts der Hohenwaldecker und Maxlrainer finden sich im Treppenhaus und in den Räumen, zudem schöne Bilder der landgräflichen und kurfürstlichen Familie von Hessen-Kassel und der Gräfin von Bergen, geb. von Berlepsch, der dritten Frau des Kurfürsten Wilhelm II. von Hessen-Kassel, die später den Grafen Hohenthal heiratete.

Amerang

Amerang ist ein alter Edelsitz, der vom 11. Jahrhundert bis etwa 1330 im Besitz der Herren von Amerang war. Als letzter dieses Namens, der auf Amerang lebte, wird 1289 bis 1330 ein Nicolaus genannt. Er war mit den Laymingern verwandt und setzte vermutlich seine beiden Neffen Seifried und Otto von Layming zu seinen Erben ein, denn bereits zu dessen Lebzeiten 1323 besaß Otto die Hilgenhube zu Amerang. Es herrschten dann hier die ‹Layminger›, bis durch die Heirat der Margaretha von Layming mit Hans dem Älteren ‹della Scala› ab 1497 Amerang an die Scaliger kam, im 13. und 14. Jahrhundert eine der ruhmreichsten Familien Veronas. Ihnen folgten hundert Jahre später die Grafen von Lamberg. 1821 gelangte es durch Heirat an die Freiherren von Crailsheim, eine alte fränkische Familie, in deren Besitz es heute noch ist. Seit dem 14. Jahrhundert war Amerang eine Hofmark mit niederer Gerichtsbarkeit.

Das Schloß, das im Dreißigjährigen Krieg unversehrt blieb, liegt südöstlich von Wasserburg auf einer von Wald umgebenen Anhöhe. 1961 bis 1963 wurden beim Einbau der Kanalisation unter dem Hof Quermauern aus mittelalterlicher Zeit sowie in einer Außenmauer ein romanisches Portal entdeckt.

Das Schloß besteht aus einem alten Teil, dem Süd- und Ostflügel, und einem neueren unter den Scaligern veränderten West- und Nordflügel, was dem Bau seine geschlossene, nahezu kreisförmige Form gibt. Während das Äußere mit seinen Erkerbauten schlicht und schmucklos erscheint – über dem östlich gelegenen Tor befindet sich das Wappen der Lamberg mit dem Scaligerwappen in der Mitte – besitzt Amerang im Innern einen malerischen Arkadenhof mit einem asymmetrischen Grundriß und Galerien in drei Geschossen sowie einem Erkertürmchen. Die Arkadengänge tragen latente Kreuzgratgewölbe, wobei sie im Erdgeschoß auf kräftigen Säulenschäften aus Haustein mit nachempfundenen, romanischen Würfelkapitellen ruhen, in den beiden oberen Geschossen auf schlankeren Säulen toskanischer Ordnung aus rotem Marmor, der möglicherweise aus der Ruhpoldinger Gegend stammt. Höfe ähnlichen Charakters und rein süddeutscher Prägung finden sich im Mühldorfer Raum auch in den Schlössern Schwindegg und Tüßling.

Die Säulenarchitektur setzt sich auch in den Innenräumen des Schlosses fort, zum Beispiel in der Dreisäulenhalle. 1963 bis 1967 wurden die Kellergewölbe, zum Teil aus gehauenem Tuffstein, vorbildlich restauriert. Im ersten Stock der Nordseite liegt die schon 1245 genannte Kapelle St. Georg, die 1512 eine Erweiterung erfuhr. Unter dem Putz konnten hier Wandmalereien vermutlich aus dem 15. und 16. Jahrhundert festgestellt werden. Ein Seitenaltärchen mit den Heiligen Georg und Sigmund wurde vielleicht von Georg Sigmund von Lamberg in der Zeit von 1600 bis 1632 gestiftet.

Im Sommer finden Schloßbesichtigungen statt. Außerdem werden während der Sommermonate in dem schönen Arkadenhof, der über eine sehr gute Akustik verfügt, öffentliche Konzerte veranstaltet oder auch Kommödien der klassischen Literatur bei Kerzenlicht vorgetragen.

Abb. 59, 60

Wildenwart

Das Schloß steht in anmutigster Chiemgaulandschaft am Steilhang über der Prien, an Stelle einer wohl Ende des 12., Anfang des 13. Jahrhunderts von den Herren von Greimharting zur Sicherung der Brücke über die Prien gebauten Ringburg, der ‹Warte in der Wildnis›. 1397 als erledigtes Lehen vom bayerischen Herzog eingezogen, blieb Wildenwart herzoglicher Besitz, bis es im Jahre 1501 an die Bergwerksfamilie der Hofer von Schwarz verkauft wurde. Von dieser erwarb es 1541 Pankraz Freiherr von Freyberg-Hohenaschau. Von den Freyberg ging Wildenwart im Erb-

gang an die Freiherren von Schurff und 1771 an den Grafen von Preysing-Hohenaschau über. Nach weiterem Besitzerwechsel erwarb es 1862 Erzherzog Franz von Österreich-Modena-Este, der mit Adelgunde, der Schwester des Prinzregenten Luitpold von Bayern vermählt war. Von ihr erbte es die Königin Therese von Bayern, die 1919 hier gestorben ist. Noch heute ist Wildenwart von Mitgliedern des Hauses Wittelsbach bewohnt.

Unter jedem der zahlreichen Besitzer hat das Haus bauliche Veränderungen erfahren, doch hatte es wohl schon vor der Zerstörung im pfälzisch-bayerischen Erbfolgekrieg seine heutige Form und Größe. 1690–1700 erfolgte eine umfassende Erneuerung des Schlosses durch Christoph Disman Freiherrn von Schurff; damals wurden der Saal und die Schloßkapelle im zweiten Obergeschoß des Südflügels eingerichtet. (Erzherzog Franz hat dann die Kapelle ins Erdgeschoß verlegt.) Graf Preysing ließ 1774/75 durch Joseph Götsch aus Aibling den schönen, qualitätvollen Altar für die Kapelle arbeiten. 1782/94 erfolgte der Einbau des repräsentativen Treppenhauses, dessen Portal 1793 von Johann Buchauer aus Leitenberg gefertigt wurde. Im Treppenhaus hängen dekorative Gemälde des 17. und 18. Jahrhunderts aus der alten Ausstattung: Landschaften, Jagd- und Genreszenen.

Wildenwart ist eine Vierflügelanlage mit überkuppeltem Torturm am Westflügel, dem ein gleichfalls überkuppelter Erker an der Südwestecke entspricht. Das Erdgeschoß des Südflügels ist im Hof als Arkadenhalle ausgebildet. Der ehemalige Halsgraben ist in einen kleinen Park verwandelt worden.

Die Wohn- und Galerieräume liegen im ersten und zweiten Obergeschoß des Süd- und Westflügels; der Saal im Ostflügel enthält mit Grisaillen bemalte Stuckkartuschen sowie Deckenfresken in hellen, frischen Farben, wohl von Jacob Carnutsch aus Prien, um 1690.

Urfahrn

Wenn man von Rosenheim kommend auf der Inntalstrecke nach Kufstein fährt, sieht man in den parkartigen Wiesen am Inn das Karmeliterkloster Reisach und wenig entfernt ein kleines Schloß mit hohem Walmdach über den Wipfeln der Bäume aufragen. Es ist Urfahrn, der einzige Bau des 18. Jahrhunderts im bayerischen Inngebiet.

Dicht am Inn hatte hier im 15. Jahrhundert Lienhart der Urfahrer eine Burg, aus der eine kleine Hofmark entstand. Nach häufigem Besitzerwechsel kam das Gut 1721 an den kurfürstlichen Baudirektor und Hofkammerrat Johann Georg von Messerer, dem 1738 sein Schwiegersohn Anton von Kern folgte. Nach erneutem Besitzerwechsel kaufte

Wilhelm Bracht 1949 das Schloß und ließ es vorbildlich herrichten.

Das Schloß, das 1723/27 gebaut wurde, steht nordwestlich von dem alten, das zum Teil abgetragen wurde, und dessen Material beim Neubau Verwendung fand, das aber in seinen Grundmauern heute noch besteht. Baumeister der im Schloß eingebauten Schloßkapelle sowie der Klosterkirche von Reisach (1737) ist Abraham Millauer aus Dernbach, der nach eigener Aussage fünfzehn Barockkirchen im bayerischen Inngebiet gebaut hat. Der Baumeister des Schlosses wird namentlich nicht genannt. Der damalige Bauherr Johann Georg von Messerer schreibt, daß er den Bau «mit Zueziehung unterschidlichen Pau Verstandtenen» ausführen ließ. Da die Anlage sowie Details dem um einiges größeren Jagdschloß Fürstenried bei München ähneln, das 1715 bis 1717 von Josef Effner errichtet wurde, nimmt man an, daß die Planung von Schloß und Kapelle – sie weist ebenfalls typische Merkmale Effners auf – und deren Einrichtung von Künstlern aus dem Effner-Kreis stammen, entweder von Effner selbst oder seinem Schüler, dem damals noch jungen Hofbaumeister Johann Baptist Gunetzrhainer. Gunetzrhainer wurde auch später zum Kirchenbau des Klosters Reisach hinzugezogen. Die Ausführung nach Plänen eines der genannten Künstler dürfte dann Abraham Millauer übertragen worden sein.

An den dreigeschossigen Mitteltrakt mit Giebel, von Gesimsbändern und Ecklisenen gegliedert, schließen sich zwei zweigeschossige, gegen den Hof gestaffelte Seitenflügel an, deren südlicher die Kapelle birgt. Die rückwärtige Front wird von einer Terrasse mit einer Steinbalustrade begrenzt.

Das gewölbte Vestibül im Innern enthält einen Altar aus der Schloßkapelle mit gemaltem Altarblatt, das von dem Hofmaler Balthasar Augustin Albrecht stammt. Hier führt von Vierkantpfeilern getragen ein Stiegenhaus in jeweils drei Absätzen in die Höhe. Schönes, flaches Kreuzgratgewölbe, das auf einer runden Mittelstütze ruht, zeigt die behagliche große Küche. Verschiedene Räume im ersten Obergeschoß zeigen zierlichen Deckenstuck aus der Erbauungszeit, der teilweise in der ursprünglichen polychromen Fassung wieder hergestellt wurde. Das Schloß ist mit schönen schmiedeeisernen Gittern und antikem Mobiliar ausgestattet, das teilweise im Hause vorhanden war, zum Teil aber auch von den jetzigen Besitzern geschmackvoll ergänzt wurde.

Die Kapelle (Weihe 1727) ist ein prachtvoller, ovaler, zweigeschossiger Raum mit Flachkuppel und vorzüglicher Ausstattung. Das Oval umstehen Freipfeiler mit vorgelegten korinthischen Pilastern, zwischen denen Emporen mit Balustergeländern eingezogen sind. Am Gewölbe wechseln Tonnen- und Kreuzgewölbe. Die reiche sehr elegante Stukkatur stammt von Johann Baptist Zimmermann, in Rosa, Grau und Gelb auf Weiß. (Die letzte Renovierung wurde von Kirchenmaler Hilz und Prof. Blatner durchgeführt.) Die Idee des von Freipfeilern umstandenen Ovalraums wurde in großer Vollkommenheit 25 Jahre später von Dominikus Zimmermann in der Wallfahrtskirche in der Wies bei Steingaden im Rokoko verwirklicht. Es besteht die Möglichkeit, daß Zimmermann in Urfahrn eine Anregung dazu erhielt.

Den schönen Hochaltar lieferte 1727 der Hofkistler und -schreiner Joachim Dietrich, das Altarblatt ‹Trauernde Engel in Wolken› malte Balthasar Augustin Albrecht. – Die Kapelle enthält eine Gruft, die heute zugemauert ist. Die Begräbnisstätte der Familie Bracht befindet sich in dem einstigen Sakristeiraum. Messen werden bei verschiedenen Anlässen noch gelesen.

Urfahrn bildet sicherlich einen besonders prächtigen Herrensitz eines fürstlichen Beamten jener Zeit, wobei die Schloßkapelle ein Kunstwerk des Frühbarock von einzigartiger Schönheit in Südbayern außerhalb der Residenzstadt München ist. Sie kann nach vorheriger Anmeldung besichtigt werden. *Abb. 61, 62*

Hohenaschau

Die Burg gehörte im letzten Drittel des 12. Jahrhunderts den Brüdern Konrad und Arnold von Hirnsberg. Konrad wurde damals schon ‹von Aschau› genannt. Wahrscheinlich entstammte er einer Seitenlinie der Grafen von Falkenstein und hatte eine große Stellung. 1328 folgten die Mautner, die die Herrschaft 1374 dem Schwiegersohn von Freyberg überließen. Eine Erbtochter Freyberg brachte die Herrschaft 1608 als Heiratsgut an die Preysing, die Hohenaschau 250 Jahre lang besessen haben. Ende des 19. Jahrhunderts erwarben es die Freiherren von Cramer-Klett, die es 1942 an die Reichsmarine als Erholungsheim verkauften. Heute gehört Hohenaschau dem Bund.

Das Schloß liegt auf einem hohen Felskegel über dem Aschauer Tal, mit dem Massiv der Kampenwand als Hintergrund. Es repräsentiert die größte Höhenburg-Anlage Bayerns, mit Hauptburg (12. Jahrhundert), Vorburg (13. Jahrhundert) und der 1561 vorgelegten Befestigung. Diese entstand unter Pankraz von Freyberg. Die Grafen von Preysing haben 1672 bis 1686 die Flügel und den Bergfried erhöht und fast alle Innenräume der Hauptburg neu gestaltet.

Von der ausgezeichneten Ausstattung des Schlosses verdient der Festsaal im zweiten Obergeschoß besondere Erwähnung, der ein gutes Beispiel dafür ist, wie man die Tradition der mittelalterlichen Rittersäle noch im 17. Jahrhundert fortsetzte. Er wurde 1680 bis 1686 von italienischen

Künstlern stukkiert. Hervorzuheben sind im Festsaal sowie im anschließenden Bankettsaal die prächtigen Stuckdecken, außerdem die Dekorationen über den Türen und dem Marmorkamin. Im Festsaal bilden zwölf monumentale Stuckstatuen Preysingscher Vorfahren eine Art Ahnengalerie. Besonders originell ist ein aus der zweiten Hälfte des 18. Jahrhunderts stammender Fayence-Ofen im Bankettsaal.

Die erstmals 1449 erwähnte Schloßkapelle wurde 1637 bis 1639 erneuert, 1681 stukkiert und freskiert. Der Hochaltar ist eine italienische Barockarbeit; er wurde erst 1905 aus Verona erworben, als der Freiherr von Cramer-Klett die Kapelle umgestalten ließ. Die beiden Rokoko-Altäre vor den Seitenwänden mit Gemälden von J. B. Zimmermann (1739), der auch die Stuckrahmungen entwarf, gehörten von Anfang an hierher. *Abb. 63 bis 68*

Herrenchiemsee | Das Alte Schloß

Als König Ludwig II. im Jahre 1873 die Herreninsel kaufte, richtete er sich im ehemaligen Chorherrenstift Herrenwörth einige Wohnräume ein, weshalb das unter Propst Arsenius Ullrich (1629–53) erbaute Klostergebäude ‹Altes Schloß› genannt wurde. Es steht heute bei den Besuchern der Insel ganz im Schatten des ‹Neuen Schlosses›. Dennoch sollte niemand versäumen, den unter Propst Jakob Mayr (1691 bis 1717) erbauten Südflügel, den Fürstentrakt, zu besuchen. Zwar ist seit der Säkularisierung von dem Mobiliar aus jener Zeit nichts erhalten geblieben, aber die prächtigen Räume des Kaiser- und des danebenliegenden Gartensaales mit ihren Fresken sind sehenswert. Sie stammen von Benedikt Albrecht aus München (um 1700) und zeigen im Kaisersaal Architekturgliederungen mit gemalten Statuen römischer Kaiser sowie biblische Szenen, im Gartensaal gemalte Gartenarchitektur und Landschaften, an der Decke ‹Die Königin von Saba›. Den Bibliothekssaal stukkierte und bemalte Johann Baptist Zimmermann 1735. *Abb. 69*

Herrenchiemsee | Das Neue Schloß

Wenn behauptet wird, die Bauleidenschaft König Ludwigs II. sei das Ergebnis seines Wahnsinns gewesen, so trifft das nur zu einem geringen Teil zu, denn Bauen ist für das kunstsinnige Haus der Wittelsbacher von jeher ein besonderes Bedürfnis gewesen, und dieser Leidenschaft verdankt Bayern die schönsten Werke seiner Architektur.

Die Vorliebe des Königs für Ludwig XIV. von Frankreich erklärt sich aus dem Gefühl der Gemeinsamkeit des Herrscheramtes und der herrscherlichen Haltung, die bei dem französischen König besonders ausgeprägt gewesen

ist. Ludwig II. wollte ihm wenigstens in einem Schloßbau nahekommen, in Herrenchiemsee. Es ist falsch, dieses Schloß allein eine schlechte Kopie von Versailles zu nennen. Es steckt mehr dahinter, nämlich der tiefeingewurzelte Sinn des Königs für die Aufgabe und die Würde des Königtums. Dieser Geisteshaltung verdanken seine Schlösser ihre Anziehungskraft ebenso wie der Romantik, die nicht nur in ihrer unvergleichlichen Lage zu suchen ist, sondern in ihnen selbst, in dem, was wir sehr voreilig Kitsch nennen. Kunsthistorisch unbelastete Besucher ahnen vielleicht nicht einmal, daß diese Bauten aus den phantastischen Träumen eines der Wirklichkeit abgewandten, in einer Scheinwelt lebenden Königs ihre Entstehung verdanken.

Herrenchiemsee wird als der ‹monströseste›, an Kunstwert ärmste und als der zweckloseste Bau des Königs bezeichnet. Aber darin hat der Biograph Ludwigs II., Werner Richter, recht, es sind «Geschmacksmaßstäbe bei dieser Art Baukunst ganz fehl am Platze – sie ist ein psychologisches, kein ästhetisches Phänomen. Herrenchiemsee war für Ludwig ein gewaltiger Notbehelf, ein Ausbruch aus sich selbst, die Flucht in ein neues Reich ohne die Schranken, die ihn in seinem alten, ererbten, von Tag zu Tag peinlicher beengten; Flucht in ein Königtum des Traumes, freilich auch der Leere – denn nur im Leeren hemmen ja keine Schranken mehr.»

Einen schöneren Platz hätte der König für sein Schloß nicht finden können: Inselwald, See und Hochgebirge. 1873 kaufte er die Insel, die in die Hände von Spekulanten geraten war, welche den Waldbestand abholzen und zu Geld machen wollten. Ludwig griff zu und rettete einen der anmutigsten Teile der Landschaft des Chiemgaus. Die Ausmaße der Architektur, die er hierher bauen ließ, stehen in wechselseitiger Beziehung zur Größe und Weite der Landschaft, und wer die Insel durchwandert, um sich plötzlich in dem unvollendet gebliebenen Gartenparterre der gelblichen Fassade des Schlosses gegenüber zu finden, wird trotz allem ‹Neunzehnten Jahrhundert› vom Zauber des Ganzen eingefangen.

Herrenchiemsee ist eine Kopie von Versailles und doch keine reine Kopie, weil Versailles nicht in allen Einzelheiten wiederholt worden ist. Der Hofbaudirektor Georg von Dollmann lieferte die Pläne, und 1878 begannen die Arbeiten. Im Äußeren stimmen die Proportionen mit Versailles überein, und dennoch wirkt das Schloß ländlicher zwischen den Alleen alter Bäume, mit den Durchblicken auf See und Berge.

Der auf hufeisenförmigem Grundriß stehende Bau öffnet sich nach Osten in einem Ehrenhof, während sich die der Versailler Gartenfront entsprechende Westfassade und die beiden Seitenfronten in monumentaler Breite zeigen. Die Westseite, nach dem See zu, ist die Hauptansicht des durch drei Risalite gegliederten Schlosses.

Die Wände des glasüberdachten Treppenhauses sind prunkvoll mit Marmor und Stuckmarmor verkleidet, geschmückt mit allegorischen Gemälden von Franz Widnmann und Ludwig Lesker. Die Skulpturen antiker Götter schuf Philipp Perron. Im Innern wird die Versailler Spiegelgalerie wiederholt, aber nach mehreren Planänderungen weicht sonst alles vom Original ab, denn dem König kam es auf ganz bestimmte Raumfolgen an, die seinen eigensten Gedanken entsprangen. Das Berliner Schloß, das Palais Soubise in Paris, Fontainebleau, Bruchsal und Würzburg standen für die einzelnen Räume Pate. Alles wird zusammengehalten durch die Prachtliebe des Königs, die sich hier freilich in erdrückender Weise austobt. Die Räume tragen französische Namen: Salle des gardes, Galerie des glaces, Salle du conseil, Salon de l'œil de bœuf, und alle sind auf das Reichste ausgestattet, in Rot, Gold, Blau. Schwülstige Ornamente und Embleme, goldenes Geschnörkel, Kristallüster füllen die Zimmer. Schwere gestickte Seidenvorhänge umrahmen die Fenster. An den Goldstickereien des königlichen Bettes arbeiteten viele Stickerinnen sieben Jahre lang. Die Räume sind nicht allein überladen, sie sind höchst ungemütlich, denn alles ist auf reine Repräsentation und Feierlichkeit angelegt, in der sich die Person des unnahbaren Monarchen ausdrücken wollte. Aber dieser überschwengliche Prunk spricht heute noch viele Menschen an; sie fühlen vielleicht instinktiv die Tragik des einsamen Königs, der in dieser übersteigerten Pracht Zuflucht suchte.

Der König selbst nahm regsten Anteil an der Innenausstattung. 1885 aber mußte der Bau wegen finanziellen Zusammenbruchs eingestellt werden. Nach dem ursprünglichen Plan sollten zwei langgestreckte Flügel den Bau nach Norden und Süden verlängern; 1907 wurde der im Rohbau stehende Nordflügel abgerissen. Schon zuvor waren die Wasserwerke zerstört, die Bassins zugeschüttet worden. Der Garten hätte einst die ganze Insel einnehmen sollen, er blieb ein Torso wie das Schloß und verdankt vielleicht gerade dem Unvollendeten seinen ganz eigenartigen Reiz, jenen Zauber des Fragments, der schon das Ideal der Romantik war. In Terrassen fällt der Garten ab und senkt sich dann zum See. Die Figurengruppe der Bassins sind teils Kopien, teils selbständige Schöpfungen zeitgenössischer Künstler. Auch der Garten, der sich im Prinzip nach Versailles richtet, geht im einzelnen eigene Wege, bedingt von der ganz anders gearteten Landschaft und der ihr eigenen Stimmung.

Hier in Herrenchiemsee, inmitten der hohen, weiten und reichen Raumfluchten, im Glanz der Farben und des Goldes, im Grün des Gartens und im Dämmer des Waldes wird der König auf seine Art vielleicht glücklich gewesen sein. Und so steht heute das Schloß als Bruchstück der gigantischen Planung eines langsam zerbrechenden Geistes, in einer Zusammenballung von Kitsch und Schönheit vor uns, deren Zauber sich auch der nüchternste Besucher nicht entziehen kann. *Abb. 70 bis 75*

Stein an der Traun

Schloß Stein an der Traun ist eine der seltenen, noch erhaltenen Höhlenanlagen. Bis etwa 1200 war es im Besitz der Herren von Stein. Von 1200 bis 1662 besaßen es die Toerring, dann ging es nach mehrmaligem Besitzerwechsel aus Herzog Leuchtenbergischem Vermögen in den Besitz der Grafen von Arco-Zinneberg über.

Die Schloßanlage besteht aus drei Teilen, die sich übereinander aufbauen: dem unteren Schloß, dem Felsenschloß und dem Hochschloß. Das untere Schloß, um 1565 erbaut und um 1875 umgestaltet, ist heute Landerziehungsheim. Die Gebäude umschließen einen unregelmäßig viereckigen Hof. Im südlichen Trakt befindet sich die kleine Schloßkapelle, an deren Langhauswänden hoch unter dem Gewölbe Malereien (Fragmente einer Geburt Christi und eine hl. Jungfrau) freigelegt wurden. Sie sind um etwa 1430 entstanden und wohl von südtiroler Provenienz.

Vom unteren Schloß steigt man zum Felsenschloß empor, das in die überhängende Nagelfluhwand eingebaut ist. Von hier führt ein unterirdischer Gang hinauf ins Hochschloß, das am Steilrand des Trauntales liegt. In seiner heutigen Form stammt das Hochschloß wohl aus dem späten 15. Jahrhundert, doch nimmt man an, daß auf der steilabfallenden Hochfläche einst eine Wallburg gestanden hat. Schon im 2. Jahrhundert nach Christi soll hier die erste Höhlenburg entstanden sein.

Von den mittelalterlichen Schloßherren ist im 13. Jahrhundert besonders der Ritter Heinz von Stein in Erinnerung geblieben. Über ihn existiert eine kleine Schrift mit dem Titel ‹Heinz von Stein, der Wilde genannt, als Mädchenräuber und kühner Raubritter nach dem Leben geschildert›. Bei der Führung durch das Höhlenschloß begegnet man den Schauplätzen der Untaten dieses Mannes: so etwa der kleinen Kemenate der Schönen Eva, dann dem Gefängnis der geraubten Mädchen, dem ‹Leichenturm›, in dem sie getötet wurden, sowie dem Raum, in dem Stein schließlich selbst durch einen Dolchstoß seines Sohnes Siegfried den Tod fand. Der ‹Leichen-› oder ‹Blutturm› ist ein halbrunder Wehrturm, der wenige Meter südlich der Höhlenburg vom Fuß der Felswand aus an dieser aufgemauert ist. *Abb. 55*

Höglwörth

Das einstige Kloster lag auf einer Insel im See, die durch Verlandung zur Halbinsel geworden ist. Die Anlage gleicht mehr einem Schlößchen und ist um zwei Höfe gruppiert, deren innerer den Kreuzgang ersetzte und Epitaphien der Pröpste enthält.

Höglwörth war das kleinste und ärmste der bayerischen Augustiner Chorherrenstifte. Erzbischof Konrad I. von Salzburg gründete es im ersten Viertel des 12. Jahrhunderts. Um die Mitte des 16. Jahrhunderts, in dieser für viele Klöster stürmischen Zeit, lebten hier nur noch der Propst und ein Chorherr im verfallenden, fast unbewohnbar gewordenen Konventbau. Propst Marquard von Schwendi löste deshalb 1614 den Konvent auf, ließ die beiden Pfarreien von Weltpriestern und das Klostergut von einem Verwalter betreuen, um die Einnahmen zu steigern. Dadurch erhielt der 1652 berufene Propst Wolfgang Zehnter die Mittel für einen Neubau von Kirche und Kloster, doch hat er selbst nur das letztere errichten können, diese höchst malerische Anlage am See.

Den Bau der Kirche begann 1686 Propst Patriz Pichler. Sie wurde 1689 geweiht, erhielt aber erst unter Propst August Esslinger die reiche Ausstattung. Der schöne Kirchenraum wird Lorenzo Sciasca zugeschrieben. Nikolaus Streicher aus Salzburg schuf 1765 das Deckenbild, zur gleichen Zeit entstanden die eleganten, graziösen Rokoko-Stukkaturen, Grün auf Weiß, von Benedikt Zöpf aus Wessobrunn, wurden Hochaltar und Kanzel aufgestellt. Rings um Höglwörth und seinen See steigen die Wälder zum Teisenberg auf. Sie gehörten dem Kloster, das 1817 aufgelöst, dessen Landbesitz verkauft wurde.

Heute ist diese höchst malerische Anlage am See im Besitz der Familie Wieninger, die die alten Gebäude mit vielem Feingefühl in einen Landsitz umgewandelt hat. *Abb. 76, 77*

Staufeneck

Nah der österreichischen Grenze, am Fuße des Staufen im Bergwald, liegt die Burg Staufeneck, aus deren Fenstern man den großartigsten Blick gegen den Untersberg, auf Salzburg und die gegenüberliegenden anmutigen Höhen hat.

Um 930 soll die Burg dem mächtigen Haus der Aribonen gehört haben, dem die Grafen von Plain folgten. Ein Zweig dieser Familie nannte sich nach der Burg von Staufeneck. Der erste urkundlich genannte Herr dieses Namens ist Wilhelm von Plain und Staufeneck, 1247. Im Jahre 1306 ging die Burg an das Erzstift Salzburg über und wurde Pflegschloß. 1513 baute Erzbischof Leonhard von Keutschach die Burg zu einem Jagdschloß um, vornehmlich den Westflügel. Seit 1894 Besitz der Familie von Thiereck, beherbergt der Bau heute ein Filialmuseum des Bayerischen Nationalmuseums.

Staufeneck hat durchaus den Charakter seiner gotischen Anlage bewahrt; es ist der einzige vollkommen erhaltene Bau dieser Art in Oberbayern. Über den ehemaligen Hals-graben gelangt man durch die Reste des Zwingers zum Burgtor, das eine Rotmarmorplatte mit dem Wappen des Salzburger Erzbischofs Leonhard von Keutschach aus dem Jahre 1513 trägt. Rechts vom inneren Tor steht ein viereckiger Turm mit einer ehemaligen Folterkammer und einem darunterliegenden Verließ, das nur durch ein Loch im Boden zu erreichen ist. Links des Tores liegt die Kapelle mit einer Ausstattung des 18. Jahrhunderts.

Von besonderem Interesse ist die Umfassungsmauer mit dem ringsumlaufenden Wehrgang, der wie das gesamte Schloß spätgotisch ist (1513). *Abb. 78*

Berchtesgaden | Das Stiftsgebäude

Im 11. Jahrhundert besaßen die Grafen von Sulzbach das Berchtesgadener Land. Graf Berengar stiftete dort 1108 das Augustiner Chorherrenstift, dessen doppeltürmige Stiftskirche mit dem hohen Chor den Mittelpunkt Berchtesgadens bildet. 1294 erlangten die hier residierenden Pröpste die Reichsfürstenwürde und uneingeschränkte Selbständigkeit. 1809 fiel die Fürstpropstei an Bayern. Das Stiftsgebäude ist heute im Besitz des Wittelsbacher Ausgleichsfonds.

Um 1180 muß die Stiftskirche an Stelle eines älteren Baus entstanden sein. Das 13. Jahrhundert baute an der romanischen Westfront zwei Türme, die in der zweiten Hälfte des 19. Jahrhunderts neu aufgeführt worden sind; 1300 wurde der Chor erneuert und um 1470 das Langhaus umgestaltet. «Das Herzstück des mittelalterlichen Klosters, der Kreuzgang, um den sich die Klostertrakte gruppieren, stammt jedenfalls nach Ausweis seines Stiles aus dem Ende des 12. Jahrhunderts. Es liegt die Annahme nahe, daß er in langsamem Baufortgang gleichzeitig mit dem romanischen Münster entstanden ist.» (Heinrich Kreisel)

Im Anschluß an den Chorbau um 1300 muß ein Um- und Ausbau des Klosters erfolgt sein. In dieser Zeit entstand die schöne frühgotische zweischiffige Halle des Dormitoriums mit ihren schlanken polygonalen Marmorsäulen, die das Kreuzrippengewölbe tragen. 1458 ließ Fürstpropst Bernhard von Leoprechting gegenüber dem Stift einen Getreidekasten und ein Kassierhaus errichten; sie schließen den Klosterkomplex nach Westen ab. Propst Wolfgang Lenberger (1523/41) begann 1532 das Kloster umzubauen; sein Nachfolger Wolfgang Griesstätter schloß die Bauarbeiten 1548 ab. Es handelte sich dabei um die ‹Propstei› auf der Westseite des mittelalterlichen Klosters; aber auch Kassierhaus und Getreidekasten wurden umgestaltet und ihnen ein Laubengang vorgelegt.

Joseph Clemens, Sohn des Kurfürsten Ferdinand Maria von Bayern, war nicht nur Kurfürst-Erzbischof von Köln, sondern auch Fürstpropst von Berchtesgaden (1688–1723).

Er richtete sich 1710 ein neues Appartement im neuen Süd-flügel am Kreuzgang ein (die Herrenzimmer, heute Galerie-zimmer). Dieser Südflügel wurde mit dem alten Renaissance-flügel auf der Westseite zu einer Zweiflügelanlage verbun-den. Stiftsdekan Freiherr von Mändl erbaute 1721 das ele-gante Gartenhaus, vor dem an der Ostseite des Stiftsbereichs bastionartig vorspringenden ‹Priesterstein›-Gärtchen. Es wird heute Rehbachstöckl genannt, weil hier später der Ka-pitular von Rehbach wohnte.

Freiherr Julius von Rehlingen, Fürstpropst seit 1723, brachte die von seinem Vorgänger Joseph Clemens einge-leitete Bauunternehmung zum Abschluß. Dabei wurde 1725 von dem Stukkator Joseph Höpp aus Burghausen die Fas-sade der Propstei einheitlich dekoriert. Gleichzeitig erhiel-ten die Erdgeschoßräume Stuckdekor. 1753 wurde noch ein weiteres Gartenhaus errichtet, das Balbierstöckl, so benannt nach dem Neffen des letzten Fürstpropstes Freiherrn von Schroffenberg, eines Herrn von Balbier. Schroffenberg ließ 1781/84 die Fassade des Südflügels am Schloßplatz von Stukkator Peter Pflauder aus Salzburg neu gestalten sowie die beiden Säle im ersten Obergeschoß des Renaissance-Baus und Räume im ersten Obergeschoß des Südflügels von ihm stukkieren. Aus dieser Zeit stammen auch der Dekor eini-ger Wohnräume in beiden Schloßflügeln und das Stiegen-haus im Westflügel. Der Berchtesgadener Hofschlosser J. Prantner schuf das schöne schmiedeeiserne Gitter der Treppe.

Als letzter Bau folgte nach 1785 die Verlängerung des Südflügels, der im Innern Rohbau blieb und auch keine Fas-sadendekoration mehr erhalten hat. So war das Kloster zu einer veritablen Residenz ausgebaut worden, in der später die bayerischen Könige gern Aufenthalt nahmen. Vor allem hat Kronprinz Rupprecht das Stiftsgebäude zu einem vor-nehmen, mit Kunstschätzen gefüllten Schloß ausgestaltet, das heute eines der bedeutendsten privaten Museen Bayerns ist. Wie alle Wittelsbacher ist Kronprinz Rupprecht von Bayern ein Sammler gewesen; durch gründliche Studien, ausgedehnte Reisen und lange Erfahrung im Umgang mit Kunstwerken hat er eine hohe Kennerschaft erworben. Da-von zeugen etwa die Skulpturen, darunter zwölf Holzbüsten vom Chorgestühl der Klosterkirche Weingarten von Hein-rich Yselin aus Konstanz, 1487, oder eine schöne Muttergot-tes aus der Schule des Veit Stoß, um 1520.

Die Waffenkammer enthält Waffen, Rüstungen, Harnische des 16. bis 18. Jahrhunderts. Die Wohnräume sind reich aus-gestattet mit hervorragenden Möbeln, mit Gobelins, die nach Entwürfen des Lauingers Matthias Gerung um 1540 in den Niederlanden für das Schloß in Neuburg an der Donau gewirkt worden sind. Bildnisse bekannter Meister von den Mitgliedern des Hauses Wittelsbach und verwandter Häu-

ser, italienische, französische und deutsche Möbel von hoher Qualität, Porzellane, eine ostasiatische Sammlung und eine Galerie des 19. Jahrhunderts vervollständigen die Einrich-tung dieser fürstlichen Wohnung.

Einer der schönsten Plätze des Klosterbezirks ist das oben erwähnte Priesterstein-Gärtchen. Hier und auf der südlichen Schloßterrasse wurde schon im 17. Jahrhundert eine Garten-anlage geschaffen, welche Kronprinz Rupprecht instand set-zen ließ und mit dem schönen Renaissance-Brunnen von 1666 schmückte, den die reizende italienische Bronze-Venus von etwa 1550 krönt.

Eine Freitreppe führt zum Rehbachstöckl, jenem elegan-ten kleinen Bau mit rot gefaßter Architekturgliederung und gutem Stuckdekor in Bandelwerk und Palmetten. Aus dem Garten hat man einen unvergleichlichen Blick auf das Ge-birge, auf Watzmann und Göll.   *Abb. 79 bis 84*

Berchtesgaden | Das Adelsheimer Schlößchen

Sehr lohnend ist ein Besuch des Adelsheimer Schlößchens, das 1614 vom Stiftsdekan Degenhart Neuchinger erbaut, 1796 vom bayerischen Staat als Salzamt übernommen wurde. Mitte des 19. Jahrhunderts kam es dann in den Besitz der Freifrau von Eichthal, wechselte noch mehrmals den Eigen-tümer und gehört heute dem Landkreis Berchtesgaden, der darin ein Heimatmuseum eingerichtet hat.

Das Schlößchen war vom Untergang bedroht und ist jetzt in mustergültiger Weise wiederhergestellt worden. Der besondere Reiz des Museums liegt darin, daß sich hier Altes und Neues auf das glücklichste durchdringen. Im Erd-geschoß des Hauptbaus befinden sich Verkaufs- und Aus-stellungsräume für Berchtesgadener Holzwaren und im klei-nen Saal des ersten Obergeschosses werden unter anderem Wechselausstellungen des Berchtesgadener Künstlerbundes veranstaltet.

Die anderen Räume sind dem eigentlichen Museum vor-behalten, in dem neben kirchlicher Kunst aus dem Bereich des ehemaligen Stifts Berchtesgaden auch bäuerliche Wohn-kultur gezeigt wird. Es wird jetzt auch das Sterbezimmer des letzten Fürstpropstes Freiherrn von Schroffenberg in der alten Form wieder eingerichtet, mit Boiserien und bedruck-ten Chinoiserietapeten, die unter einer neueren Wandver-kleidung gefunden wurden. Wir betreten das Museum durch die schöne Einfahrtshalle, deren Kreuzgratgewölbe von dicken rotmarmornen Säulen getragen werden. Der Eindruck eines Schlößchens ist durchaus gewahrt, und ob-wohl das Haus heute eher musealen Zwecken dient, bietet es doch gleichzeitig auch ein schönes Beispiel für die Wohn-kultur früherer Zeiten.

36 – Schloß Schwindegg
Ostseite

37 – Schloß Tüßling
Arkadenhof

38 – Schloß Tüßling, Gartenfront

39 – Tüßling, Großer Festsaal

40 bis 43 – Tüßling
Ausschnitte aus den Stukkaturen in den Salons
des zweiten Obergeschosses

44 – Tüßling, Salon mit stukkierter Decke

45 – Winhöring, Großer Saal

46 – Winhöring
Porträt des Grafen Ignaz von Toerring von Georges Desmarées

47 – Pavillon im Park von Ottenhofen

48 – Ottenhofen
Malereien im Obergeschoß des Pavillons

50 – Burghausen
Georgstor von Süden

51 – Burghausen
Dürnitz

52 – Burghausen
Palas, Große Stube des Herzogs

53 – Burghausen
Palas, Erkerzimmer

54 – Schloß Tittmoning

55 – Stein an der Traun
Unteres Schloß mit Höhlenschloß

56 – Schloß Elkofen

57 – Elkofen, Der Rechberg-Löwe am Aufgang zum Obergeschoß

58 – Elkofen, Salon

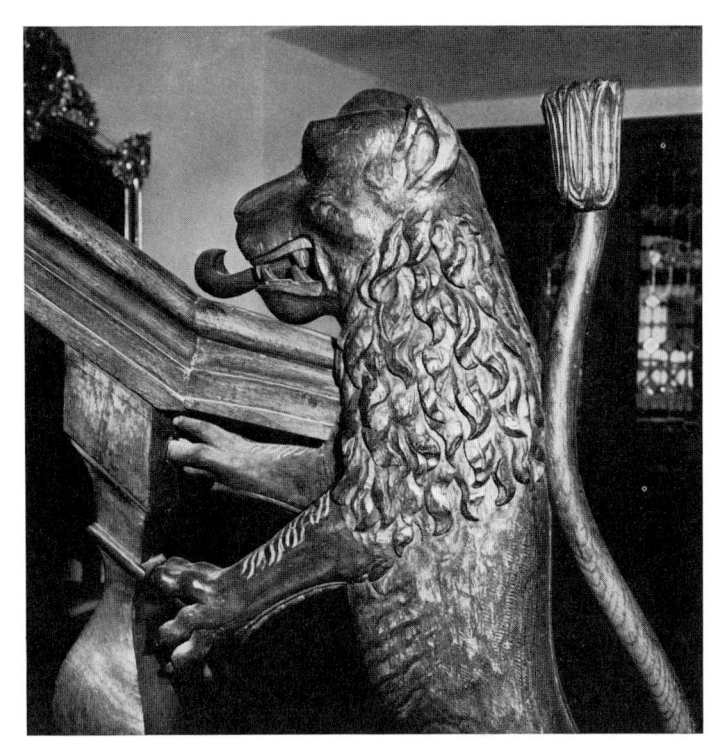

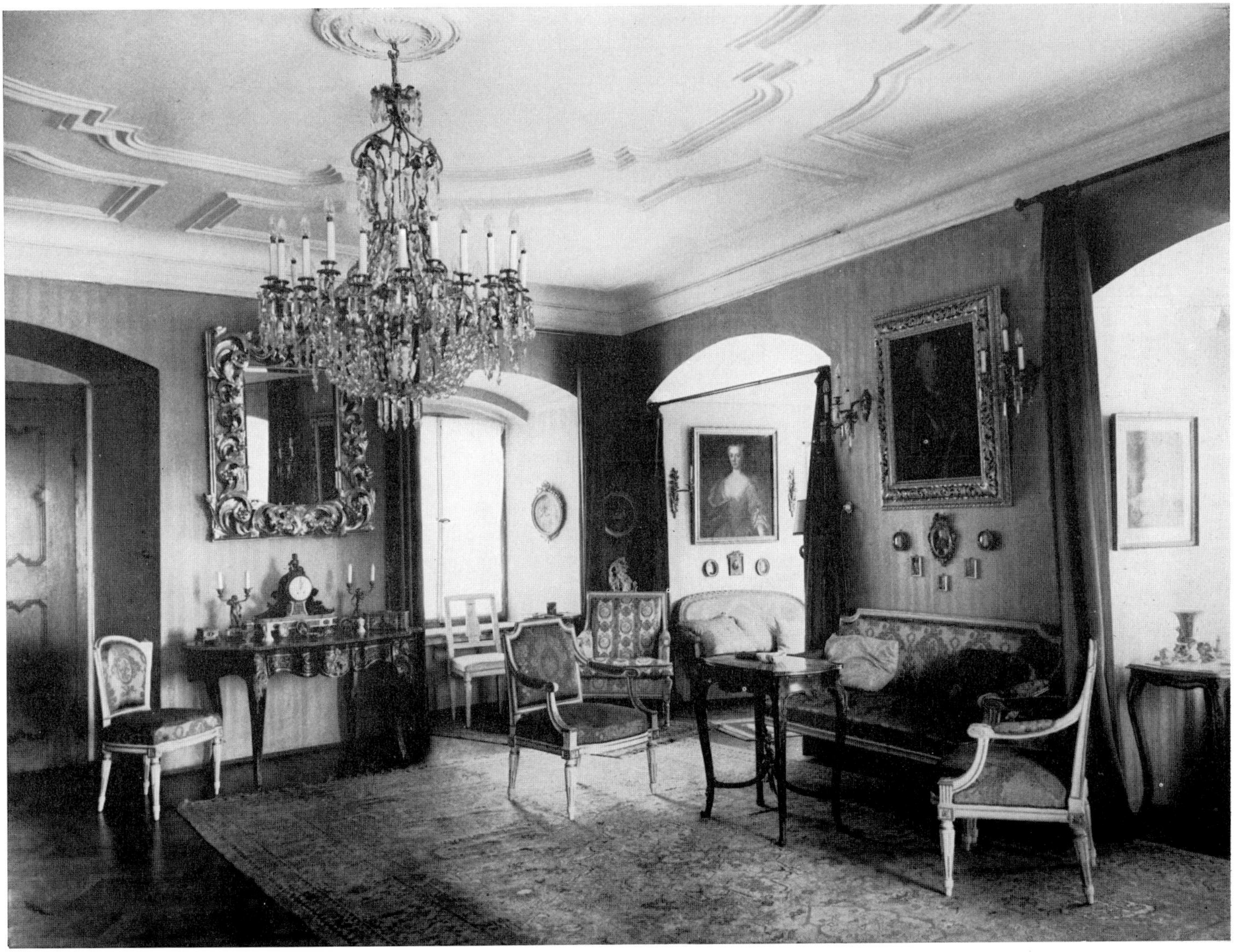

59 – Schloß Amerang, Ansicht von Osten

60 – Amerang, Rittersaal

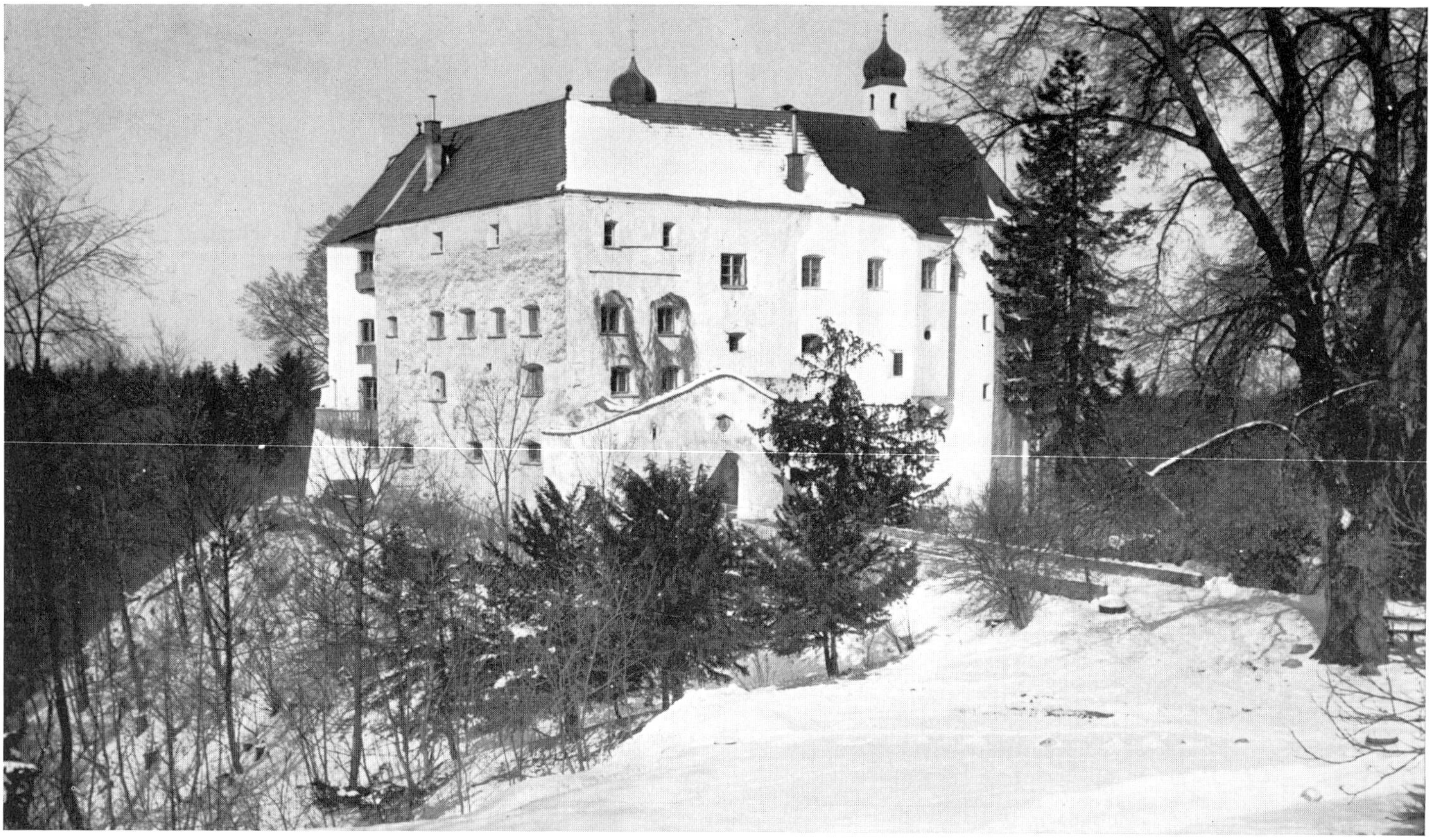

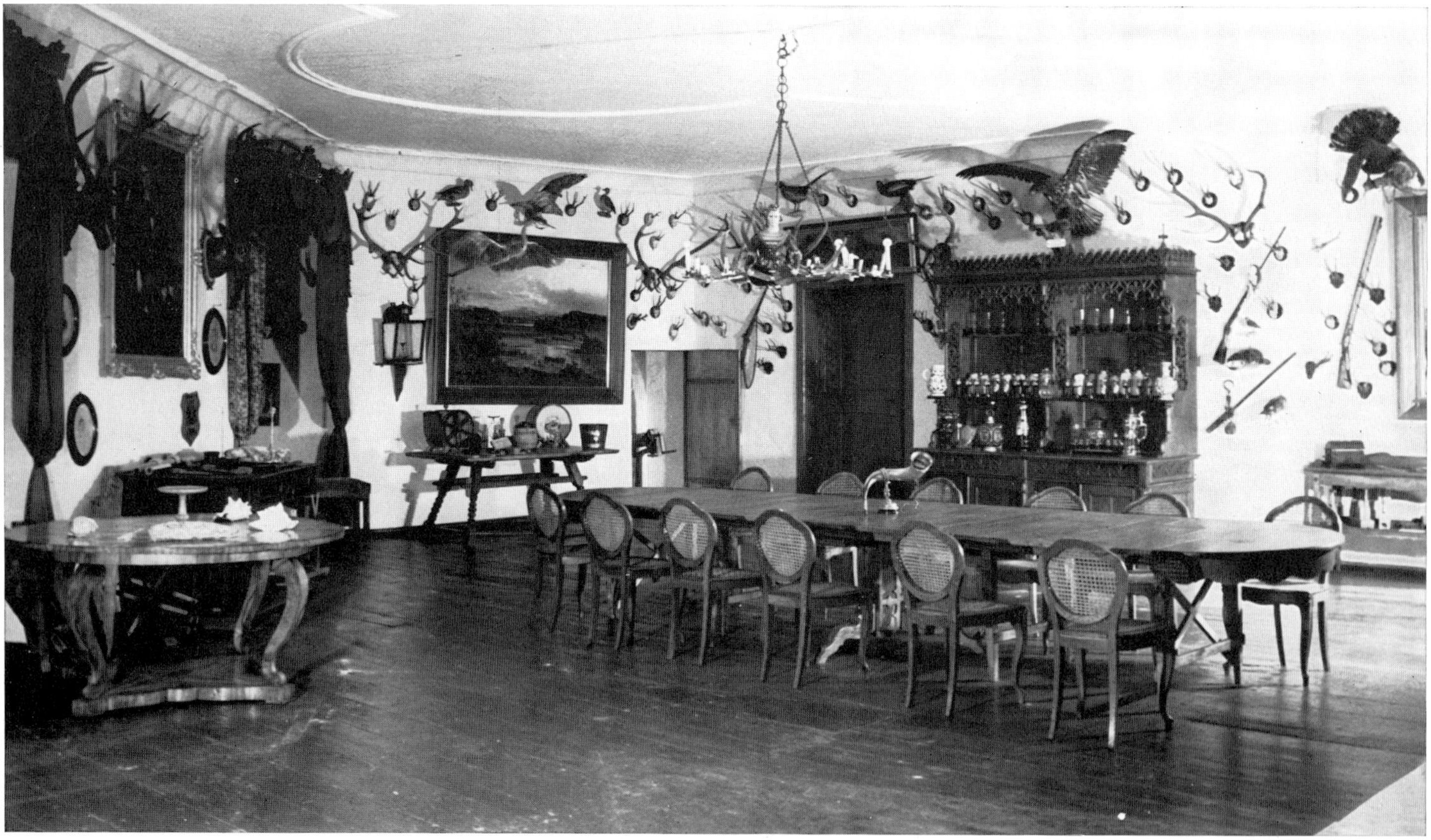

61 – Schloß Urfahrn
Luftaufnahme mit der
Klosterkirche von Reisach

62 – Urfahrn
Lüftlmalerei
am Wirtschaftsgebäude

63 – Hohenaschau
Blick von der Burg in den Chiemgau
Im Vordergrund die Stallungen

64 – Hohenaschau
Das alte Schloß mit dem Anbau von 1904/06

65 – *Hohenaschau, Blick in die Spindel der Ehrentreppe*

66 – *Hohenaschau, Burgterrasse über dem Neubau*

69 – Herrenchiemsee
Kaisersaal im Alten Schloß

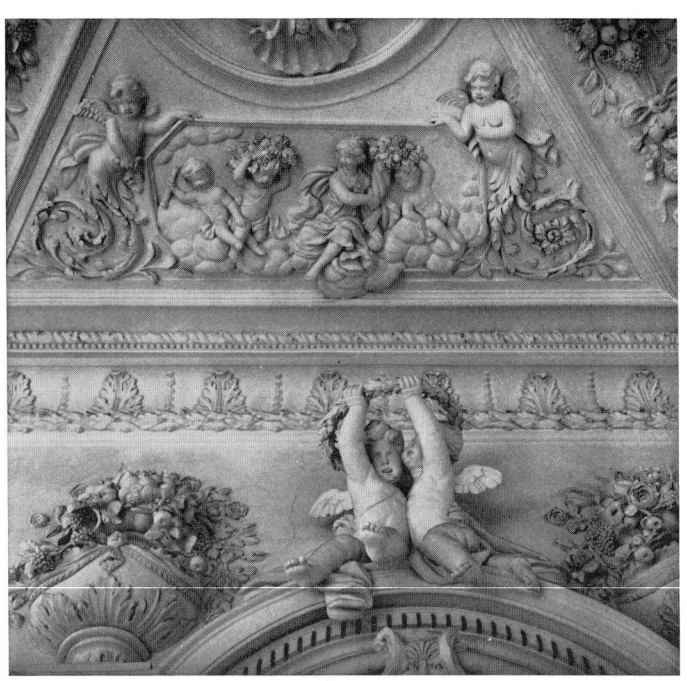

67 – Hohenaschau, Detail der Stuckdekoration

68 – Hohenaschau, Großer Saal (Ahnensaal)
Türarchitektur in Stuck an der Ostwand

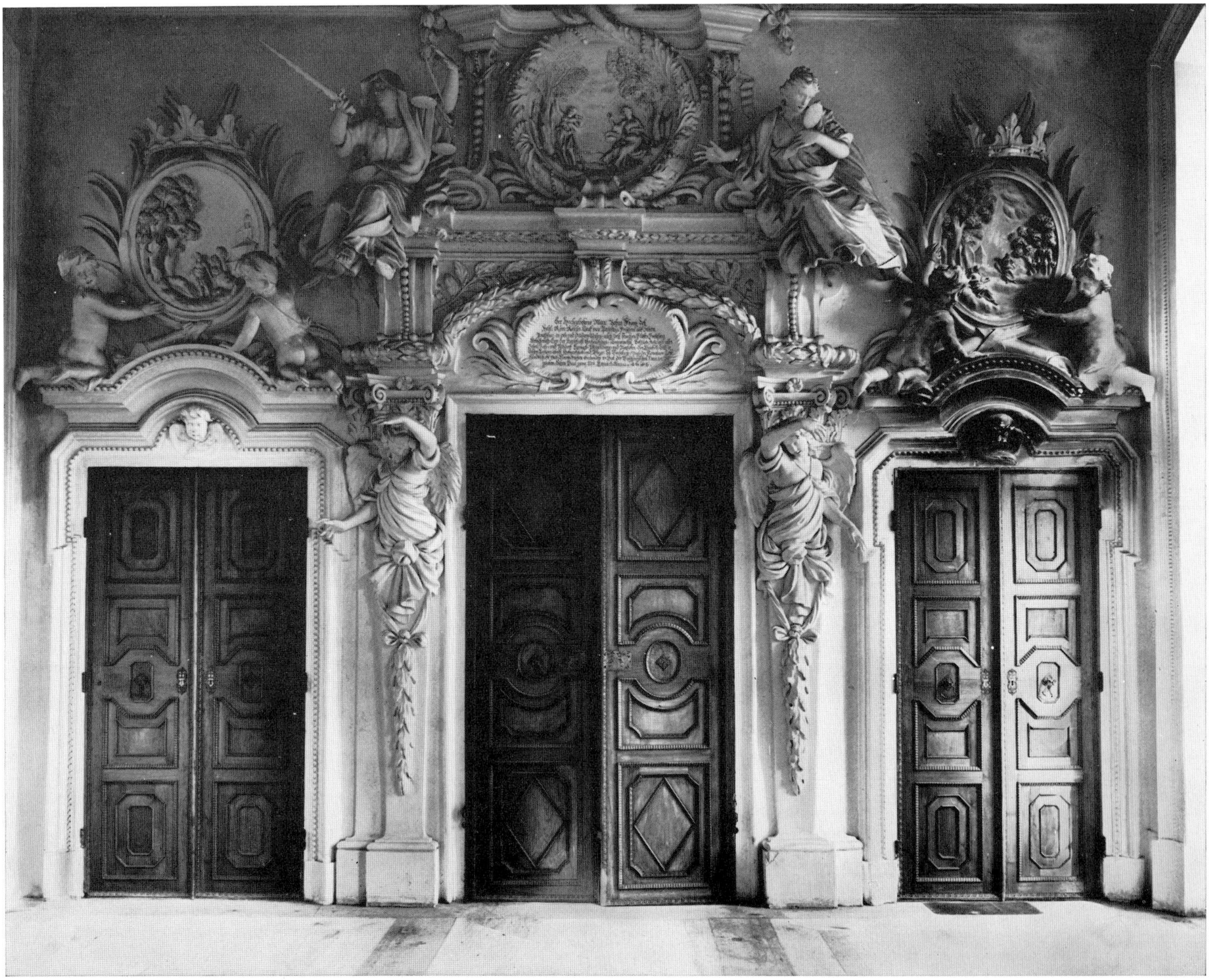

70 – Herrenchiemsee · Neues Schloß, Gartenfront mit Latona-Bassin

71 – Herrenchiemsee · Neues Schloß, Cour d'Honneur

72 – Herrenchiemsee
Neues Schloß, Große Spiegelgalerie

73 – Herrenchiemsee · Neues Schloß, Beratungssaal

74 – Herrenchiemsee · Neues Schloß, Speisezimmer mit versenkbarem Tisch

76 – Schloß Höglwörth

77 – Höglwörth, Halle

75 – Herrenchiemsee
Neues Schloß, Kleine Spiegelgalerie

78 – *Schloß Staufeneck mit dem Hochstaufen*

Leutstetten

Leutstetten, Liucilstat, das heißt ‹kleine Wohnstätte›, wird 800 als Schenkung der fränkischen Prinzessin Gisela an das Kloster Benediktbeuern genannt.

Da liegt es vor uns, wenn wir aus dem Laubwald des Mühltals heraustreten, auf den Endmoränen des Isargletschers, im sogenannten ‹Leutstettner Amphitheater›, hinter ihm der weite Horizont des Starnberger Sees und der fernen Alpenkette.

Seit 1140 ist Leutstetten adlige Hofmark, und die im Lauf der Jahrhunderte häufig wechselnden Eigentümer haben hier in der patriarchalischen Ordnung einer bayerischen Hofmark gelebt und geschafft. 1565 ließ der herzogliche Rat Hans Urmüller das Schloß erbauen, nach Apian «ex ruderibus Carolinis», aus den Resten der Burg Karlsberg bei Starnberg. Wir kennen den Baumeister nicht. Das Schloß ist ein reizvoller Bau mit zwei übereck gestellten Erkern an der Südseite. 1833 erwarb der bayerische Staatsminister Ludwig Fürst zu Oettingen-Wallerstein das Gut, legte den Park an und überließ es seinem Schwiegersohn, dem Grafen von Waldbott-Bassenheim. Seit 1875 war Leutstetten Eigentum des späteren König Ludwigs III. und dann der bevorzugte Sitz seines Sohnes, des Kronprinzen Rupprecht von Bayern. Das Gut wurde vergrößert, der Park erweitert, das Schloß instand gesetzt und mit zwei Flügeln versehen. So liegt Leutstetten in stiller Ruhe und Abseitigkeit noch heute inmitten von Wald, Wiesen und Moor.

Aus der Zeit Karls des Großen stammt vermutlich ein Meilenstein mit Majuskelinschrift, der heute unter dem südlichen Seitenaltar der Dorfkirche St. Alto eingemauert ist. Über dem nördlichen Seitenaltar befindet sich ein bemaltes Holzrelief, das das Pfingstfest darstellt. Es ist eine äußerst qualitätvolle Arbeit um 1480/90 und stammt wahrscheinlich von Erasmus Grasser oder aus seiner Werkstatt. Die Fassung wurde 1867 erneuert. Ein dreiteiliges Gemälde in einer Nische an der Südwand zeigt die drei gekrönten Jungfrauen St. Ainpet, Gherbet und Firpet. Diese drei Jungfrauen wurden bis in das 18. Jahrhundert hinein besonders von Wöchnerinnen verehrt, die ihnen Wiegen aus Holz, Wachs und Silber als Votivgaben stifteten. Der ursprünglich heidnische Kult der drei Nornen, die das Schicksal des menschlichen Lebens lenken, fand hier Eingang in die christlichen Legenden. Das Gemälde mit den drei Jungfrauen hing ursprünglich in einer Kapelle südlich von Leutstetten, vielleicht in der Nähe des sogenannten ‹Einbettl-Bauern›.

Berg

Das am Ostufer des Starnberger Sees, schräg gegenüber von Starnberg gelegene Schloß Berg war im 16. Jahrhundert im Besitz der Münchner Patrizierfamilie Ligsalz; im Jahre 1610 ging das inzwischen zur Hofmark erhobene ‹Perg› an den Geheimen Rat Hans Georg von Hörwarth über, dessen Sohn 1640 an der Stelle des früheren Baus ein Schloß errichtete, das in seiner Grundanlage bis heute erhalten ist: ein viereckiger Bau mit einem Laternentürmchen auf der Dachspitze und vier Ecktürmchen, die jedoch später verschwanden.

Nachdem das Schloß vorübergehend im Besitz des Fürstbischofs Albert Sigismund von Freising gewesen war, gelangte es bei dessen Tod am 18. Juli 1686 an den Kurfürsten Max Emanuel – als eine Art Buen Retiro für den Fürsten – um von da ab ununterbrochen im Besitz des bayerischen Fürstenhauses zu bleiben. Schloß Berg erfuhr damals verschiedene Veränderungen. Die niedrigen Ecktürmchen wurden entfernt, eine Mauer und ein Graben um das Schloß gezogen; der aus Baumanlagen und Baumparterres bestehende ‹Lustgarten› im Geschmack der Zeit mit Wasseranlagen versehen.

In den Jahren 1849/59 ließ König Maximilian II. das Schloß im Stil englischer Neugotik umbauen, rings mit Mauerzinnen umgeben, und vier größere Ecktürme aufführen (vergleiche ähnliche Bauten in Possenhofen, Garatshausen und Ammerland, alle ebenfalls am Starnberger See). Unter König Ludwig II. wurde der Turm an der N-Seite gebaut. Ludwig II. hatte für Schloß Berg, an das sich für ihn teure Kindheitserinnerungen knüpften, eine besondere Vorliebe. Von hier aus unternahm er seine romantischen Nachtfahrten nach Linderhof, Hohenschwangau und Hinterriß.

Die ziemlich niedrigen Innenräume, wie sie heute noch bestehen, hatten alte, aber keineswegs wertvolle Tapeten, und das Mobiliar war fast ganz noch das von König Maximilian gebrauchte, in Ausstattung und Stil dem der wohlhabenden bürgerlichen Häuser des 19. Jahrhunderts vergleichbar. Hier wollte Ludwig II. vor allem Mensch sein. Dennoch fehlte es nicht an Kunstwerken, die seine Phantasie beschäftigten. Im ersten Stock liegen die Räume, die früher von Königin Marie bewohnt worden waren: das erste Zimmer ist mit Neureuthers ‹Hohenschwangau› und mit Cartons zu Schillers ‹Don Carlos› von Jäger geschmückt, das zweite Zimmer mit Szenen aus Wagneropern von Pixis. Im zweiten Stock, wo Speisesaal, Arbeitszimmer und Wohnzimmer des Königs lagen, waren die Wände mit Bildern zu ‹Lohengrin›, ‹Tristan›, dem ‹Fliegenden Holländer› u. a. voll behängt.

In der Mitte der siebziger Jahre wurde etwas oberhalb des Schlosses eine Kapelle, ebenfalls im neugotischen Stil, erbaut.

Dort, wo am 13. Juni 1886 der Leichnam König Ludwigs II. gefunden worden war, bezeichnete zuerst nur ein einfaches Kreuz die Stelle im See. Zehn Jahre später fand in Gegenwart des Prinzregenten in nächster Nähe die feierliche Grundsteinlegung zu der ‹Gedächtniskirche› statt.

Schloß Berg enthielt zunächst ein Museum zum Gedächtnis König Ludwigs II. Durch Krieg und Nachkrieg wurde die Bausubstanz so stark in Mitleidenschaft gezogen, daß die neugotischen Ecktürme abgerissen werden mußten. Heute ist das Schloß wieder der schlichte Viereckbau, der er ursprünglich gewesen war. Er dient Herzog Albrecht von Bayern, dem Chef des Hauses Wittelsbach, als Privatwohnsitz.

Harmating

In Egling biegt man links ab nach Harmating, dessen hohes Schloßdach man schon von weitem über den Kronen der Bäume aufragen sieht. Das reizende Turmschlößchen – es hat die gleichen Maße wie das Stampflschloß bei Mühldorf – liegt in einer wundervollen hügeligen Wald- und Wiesenlandschaft mit kleinen Mooren und einem verschilften See über dem Dorf, umgeben von einem kleinen Garten mit Obstbäumen, Blumen und hohen Bäumen. Aus seinen Fenstern schaut man durch eine Waldkulisse weit hinaus ins Isartal bis zu den fernen Gebirgen.

Die Hofmark Harmating war seit 1531 Sitz der Barth von Harmating. Die Barth gehörten zu den großen patrizischen Geschlechtern Münchens, die wie etwa die Ligsalz durch den Salzhandel reich geworden waren. Von 1328 bis 1803 saßen die Barth im Rat der Stadt, bekleideten einflußreiche Ämter und wirkten als herzogliche Räte. 1525 erhielt die Familie von Kaiser Karl V. eine Wappenbesserung und Kaiser Rudolf II. verlieh Oswald Barth 1596 die Edelmannsfreiheit und niedere Gerichtsbarkeit für Harmating. Außer Harmating besaßen die Barth die benachbarten Schlösser Eurasburg, Ascholding und Kempfenhausen am Starnberger See mit beträchtlichem Landbesitz. 1681 wurden sie in den Freiherrnstand erhoben. Nach Aussterben der Familie, 1941, fiel Harmating durch Erbschaft an die Freifrau von Schirnding.

Es ist ein festes, kleines Turmschloß mit hohem geschindelten Dach, wohl aus dem 13. Jahrhundert. Auf der Westseite des ersten Obergeschosses sind noch die Reste eines Einstiegs aus jener Zeit vorhanden. Im 16. Jahrhundert erhielt das Schloß den hübschen Erker und die Ausgestaltung der Räume.

Das Innere ist sehr behaglich. Wir gelangen zunächst in einen Flur mit Jagdtrophäen, Waffen und Barthschen Totenschilden, darunter ist einer von 1419.

In der Jägerstube im Erdgeschoß mit bleiverglasten Fenstern sehen wir einen prachtvollen Schrank aus der Mitte des 15. Jahrhunderts, Ölbilder mit Jagdszenen, vielleicht von

Elias Riedinger. Über der schönen Renaissance-Tür – sie sind im ganzen Haus zu finden – ist ein Stuckrelief des frühen 17. Jahrhunderts angebracht, das die Muttergottes in einem von der Heiliggeisttaube gezogenen Muschelwagen zeigt.

Der behagliche Vorplatz im ersten Obergeschoß trägt ein spätgotisches Netzgratgewölbe und roten Ziegelfußboden.

Das Eurasburger Zimmer ist mit guten Möbeln, darunter portugiesischen Renaissance-Möbeln, und Bildnissen der Barth eingerichtet. Der danebenliegende Saal trägt eine Felderdecke des frühen 19. Jahrhunderts mit Medaillons, in denen die Namen der Barth von 1324–1758 eingeschrieben sind, ein schöner grüner Renaissance-Ofen ist mit den Wappen Barth-Ligsalz geschmückt. Das Erkergewölbe zeigt Fresken des frühen 17. Jahrhunderts mit Ranken und Wappen Barth-Ligsalz. Über der Tür befindet sich die Wiedergabe einer Inschrift, die sich an der alten Kesselbergstraße befand, welche Heinrich Barth 1492 für Herzog Albrecht IV. aus eigenen Mitteln bauen ließ.

Durch eine Tür des späten 15. Jahrhunderts gelangen wir in das Kapellenzimmer, von dem aus man die Empore der Kapelle betreten kann. Anschließend folgt das Kanzlerzimmer, ein besonders hübscher Raum, so genannt nach Ferdinand Barth, Münchner Bürger- und Stadtzeugmeister und Landschaftskanzler des Münchner Umlandes, der diesen Raum ausstatten ließ. Dort steht ein prachtvoller großer blau-weißer Kachelofen von 1671, dort stehen viele schöne Möbel. Das Deckenbild mit den Wappen Barth-Ligsalz und Helios auf dem Sonnenwagen schuf Melchior Steidl, der zwischen 1710 und 1714 die Fresken im niederbayerischen Schloß Arnstorf malte.

Die gotische Kapelle, die um 1630 umgestaltet worden ist – aus dieser Zeit stammt die Stukkatur des Tonnengewölbes – enthält Passionsbilder der spanischen Schule des 17. Jahrhunderts sowie ein Votivbild, dessen Text erzählt: «Carl Joseph Barth, seines Alters 7 Jahr, ist den 5. Oktober 1690 so schwerlich erkranckhet, daß drey gantzer Tag und Nächt zu unterschiedlich mahlen aller orthen der Nathur von ihme helles bluth auch vill mahlen gantze stöckh bluth gebrochen . . .» Vater Ferdinand Barth verlobte seinen Sohn zu Heiligkreuz in Harmating, und der Bub wurde gesund.

Harmating ist noch heute unter den Schirnding ein schönes Beispiel für patrizisch-adlige Kultur des 16. bis 18. Jahrhunderts.
Abb. 85 bis 89

Hohenburg

Die Anfänge der Hohenburg reichen bis ins 10. Jahrhundert zurück, aber den Grundstein zu dem noch heute bestehenden Schloß legte erst 1712 Graf Ferdinand Johann von

Schloß Hohenburg bei Lenggries
Nach einem Kupferstich von
Michael Wening, 1701

Hörwarth, dessen Familie hier seit 1566 ansässig war. Die
Hörwarth waren Augsburger Patrizier, die früh in den
Adelsstand erhoben worden sind, aber um 1800 in Bayern
im Mannesstamm ausstarben. Damals ging auch Hohenburg in anderen Besitz über. 1836 ließ sich hier der Fürst von
Leiningen nieder, der ein leidenschaftlicher Jäger war. Er
hat die Schloßgebäude innen und außen umgestaltet und
den Park nach englischem Geschmack anlegen lassen. Auch
die Straße nach Hinterriss ist sein Werk. Doch verkaufte er
den Besitz wieder, als im Jahre 1848 die gutsherrliche Gerichtsbarkeit aufgehoben und die bisher selbständige Mark
Hohenburg dem Landgericht Tölz einverleibt wurde. Nach
wechselnden Besitzern – die Grafen von Arco-Zinneberg,
der Marchese Fabio Pallavicini, die Freiherren von Eichthal –
erwarb Herzog Adolf von Nassau, Großherzog von Lu-
xemburg, das Schloß. Hierher hat sich 1919 seine älteste
Tochter, die Großherzogin Adelheid, nach ihrer Abdankung zurückgezogen und hier ist diese fromme Fürstin 1924
gestorben. 1953 haben die Ursulinen von Landshut das
Schloß übernommen und darin ein Schulheim eingerichtet.

Seefeld

«Wenige Schlösser», schreibt Friedrich Göpfer 1847, «sind
in neuerer Zeit sowohl für Fremde als für die Bürger- und
Beamtenwelt Münchens so häufig das Ziel ländlicher Aus-
flüge geworden, als das im Landgericht Starnberg und der
Pfarrei Oberalting gelegene gräflich Törring'sche Schloß
Seefeld. Die Ursache hiervon liegt zwar zum Theil in der
nur zehnstündigen Entfernung von der Hauptstadt und in
der Nähe der so zahlreich besuchten Lust- und Wallfahrts-
orte Starnberg und Andechs, mehr aber noch in der reizenden Gegend, den lieblichen, für Jedermann offenen Gärten
und der seltenen Waffensammlung aus alter Zeit . . .» Das
Schloß steht hoch über dem Pilsensee auf einem Hügel, der
durch eine Schlucht von den bewaldeten Höhen der Umgebung getrennt ist. Eine lange Allee uralter Eichen verbindet Seefeld mit dem benachbarten Gutshof in Delling.

Seefeld war Sitz der Herren gleichen Namens, die im
14. Jahrhundert ausstarben. Es folgten die Freiherren von
Stein – die 1365 die Schloßkapelle vollendeten –, die Freiherren von Gundelfingen, die Freiherren von Preysing, von
denen die Toerring 1472 die Herrschaft erbten. Graf Maximilian von Toerring baute 1732 die innere Brücke und errichtete 1736 das neue Torhaus. Graf Clemens baute den
Flügel des äußeren Schloßhofs, richtete im Schloß ein Theater ein, das 1789 in Anwesenheit des Kurfürsten von Bayern
eingeweiht wurde, aber heute nicht mehr besteht.

Eine die Schlucht überspannende Steinbrücke führt in
den Vorhof mit den Wirtschaftsgebäuden und erst die
innere Brücke über den Graben zum Eingang des Schlosses
mit dem mächtigen Bergfried. Er ist im Kern noch 13. Jahrhundert, sonst stammen die älteren Teile des weitläufigen
Komplexes aus dem Anfang des 16. Jahrhunderts. Der ganze
Bau wurde im 18. Jahrhundert übergangen, zeigt aber immer

noch den Typus einer spätmittelalterlichen Burganlage. Im inneren Hof steht die große Dürnitz mit ihrer zweischiffigen Halle, deren Kreuzgratgewölbe von quadratischen Pfeilern getragen wird. Die Schloßkapelle wurde 1776 mit Stukkaturen in Gold und Weiß von Thassilo Zöpf und mit einem Deckenbild von Joseph Ott geschmückt, das die Taufe Christi darstellt. Auf der Südwestseite errichtete Gabriel von Seidl 1897 den Arkaden- und Loggienbau, der nicht schlecht mit der Architektur des Schlosses übereinstimmt.

Auf der Höhe im Wald liegt eine interessante Anlage des frühen 19. Jahrhunderts, das ‹Dörfchen Eintrachtshausen› mit Herrenhaus, Jagdhaus, Bauernhäusern und Kapelle, eine typische Schöpfung der Romantik, die heute leider dem Verfall anheimgegeben ist. *Abb. 90 bis 92*

Greifenberg

Das Schloß liegt an der Nordspitze des Ammersees auf einem Hügel von einem – heute trockenen – Graben umgeben und ist nur von der Brücke her zugänglich. Nach der Gründungsgeschichte soll es im 13. Jahrhundert unter Griffo von Andechs entstanden sein. Die Grafen von Andechs, denen es bis 1248 gehörte, besetzten die Burg mit Ministerialen, die sich ‹Grafen von Greifenberg› nannten. Von diesen wurde es an ihre Erben, die Gundelfingen weitergegeben, von denen Greifenberg in den Besitz der bayerischen Herzöge gelangte. 1507 verkaufte Albrecht IV. das Schloß an die späteren Freiherren von Perfall, die es bereits 1478 als Lehen erhalten hatten. In ihrem Besitz befindet es sich heute, nach fast fünfhundert Jahren, noch.

Der bestehende Bau wurde im wesentlichen nach einem Brand 1760 als einfache rechteckige Vierflügelanlage um einen kleinen Innenhof neugestaltet; ihr Ursprung geht wohl aber auf das 17. Jahrhundert zurück. Im Osten wird der Eingang durch einen hohen Portalvorbau mit barockem Mansardendach markiert.

Pähl | Das Hochschloß

In der schönsten Lage, die für ein bayerisches Schloß gedacht werden kann, genau in der Mitte zwischen Ammer- und Starnberger See, liegt auf einem Bergsporn angesichts der Alpenkette das Hochschloß Pähl. Möglicherweise stand an Stelle des heutigen Schlosses ein römischer Burgus, ein Wachtturm. Der Name Pähl lautet in den ältesten Urkunden Puile und Poule, und darin steckt das lateinische Wort bovile, eine Ableitung von bos, bovis, also Rindergehege.

Der Sage nach soll Karl der Große in Pähl erzogen worden sein, denn der Ort gehörte zum karolingischen Kammergut. Im 12. Jahrhundert ist er im Besitz der Grafen von Andechs-Meranien gewesen, welche ihn Ministerialen zu Lehen gaben, die sich Herren von Pähl nannten. Im 13. Jahrhundert ist Pähl wittelsbachisch geworden und Sitz eines Landgerichts.

1618 überließ Herzog Maximilian von Bayern, der erste Kurfürst, Pähl dem Carl Egloff, dessen Nachkommen einige Generationen lang dort als Landrichter amtierten. 1632 wurde die Burg von den Schweden niedergebrannt. Wie sie vor der Zerstörung aussah, zeigt eine Tafel des Meisters von Polling, um 1444, in der Bayerischen Staatsgemäldesammlung. Nach dem Aussterben der Egloff wechselten die Besitzer in rascher Folge, darunter befand sich das Kloster Andechs. Nach der Säkularisierung der bayerischen Stifte kam das Schloß in bürgerliche Hand.

Das Schloß in seiner heutigen Gestalt hat Albert Schmidt 1885/87 für Prof. Dr. Johann Nepomuk Czermak in romanisch-gotischen Formen neu gebaut, wie sie auch König Ludwig II. liebte. Schmidt war in München Erbauer der Lukaskirche und im Bayerischen Wald des Schlosses Frauenau. 1904 kaufte Graf Karl Otto von Holnstein Pähl, um es seiner Braut zur Vermählung zu schenken, veräußerte es aber noch im gleichen Jahr an Bernhard Graf von Spreti, da der Jungvermählten das Haus nicht gefiel. Spretis Enkelin, Frau Scherping und ihr Mann sind heute die Besitzer des Schlosses, das sie sehr wohnlich eingerichtet haben.

Aus der einstigen Schloßkapelle St. Georg stammt der Pähler Altar, ein bedeutendes Werk um 1400. Als 1803 die Kapelle abgebrochen wurde, nahm ein Zimmermann das Altarbild mit nach Beuerberg, und 1851 erwarb es das Bayerische Nationalmuseum. Es ist ein Triptychon, dessen Mitteltafel die Kreuzigung Christi, dessen Seitentafeln Johannes den Täufer und die hl. Barbara zeigen. Das Bild ist wahrscheinlich nicht für Pähl gemalt worden, sondern stammt aus wittelsbachischem Hausbesitz und wurde von Herzog Christoph, der in Pähl lebte, dorthin gebracht. Früher hielt man es für ein Werk der Salzburger, dann der Augsburger Schule, doch schreibt es Alfred Stange einem in Böhmen geschulten Wandermaler zu, der die in Prag befindliche Aracoeli-Madonna um 1400, den Pähler Altar um 1410, gemalt haben soll. *Abb. 93*

Tegernsee

Tegernsee ist eines der reichsten Benediktinerklöster in Bayern gewesen. 746 ist es von den Brüdern Adalbert und Otkar aus dem mächtigen Geschlecht der Huosi gegründet worden, doch schon der Beginn des 10. Jahrhunderts brachte während der Ungarneinfälle seine erste Zerstörung. Die Abtei verödete, die Gebäude verfielen, und Herzog Arnulf von Bayern benutzte die Gelegenheit, um einen großen Teil der Ländereien einzuziehen, die das Kloster allerorten in Bayern besaß.

Kaiser Otto II. und Herzog Otto von Bayern und Schwaben haben das Kloster 978/79 als Reichsabtei neu gegründet, die bald durch Schenkungen und Kauf wieder zu sehr ansehnlichem Grundbesitz kam und einen glänzenden Aufstieg nahm. Das Kloster besaß eine Bibliothek von 80000 Bänden, über 2000 Handschriften und 4000 Wiegendrucken. Namhafte Gelehrte und Dichter wirkten in Tegernsee, wie der Kellermeister Froumund, der lateinische Gedichte voller Wohlklang und Witz schrieb. Zwischen 1030 und 1050 ist hier der älteste deutsche realistische Roman in Versen geschrieben worden, der ‹Ruodlieb›, und um 1160 entstand das große dramatische Werk in lateinischer Sprache, das Osterspiel von der Ankunft des Antichrist.

Vom ursprünglichen Bau des Klosters ist wenig erhalten. Auf karolingischen Fundamenten wurde die St. Quirinsklosterkirche 1004/12 neu erbaut als dreischiffige Basilika mit Querhaus, und nach dem Brand von 1035 erfolgte die Wölbung. Damals wurde auch die karolingische Krypta umgestaltet.

Ende des 17. Jahrhunderts ließ Abt Bernhard Wenzl durch Antonio Riva die Kirche barockisieren und den Abteihof westlich der Kirche aufführen. Das Tonnengewölbe schmücken seitdem schwere vollplastische Stukkaturen nach dem Vorbild der Münchner Theatinerkirche sowie Deckenbilder von Hans Georg Asam, dem Vater der berühmten Brüder Cosmas Damian und Egid Quirin Asam. In der Vorhalle malte er 1693 Szenen aus der Legende des hl. Quirinus, im Schiff Szenen aus dem Leben Jesu. Von der alten Ausstattung sind nur drei Altäre erhalten, darunter der Hochaltar von 1690, dessen Oberteil jedoch 1820 verändert wurde, um ein Gemälde von J. C. Loth aufzunehmen. Auch die Kanzel stammt aus der Zeit um 1690, und die Quirinus- und Benediktuskapellen tragen zierlichen Stuck des Rokoko. Im Hochaltar sind Teile der Stiftertumba eingebaut, deren Deckplatte mit den Stifterfiguren, 1457 von Hans Halder aus München geschaffen, jetzt über dem barocken Westportal zu sehen ist.

1803 wurde das Kloster säkularisiert, die Altäre wurden öffentlich versteigert, Bibliothek und Sammlungen aufgelöst. 1805 kaufte der Generalpostdirektor Freiherr von Drechsel die Gebäude für 25000 Gulden und ließ sogleich die Trakte am See, um den heutigen Schmetterlingsgarten, abbrechen. König Maximilian I. Joseph von Bayern, der ihn hier besuchte, war so entzückt von der Lage des Klosters, daß er es 1817 trotz des Kaufpreises von 90000 Gulden von Drechsel erwarb. Die Geschichte, die der Ritter von Lang von diesem Kauf berichtet, ist für Drechsel nicht gerade schmeichelhaft und wohl auch mit Skepsis aufzunehmen. Doch ist

sie recht bezeichnend für das Temperament des Königs, der ja seinen Generalpostdirektor sonst sehr wohl zu schätzen wußte. Der Ritter von Lang berichtet: «Der König, im Unmut über die Forderung nach dem Verhältnis des ersten Erwerbs und der erfolgten Zerstörung, sprach gleichwohl: ‹. . . in Gottes Namen, der . . . kerl soll sie haben›.» Drechsel war aber über den ‹. . . kerl› nicht erfreut und ließ durch den Staatssekretär Herrn von K. um ein Trostpflaster bitten. «Das nahm der König noch übler. ‹Was will er denn, der . . . kerl?› Als nun Herr von K. demütigst vorstellte, daß sich Herr von Drechsel hinlänglich aufgerichtet und getröstet fände, wenn ihn nur ein zweites Wort Sr. Majestät zum Grafen erhöbe, so meinte diese, wenn es weiter nichts sei, das sollte er haben, und mit dem Posthorn im Wappen dazu.»

Der König war außerordentlich beliebt im Tegernseer Tal; man nannte ihn liebevoll ‹Herr Vater›. Er war Pate bei Kindstaufen, er half in der Not, er unterhielt sich mit Bauern und Handwerkern in ihrer Sprache und war auf den Höfen zu Gast. Der Leitnerbauer sagte ihm einmal, als er unverhofft bei ihm erschienen war, beim Abschied: «Aba Herr König, eh du wieder kimmst, muaßt ma's sagn lassen, daß i mi mit Bier und weißn Brod vorsehgn ko.» Einmal spazierte der König auf der Tegernseer Landstraße und unterhielt sich mit einem Straßenarbeiter, der ihn aufforderte, die Knödel mit ihm zu teilen, denn er hatte seinen König nicht erkannt. Zum Dank setzte ihm Max Joseph ein monatliches Gnadengehalt aus.

1823 gab er Leo von Klenze den Auftrag, den verbliebenen Südwestflügel des Klosters als Schloß herzurichten. So entstanden die teils stukkierten Wohn- und Festräume im ersten und zweiten Obergeschoß. Noch vor dem letzten Krieg waren die Wohnzimmer möbliert mit hübschen Kirschholzmöbeln, die zum Teil gemalte Bezüge trugen, mit gestickten Klingelzügen, mit Familienbildern von Joseph Stieler und Gemälden von Lorenz und Domenico Quaglio, Wagenbauer und Jakob Dorner. Es war ein sehr behagliches Interieur, und aus den Fenstern hatte man den herrlichsten Blick über See und Gebirge. Auch die Fassade der Kirche hat Klenze umgestaltet, nicht eben sehr glücklich, denn er ließ die Barocktürme bis zum Hauptgesims abtragen und mit den langweiligen Spitzhelmen versehen.

In der Vorhalle der Kirche meldet eine Marmortafel, daß der König am 28. Oktober 1822 «seine erhabenen Freunde Franz I., Kaiser von Österreich, mit seiner Gemahling Caroline, des Königs geliebter Tochter, und Alexander I., Kaiser von Rußland» hier zu Gast gehabt hat. Sie waren auf dem Weg zum letzten Kongreß der ‹Heiligen Allianz› nach Verona. Zu Ehren der hohen Gäste und ihres zahlreichen Gefolges – im ganzen mußten 257 Personen untergebracht werden – wurden riesige Feuer auf den Bergen entzündet, «die weithin von den Bergen bis München gesehen werden konnten», wie ein Chronist mitteilt. Bis zu seinem Tode 1825 ist Tegernsee der Lieblingsaufenthalt des Königs gewesen.

Sein zweiter Sohn, Prinz Carl, eine schöne, ritterliche Erscheinung, ebenso geliebt wegen seiner Wohltätigkeit wie sein Vater, erbte Schloß Tegernsee. Von ihm ging der Besitz an den Neffen und berühmten Augenarzt, Herzog Carl Theodor in Bayern über, dem sein Sohn Herzog Ludwig Wilhelm folgte. Von ihm, der kinderlos war, erbte es Prinz Max von Bayern, ein Sohn Herzog Albrechts, der jetzt als Adoptivsohn Ludwig Wilhelms Herzog in Bayern ist.

Ringberg

Auf einem Ausläufer des Hirschbergs, hoch über dem Ringsee, einer Bucht des Tegernsees, steht Schloß Ringberg, das Herzog Luitpold in Bayern sich gebaut hat, das heißt, an dem er gebaut hat sein Leben lang.

Kurz vor dem ersten Weltkrieg war die umfangreiche Anlage im Rohbau beendet; bis 1916 erfolgte die Errichtung des Hauptbaus, des Eingangstors, der Kapelle und des großen Turms, und bis zum Beginn des zweiten Weltkriegs wurden die weiteren Zu- und Ausbauten fertiggestellt. Das Schloß erscheint als eine Mischung von tiroler und italienischem Kastell, dem aber doch die persönliche ‹Handschrift› des Bauherrn und seines Architekten Friedrich Attenhuber nicht fehlt. Beide haben hier eine kulturhistorisch höchst interessante Leistung vollbracht, und mit Schloß Ringberg das letzte Denkmal großartiger wittelsbachischer Baulust im Sinne des romantischen Stils des 19. Jahrhunderts geschaffen. Die Einrichtung des Schlosses, durchaus aus edelstem Material geschaffen, mit Teppichen und Fresken von der Hand Attenhubers, der seine Gobelinentwürfe in der Münchner Manufaktur knüpfen lassen konnte, bildet eine künstlerische Einheit, wie sie in ähnlicher Geschlossenheit bei Bauten unseres Jahrhunderts nur noch selten anzutreffen ist.

Als Schloßbau ist Ringberg gewiß die eigenwilligste Schöpfung des 20. Jahrhunderts in unseren Breiten. Sie ist in der Raumdekoration durchaus noch dem Jugendstil verpflichtet, allerdings einem Jugendstil in der höchst persönlichen Prägung des Architekten und Künstlers Attenhuber und seines Auftraggebers, des Herzog Luitpold in Bayern.

Linderhof

‹Meicost Ettal›, so nannte König Ludwig II., in spielerischer Laune das Wort Ludwigs XIV. ‹L'état c'est moi› in ein Anagramm verwandelnd, Linderhof, die einzige Anlage, die er selbst vollendet sah, und die der Klenze-Schüler Georg von Dollmann seinem dreiundzwanzigjährigen König 1868/78 bauen mußte. Der Krieg von 1866 gegen Preußen war verloren, die Verlobung mit der Herzogin Sophie in Bayern war gelöst, Richard Wagner des Landes verwiesen worden. Der junge Monarch fühlte eine innerliche Leere, die er auf irgendeine Weise kompensieren mußte. Da meldete sich die Baulust, ein wittelsbachisches Erbteil, das mehr und mehr von ihm Besitz nahm.

Am Ende des Graswangtals, unweit von Oberammergau und Ettal, liegen die sanftgeschwungenen Matten, die es dem König angetan hatten. Dort stand schon ein Jagdhaus seines Vaters, das ihm nicht mehr genügte. Er wollte in der stillen, weltabgeschiedenen Berglandschaft ein Schloß haben, in dem er alle Pracht entfalten konnte, denn er liebte den Prunk.

Eine Studienkommission wurde von ihm nach Frankreich geschickt, um Versailles und die Trianons zu studieren, und 1868 begann der Bau, den der König Linderhof nannte. Hier schon wollte er dem bewunderten Ludwig XIV. von Frankreich ein Denkmal setzen. Die Devise des Sonnenkönigs ‹Nec pluribus impar› leuchtet aus einer Sonne an der Decke des Vestibüls, und der Eintretende sieht sich dem Reiterstandbild Ludwigs XIV. gegenüber.

Luise von Kobell findet treffende Worte für die Entwicklung des Baus: «In seinem Beginn gleicht das Schloß einem Kristall, denn es setzte sich bald dieser, bald jener Teil an; es erhoben sich auf dem ehemaligen Areal des abgebrochenen und in einiger Entfernung wieder aufgerichteten Jagdhauses die architektonischen Bildungen. Ludwig des Zweiten Schlafzimmer erfuhr z. B. eine dreimalige Vergrößerung, wuchs sich dahin und dorthin aus und vereinte sich erst nach allerlei Vermittlungen zu einem einzigen Ganzen.»

Das Schloß ist ein zweigeschossiger Bau mit kräftig vorspringendem Mittelrisalit, rustiziertem Erdgeschoß und rustizierten Pilastern. In den Nischen zwischen den Fenstern stehen die Sinnbilder des Lehrstandes, Wehrstandes, der Rechtspflege und des Nährstandes, geschaffen von Theobald Bechler und Philipp Perron. Der Mittelbau hat einen von Atlanten getragenen Balkon, darüber freistehende Rustikasäulen. In der Mittelnische eine Viktoria von Franz Walker. Reich gestalteter Giebel mit dem Königswappen und Figuren (Ackerbau, Handel, Industrie, Wissenschaft), bekrönt von Atlas mit der Weltkugel von Franz Walker.

Linderhof ist nicht Kopie eines bestimmten Vorbildes. Nach des Königs stets wechselnden Wünschen mußte Dollmann bald dieses, bald jenes Detail ändern, aber im großen ganzen ist es das bescheidenste und maßvollste von Ludwigs Schlössern, nicht ohne Reiz der äußeren Erscheinung, denn es hat etwas von einem Landschlößchen mit seiner klar gegliederten Fassade. Im Äußeren jedenfalls herrscht noch eine gewisse sympathische Übersichtlichkeit, wenn auch der Mittelrisalit schon überreich geschmückt ist. Im Innern dagegen sieht es ganz anders aus. Was wir in Herrenchiemsee an Zusammenballung von Pomp sehen, ist hier bereits vorgebildet. Verwirrender, alles überschwemmender Prunk empfängt uns. Gold, Stuck, Lapislazuli-Blau, Porzellane, Rosenholzmöbel, unzählige Leuchter und Lüster mit geschliffenen Prismen, die das Kerzenlicht tausendfältig brechen, schwere gestickte Portieren, Straußfederbüsche, trompetende Putten und immer noch mehr Gold. Da ist das Gobelinzimmer mit geschnitzten, weiß-goldenen Boiserien, mit Deckenbildern von Wilhelm Hauschild nach François Boucher, Wandbildern auf Gobelinstoff im Stil Watteaus und Bouchers, gemalt vom Freiherrn Heinrich von Pechmann, und mit Möbeln, zu denen die Pariser Gobelinmanufaktur nach französischen Vorbildern des 18. Jahrhunderts die Bezüge gefertigt hat. Da ist das violette Kabinett, das Silberkabinett, ein blaues Zimmer, die Chambre du conseil, das rosa Kabinett, das Speisezimmer in Rot und Gold und der Spiegelsaal in Blau. Er ist neben dem Schlafzimmer der prunkvollste Raum des Schlosses und wurde 1874 ausgestattet. Die Spiegel sitzen in außerordentlich reich geschnitzten Rahmen, das Deckenbild von Ed. Schwoiser zeigt die Geburt der Venus, die Supraporten mit Szenen aus dem Leben Ludwig XIV. malte J. Benczur nach J. B. Oudry, und die Rosenholzmöbel lieferte die Münchner Firma Anton Pössenbacher. Porträts von Persönlichkeiten des Versailler Hofes sind allenthalben zu finden, Teppiche liegen umher, Geräte aus Malachit stehen auf schwer geschnitzten vergoldeten Schreibtischen. Jedes Detail geht unter im Wirbel einer hemmungslosen, bombastischen Dekoration, die einem den Atem nimmt. Im Speisezimmer hob sich der Tisch lautlos aus der Tiefe, so daß kein Diener den König bei seinen Diners stören konnte . . . Oft ließ er mehrere Gedecke auflegen, um sich mit seinen angenehmsten Gästen, wie er sagte, mit Gestalten aus Versailles zu unterhalten. Manchmal saß ihm zur Rechten die Königin Marie Antoinette, manchmal war es die Marquise de Pompadour, mit der er heitere französische Konversation machte.

In Linderhof fühlte sich Ludwig II. am wohlsten, hier ließ er zum ersten Mal das 18. Jahrhundert neu erstehen, das bald sein Lieblingsstil wurde, aber es bleibt Kopie, Imitation und hält den Vergleich mit der heiter-eleganten, damals schon versunkenen Welt des 18. Jahrhunderts nicht aus. Durch Anhäufung von Prunk wollte der König die autokratische Machtfülle des Herrschers wieder beleben, er wollte mit ihr die Umwelt rekonstruieren, die dem Feudalsystem des Mittelalters und des Absolutismus angehörte. Was uns in den Schlössern von Nymphenburg, von Pommersfelden oder Ansbach als natürlich gewachsener, echter Lebensraum von Persönlichkeiten ihres Jahrhunderts fesselt, berührt uns in den Schlössern Ludwigs II.

immer wieder als etwas Lebensfremdes, als Dekoration königlicher Träume. Der König prüfte selbst alle die unzähligen Einrichtungsgegenstände; er war in der Lage, einem Handwerker genau anzugeben, wie er das jeweilige Stück ausgeführt zu haben wünschte, und da fast alles in München angefertigt wurde, übte er auf das Kunsthandwerk seiner Zeit einen erzieherischen und befruchtenden Einfluß aus. Trotz der Überladenheit seiner Räume hat Linderhof einen eigenen Reiz. Seine helle Fassade steht anmutig in der Landschaft des grünen Gebirgstals. Ludwig II. kam oft zu kurzen Besuchen, manchmal nur, um hier zu essen, und die Zurückbleibenden sahen dann, wie ein Augenzeuge berichtet: «. . . nur noch die blitzende Laterne des dahineilenden Spitzenreiters, in nächtlicher Fahrt noch einige Lichter – und der Spuk war verschwunden.»

Eine durchaus geglückte Anlage ist der Park mit großen Bassins, mit Wasserkünsten, Statuen, Vasen, Terrassen und gepflegten Blumenbeeten, der unmerklich in die Landschaft übergeht. Alle historischen Gartenstile sind hier vertreten, der italienische, französische und englische, unter sehr geschickter Ausnutzung des Geländes. Der Hofgartendirektor Karl von Effner hat den Park geschaffen. Vor und zu beiden Seiten des Schlosses liegen die französischen Parterres, während sich die italienischen Terrassengärten auf den Höhen vor und hinter dem Schloß hinziehen. Den streng architektonischen Kern des Gartens umschließt der englische Park mit herrlichen Bäumen. Im großen Bassin des französischen Parterres vor dem Schloß steht eine Springbrunnengruppe aus vergoldetem Zinnguß, Flora, nach einem Modell von Michael Wagmüller gefertigt. Geschnittene Linden- und Hainbuchengänge säumen diesen Gartenteil, an dessen Schmalseiten Statuen von Joh. Hautmann, 1876, stehen: vor der Schloßterrasse Diana und Venus, gegenüber die Sinnbilder für Tag und Nacht. An der Treppe, die zu den höher gelegenen Gartenzonen führt, steht die gewaltige vierhundertjährige Linde, die dem Schloß den Namen gegeben hat. Von hier zieht sich der südliche Terrassengarten, der sogenannte Lindenbichl, empor, bestehend aus drei übereinander angeordneten Terrassen, die durch Treppen verbunden sind. Figuren, Balustraden, Vasen und Fontänen schmücken den Garten, der von einem Monopteros bekrönt wird, in dem eine Statue der Venus aus weißem carrarischen Marmor von Hautmann, 1877, steht. Nördlich vom Schloß bildet eine mächtige Marmorkaskade, begleitet von Heckengängen, die Mittelachse der Anlage. Das Wasser stürzt in ein großes Bassin mit einer Neptungruppe, nach dem Vorbild des Neptunbrunnens in Versailles, von Wagmüller entworfen. Den oberen Abschluß bilden drei Laubpavillons, von denen Lindengänge in zwei großen Halbkreisen wieder zu den Endpunkten der seitlichen Schloßparterres herabführen.

Im Park steht der moscheeartige Maurische Kiosk, den der Berliner Architekt Karl von Diebitsch für einen böhmischen Grundbesitzer gefertigt hatte. 1867 wurde er auf der Pariser Weltausstellung gezeigt, wo Ludwig II. ihn kaufte; eine Eisenkonstruktion, verkleidet mit reliefierten Platten aus Zinkguß. Das Innere ist von phantastischer Buntheit.

Im Oberen Teil des Parks hinter künstlichen, sich dem Eingeweihten öffnenden Felsblöcken die blaue Grotte, die 1876/77 entstand. Das Innere stellt eine riesige Tropfsteinhöhle mit einem See dar. Künstliche Tropfsteingebilde hängen von der Decke› und der Hintergrund der Höhle ist von einem großen Gemälde ausgefüllt, ‹Tannhäuser im Venusberg›, von August von Heckel gemalt. Hier ließ sich der König gern in einem muschelförmigen, vergoldeten Nachen auf dem kleinen See rudern, oder er badete dort, während eine raffinierte, wechselnde Beleuchtung von tiefem Blau, leuchtendem Rot, zartem Rosa oder Grün die Wände überspielte. *Abb. 94 bis 97*

Dachau

Das Dachauer Schloß war wegen seiner prächtigen Lage hoch über der Ebene eine beliebte Sommerresidenz der bayerischen Herzöge und Kurfürsten. Ein Neubau an Stelle der mittelalterlichen Burg erfolgte unter Herzog Wilhelm IV. und vor allem unter Herzog Albrecht V. zwischen 1546 und 1573, nach Entwürfen von Heinrich Schöttl, der den Bau leitete, bis 1570 Wilhelm Egckl an seine Stelle trat. Wiguläus Hundt von Lauterbach – die Familie ist später in den Grafenstand erhoben worden – war seit 1555 Pfleger von Dachau, wo er auch den Schloßbau überwachte.

Von Hundt stammt das berühmte ‹Stammbuch› des bayerischen Adels; er las als Professor der Rechte an der Universität Ingolstadt und stand in Herzog Albrechts V. Dienst als Hofrat, Kanzler in Landshut und Hofkammerpräsident in München. Mit seiner Meinung hielt er nicht hinter dem Berg, denn in einer Denkschrift über die Etatberatungen liest man: «Was man Kostbares, Fremdes, Seltsames sieht, das muß man haben! Zwei oder drei Goldschmiede arbeiten ständig allein für den Fürsten; was sie in einem Jahr fertigen, wird im nächsten zerbrochen oder versetzt.»

Diese Kritik aber hielt den Herzog nicht ab, Dachau auf das Prächtigste auszustatten. Einst war das Schloß eine imposante Vierflügelanlage, die 1715 für Kurfürst Max Emanuel von dem Dachauer Gärtnersohn und Schüler Germain Boffrands, Joseph Effner, umgestaltet wurde.

Zwischen 1806/09 mußte der größte Teil des Schlosses wegen Baufälligkeit abgebrochen werden. Die Ausstattung ging größtenteils verloren. Bis kurz vor 1800 waren die Wände der Räume mit etwa 1000 Bildnissen von Angehörigen des Hauses Wittelsbach bedeckt. Erhalten ist allein der Südwesttrakt mit Effners vornehmer Pilastergliederung. Das noble Stiegenhaus Effners führt zum ehemaligen Festsaal mit dem von Hans Thonauer gemalten Grisaillenfries. Die Holzdecke mit reich geschnitzter Kassettierung wurde 1564/67 von Hans Wisreuther geschaffen. Sie befand sich seit Ende des 19. Jahrhunderts teilweise im Bayerischen Nationalmuseum, ist aber heute wieder im Saal eingebaut.

Erhalten ist noch der schöne, wohlgepflegte einstige Lustgarten mit alten Bäumen, Spalieren, Lauben und einer Fülle von Blumen, aus dem man einen unvergleichlich schönen Blick über die Ebene zu den Gebirgen hat.

Haimhausen

1571 wurde Doctor Wolfgang Viepeckh, Kanzler zu Landshut, Vertrauter Herzog Albrechts V. von Bayern, in den Reichsadel erhoben. Sein Sohn Theodor Viepeckh stand ebenfalls in bayerischem Dienst, war Geheimrat, Kammerpräsident und Kriegsratdirektor, Landzeugmeister und Oberst eines Infanterieregiments. Herzog Wilhelm V. verlieh ihm 1590 die Hofmark Haimhausen. 1615 wurde ihm vom Kaiser Namen und Wappen der alten Herren von Haimhausen verliehen. Sein Enkel Franz Albert erhielt 1671 die Freiherrnwürde; dessen Sohn Franz Ferdinand, kurfürstlicher Hofrat und Truchseß, Präsident des Hofrats, wurde 1692 in den Reichsgrafenstand erhoben.

Im späten 17. Jahrhundert war, unter Beteiligung des Hofmalers und Baumeisters Andreas Wolff aus München ein Schloß in Haimhausen gebaut worden, das im Dreißigjährigen Krieg niedergebrannt worden war. Graf Karl Ferdinand Maria erneuerte das Schloß und nahm sich dazu François Cuvilliés d. Ä. als Baumeister. Der Neubau begann 1747.

Das sehr reizvolle, vornehme Gebäude besteht aus einem dreigeschossigen Mittelbau und zwei zweigeschossigen Seitenflügeln um den Ehrenhof. Das Erdgeschoß hat eine Einfahrthalle mit Tonnengewölbe und Säulenkolonnaden sowie mit Stuckverzierungen an den Wänden. Das große Treppenhaus enthält in den Erdgeschoß-Nischen Figuren von Roman Anton Boos: Apollo und Diana. Im zweiten Obergeschoß liegt der Festsaal in Weiß und Gold, wohl nach Plänen von Cuvilliés mit sehr elegantem Rokokostuck ausgestattet. Das Deckenbild der vier Jahreszeiten in zarten Farben malte der Augsburger J. G. Bergmüller 1750. Die Schloßkapelle im östlichen Teil des Südflügels, 1747/50 gründlich umgestaltet, ist ebenfalls reich ausgestattet. Mit der Ausschmückung der Kapelle wurde der Augsburger Stukkator und Bildhauer Egid Verhelst betraut. Das Deckenbild mit dem Salvator Mundi malte ebenfalls Bergmüller 1750.

Graf Karl Maria von Haimhausen hatte nur zwei Töchter; ihm folgte sein Bruder Sigmund, vielleicht der bedeutendste Herr der Familie. Er stand an der Spitze des bayerischen Berg- und Münzwesens, er veranlaßte Kurfürst Max III. Joseph zur Gründung der Nymphenburger Porzellanmanufaktur, die 1758 ins Leben gerufen wurde und unter seiner Leitung stand. Aus dieser Manufaktur stammt die schöne Porzellanbüste des Grafen von Franz Anton Bustelli, die sich heute im Bayerischen Nationalmuseum befindet. Graf Sigmund von Haimhausen starb 1793, und da auch er nur Töchter hatte, folgte ihm ein Enkel, Franz Ferdinand Graf Butler von Clonebough, ein später Nachfahre des Wallenstein-Mörders.

1892 erwarb James Eduard Haniel den Besitz. Ihm, der als Haniel von Haimhausen in den bayerischen Adelsstand erhoben wurde, verdankt das Schloß sein heutiges Aussehen. Bei aller Respektierung des Cuvilliés'schen Baus machte er 1895 die Parkseite zur Hauptfront des Schlosses, indem er ihr die schöne doppelläufige Treppenanlage vorlegen ließ. Gleichzeitig schuf er im Innern die jetzige Halle. Das Wappen im Giebelfeld des Mitteltraktes an der Westseite erinnert noch heute an sein Wirken. Gegenwärtig ist das Schloß an die Stadt München vermietet. *Abb. 98, 99*

Reichertshausen

Im Mittelalter stand die ehemalige Hofmark Reichertshausen unter der Lehenshoheit des Hochstifts Freising. Im Jahre 1500 kam sie durch Kauf an Johann von Pfeffenhausen, und später an die Freiherren von Weichs, deren Wappen in der Schloßkapelle zu sehen ist. Mit den Gütern Hohenkammer, Kammerberg und Grattersdorf gelangte Reichertshausen in den Besitz der Freiherren v. Vequel. Nachdem das Geschlecht Ende des 18. Jahrhunderts in der männlichen Linie ausgestorben war, lebten nur mehr die beiden Töchter Therese von Vequel und Josephine Amalie, die spätere Gräfin Portia. 1862 wurde es Eigentum der Freiherren von Cetto, deren Familie aus Como in der Lombardei stammte, und zu den Nobili dieser Stadt gehörte. Anton Freiherr von Cetto war Stammvater der bayerischen Linie (bayerische Freiherren seit 1812). Er war außerordentlicher Gesandter und bevollmächtigter Minister König Max Josephs von Bayern am Hof Napoleons I. in Frankreich.

Nach der Zerstörung im Dreißigjährigen Krieg wurde Reichertshausen vor 1700 wieder aufgebaut. Dennoch hat es bis in unsere Zeit einen burgähnlichen Charakter bewahrt. Die stattliche Anlage, die auf Eichenpfählen erbaut ist, wird von einem sehr breiten Wassergraben umgeben. Durch einen in neuerer Zeit angelegten Park gelangt man über eine Steinbrücke zum alten Torturm mit Treppengiebeln an der NW-Ecke und durch ihn in den schmalen, unregelmäßigen Innenhof. Dieser wird von zwei parallelen, hohen Flügelbauten – wovon der südlichere noch mittelalterliche Mauern aufweist – und von zwei niedrigeren Verbindungsbauten begrenzt.

Von der Innenausstattung sind verschiedene Stuckdecken zu nennen, vor allem die mit schwerem Akanthusstuck versehene Decke in der Bibliothek (um 1700), sowie die Decke in der Kapelle der Vierzehn Nothelfer im zweiten Obergeschoß des älteren Traktes. Eine Stuckdecke in einem Salon des ersten Geschosses zeigt eine anmutige Diana vom Anfang des 18. Jahrhunderts. Wertvolle Gemälde und altes Mobiliar gehören zu der wohnlichen Atmosphäre des Hauses, die mit einer gewissen Modernisierung dem heutigen Zeitgeschmack Rechnung trägt. *Abb. 107*

Jetzendorf

Jetzendorf am rechten Ufer der Ilm gelegen, war seit ältester Zeit bis 1848 eine adelige Hofmark mit Gerichtsbarkeit. In einer Urkunde zwischen 893 und 896 wird erwähnt, daß Bischof Waldo von Freising von einem Grafen namens Jezo dessen ganzes Besitztum an der Ilm im Ort Jetzendorf erhält, mit Ausnahme der Leibeigenen. Während der Ungarneinfälle in der ersten Hälfte des 10. Jahrhunderts wurde das ganze Gebiet stark verwüstet. Nach mehrmaligem Besitzerwechsel in den kommenden Jahrhunderten waren seit 1812 die Keßling-Freyberg Eigentümer von Jetzendorf. Die Freiherren von Freyberg, denen der Besitz auch heute noch gehört, sind ein schwäbisches Geschlecht, dessen Stammburgen, die jetzt Ruinen sind, vor Füssen liegen (Eisenberg und Hohenfreiberg).

Das alte Hochschloß von Jetzendorf wurde 1840 wegen Baufälligkeit verändert, das obere Stockwerk und das charakteristische Giebeldach abgetragen. Der Stich von Michael Wening zeigt noch den ehemaligen Zustand mit der nicht mehr bestehenden Kapelle, wobei es fraglich ist, ob Jetzendorf je eine so geschlossene Anlage war, wie es der Stich wiedergibt. Vermutlich wurde der niedere Anbau an das Hochschloß unter Wolf Konrad Graf von Rechberg, 1613/1617, errichtet; der Saal in diesem Trakt ist zwischen 1885 und 1890 in kleinerem Maßstab erneuert worden. Bewohnt wird heute der obere Teil des Anbaus, in dem sich ein Gang von 54 Metern Länge befindet, von dem die Wohnräume abgehen.

An das eigentliche Schloß ist die Kapelle angebaut, in der sich ein Altarbild befindet, das die Verherrlichung der Eucharistie durch die vier Erdteile zeigt. Die Modernisierung des Schlosses durch den jetzigen Besitzer macht Jetzendorf zu einem sehr wohnlichen Landsitz.

Pöttmes

Mitten im hügeligen Wald- und Ackerland zwischen Aichach und Schrobenhausen liegt der Markt Pöttmes, der von einer breiten Marktstraße durchzogen wird. Die Herrschaft ist seit 1279 bis heute ohne Unterbrechung im Besitz der Freiherren von Gumppenberg, die früher auch das erbliche Amt der Erbmarschälle von Oberbayern versahen. Unweit des Marktes stand die alte Burg, nach deren Zerstörung im 17. Jahrhundert Ignaz Franz Freiherr von Gumppenberg an derselben Stelle ein großes vierflügeliges Schloß erbaute. Doch kam er nicht in den Genuß dieses Schlosses, denn, kaum bezogen, wurde es 1704 im Spanischen Erbfolgekrieg von Truppen des Herzogs von Marlborough niedergebrannt.

Gleichzeitig mit Schloß Gumppenberg hatte Ignaz Franz die bestehenden alten Wohngebäude mit Ökonomie und Brauerei am inneren Markt zu einem zweigeschossigen Schloß ausgebaut, das nach 1704 endgültig bezogen wurde. Es ist ein langgestreckter Dreiflügelbau, sehr schlicht, aber von guten Maßen, der sich um einen kleinen Hof mit einem hübschen Marienbrunnen des 18. Jahrhunderts, geziert mit den Wappen Gumppenberg/Graf von der Wahl, gruppiert. Über den Torfahrten sitzen die Wappen Gumppenberg/Haslang mit der Jahreszahl 1683. Von einer der Tordurchfahrten aus betritt man eine reizvolle Schloßkapelle, die 1691 eingebaut wurde. Der Hof öffnet sich gegen den kleinen gepflegten Park, der in die Landschaft übergeht.

Im Flur des ersten Obergeschosses hängen zahlreiche gute Familienbildnisse des 16. bis 18. Jahrhunderts, stehen schöne Renaissance-Schränke, -Truhen und -Stühle. Zu beiden Seiten des durch die Mitte des Gebäudes laufenden Korridors liegen die Wohnräume, zum Teil mit ausgezeichneten Möbeln des 18. und frühen 19. Jahrhunderts ausgestattet. Ein kleiner Saal und einige andere Schloßräume tragen schöne Stukkaturen aus dem späten 17. Jahrhundert.

Aus den Fenstern schaut man durch die alten Bäume und über den Weiher hinaus ins Wald- und Wiesenland. Ein Stich des 18. Jahrhunderts – die Platte wird im Schloßarchiv aufbewahrt – zeigt uns das zerstörte Bergschloß und das Schloß in Pöttmes, wie es heute vor uns steht als herrschaftlichen Sitz dieser uralten bayerischen Familie. *Abb. 106*

Sandizell

Schon im 10. Jahrhundert ist Sandizell Stammsitz des gleichnamigen Geschlechts. Das Schloß liegt am Rand des Donaumooses westlich von Schrobenhausen. Am 8. August 1704 wurde hier eine Lagebesprechung zwischen Prinz Eugen von Savoyen und dem Herzog von Marlborough und ihren Generälen fünf Tage vor der Schlacht bei Höchstädt abgehalten (Urkunde vom 8. August 1704). Das Schloß ist der vornehme Herrensitz eines bedeutenden bayerischen Adelsgeschlechts, das 1790 in den Reichsgrafenstand erhoben, und 1818 zu erblichen Reichsräten des Königreichs Bayern ernannt wurde.

Das bestehende Wasserschloß der Grafen von und zu Sandizell wurde an Stelle älterer Anlagen 1749 bis 1755 nach einem Plan von Johann Puechtler, Hofbaumeister in Neuburg a. d. Donau, im wesentlichen durch den Ingolstädter Stadtmauermeister Veit Haltmayr erbaut. Das Schloßtor von 1763 trägt einen reizvollen Turmbau über der Durchfahrt. Eine schöne Kastanienallee schließt sich an. Ähnlich wie in Niederarnbach bildet eine steinerne Brücke den Zugang zum Schloß. Es ist eine regelmäßige Dreiflügelanlage, die fünfzehn Fensterachsen lange Hauptfront zeigt noch die Art eines frühbarocken Baus; sie wird durch den Mittelrisalit leicht aufgelockert.

Der Besucher betritt das Schloß durch eine dreischiffige, gewölbte, ebenerdige Eingangshalle. Sie hat Eichenbohlen als Pflaster, damit die einst hier einfahrenden Kutschen möglichst wenig Lärm machten. Zwei weibliche Statuen von Ludwig Schwanthaler stehen am Fuß des Treppenhauses, dessen eichenes Geländer schöne Rocaille-Schnitzereien aufweist. Im ersten Obergeschoß befindet sich die Schloßkapelle, die einen interessanten Altar von Friedrich Schwertführer und Ignaz Baldauff mit Schnitzfiguren von Anton Diessmayer enthält. Im zweiten Obergeschoß liegen einige Räume, die ihre ursprüngliche Ausstattung noch bewahrt haben, einmal der ‹Rote Salon›, dessen Paneele (Leinwand auf Holz aufgezogen) mit biblischen Darstellungen von Ignaz Baldauff und Wenzeslaus Frz. Leopold Pricz bemalt sind. Besonders hübsch ist der ‹Blaue Salon›, dessen Einrichtung um 1770 datiert, und dessen Wände Gemälde mit galanten Szenerien von Ignaz Baldauff zeigen. In einem weiteren Salon befindet sich das Porträt des Erbauers von Schloß Sandizell, Emanuel Graf von Sandizell, der Kommandant von Ingolstadt war. Ein anderer Salon enthält Bildnisse von J. Stieler, die drei Schwestern Sandizell darstellen. Die elegante Schloßeinrichtung zeigt unter anderem ein reizendes Bibliothekszimmer, französische Möbel und wertvolle Tapisserien aus Lille.

Von hohem künstlerischem Rang ist die Gräflich Sandizellsche Hofmarkskirche St. Petri, ein achteckiger Zentralbau mit ausspringendem Altarraum im Osten (1735 bis 1737 gebaut und stukkiert), der früher als ein Werk des Johann Michael Fischer angesehen wurde, laut Archivalien jedoch nach einem Plan von Johann Baptist Gunetzrhainer durch den Münchner Maurermeister Michael Pröbstl ausgeführt worden ist. Besondere Aufmerksamkeit verdienen die unter großen Fenstern stehenden Altäre, deren Aufsätze die Fenster umrahmen. Hier wurde der Hochaltar mit der Cathedra Petri von Egid Quirin Asam von Juni bis November des Jahres 1747 geschaffen, ein prächtiger Schnitzaltar, der an die bühnenhaften Werke des römischen Barock, vor allem an Bernini erinnert. Die beiden großen Seitenaltäre gehen auf Entwürfe Asams 1751 bis 1753 zurück. Die Gemälde stammen von dem Augsburger Anton Diessmayer, die Fassung von Ignaz Baldauff. Die zwei kleinen Seitenaltäre wurden 1755 bis 1757 von Schreinermeister Friedrich Schwertführer aus Inchenhofen gearbeitet. Auf dem Bruderschaftsaltar steht eine Vespergruppe vom Anfang des 16. Jahrhunderts. Feines Rokoko, das in den Altären lebendig wird, zeichnet auch die kostbare Kanzel aus, die 1759 entstand. Vom 15. bis 18. Jahrhundert sind achtzehn Grabsteine der Familie von Sandizell erhalten; in der Vorhalle ist das Epitaph des Hans von Sandizell (gest. 1564) zu sehen.

Mit der Hofmarkskirche bildet Schloß Sandizell eine Baugruppe von unvergleichbarem Reiz. *Abb. 102 bis 105*

Niederarnbach

Das Gut wird in den Urkunden des 12. und 13. Jahrhunderts als ‹Arnspach›, ‹Erenbach›, ‹Arnbach› erwähnt, als dessen Besitzer 1197 ein Conradus Erenbach genannt wird. Seit 1297 tritt der Name Altenärnbach und schließlich Niederärnbach auf. Aus noch erhaltenen Lehenbriefen läßt sich entnehmen, daß Niederarnbach einst Lehen der bayerischen Herzöge war.

Im Jahre 1594 wurden Schloß und Hofmark Niederarnbach von den Brüdern Ferdinand und Karl Vöhlin von Frickenhausen, Freiherren von Illertissen und Neuburg an der Kammel, erworben. Ferdinand Vöhlin war auch der Erbauer des heutigen Schlosses (1598), dessen Errichtung 60000 Gulden gekostet hat. (Das Vöhlin-Wappen ist noch heute im Erdgeschoß an einer Stuckdecke sichtbar.) Schon 1625 verkaufte es der Sohn des Erbauers, Hans Adam Vöhlin, an Hans Albrecht von Seiboltsdorf (Leihkauf), nach dessen Tod es wiederum an die Wittelsbacher gelangte. Jetzt war Kurfürst Ferdinand Maria Besitzer von Niederarnbach. 1663 endlich erwarb dann der Hofkammerpräsident Marquard Freiherr von Pfetten im Tausch gegen die Hofmark Menzing Schloß und Hofmark Niederarnbach. Am 27. Mai 1690 wurde durch einen Schenkungsbrief die Aufhebung des Lehens erwirkt, und der Besitz war nun freies Eigentum der Freiherren von Pfetten (früher und wieder ab 1824 Familienfideikommiß).

Niederarnbach liegt nördlich von Schrobenhausen unweit der Straße nach Neuburg a.d. Donau und ist der Gemeinde Brunnen zugehörig. Die ehemalige Hofmark bietet in ihrer fast ursprünglichen Anlage ein nahezu unverändertes Bild der Vergangenheit. Zwei Häuser mit hübschen geschweiften Giebeln, ein Forst- und ein Pfarrhaus, ein Kornspeicher und

Pferdestallungen gehören zu dieser abseits des Verkehrs gelegenen Oase. Das Schloß, das auf Pfählen erbaut wurde, ist von sehr schönem altem Baumbestand und einem stillen Weiher umgeben, über den eine Brücke zum Eingang führt. Eine alte Ansicht, die sich im Schloß befindet, zeigt noch den einstigen Kuppelturm über dem Einlaßbogen, dann die dreistufige Giebelbekrönung des Südflügels und die runden Kuppelhauben der drei Ecktürme. Die jetzigen Kuppeldächer stammen aus neuerer Zeit.

Süd- und Westflügel des Schlosses enthalten die Wohnräume. Im östlichen Teil des Südflügels liegt die zweigeschossige Schloßkapelle St. Blasius, darüber das Hausarchiv. Die beiden niedrigen Flügel dienen als Wirtschaftsgebäude und begrenzen den rechteckigen Innenhof nach Norden und Osten.

Besondere Erwähnung verdient im Innern der Saal des ersten Obergeschosses. Eine marmorne Mittelsäule mit korinthisierendem Kapitell stützt dort eine symmetrisch in Felder eingeteilte, schwere Stuckdecke. Die einzelnen Felder werden durch Eierstäbe gerahmt und enthalten die vier Allianzwappen der vormaligen Besitzer. Weitere Renaissance-Felderdecken aus der Erbauungszeit des Schlosses sind noch in vielen Räumen vorhanden. Sie bilden den bemerkenswertesten Schmuck der Ausstattung, so zum Beispiel in der Bibliothek und in der Kapelle, wo der Stuckdekor sehr reich ausgebildet ist, in der Kapelle vornehmlich mit Putten und stilisierten Ranken. Der Schöpfer der schönen Stuckdecken ist unbekannt, es dürfte sich möglicherweise um einen höfischen Künstler gehandelt haben. *Abb. 108, 109*

Ingolstadt / Das neue Schloß

Das alte Ingolstädter Schloß, auch ‹Herzogskasten› genannt, ist ein steil aufragender, viergeschossiger Bau mit hohem zinnenbesetztem Pultdach. Sein ältester Mauerbestand reicht bis ins 13. Jahrhundert zurück. Nach Errichtung des neuen Schlosses wurde es als Getreidespeicher verwendet. Heute ist es im Besitz der Bäckerinnung.

Im Zuge der Stadterweiterung des 14./15. Jahrhunderts wurde in der SO-Ecke des ‹größeren Berings› mit dem Bau einer ‹Neuveste› begonnen. Bauherr war Ludwig der Gebartete von Ingolstadt, der das Hauptschloß in den Jahren 1418 bis 1432 erbauen ließ. Es entstand eine Fortifikation, wie sie in Bayern bisher unbekannt war. Vielleicht läßt sich dieser Aufwand durch die enge Beziehung Ludwigs des Gebarteten zum französischen Königshof erklären, die er durch die Heirat seiner Schwester Isabeau mit Karl VI. von Frankreich hatte. Zum Vergleich werfe man einen Blick auf das vor den Toren von Paris gelegene Schloß in Vincennes.

Das Ingolstädter neue Schloß ist ein dreigeschossiger Bau mit rechteckigem Grundriß, dazu kommen ein übereck gestellter quadratischer Bergfried an der Südostkante und ein fünfeckiger Turm an der Nordostecke. Die beiden schmucklosen, schmäleren Türme an der Stadtseite und das unverändert gebliebene Zeughaus (1565 vollendet), wie auch das schlichte Äußere der Gesamtanlage lassen nicht vermuten, welch schöne, lichte Räume mit spätgotischem Netzgewölbe im Innern bis in die heutige Zeit erhalten geblieben sind. Neben reinen Zweckräumen gibt es hier weite Säle. Im Nordflügel zeigen diese Säle Netzrippengewölbe, die von je zwei Achtkantpfeilern getragen werden. Im ersten Obergeschoß ist der sogenannte ‹Schöne Saal› hervorzuheben – das Sterbezimmer Herzog Georgs des Reichen –, dessen Sternrippengewölbe einer gewundenen Mittelsäule entwächst.

Schöne Steinmetzarbeiten zeigt das Portal einer im Westen gelegenen Turmstube im ersten Obergeschoß; seine Hohlkehle ist mit Affen, Masken und Blattwerk besetzt. Aus diesem Turmerker genießt man einen schönen Rundblick über die Donaustadt.

Unter den 1447 nachfolgenden Landshuter Reichen Herzögen entstand um 1450 die – inzwischen stark entstellte – Statthalterei nördlich des Hauptschlosses, außerdem wurde eine Erweiterung der Bastionen und des Schlosses durchgeführt.

Heute wird in den Schloßräumen, in denen man eine Reihe von schönen Steinmetzzeichen findet, das ehemals in München befindliche Bayerische Armeemuseum neu eingerichtet.

Isareck

Unweit von Moosburg in einer anmutigen, wald- und wiesenreichen Hügellandschaft liegt über den Auwäldern am Zusammenfluß der Isar und Amper Schloß Isareck. Es gehörte zum alten wittelsbachischen Besitz und wird 1255 erstmals als ‹Iseregk› erwähnt. Philipp Apian nennt es im 16. Jahrhundert eine «arx splendida et magnifica». Der Kupferstich Michael Wenings um 1700 zeigt Isareck als eine stattliche, weitläufige Vierflügelanlage.

Die ‹reichen› Herzöge von Bayern-Landshut hatten kein großes Interesse an Isareck; sie vergaben es pfandweise. 1429 erhielt es der herzogliche Pfleger zu Moosburg, Erasmus Frass. Doch war er nur bis zur Rückzahlung der Summe, die er dem Herzog geliehen hatte, Nutznießer des Gutes. Als Herzog Albrecht V. die Regierung antrat, scheint Isareck baufällig gewesen zu sein, denn 1559 kam es zu einem

Neubau durch Wilhelm Egckl, den Erbauer des Antiquariums in der Münchner Residenz. Der Bau war 1570 vollendet.

Kurz vor Ausbruch des Dreißigjährigen Krieges zog ein Pfleger im Jagdschloß Isareck ein, der bestätigt, daß «er die Hauspflege zu Isareck erhalten habe, daß er bedeutende Baufälle anzeigen und unserm alten katholischen Glauben, wie er von unsern frommen, christlichen Voreltern bis auf uns gekommen, mit rechtem, gutem Herzen anhangen, die göttliche Meß, Predigt, alle heilsamen Satzungen, Gebräuche und Ceremonien andächtig besuchen und beobachten, auch keine widerwärtige, sektische Lehre und Rottierungen gedulden wolle ...»

1634 zerstörten die Schweden das Schloß. Kurfürst Ferdinand Maria (1651/79) ließ die Gebäude wieder instand setzen, aber im 18. Jahrhundert kam das Schloß mehr und mehr herunter. Nach einem Gefecht zwischen österreichischen und französischen Truppen 1800 diente das Schloß als Lazarett und war in einem baulich so verwahrlosten Zustand, daß sich der Kurfürst entschloß, es zu verkaufen. Georg Gaigl aus München erwarb es und begann 1803 mit dem Abbruch der Gebäude. Doch wurde der Zerstörung Einhalt geboten, als 1824 die Gemahlin des Grafen Joseph Adolf Basselet de la Rosée, geb. Gräfin von Rechberg und Rothenlöwen, die noch erhaltenen beiden Bauflügel mit dem alten Turm kaufte und wieder instand setzen ließ.

Die Basselet de la Rosée sind ein uraltes spanisches Adelsgeschlecht, das 1600 mit Enriquez de la Rosa, Grande von Spanien, aus den spanischen Niederlanden kommend, in kurbayerische Dienste trat; der Generalfeldmarschall Johann Kaspar Basselet de la Rosée wurde 1764 in den Reichsgrafenstand erhoben.

Durch die behäbigen Wirtschaftsgebäude beiderseits der Einfahrt gelangt man in den Park und sieht vor sich die noch ursprüngliche Fassade des Schlosses mit der breiten, gewölbten Durchfahrt in den Hof nach Überschreiten des Grabens. Es ist eine gepflegte Schloßanlage mit dem Turm aus gotischer Zeit, den Rundbogenfriese und eine welsche Haube zieren.

Erwähnenswert sind die hübsche kreuzgewölbte Holzdecke, die Stukkierungen in Gängen und Zimmern, die Holzdecke im Speisezimmer und die gotisch gewölbten Erdgeschoßräume. Erhalten geblieben ist auch die Schloßkapelle mit Stukkierungen aus dem frühen 18. Jahrhundert und deren gute Einrichtung. Verlorengegangen ist leider die Ausmalung der Wohnräume von Michael Bocksberger, welcher derselben Familie angehört wie Hans Bocksberger, der in der Landshuter Stadtresidenz gearbeitet hat.

Abb. 110 bis 114

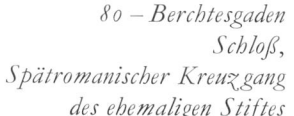

79 – Berchtesgaden
Schloß im ehemaligen
Augustiner-Chorherrenstift,
Ansicht von Süden

80 – Berchtesgaden
Schloß,
Spätromanischer Kreuzgang
des ehemaligen Stiftes

81 – Berchtesgaden
Schloß, Dekanatsgang

82 – Berchtesgaden
Schloß, Salon der Kronprinzenwohnung
mit Salzburger Ofen um 1785,
Brüsseler Wirkteppich nach David Teniers,
um 1693

83 – Berchtesgaden
Schloß, Großer Speisesaal

84 – Berchtesgaden
Schloß, Blick vom Salon in das Tafelzimmer,
Stuck von Peter Pflauder, 1780–85

85 – Harmating, Kanzlerzimmer
mit dem Jugendbildnis des Kanzlers
Ferdinand von Barth

86 – Harmating, Kanzlerzimmer
mit Familienporträts und
Wolfratshausener Ofen

87 – Schloß Harmating

88 – Harmating, Detail des Deckenfreskos
im Kanzlerzimmer von Melchior Steidl

89 – Harmating, Saal mit Erker

90 – Seefeld, Parkseite des Schlosses
mit dem Anbau des 19. Jahrhunderts

91 – Seefeld, Halle im Obergeschoß

92 – Seefeld, Schloßkapelle

93 – Hochschloß Pähl

94 – Linderhof, Terrassengarten mit großer Fontäne

95 – *Linderhof, Die Venusgrotte*

96 – *Linderhof, Der Pfauenthron im Maurischen Kiosk*

97 – *Linderhof, Paradeschlafzimmer König Ludwigs II.*

98 – *Haimhausen, Gartenfront*
mit doppelläufiger Freitreppe

99 – *Porzellanbüste des Grafen Sigmund von Haimhausen*
von Franz Anton Bustelli

100 – *Jagdschloß König Ludwigs II.*
auf dem Schachen

101 – *Jagdschloß Schachen*
Türkischer Saal

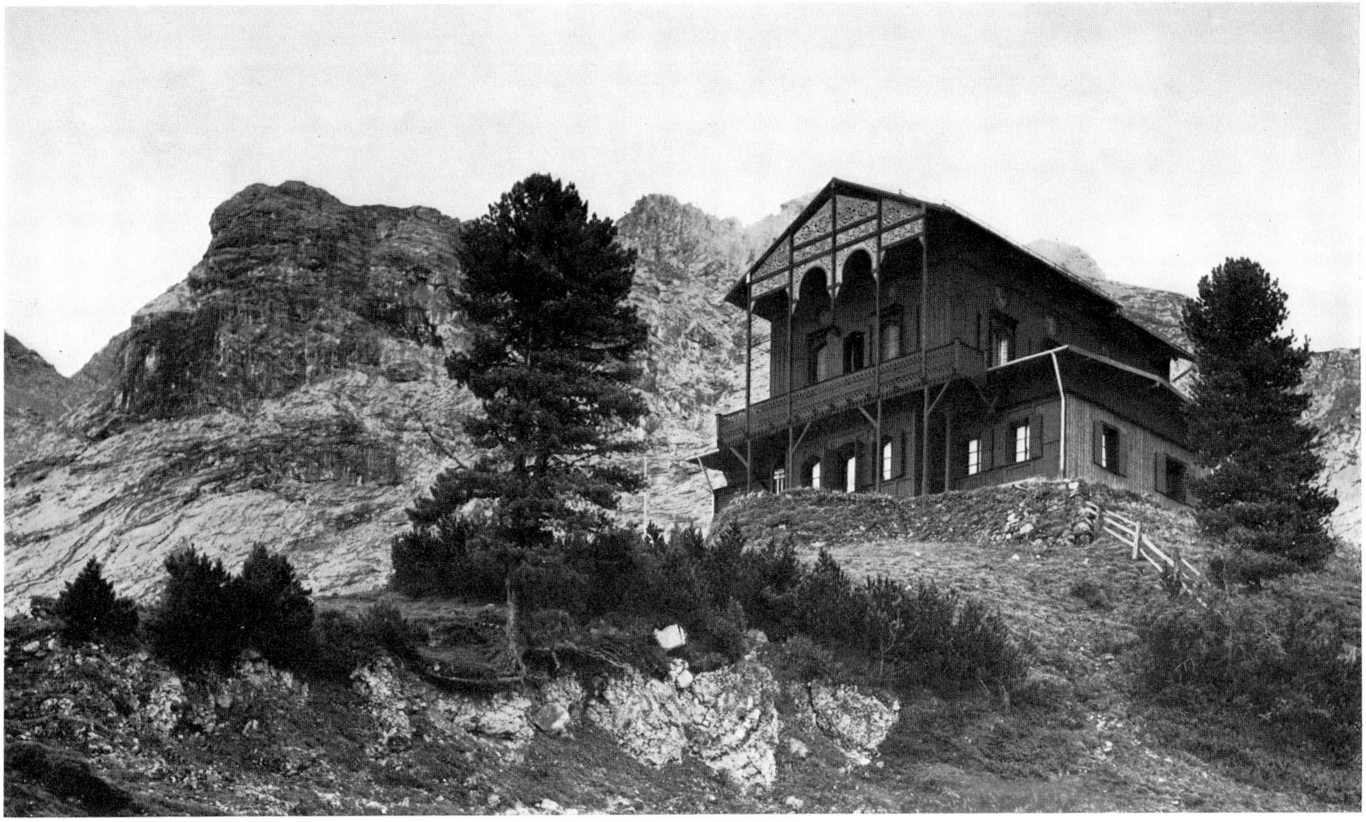

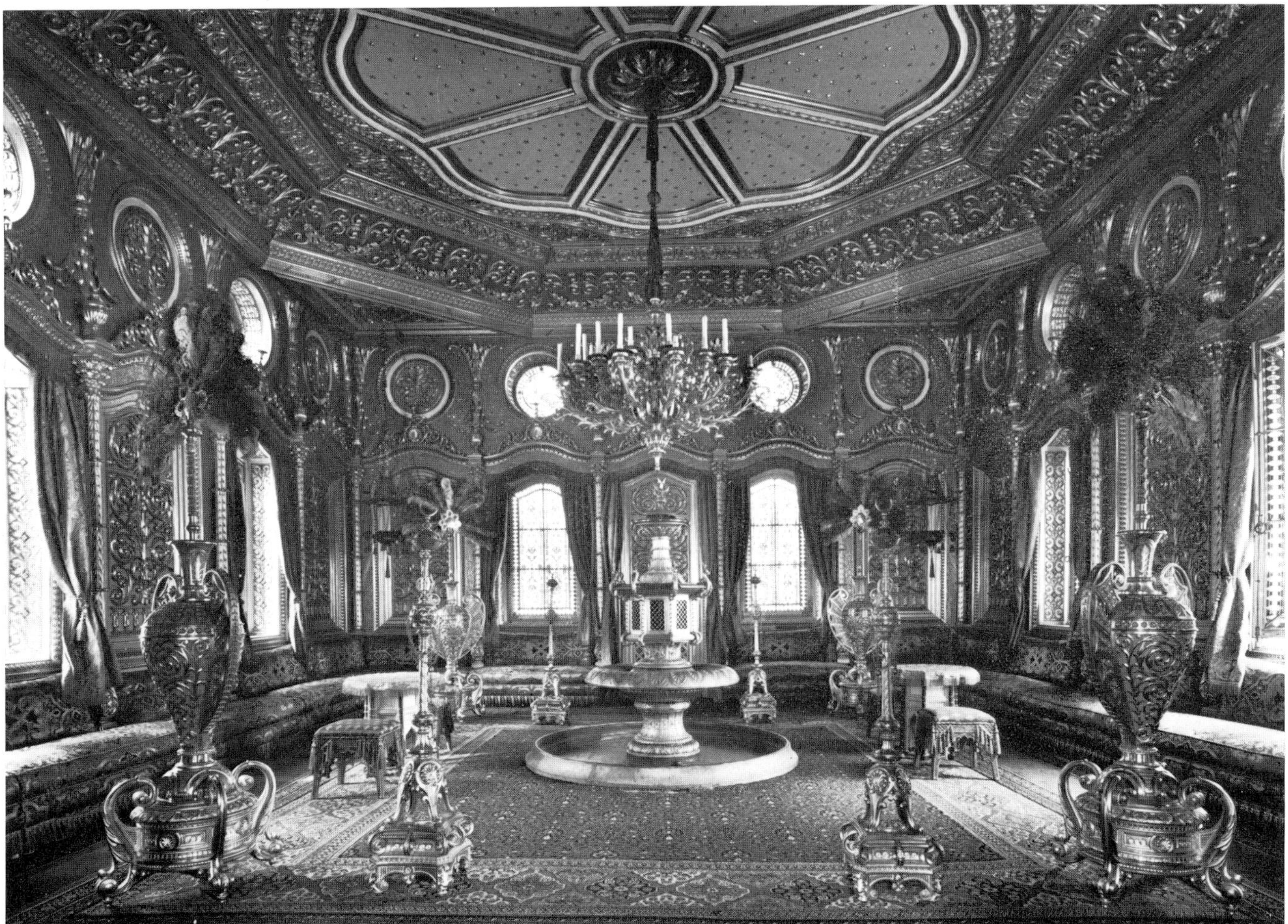

102 – Schloß Sandizell

103 – Sandizell, Schloßkapelle

104 – Sandizell, Torturm an der Zufahrt zum Schloß

105 – Sandizell, Blauer Salon

106 – Schloß Pöttmes, Mittelbau

107 – Schloß Reichertshausen

108 – Niederarnbach
Ansicht des Schlosses mit der Kapelle
Kolorierter Kupferstich von 1802

109 – Niederarnbach
Saal im ersten Obergeschoß

110 – Schloß Isareck von Osten

111 – Isareck, Blick ins Treppenhaus

112 – Isareck
Blick in die Salons

113 – Isareck
Halle im ersten Obergeschoß

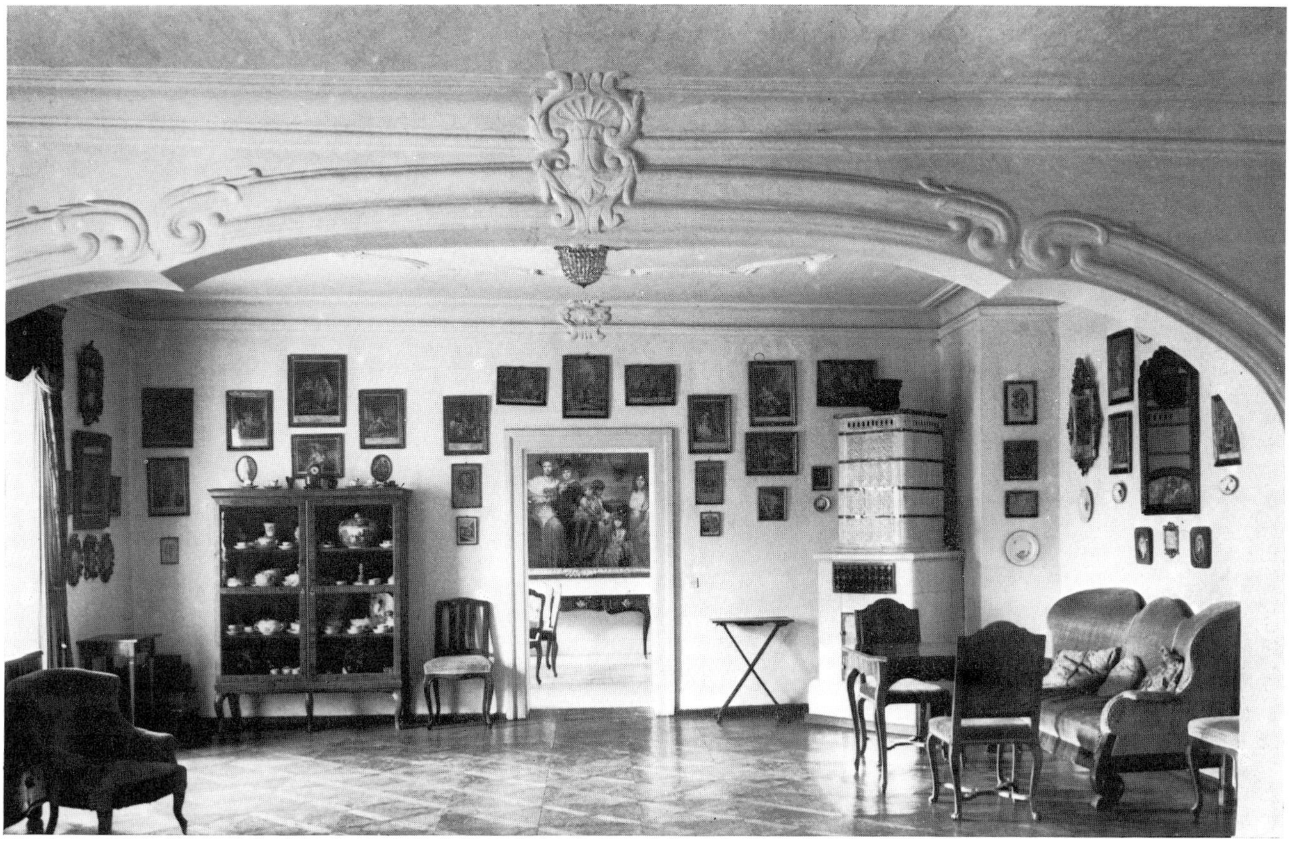

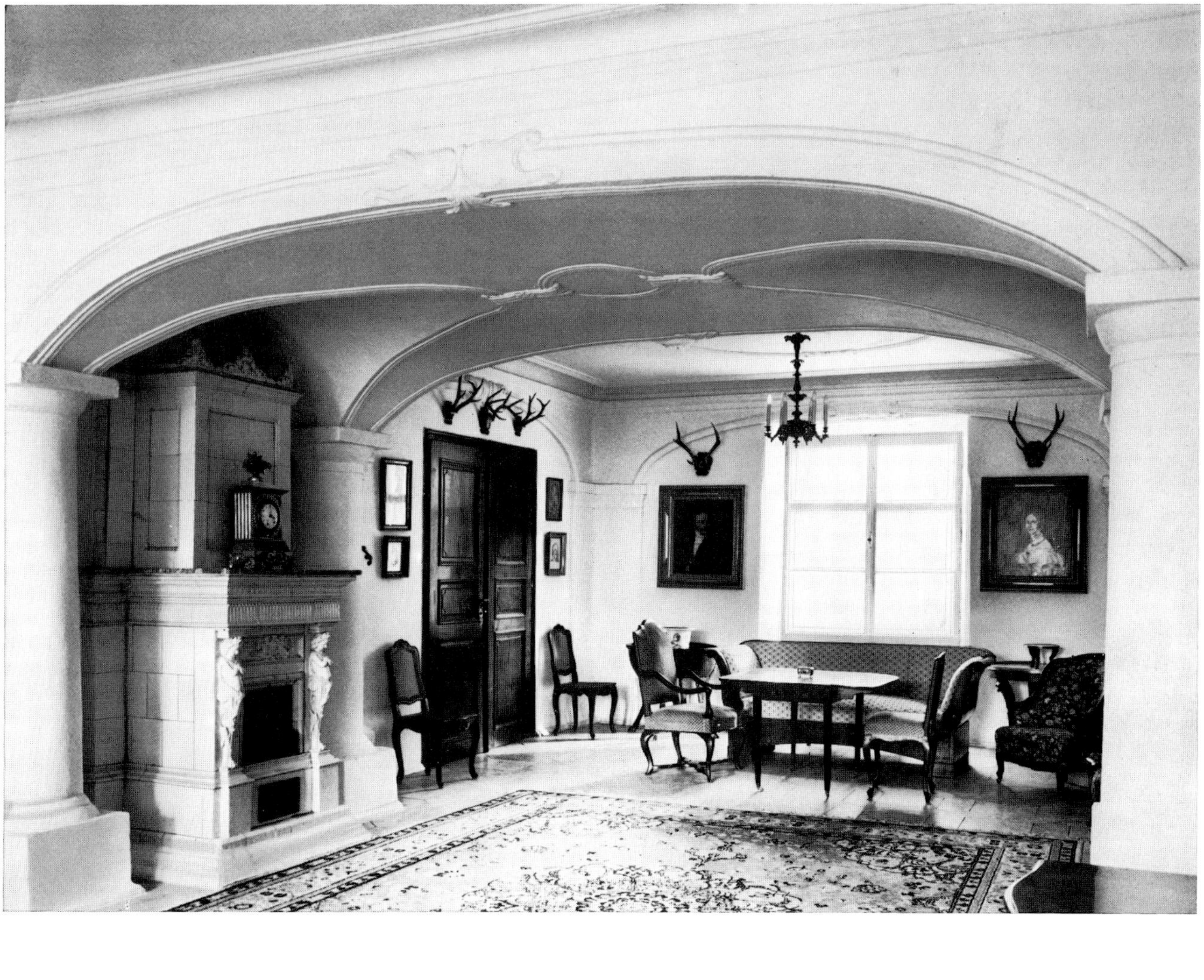

114 – Isareck, Schloßhof mit Turm

Niederbayern

Wie die Wallfahrtskirche Bogenberg hoch über der Donau steht, hinter ihr die sacht ansteigenden Berge des Bayerischen Waldes – das ist Ausdruck einer schönen, stillen Landschaft. Weithin geht von dort der Blick über den Strom und den Gäuboden zur Hügellandschaft des Isartals, über die Auwälder donauabwärts, und im Westen stehen die Türme von Straubing wie auf einem Holzschnitt der Schedlschen Weltchronik. Es ist ein Land voll bäuerlicher Behäbigkeit, ein Land der freundlichen, festen Schlösser, der hellen, goldfunkelnden Abteien und Kirchen.

«Der gemeine Mann, der auf dem Gäu und Land sitzt», schrieb im frühen 16. Jahrhundert Johann Turmair, der Historiker und Prinzenerzieher, der sich Aventinus nannte, «gibt sich auf den Ackerbau und das Vieh, liegt demselbigen allein ob, darf sich nichts ungeschafft der Obrigkeit unterstehen, doch ist er zuerst frei, mag auch frei ledig Eigengut haben, dient seinem Herrn, der sonst kein Gewalt über ihn hat, mit jährlich Gilt, Zins und Scharwerk, tut sonst, was er will, sitzt Tag und Nacht bei dem Wein, schreit, singt, tanzt, kartet, spielt; mag Wehr tragen, Schweinsspieß und lange Messer ...»

Niederbayern – es ist nicht das Bayern, das die Fremden meinen, wenn sie an Dirndl, Lederhosen und Trachtenhut denken; es ist ein auch heute immer noch etwas abseitiges, darum um so schöneres Land, und es entspricht noch in manchem der Charakterisierung Turmairs. Ja, es ist ein Land von großer Mannigfaltigkeit, und die oft zitierte Grobheit seiner Bewohner sollte uns nicht abhalten, es kennenzulernen, denn unter der rauhen Schale versteckt sich viel Liebenswertes, sind die dem Altbayern eigentümliche Musikalität, Spielfreudigkeit, ja sogar Herzlichkeit verborgen.

Grobheit, die jäh in Liebenswürdigkeit umzuschlagen vermag, habe ich in einer kleinen niederbayerischen Stadt kennengelernt. Dort wohnte ich eine zeitlang in einem stattlichen Bräugasthof und wurde von den Kellnerinnen, zwei gewaltigen, muskulösen Frauenzimmern, recht schlecht behandelt. Sie sagten niemals »Grüß Gott», sie knallten mir das Frühstück auf den Tisch, daß der Kaffee aus der Kanne schwappte, sie behandelten mich mit Mißachtung. Der Bürgermeister, dem ich auf seine Frage, wie es mir im Ort gefalle, darüber berichtete, lachte und sagte: «Das können Sie leicht ändern. Wenn Sie morgens zum Frühstück kommen, müssen Sie mit der Faust auf den Tisch hauen und den Schwäbischen Gruß entbieten. Sie werden sehen, das hilft.» Ich hielt mich wörtlich an seinen Rat; der Erfolg entsprach ganz der Voraussage. Die beiden Kellnerinnen erstarrten zu Salzsäulen, dann schmolzen sie dahin und riefen: «Jo mei, Herr Doktor! Wie hamers denn! Was derfs denn sein? Vielleicht a Eile?» Von Stund an waren sie freundlich und hilfsbereit.

Unter Kaiser Claudius (41–54 n. Chr.) war Niederbayern als ein Teil der Provinz Rätien römisch. Eine Reihe von Kastellen entstand entlang der Donau: Regensburg, das zur Oberpfalz gehört, Straubing, Steinkirchen und Passau. Seit der ersten Hälfte des 6. Jahrhunderts waren dann die Bayern Herren des Landes. 1180 wurde Otto von Wittelsbach Herzog von Bayern. Ihm folgte Herzog Ludwig I., der Kelheimer (1183–1231), der das Herzogtum durch die Grafschaft Bogen vergrößerte und deren Wappen, die weiß-blauen Rauten, übernahm. Dreimal ist Bayern damals geteilt worden: 1255, 1349 und 1392. Die Reichen Herzöge der Landshuter Linie spielten während des 15. Jahrhunderts die führende Rolle. Herzog Heinrich der Reiche († 1450) verwaltete sein Land so musterhaft, daß Niederbayern das ‹Rosengärtlein des Deutschen Reichs› genannt wurde. 1503 starb die Landshuter Linie aus, und um das Erbe entbrannte der blutige Krieg zwischen Pfalz und Bayern-München (1504/05), in dem München Sieger blieb. Herzog Albrecht IV. vereinigte 1506 Ober- und Niederbayern.

Wir beginnen unsere Fahrt nach Niederbayern in Moosburg und gelangen im Tal der Isar auf niederbayerisches Gebiet, zu beiden Seiten von sanften Höhenzügen begleitet. Kurz ehe wir Landshut erreichen, steigt rechter Hand auf dem Hügelrand Schloß Kronwinkl vor uns auf. Die Isar macht eine große Schleife, und vor uns liegt Landshut, Sitz der Regierung von Niederbayern, das auch die Gebiete des ehemaligen Hochstifts Passau und der Grafschaft Ortenburg umfaßt. Hier, wo vermutlich das römische Lager Jovisura lag, oder, wie Alexander von Reitzenstein annimmt, ‹ad Isuram›, also ‹an der Isar›, baute im 12. Jahrhundert der bayerische Herzog eine Brücke, und spätestens 1203 gründete Ludwig der Kelheimer die Stadt.

In Landshut sind wir in einer der schönsten bayerischen Städte, einer Stadtanlage von großartigen Maßen. Ihre eigentliche Mitte ist die breite, ‹Altstadt› genannte Hauptstraße mit der Pfarrkirche St. Martin im Süden, der Heiliggeist-Spitalkirche im Norden. Noch im 13. Jahrhundert dürfte die zur Altstadt parallel verlaufende Neustadt angelegt worden sein. Es gewährt ein ganz besonderes Vergnügen, durch die Altstadt zu schlendern. Hier, wo auch die vornehme herzogliche Residenz steht, herrscht ein Verkehr wie auf dem Münchner Marienplatz, und an Markttagen brodelt es zwischen den Häuserfronten, die hochgiebelig, blau, gelb, rot, grau und grün nebeneinanderstehen.

Der Bau des Martinsmünsters mit dem nadelspitzen hohen Turm wurde 1387 begonnen, als erste der großen bayerischen Hallenkirchen, wie wir sie in Ingolstadt, Straubing, Neuötting und München sehen. Gebaut hat sie Hans Steinmetz (genannt Stethaimer) – seine Büste befindet sich über der Inschrifttafel an der St. Martinskirche († 1432). Welch herrlicher Raum öffnet sich vor uns, wenn wir St. Martin betreten: hoch, schwerelos, lichterfüllt, mit dem tiefen Chor, dem prachtvollen um 1424 entstandenen Hochaltar, dem riesigen Kruzifix von 1495, mit Freskenresten, Epitaphien und nicht zuletzt mit der großartigen Muttergottes von Hans Leinberger, 1518/20. Man muß sich vorstellen, daß die Landshuter Muttergottes einst inmitten eines Rosenkranzes im Raum des Mittelschiffes schwebte.

Von Landshut aus reisen wir weiter ins Land hinein. Wir können in das hügelige Hopfengebiet der Hallertau um Mainburg und Au fahren, das sich ins Oberbayerische und in die Landkreise Rottenburg und Kelheim erstreckt, wo die Schlösser Au und Hohenthann stehen, und dort auch die herrliche Abtei Weltenburg an der Donau oder die Kirche von Rohr besuchen. Die Abens, welche der Donau zufließt, geht durch den Schloßweiher von Au und umfließt Mainburg, von wo aus man über Schloß Oberlauterbach, Rottenburg an der Laaber nach Straubing fahren kann. Wälder bedecken die Höhen, allenthalben sehen wir große Hopfenpflanzungen, die den Reichtum des Landes ausmachen, dazwischen Dörfer und stattliche Einzelhöfe.

Wir können auch, dem Lauf der Isar folgend, zur Donau vordringen. Der Fluß strömt durch eine breite Ebene, zu beiden Seiten von sanften, waldigen Hügelketten begleitet, hinter denen sich das niederbayerische Hügelland erstreckt, mit Äckern, Wiesen und Wäldern, durchschnitten von zahlreichen Tälern, wie denen der Vils, Laaber oder Rott. Bei Landau, das eines der hübschesten Heimatmuseen des Landes besitzt, geht die Isar in die Donauebene ein, in die weite fruchtbare Ebene des Gäubodens zwischen Regensburg und Plattling. Die Flußmündung in die Donau ist mit dichten Auwäldern bestanden, durchsetzt von geheimnisvollen, dunklen Altwassern.

Es gibt viel zu sehen in diesem Land. Da ist Straubing, wo Agnes Bernauer den Tod fand. Herzog Albrecht III., der Fromme, hatte Agnes, die Tochter eines Baders und Badstubenbesitzers, vermutlich in Augsburg auf einem Turnier kennengelernt, ein so schönes Mädchen, daß er sich über

Schloß Offenberg. Nach einem Kupferstich aus der Werkstatt von Michael Wening, 1726

den Standesunterschied hinwegsetzte, sie heiratete und mit ihr im herzoglichen Schloß in Straubing lebte. Aber sein Vater, Herzog Ernst, dem diese Ehe ein Dorn im Auge war, ließ Agnes vor Gericht stellen und sie als Hexe, die seinen Sohn bezaubert hatte, verurteilen. 1435 ist sie in der Donau ertränkt worden. In der Sühnekapelle auf dem Friedhof von St. Peter, die Herzog Ernst in Straubing errichten ließ, befindet sich das Grabmal der Agnes. Es zeigt die junge Frau mit feinem, stillen Antlitz, das um so stärker zu uns spricht, als wir ihr Schicksal so genau kennen.

Straubing taucht erst 898 als Strupinga aus dem Dunkel der Geschichte auf und ist 995 an das Hochstift Augsburg gekommen. 1218 gründete Herzog Ludwig der Kelheimer etwas weiter stromauf die neue Stadt. Von dem Herzogssitz, den es damals vermutlich im Nordwesten der Stadt gegeben hat, ist nichts erhalten geblieben. Der noch bestehende Schloßbau mit seinen umfangreichen Anlagen ist erst 1356 unter Herzog Albrecht I. im Nordosten Straubings entstanden. Der Fürstenbau enthielt einen großen Festsaal mit Spitztonnengewölbe, doch hat der ganze Bau durch die spätere Verwendung als Kaserne sehr gelitten. Ähnlich wie Landshut wird Straubing von einer breiten Marktstraße durchschnitten. Genau in die Mitte dieser prächtigen Straße setzten die Bürger ihr Rathaus, dem sie 1318 den schlanken, schönen Turm hinzufügten. Hier steht auch die zur Erinnerung an die glücklich bestandene Belagerung durch die Österreicher im Jahre 1704 fünf Jahre später aufgerichtete Dreifaltigkeitssäule. Am Ostrand der Stadt, in der Altstadt, liegt die Pfarrkirche St. Peter, die wahrscheinlich im 12. Jahrhundert von Grund auf erneuert worden ist. Die Pfarrkirche St. Jakob ist wohl bald nach Gründung der Neustadt gebaut worden und machte Ende des 14. Jahrhunderts der heutigen großen Hallenkirche Platz, die Hans Stethaimer plante und zu bauen begann, aber nicht vollenden konnte. Unweit von Straubing liegt manch schönes Schloß, so Schambach, Irlbach, Offenberg, alle diese in den Vorbergen des Bayerischen Waldes.

Folgen wir von Straubing der Straße entlang der Donau in östlicher Richtung, begleiten uns zur Linken die waldigen Vorberge des Bayerwaldes, zur Rechten die Ebene des Gäubodens, der sich unterhalb von Regensburg als weites, tischebenes, fruchtbares Ackerland bis nach Plattling hinzieht, entstanden aus eiszeitlichem Schwemmland. Woher kommt der Name Gäuboden oder Gäu? Wasserläufe sind wandernden germanischen Stämmen häufig Wegweiser gewesen. Der Fluß führt durch Auen, die in ihrer Gesamtheit den Wandernden einen Gau oder Gäu vorstellten. Ließen sie sich in solchen Gebieten nieder, so ging der Begriff Gau auf das gesamte besiedelte Gebiet über, wie eben hier im Donaugau.

Auf einem steilen Bergkessel taucht die Wallfahrtskirche Bogenberg auf. «Es wohnt hier nämlich die berühmte Maria zum Bogen, die in ihrem Leibe das Jesuskindlein zeigt», schrieb Ernst Moritz Arndt. Seit 1104 ist Bogenberg Ziel einer Wallfahrt. Damals, so berichtet die Legende, soll die Donau das Gnadenbild stromauf getragen und in der Nähe von Bogen auf einem Felsen abgesetzt haben. Die schöne spätgotische Kirche mit teilweise prächtiger barocker Einrichtung birgt das steinerne Gnadenbild von etwa 1400. An der nördlichen Außenmauer der Sakristei befindet sich ein weiteres Steinbildwerk der Muttergottes, um 1240/50, wohl das ursprüngliche Gnadenbild.

Deggendorf erscheint, von dem breit hinziehenden Strom nur durch einen schmalen Wiesenstreifen und einem Damm getrennt. Es ist ein uraltes Städtchen; 750 entstand die erste Siedlung bei der heutigen Pfarrkirche, und nicht weit davon wurden die Benediktinerabteien Metten und Niederalteich gegründet. Wer die breite Marktstraße Deggendorfs hinaufschaut, wird sich an ihrer Weiträumigkeit erfreuen, an ihren farbigen Häuserfronten, die wie ein Spalier bürgerlicher Wohlhäbigkeit nebeneinanderstehen. Kloster Metten, um 770 gegründet, fand nach dem Sturz des letzten Agilolfingers, Herzog Tassilo III., in Karl dem Großen einen Gönner. In der Mitte des 15. Jahrhunderts wurde der Chor gebaut, während alles übrige ab 1712 neu errichtet worden ist und die schönste Ausstattung erhielt. Das andere Benediktinerstift Niederaltaich, östlich von Deggendorf, in den Donauauen gelegen, ist auch im 8. Jahrhundert und zwar vom Agilolfingerherzog Odilo gegründet worden. Die heutige prachtvolle Kirche, mit Resten aus dem 14. Jahrhundert, wurde nach dem verheerenden Brand von 1671 von Jakob Pawanger aus Passau 1718/22 neu gebaut. Aber Pawanger wurde entlassen, Johann Michael Fischer übernahm die Leitung und baute 1724/26 den herrlichen Chor. Der gotische Innenraum ist ebenso geschickt wie prächtig barockisiert worden. Den Stuck schufen Baptist und Sebastian d'Aglio, denen Franz Ignaz Holzinger zur Seite stand, die Fresken malte Andreas Heindl aus Wels 1719/32.

Im Dreieck zwischen Deggendorf, Plattling und Osterhofen liegt das schöne Schloß Moos der Grafen von Preysing und dicht dabei Osterhofen – der Hof im Osten, ein alter Königshof an der Donau – mit seiner Stiftskirche im Dorf Altenmarkt auf der Höhe eines Hügels, umgeben von behäbigen Klosterbauten, in denen heute Englische Fräulein wirken. Es läßt sich nicht mit Sicherheit sagen, wer das Benediktinerstift gründete. Herzog Odilo, der Schwiegersohn des Hausmeiers Karl Martell, soll hier begraben liegen, aber das ist ebensowenig geklärt wie die Annahme, daß er das Kloster gegründet habe. Zu beiden Seiten des Hochaltars sehen wir den angeblichen Stifter Odilo – Vater des unglücklichen letzten Herzogs Tassilo – und die Herzogin Hiltrudis aus Logen herabsehen. Die Kirche von Osterhofen ist eine der vornehmsten Schöpfungen Johann Michael Fischers, 1727/28. Die Innenausstattung besorgten die Brüder Asam aus München, Cosmas Damian als Maler, Egid Quirin als Bildhauer und Stukkator. Die Klarheit der architektonischen Konzeption verbindet sich in schönster Harmonie mit einer üppigen, schwelgenden Dekoration in hellen Farben, im Glanz des Goldes und Silbers. Es ist dieses Osterhofen wie ein barocker Festsaal, in dem sich der Gottesdienst einst als prunkvolles Schauspiel vollzog.

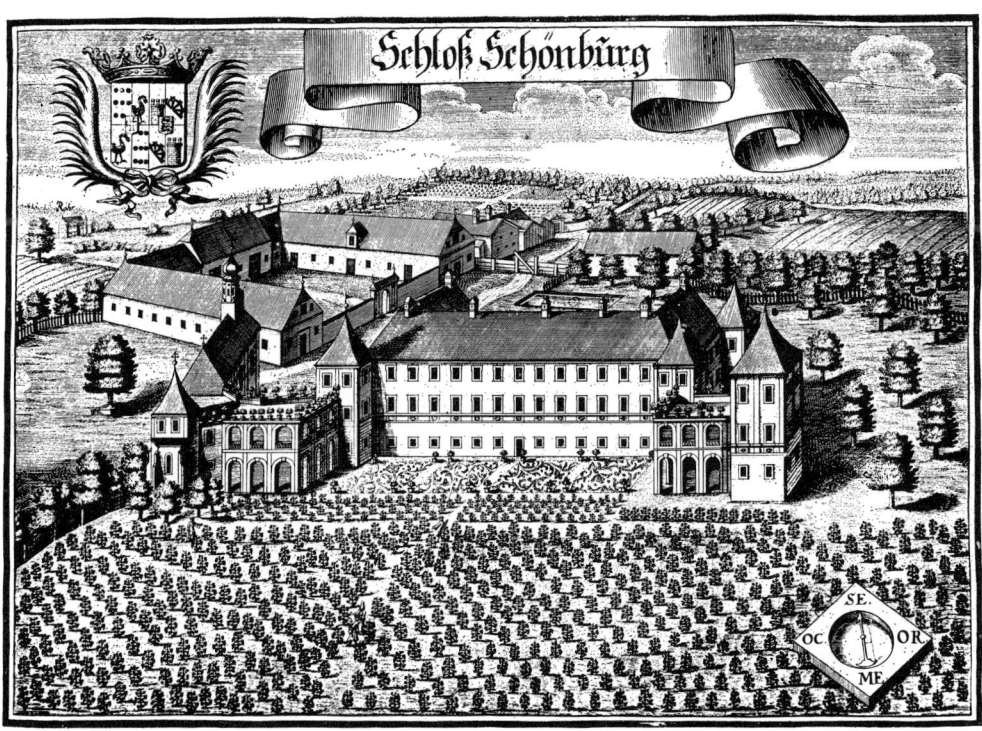

Schloß Schönburg. Nach einem Kupferstich aus der Werkstatt von Michael Wening, 1723

Von Moos wollen wir einen Abstecher ins Hügelland in Richtung Eggenfelden machen. Die Straße führt durch wohlhabende Dörfer, vorüber an stattlichen Vierseithöfen, vorüber am alten Schloß Mariakirchen nach Arnstorf, einem großen, fast städtischen Markt, mit dem Unteren und dem Oberen Schloß der Grafen von Deym; östlich davon das heute verlassene Schloß Haidenburg, das mit seiner Renaissance-Architektur von 1871 recht unwirklich durch die Bäume des ehemaligen Parkes schaut. Westlich von Eggenfelden liegt der Markt Massing, wo ein besonders hübsches und instruktives Bauernhofmuseum aufgebaut worden ist. Man hat dort den zum Abbruch verurteilten prachtvollen Schusterödhof aus Malling wieder aufgestellt und eingerichtet.

Von Eggenfelden aus kann man durch das landschaftlich so reizvolle Vilstal nach Vilshofen und wieder zur Donau gelangen, oder man nimmt die Straße über Pfarrkirchen nach Passau, kann die Schlösser Thurnstein, Schönburg, Kleeberg oder Ering sehen oder nach Aigen bei Simbach fahren, das in einem stillen Wiesen- und Ackerland liegt. Hier wird am 6. November der Leonhardiritt gehalten, das Fest des heiligen Leonhard. Die Kraft der bäuerlichen Welt hat sich auch in der Frömmigkeit erhalten und wird an jenem Tag sehr spürbar.

Vilshofen, von den Grafen zu Ortenburg gegründet, wurde 1206 Stadt. Die Ortenburger waren eines Stammes mit den Grafen von Sponheim (Spanheim) und diese möglicherweise eines Stammes mit dem Hause der Salier. Sie saßen im Nahegau und waren schon in der Krain begütert, als die Eppensteiner Herzöge von Kärnten waren, deren Eigengüter die Sponheimer erbten. Sie starben aus, aber die Linie Ortenburg und das sponheimische Haus im Nahegau, von dem die Sayn-Wittgenstein im Mannesstamm abstammen, blühten fort. Die Ortenburg bauten unweit von Vilshofen die große Burg gleichen Namens, die bis 1972 in ihrem Besitz war und die zu besuchen sich lohnt.

Man sollte aber von Vilshofen aus auch nördlich der Donau das niederbayerische Land besuchen. Das Preysing-Schloß Rathsmannsdorf mit seinem eindrucksvollen Arkadenhof ist nah, und von hier aus führt der Weg in nordöstlicher Richtung über Aicha vorm Wald zur Saldenburg. Auch sie war ein Besitz der Grafen von Preysing auf Moos, die 1682 den berühmten Enrico Zuccalli hierherholten, um die Burg, die durch Blitzeinschlag gelitten hatte, von ihm wieder herstellen zu lassen. Der noch erhaltene massige Wohnturm ist heute eine Jugendherberge.

Nicht vergessen sei Schloß Neuburg am Inn, das im 12. Jahrhundert den Grafen von Andechs, seit 1248 den Wittelsbachern gehörte. Zu Beginn unseres Jahrhunderts restauriert, dient es heute mit seinen schönen Räumen aus Gotik, Renaissance, Barock als Künstler-Erholungsheim.

Nun ist es nicht mehr weit bis nach Passau, das 1803 an Bayern gefallen ist. Präsentiert sich Landshut als die reiche niederbayerische Herzogsstadt, so Passau als die nicht minder reiche Bischofsstadt des Barock. Unwillkürlich denkt der Besucher angesichts der unvergleichlichen städtebaulichen und landschaftlichen Situation an Salzburg, aber auch an Siena. Düstere, feuchtkühle Gassen wechseln mit hellen, heiteren Plätzen, wie dem Residenzplatz, auf dem der spätgotische Chor des Doms wuchtig aufragt, die fürstbischöfliche Residenz steht und die Domherren ihre eleganten Palais hatten. Unmöglich hier alle die berühmten Klöster und Kirchen zu nennen, die noch große Schönheiten bewahren. Mit ihren herrlichen, meist barocken Kuppeln und Türmen bestimmen sie die Himmelslinie der Stadt. Das ganze Passau jener Epoche ist eine wohlgelungene Mischung bayerischer und italienischer Formen, bewegendes Zeugnis einer europäischen Kultureinheit, wie wir sie nicht mehr kennen. Über der Stadt liegt auf dem jenseitigen Donauufer die mächtige bischöfliche Burg Oberhaus, eine weitläufige Anlage mit Befestigungen und Bastionen und hart am Fluß das ehemalige Sommerschloß der Fürstbischöfe, Freudenhain. So stellt Passau «die letzte Erfüllung, den harmonischen Schlußakkord dar, der die vielen barocken Stimmen, die überall an Inn und Donau erklingen, in sich sammelt».

Oberhalb von Landshut liegt die Burg Trausnitz, «von deren Terrassen man die großartigsten Blick über das Isartal het». Nach der Chronik von Veit Arnpeck ist sie als eine Gründung Herzog Ludwigs des Kelheimers anzusehen. Doch wissen wir, daß bereits 1183 Herzog Otto I. von Bayern eine Urkunde «apud Landishutsam» für das Kloster Schäftlarn ausstellte, so daß man schließen kann, schon vor Ludwig habe dort eine Befestigung bestanden. Die Bezeichnung Trausnitz erscheint offiziell erst 1543, als die neue Residenz in der Stadt der alten Burg den Rang streitig machte.

Die große Burganlage war als Residenz der jüngeren herzoglichen Linie nach der Landesteilung von 1255 gebaut worden. Schloßkapelle, Dürnitzflügel, Fürstenflügel, Bergfried oder Wittelsbacher Turm sowie das Burgtor gehen auf diese Zeit zurück. Unter den ‹Reichen Herzögen› des 15. Jahrhunderts wurden zahlreiche Umbauten und Neuerungen vorgenommen. Nach der mit größter Pracht in München gefeierten Hochzeit des Erbprinzen Wilhelm, des späteren Herzogs Wilhelm V., mit der Prinzessin Renata von Lothringen zog das junge Paar 1568 auf die Trausnitz. Elf Jahre hat der junge Fürst – er war zwanzig, als er auf die Trausnitz kam – hier residiert, hielt er hier prächtig Hof. Über alles liebte er die Musik; der bedeutende Münchner Kapellmeister Orlando di Lasso war oft zu Gast auf der Trausnitz, mit ihm viele andere meist italienische Künstler. Das ging nicht ohne Schulden ab, denn sein Vater gab ihm nur wenig Geld.

Dennoch ließ Prinz Wilhelm bedeutende Veränderungen an der Burg vornehmen. 1575 begannen diese Bauarbeiten unter Leitung des Niederländers Friedrich Sustris, der bei Vasari zum Architekten und Maler ausgebildet worden war. Sustris kam schon 1573 nach Landshut, empfohlen vom Grafen Fugger, für den er das Fuggerhaus in Augsburg gebaut hatte. Zwei Jahre später folgten ihm sein Schwager, der Maler Alessandro Scalzi genannt Padovano, außerdem der Maler Antonio Ponzano und der Stukkator Carlo Pallago. Zudem wird 1573 der Maler Hans Donauer genannt, von dem die Stadtansichten im Antiquarium der Münchner Residenz stammen. Was er in Landshut malte, ist nicht bekannt.

Dem asymmetrischen Grundriß folgend versah Sustris den Innenhof mit zweigeschossigen, rundbogigen Galerien am Nord- und Westflügel. Im Winkel dieser beiden Flügel führt ein schräg angelegtes Stiegenhaus mit zweifacher übereinanderliegender Treppe zu den Obergeschossen. Der Hof hat folgende Begrenzungen: östlich den sogenannten Damenstock, nördlich die Dürnitz und die Kapelle, westlich den Fürstenbau und den Italienischen Bau und an der Südost-ecke einen oktogonalen Treppenturm. Am südlichen Ende des Berings liegt der Bergfried. Die rustizierte Fassade der Hofseite mit ihren Arkaden auf toskanischen Pilastern gehört zu den schönsten von Italien geprägten Renaissance-Höfen Bayerns, obwohl die ehemals ausgedehnten Gartenanlagen alle verschwunden sind.

Erbprinz Wilhelm ließ die fürstlichen Wohnräume neu schmücken. Unter Sustris Aufsicht führten die Maler Scalzi und Ponzano die Malereien in den Fürstenzimmern aus. Die Stukkaturen im Baderaum des Italienischen Baus arbeitete Pallago. Der Hauptraum, der Rittersaal, wurde reich mit Grotesken geschmückt, der Thronsaal mit Wandmalereien von dem Landshuter Franz Geiger versehen. Im Italienischen Bau ist 1961 der verheerende Brand ausgebrochen, dem ein großer Teil der Fresken und Malereien des Schlosses zum Opfer gefallen ist. Erhalten geblieben sind glücklicherweise die Malereien in der Narrenstiege des Italienischen Baus, die Scalzi nach Sustris Entwürfen 1578 ausgeführt hat. Lebensgroße Figuren der Commedia dell'arte bedecken die Wände: Pantalone, Zanne und Cortegiana treiben dort ihr Spiel. Auf den Treppenabsätzen wird die Szenenfolge durch allegorische Gestalten unterbrochen. Herzog Wilhelm war ein großer Freund der italienischen Stegreifkomödie, zu deren Liebhabern man auch Battista Scolari, Massimo Troiano und Orlando di Lasso zählen darf. Wenn wir die Narrenstiege hinaufsteigen, begleiten uns die lustigen Gestalten an den Wänden. Ein mit Gemüsen beladener Esel steigt mit uns empor, Pantalone bringt seiner Angebeteten ein Ständchen, aber am Fenster zeigt sich nur eine Katze, und aus der Tür stürzt wütend eine Alte mit drohend geschwungener Feuerzange. Auch Prinz Wilhelm begegnet uns; er scheint gerade die Treppe herabzusteigen. Er schaut zu seiner Frau hinauf, die aus der Tür tritt, an der Hand eines alten, listig lächelnden Mannes, der ihm die andere Hand entgegenstreckt. Ist es der Abschied des fürstlichen Paares von der Trausnitz?

Im 18. Jahrhundert ist das Interesse der Wittelsbacher an der Burg erloschen; es wurde eine kurfürstliche Wollfabrik darin eingerichtet, die 1771 die Arbeit einstellte. Seit dem 19. Jahrhundert befindet sich ein staatliches Archiv auf der Burg. Erst König Ludwig II. ließ sich ab 1869 einige Räume im oberen Stockwerk des Fürstenbaus als Wohnung herrichten, allerdings nicht so prunkvoll wie in seinen Schlössern Linderhof oder Neuschwanstein.

Die Kapelle der Trausnitz wurde vermutlich im ersten Drittel des 13. Jahrhunderts begonnen. Sie ist eine Doppelkapelle, ursprünglich flach gedeckt, dann 1517/18 mit einem spätgotischen Gewölbe versehen. Gegenüber der Ostempore befindet sich die Fürstenempore. Die Brüstung zeigt stukkierte Apostel und Heilige, in der Mitte Christus. Die auf der Brüstungsmitte stehenden Figuren der Maria und des

Johannes unter dem Kreuz sind aus Holz (um 1250/70). Vor dem Emporen-Altar hängt ein großes Triumphbogen-Kreuz mit einem besonders eindrucksvollen Kruzifixus. Der Hauptaltar trägt ein Triptychon des frühen 15. Jahrhunderts, gestiftet von Herzog Heinrich XVI. Der gleichen Zeit gehört der südliche Seitenaltar an, der nördliche entstand um 1460. Zwei gute Schnitzfiguren, ein Christophorus und ein Georg, aus dem Umkreis Hans Leinbergers (um 1520) stehen an Nord- und Südwand. *Abb. 115 bis 119*

Landshut | Die Stadtresidenz

Herzog Georg der Reiche von Bayern-Landshut starb 1503 ohne Erben. Den grausamen Landshuter Erbfolgekrieg zwischen den Münchner und pfälzischen Wittelsbachern konnte Herzog Albrecht IV. († 1508) mit Hilfe Kaiser Maximilians I. zu seinen Gunsten entscheiden. Er vereinigte das bis dahin selbständige Herzogtum Niederbayern wieder mit Oberbayern und bestimmte 1506 in einem Primogeniturgesetz die Unteilbarkeit der bayerischen Stammlande.

Herzog Ludwig X., Mitregent seines Bruders Herzog Wilhelms IV. von Bayern, regierte in Landshut, wollte aber die alte Burg Trausnitz verlassen und in Landshut selbst Wohnsitz nehmen. Ludwig hatte die Palazzi italienischer Fürsten gesehen und bewundert, vor allem die Bauten seiner Verwandten Gonzaga in Mantua, und als er 1536 zu bauen begann, standen ihm der Palazzo del Té von Giulio Romano und der Palazzo Ducale in Mantua vor Augen. Die Renaissance hielt ihren Einzug in Landshut.

Den Bau begann Niklas Überreiter, der den sogenannten ‹Deutschen Bau› an der Altstadt errichtete; ihm beigeordnet wurde Bernhard Zwitzel aus Augsburg, der bis 1538 in den Akten erscheint. 1537 war der Deutsche Bau fertiggestellt. Nun holte sich der Herzog Baumeister und Maurer aus Italien, denn 1537 wird ein Sigismund aus Mantua genannt. Ihm folgte kurz danach ein Bernhard Walch. So entstand der erste italienisch anmutende Stadtpalast auf deutschem Boden, eine große Vierflügelanlage, wohl proportioniert und von vornehmer Art.

Nach dem Tode des Herzogs, 1545, hörte Landshut auf, Residenz zu sein, denn er starb unvermählt, und sein Erbteil fiel an München zurück. Damit verwaiste die Stadtresidenz, denn der Sohn Herzog Albrechts V., Erbprinz Wilhelm, bevorzugte die Burg Trausnitz, als er 1568 nach Landshut kam. Erst 1780 ließ Kurfürst Carl Theodor für Herzog Wilhelm von Birkenfeld-Gelnhausen (Nebenlinie der Herzöge von Zweibrücken und Stammväter der herzoglichen Linie ‹in Bayern›) eine neue Hofhaltung im Deutschen Bau einrichten. A. Lespilliez, der Münchener Hofbauintendant, leitete die Neugestaltung der Fassade und

der Räume. Auch in einigen Räumen des Westbaus stammen die Wanddekorationen aus jener Zeit.

Der besondere Ruhm der Stadtresidenz aber liegt in den prachtvollen Sälen und Zimmern des 16. Jahrhunderts, deren Dekorationen, von deutschen und italienischen Meistern geschaffen, ganz und gar den Geist der Renaissance atmen. Sie sind von außerordentlicher Üppigkeit, dabei streng in der architektonischen Gliederung, und brauchen den Vergleich mit ihren italienischen Vorbildern nicht zu scheuen.

1540 begannen die Maler ihre Arbeit. Bis 1542 wird ein Maler erwähnt, der sich selbst ‹Posthumus› nannte und italienischer Herkunft zu sein scheint. Von ihm stammen die Deckenbilder der Diana-, Venus- und Arachne-Zimmer und des Göttersaals. Hans Bocksberger d. Ä. aus Salzburg, 1542/43 urkundlich erwähnt, malte den Italienischen Saal, wahrscheinlich auch die Fresken im Apollozimmer. Die Malereien im Nemesis-Saal, im Ecksaal, im Latona- und Planetenzimmer sowie die Malereien in der westlichen Arkadenhalle sind von Ludwig Refinger aus München.

Die Residenz besteht aus dem ‹Deutschen Bau› an der Altstadt und dem ‹Italienischen Bau›, der durch zwei schmale Flügel mit ersterem verbunden ist. Durch die dreischiffige, elegante Eingangshalle mit Gewölbe auf roten Marmorsäulen betritt man den Hof, der auf drei Seiten von Laubengängen umzogen wird. Der westliche Arkadengang trägt kassettierte Wölbungen und die Kassettenfelder enthalten Malereien aus dem Alten Testament von Refinger. Im späten 18. Jahrhundert entstand der plastische Schmuck der seitlichen Wandfelder: Büsten der vier Jahreszeiten, wahrscheinlich von Christian Jorhan, der wohl auch den Brunnen unter den Arkaden der Südseite geschaffen hat.

Die Geschosse des Italienischen Baus werden durch Pilaster gegliedert. Dieser Trakt ist eine einzigartige Erscheinung in der Architektur jener Zeit, denn trotz mantuanischer Einflüsse haben die daran beschäftigten Meister ihre Eigenart und Selbständigkeit zu wahren gewußt. Er enthält die schon oben genannten prachtvollen Feströme.

Architektur und Ausstattung der Landshuter Residenz sind von hoher künstlerischer Bedeutung für die Baukunst in Deutschland gewesen. *Abb. 120 bis 126*

Kronwinkl

Kurz hinter der oberbayerischen Grenze liegt auf dem Hochplateau über der Isar der höchst stattliche Bau des Schlosses Kronwinkl, einst Alten-Preysing genannt, der Stammsitz der Grafen von Preysing, der heute der Gräfin Clara von Soden-Fraunhofen, geb. Gräfin von Preysing-Lichtenegg-Moos, gehört. Schon vor dem 12. Jahrhundert, als das Kloster Tegernsee in dieser Gegend Besitz hatte, stand hier eine

*Schloß Kapfing
vor dem Umbau im
18. Jahrhundert. Nach einem
Kupferstich aus der Werkstatt
von Michael Wening, 1723*

Burg, die die Preysing von Tegernsee zu Lehen nahmen. Die älteren, noch erhaltenen Teile sind der romanische Bergfried (mit einer Mauerstärke von 3,40 m im Untergeschoß) und der größte Teil der Ringmauer. 1860 wurden die Schloßgiebel mit Zinnen versehen, weitere kleine Veränderungen 1880 vorgenommen, aber alles das beeinträchtigt keineswegs den wehrhaften und zugleich wohnlichen Charakter des Schlosses.

Im Winkel zwischen Wohnbau und Bergfried befindet sich ein moderner Anbau. Das Untergeschoß hat noch Räume mit Kreuzgewölben und Tonne mit Stichkappen.

1673 wurde im Bergfried die Schloßkapelle St. Antonius von Padua eingebaut, die 1679 geweiht worden ist. Die Decke trägt eine Stukkatur aus der Erbauungszeit, die Wände sind mit Rokokostuck geschmückt.   *Abb. 128, 129*

Kapfing

Im letzten Viertel des 11. Jahrhunderts erscheint ein Werinher de Chapfingen auf der alten Burg, die von Wassergräben umgeben war, aber keine Ringmauern hatte. Die ersten Nachrichten über ein Schloß stammen aus dem 14. Jahrhundert. 1415 kam Kapfing an die Eckher von und zu Kapfing, die später in den Freiherrnstand erhoben wurden. 1644 heiratete die Witwe des Freiherrn Georg Friedrich von Eckher den Freiherrn Johann Joseph Goder von Kriestorff und Kalling, so daß diese Familie im Besitz folgte. 1759 vermählte sich Maria Anna Freiin Goder von Kriestorff und Kalling mit Franz Johann Hieronymus Graf von Spreti und seitdem sind die Spreti im Besitz von Kapfing, fast seit drei Jahrhunderten. Die Familie Spreti stammt aus Ravenna und hat, wie manch andere italienische Familie, in Bayern Fortüne gemacht. Sie gehörte in Ravenna seit ihrem ersten Auftreten im Jahre 1096 zum adligen Patriziat der Stadt. Spreti'sche Paläste sind heute noch in Ravenna zu sehen. Franz Johann Hieronymus von Spreti wurde 1711 in den Reichsgrafenstand erhoben.

Das heutige Schloß ist eine Anlage aus dem frühen 18. Jahrhundert (um 1720). 1910/11 wurde es von dem Münchner Architekten Felix Graf von Courten nach Westen mit zwei Ecktürmen erweitert, der Hof des Schlosses mit einer hübschen hölzernen Treillage im Jugendstil geschmückt.

Aus dem 18. Jahrhundert stammt die 1721 geweihte Kapelle, deren Altarbild den heiligen Joseph auf dem Totenbett zeigt, signiert ‹Dengler f.› Im Auszug befindet sich ein Bild des heiligen Johann Nepomuk, des Schutzheiligen der Freiherren Goder von Kriestorff und Kalling. 1954 wurden zwischen dem Deckenstuck Fresken freigelegt, welche die Visionen des Propheten Jeremias darstellen, während das Mittelbild sich auf die Vereinigung des alten und neuen Bundes bezieht, in Gestalt der Dreieinigkeit, des Propheten Daniel und Moses. Auch ein Raum des ersten Stockes trägt noch Stuckdekor der Zeit um 1720. Kapfing in seinem schönen Park ist ein gutes Beispiel für adlig-ländlichen Lebensstil bis in unsere Tage.   *Abb. 131 bis 134*

Neufraunhofen

Ende des 14. Jahrhunderts erwarb Wilhelm von Fraunhofen den Sitz von den Erben der Schenken von Öd (seit 1183), baute ihn um und nannte ihn Neufraunhofen. Die heute vorhandenen Gebäude, mit Teilen noch aus gotischer Zeit stammend, entstanden seit dem 16. Jahrhundert in verschiedenen Bauabschnitten (bis erste Hälfte des 18. Jahrhunderts). Die Schloßkirche, unter dem Westturm vielleicht einen romanischen Rundkern enthaltend, wurde bereits von Wilhelm von Fraunhofen (Stiftersteine Fraunhofen und Montfort am Eingang) erbaut, erhielt um 1680 frühbarocke Ausstattung und ist 1709/14 von Johann Franz Ignaz von Fraunhofen erweitert und barockisiert worden. Die Fraunhofen, seit 1179 beurkundet mit Stammsitz in Altfraunhofen, starben 1865 im Mannesstamm aus. Als Erben folgten die Grafen von Soden-Fraunhofen, ein patrizisches Geschlecht, das aus Hannover stammt.

Die weitläufige unregelmäßige Barockanlage mit schönem Park und anschließendem Terrassengarten liegt im Norden des Ortes. Die Herrschaftsgebäude umschließen einen Hof, auf dessen westlicher Seite die Kirche vorspringt. Die Innenräume sind im Erdgeschoß flach gedeckt und mit Stuckrahmendekor versehen. Ein Gang auf der Hofseite des Südflügels enthält eine Art Ahnengalerie mit Porträts aus dem 17. Jahrhundert. Im Billardzimmer befindet sich ein Kamin des frühen Rokoko, dessen rechteckiger Aufbau das Bildnis des Ad. Gottlieb M. I. Reichsfreiherrn von Fraunhofen, Vizedom in Landshut (1699–1757), enthält.

Die Schloßkirche St. Johannes Baptist und Mariä Empfängnis, deren Glockenturm ehemals von einem Rundturm am gewesteten Langhaus gebildet wurde, erhielt die jetzige geschweifte Einturmfassade erst 1753. Um das Portal herum hat sie zarten Rokokostuck. Die Kirche enthält einen hübschen barocken Säulenaltar; außerdem mehrere Grabepitaphien aus der Zeit der Renaissance. In der Chorbogenlaibung sind zwei Marmorepitaphien mit lebensgroßen Reliefdarstellungen in Ganzfigur des Karl August von und zu Alt- und Neufraunhofen (1794–1865) und seiner Gemahlin Friederike Freiin von Aretin zu sehen, qualitätvolle Werke in neugotischem Stil von dem Bildhauer Kaspar Zumbusch (1830 bis 1915) geschaffen. *Abb. 127*

Au

Die ehemalige Hofmark Au gehörte im Mittelalter zum Besitz der Grafen von Moosburg, ab 1306 zum Besitz der Herren von Abensberg. 1385 erwarben die Preysing die Herrschaft durch Kauf, 1472 die Freiherren von Thurn sie durch Erbschaft. Es folgten seit 1644 die Fraunhofen, Toer-

ring-Seefeld, Preysing-Hohenaschau, Maderny, bis sich 1833 die Grafen von Montgelas hier niederließen. Seit 1846 sind die Freiherren von Beck-Peccoz – die Familie stammt aus Gressoney im Aostatal – im Besitz des Schlosses.

Das Schloß war im Landshuter Erbfolgekrieg niedergebrannt und 1544–1578 wieder aufgebaut worden. 1880 wurde es stark verändert. Nur der östliche hohe Wohntrakt ist noch ein Teil der 1578 errichteten Anlage. Er besitzt Ecktürme, einige schöne Wasserspeier sowie einen Torturm, der in den alten Park führt. An den Torturm schließt sich ein niederer moderner Anbau mit einem Wintergarten zur Parkseite an.

Die 1690 erbaute Schloßkapelle St. Carl Borromäus ist 1767 und 1868 erneuert worden. Die neugotische Bemalung der Felderdecke zeugt von der Umgestaltung im 19. Jahrhundert.

Im Innern des Wohntraktes ist das in dunklem Eichenholz reich geschnitzte Stiegengeländer bewundernswert, das neben großen Rocaillen die Allianzwappen des Johann Sigmund von Preysing und der Philippine von Toerring mit der Jahreszahl 1770 zeigt. Im Flur hängen die Bildnisse des Grafen Sigmund von Preysing und seiner Gemahlin. Sie tragen die Signatur ‹Joan Evan. Hölzl 1764› und stammen vermutlich von Johann Felix Hölzl aus Ingolstadt.

Vom ersten Obergeschoß aus gelangt man in den großen Jagdsaal, der sich im westlichen Anbau befindet. Es ist ein rechteckiger Saal im Stil der Neu-Renaissance mit vier Fensterachsen zum Park, zwei zur rückwärtigen Front und je zwei Portalen an den Schmalseiten. Die Wände sind in ihrem unteren Teil mit Holz verkleidet, in die gefelderte Decke ist ein großes Jagdgemälde eingelassen. Die Ausgestaltung des Raumes stammt aus dem Jahre 1882. Die Wände sind mit reichen Jagdtrophäen geschmückt. Schloß Au bewahrt hier die größte private Jagdsammlung Deutschlands.

Die 1590 gegründete Schloßbrauerei ist westlich des Schlosses in einem 1793 errichteten Brauereigebäude untergebracht.

Oberlauterbach

Das alte Schloß reicht geschichtlich bis ins 12. Jahrhundert zurück und wurde im Dreißigjährigen Krieg zerstört. 1666 hat Maximilian Graf von Portia und Brugnara, Obersthofmeister zu München und Pfleger zu Neuötting, das Schloß neu erbaut. Er entstammte dem alten Friauler Grafengeschlecht der Portia, das später gefürstet wurde. Eine Bauinschrift mit seinem Namen befindet sich im Arkadengang des ersten Obergeschosses, auch eine Rollwerkkartusche aus Kalkstein mit dem Ehewappen Portia-Spirinck. 1769 ließ Fürst Portia den Nordflügel, 1787/88 den Ostflügel errichten. Den Portia folgten im 19. Jahrhundert die Freiherren von Cetto, in deren Besitz sich das Schloß heute noch befindet.

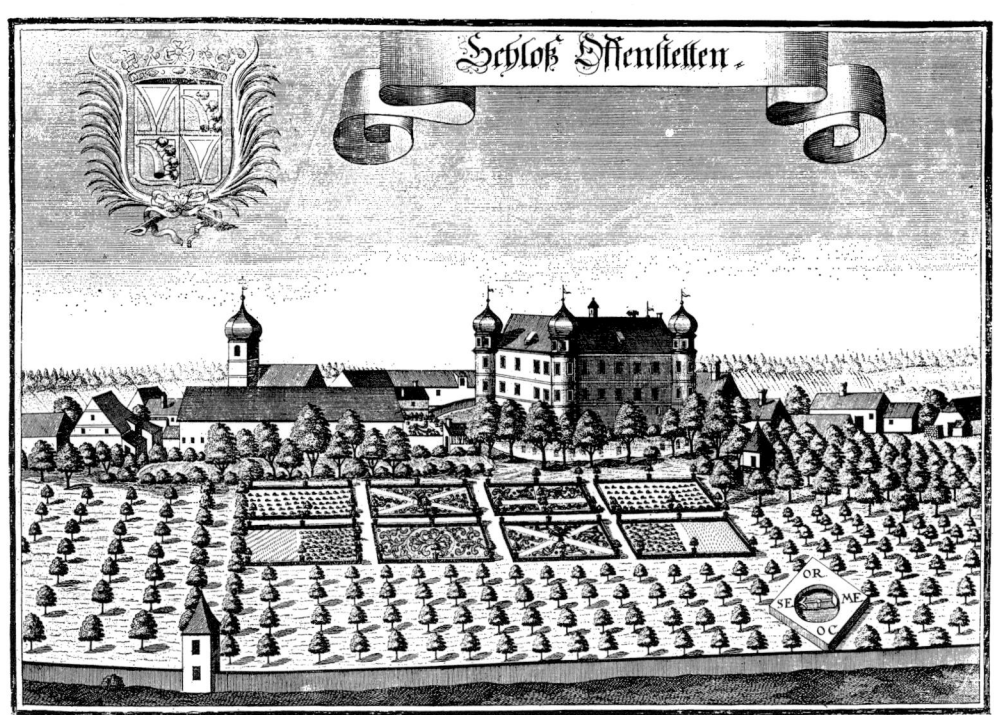

*Schloß Offenstetten
Nach einem Kupferstich
aus der Werkstatt
von Michael Wening, 1726*

Hier sei daran erinnert, daß die Cetto in Oberlauterbach wie in Reichertshausen durch die Ehe des Freiherrn Anton von Cetto mit Maria Anna Gräfin von Forbach, Freiin von Zweibrücken, von Herzog Christian IV. von Pfalz-Zweibrücken abstammen, der 1751 heimlich die Tänzerin Marianne Camasse geheiratet hatte. Dieser morganatischen Ehe wegen war die Erbfolgeberechtigung des Herzogs an seinen um zehn Jahre jüngeren Bruder Max Joseph übergegangen, der dann der erste König von Bayern wurde.

Man gelangt zunächst in einen Vorhof mit angeschlossenem Gutsbetrieb. Das Schloß, in dem einst Napoleon als Gast weilte, ist eine hoch gebaute Vierflügelanlage, die sich um einen schmalen, rechteckigen Binnenhof gruppiert, der sich an einer Längs- und einer Schmalseite durch vier Geschosse in Laubengängen öffnet. Im Hof steht ein kleiner barocker Wandbrunnen mit einer Muschel und einem Putto in italienischer Manier gearbeitet. An der Außenseite des Gebäudes sitzen hübsche Eck-Erker mit achtseitigen Türmchen. An den rückwärtigen Garten schließt sich ein Weiher an, der durch eine vorstehende Landzunge unterteilt wird.

Im Innern finden wir in mehreren Räumen geschnitzte Tafeldecken des 17. Jahrhunderts. In einem Zimmer des Ostflügels ist eine Stuckdecke aus der Erbauungszeit des Hauses erhalten, ein weiteres Zimmer im ersten Obergeschoß des Nordflügels trägt Frührokoko-Stuck um 1740. Der sogenannte ‹Rote Saal› im zweiten Obergeschoß hat außerdem einen prachtvollen Ofen des Frühbarock. Sein rechteckiger Aufbau ist mit grünglasierten Kacheln verkleidet, die ver

schiedene Kopfreliefs in Medaillonumrahmung zeigen. Der Bekrönungsaufsatz enthält das Allianzwappen Portia-Spirinck. *Abb. 147*

Offenstetten

Offenstetten, das bis ins 15. Jahrhundert Sitz des Adelsgeschlechtes gleichen Namens gewesen war, kam nach dem Dreißigjährigen Krieg in den Besitz der Frenau, von denen es hundert Jahre später an den bayerischen Staatskanzler Alois Freiherrn von Kreittmayr überging, als er Maria Romana von Frenau heiratete (1750). Heute ist hier ein Heim für behinderte Kinder untergebracht, das als erstes dieser Art nach dem Zweiten Weltkrieg in Bayern entstanden ist.

Das Weiherschloß Offenstetten wurde 1696 unter Georg Kaspar Emanuel von Frenau erneuert. Es repräsentiert eine jener markanten Schloßanlagen, deren vier Flügel sich um einen – heute überdachten – Innenhof gruppieren, ein eindrucksvoller Bau mit drei Geschossen und je fünf Fensterachsen. Die Ecken sind durch vorspringende Rundtürme betont. Niedere Wirtschaftsgebäude bilden die Begrenzung des Schloßareals. Eine Brücke führt zu dem Portal auf der Südseite, das von ionischen Pilastern flankiert wird und in dem geschweiften Giebelfeld das Wappen Kreittmayr-Frenau enthält. Im Südflügel des Schlosses liegt die Schloßkapelle, zu der das achteckige Türmchen über dem Portal gehört. Die Kapelle, die schon Ende des 19. Jahrhunderts aufgelassen wurde, hatte einen Barockaltar um 1720 mit Akanthusschnitzwerk, der sich heute in der Pfarrkirche befindet. In verschiedenen Räumen des Schlosses blieben schöne Stukkaturen erhalten.

In der nahe dem Schloß gelegenen Pfarrkirche St. Vitus, die schöne Stukkierungen von Joh. Bapt. Zimmermann enthält, befindet sich in einer Flachnische an der nördlichen Langhauswand das Grabdenkmal des Staatskanzlers von Kreittmayr (gest. 1790). Ein trauernder Genius mit gesenkter Fackel sowie die auf dem Marmorepitaph stehende Büste Kreittmayrs – in Blei gegossen und vergoldet – bilden eine hervorragende Arbeit des im Klassizismus tätigen Bildhauers Roman Anton Boos. Vor dem Eingang zur Kirche steht heute in Überlebensgröße eine Plastik Kreittmayrs von dem zeitgenössischen Bildhauer Alexander Fischer.

Schambach

Schambach ist ein Wasserschloß im Donautal, das seit dem 12. Jahrhundert Sitz eines Ministerialengeschlechts gleichen Namens war. Nach dem Dreißigjährigen Krieg kam es an das Stift St. Emmeram in Regensburg und wurde nach der Säkularisierung von den Grafen von Bray erworben; heute gehört es den Freiherren von Oefele.

Die mittelalterliche, aus mehreren Türmen mit Wehrmauer bestehende Wasserburg ist vermutlich zu Anfang des 16. Jahrhunderts unter Einbeziehung des ehemaligen Wohnturms und anderer Bauteile grundlegend umgebaut worden und präsentiert sich heute als Beispiel eines sehr frühen Renaissancebaus, der noch starke gotische Elemente enthält.

Das Schloß hat eine imponierende, hoch aufragende Außenansicht. An den Schmalseiten begrenzen Stufengiebel das hohe Dach. Die Nordwestseite zeigt zwei polygonale Türme mit spitzen Dächern. An der Südostseite, der Hofseite, sind in drei Geschossen rundbogige Lauben vorgelegt; ein runder Treppenturm ermöglicht hier den Zugang zu den oberen Stockwerken. Neben dem Treppenturm befindet sich eine in Fachwerk errichtete Aufzugsgaube.

Der zweite, nordöstliche Flügel des Schlosses mit der Tordurchfahrt hatte früher die gleiche Ausgestaltung wie der noch unveränderte Trakt, mit Stufengiebel, Arkaden und Eckturm. Im Österreichischen Erbfolgekrieg (1742) zerstört, hat dieser Trakt seinen Schloßcharakter verloren, erhält aber der Anlage ihre Geschlossenheit.   *Abb. 130*

Irlbach

Irlbach wird schon erwähnt, als Herzog Odilo Besitzungen an diesem Ort dem neugegründeten Kloster Niederaltaich

schenkte. Im 13. Jahrhundert werden die Erlbacher als Besitzer der Hofmark genannt. Sie gelangte nach mehrfachem Wechsel 1811 an die aus Frankreich stammende Familie de Bray (seit 1813 in den bayerischen Grafenstand erhoben), aus deren Besitz sie durch Heirat in den Besitz der Freiherren von Poschinger-Bray überging.

Das Schloß liegt nördlich des Dorfes Irlbach in der Talsenke des Oedbaches. Von der ursprünglich gotischen Anlage sind der Bergfried und der Torturm erhalten. 1569 wurde das Schloß stark verändert. Aus dieser Zeit stammen der Westflügel mit dem Kapellenanbau und die Arkaden des Schloßhofes. Weitere Veränderungen nahm Graf Franz Gabriel von Bray vor, als er das Schloß Anfang des 19. Jahrhunderts erneuern ließ. Der Hof wurde durch neue Flügelbauten geschlossen. An der Nordostecke entstand der polygonale Bibliotheksbau. Die Fenster erhielten zu dieser Zeit an der Außenseite stukkierte Umrahmungen.

Interessant ist die klassizistische (um 1820), völlig intakte Ausstattung der Räume des dritten Geschosses. Die Decken sind bemalt, die Wände werden durch Stuckleisten gegliedert. Die Möbel sind deutsche Arbeiten.

Eine Besonderheit bildet ein großer Raum, dessen Wände eine rechteckige Feldereinteilung haben, in die verschiedentlich Medaillons eingelassen sind, Marmor- und Gipsreliefs mit Szenen aus der antiken Mythologie. Sie stammen von Bertel Thorvaldsen, Johann Leeb, andere sind Kopien nach Ludwig Schwanthaler. Zwischen den Nordfenstern des Raumes steht die Büste des Bauherren Franz Gabriel Graf von Bray, auch sie eine Arbeit Thorvaldsens. Thorvaldsen (1768–1844) führte mehrere Aufträge König Ludwigs I. und des Kronprinzen Maximilian aus, so das Reiterstandbild des Kurfürsten Max I. und den Schlachtenfries, der sich ehemals im Palais Moy, in München, befand. 1830 weilte er selbst in der Residenz und überwachte persönlich die Aufstellung der Statue des Eugène de Beauharnais, Herzogs von Leuchtenberg, an dessen Grabmal in der St. Michaelskirche zu München. – Ein runder buntglasierter Ofen mit aufgelegten weißen Bisquitreliefs mit Göttinnen und Putten, der als Bekrönung eine Vase mit bunter Marmorglasur trägt, bildet den zusätzlichen Schmuck des Saales.

Die Schloßkapelle im Südwestturm besitzt als Altarbild eine Kopie nach Raffaels Sixtinischer Madonna, die Wilhelm von Kügelgen angefertigt hat.   *Abb. 135 bis 137*

Offenberg

Offenberg liegt auf einem ins Donautal steil abfallenden Hügelzug. Der Zugang im Osten über zwei tiefe Halsgräben wird durch moderne Brücken ermöglicht. Das in seiner Gesamtanlage spätmittelalterliche Schloß war ursprünglich her-

zogliches Lehen; es wechselte häufig seine Besitzer und gehört heute der Gräfin Marie-Therese von Bray-Steinburg
und ihrer Tochter, Frau Hippolyta von Loebbecke.

Auf den ursprünglichen Fundamenten wurde gegen Ende
des 17. Jahrhunderts unter Graf Anton von Montfort ein
neues Schloß gebaut. Die Dreiflügelanlage umschließt mit
drei Geschossen einen rechteckigen Innenhof. Die Reste der
vier Ecktürme, die das mittelalterliche Schloß hatte, wurden
in den Neubau einbezogen. Der Südflügel zeigt in den beiden unteren Geschossen weite Rundbogenarkaden. Die Gra-
nitsäulen sind im Erdgeschoß toskanischer, im Obergeschoß
korinthischer Ordnung. Die Gänge haben Kreuzgratgewölbe.

Im Südflügel befinden sich einige interessante Stukkierun-
gen. Ein Zimmer zeigt eine Stuckdecke um 1690 mit Reliefs.
Sehenswert sind außerdem zwei aus Eichenholz gearbeitete
Türumrahmungen, von Kompositsäulen flankiert und mit
Segmentgiebeln bekrönt (datiert: 1689 und 1701).

Die 1699 geweihte Kapelle zeigt am Altar das Wappen
der Grafen von Montfort. Von den Holzfiguren verdient
eine Georgsstatue (0,75 m) um 1420 besondere Beachtung.
Zwei Reliquienständer mit Muschelwerk und Blumen stammen von dem Bildhauer Hoser von Plattling (1759). Ein vergoldeter Silberkelch mit Augsburger Beschauzeichen und
der unbekannten Meistermarke HS im Queroval ist um 1750
gearbeitet. Außerdem werden hier ein Meßbuch mit einem
Einband von 1660 und ein zweites mit silbernen Beschlägen
aus der Rokokozeit aufbewahrt.   *Abb. 138, 139*

Moos

Am Südrand des fruchtbaren Gäubodens liegt in den Auwäldern der Donau und Isar, die sich hier vereinigen, die
Ortschaft Moos. In diesem Gebiet ließen sich im Lauf der
Jahrhunderte Schiffsleute nieder, welche die Donau auf-
und niederfuhren, gründeten Weiler und verdienten sich ihr
Brot als Fischer und Korbflechter. Die reichen Bauern sahen
etwas verächtlich auf diese Kätner herab und nannten sie
‹Stromer›, ein Wort, das dann auch für den Begriff Vaga-
bund verwendet wurde.

Inmitten herrlicher alter Bäume, teilweise noch von Wasser
umflossen, steht hier das viertürmige Schloß, das seinen
Namen von der Landschaft übernahm, ein stattlicher, vornehmer Herrensitz, der heute der Gräfin von Arco-Zinneberg,
geborenen Gräfin von Preysing-Lichtenegg-Moos, gehört. Sein Name erscheint zuerst 1207 in einer Urkunde des
Klosters Niederaltaich, auf der ein Ebo von Moos siegelt,
1270 überließ der Nachfolger der Herren von Moos, Hans
Gestlin, das Hauptgut dem Kloster, das den Besitz als Lehen
vergab. Die Besitzer wechselten rasch, bis die Erbtochter

des Stephan Trainer 1568 Moos an Johann Albrecht von
Preysing brachte. Johann Albrecht mußte die Erlaubnis des
bayerischen Herzogs zur Heirat einholen, da die Trainer
nicht dem Uradel angehörten, sondern einem erst 1505 ge-
adelten Regensburger Patriziergeschlecht. Daß dieser Preysing, wie seit dem 15. Jahrhundert alle Preysing, mit Vornamen Johannes hieß, damit hat es folgende Bewandtnis:
ein Johannes Preysing zog mit Herzog Christoph von Bayern ins Heilige Land. Der Herzog starb auf der Rückreise,
um 1450, an einer Seuche auf der Insel Rhodos, während Johannes genas. Dafür gelobte er, daß von nun an alle Preysings
als ersten Vornamen den Namen Johannes tragen sollten.

Einer der Söhne Johann Albrechts, der bedeutende Warmund, war baulich in Moos sehr tätig, da das Schloß 1619
großenteils ausgebrannt war. Er hat es als ein stattliches Gebäude wieder aufgebaut. Über den Brand und den Wiederaufbau des Schlosses gibt eine Marmortafel Auskunft, die
über der Einfahrt im Hof eingelassen ist. Der Text lautet:

«Nach Christi Unsers lieben Herrn und Seligmachers Ge-
nadenreichen Geburth in dem 1619 Jar den 15. May als ain
ainfaltiger Mensch das Uhrwerch im Schloßthurn allhie auf-
brennen wollen, ist umb 7 uhr vormittag ain Prunst ent-
standen und vast der Halbe Thail des Schloß samt der
Capelln S. Georgi abgebrunnen. Welches alles von dem
Hochwohlgeboren Herrn Herrn Johann Warmund von
Preising Freyherrn auf Altenpreising, Herrn der Graffschaft
Orth am Traunsee, Herrn zu Moß, Neisling, Khurczen- und
Langen Iserhuen, zu großen Khöllnpach, Zülling, Harburg
und Grienpach, der Röm. Kay. May. Ferdinande II. Cammerer und Rath, wie auch der Churfrtl. Drt. Maximiliani
Pfaltzgrauen bey Rhein Hertzogen in Obern und Nidern
Bayrn, des heilgen Röm. Reichs Ertztruchhsess und Chur-
fürsten Vizedomb zu Straubing, Cammerer und Rath, auch
Pfleger zu Vilshouen und gemainer Loblichen Landschafft
in Bayrn Verordneter undern landts widerumb reparirt und
zwar dieser forder stockh sambt den vier Erckerthiern und
besagter S. Georgi capelln von grundt auferpaut, die andern
drey Thail umb ainen Gaden erhecht, inwendig erweitert,
verbössert und in dise gestalt gebracht, dann auch der
Thurn Im aussern Mayrhof sambt dem Preyhaus allen andern Städln und Stallungen von Neuem erpaut worden. Der
Almechtig Giettige Gott welle dasselbig und alle dessen In-
haber Verner vor allem Unglickh Genediglich Behietten.
Actum den 26. Juny Anno 1636.»

Am Portal steht zwar die Jahreszahl 1625, aber eine andere Bauinschrift trägt die Zahl 1636, und die Stuckdecke
im ersten Obergeschoß des Nordostturms zeigt die Wappen
Preysings und seiner beiden ersten Frauen Gumppenberg
und Pappenheim, also dürfte der durch Feuer so stark ver-
sehrte Bau vor der dritten Eheschließung von 1636 vollendet gewesen sein.

Über den Beginn des Wiederaufbaus gibt die Inschrift über dem Portal Auskunft:

> Quae dudum infoelix Vulcano jacebam
> In caelum rursus sublevo laeta caput.
> Hanc ego fortunam Warmundo debeo, qui me
> Extulit excelso vultque sacram esse Deo.

Darüber auf dem Schlußstein: Incepta Ao. 1625. Das Feld zwischen den Giebelstücken füllen zwei erneuerte Löwen, die das Wappen Preysing halten. Seitlich davon die Wappen der beiden Frauen Gumppenberg und Pappenheim, darunter das der dritten Gemahlin Adelzhausen. Die Toranlage wird bekrönt von einer rundbogigen Nische mit der Statue der Muttergottes.

Der geräumige, schöne Innenhof ist in drei Geschossen des Südflügels in Arkaden auf stämmigen toskanischen Säulen geöffnet. Der Treppenturm wurde 1850 hinzugefügt.

Das Schloß ist reich ausgestattet mit kostbaren Möbeln, die zum Teil aus dem Münchner Preysing-Palais stammen, darunter zum Beispiel mit Stühlen nach Entwürfen von François Cuvilliés, mit hervorragenden Familienbildern, mit Skulpturen, darunter das dem Hans Leinberger zugeschriebene Relief einer Anna Selbdritt, um 1520, und mit bemerkenswerten Stuckdecken aus der Zeit Johann Warmunds. So im Turmzimmer des dritten Obergeschosses an der Nordostecke, dessen achtteiliges zeltförmiges Gewölbe im Scheitel einen Engel zeigt, der die Wappen Preysing, Gumppenberg und Pappenheim hält, gerahmt von Frucht- und Beschlagwerk und Medaillons mit Symbolen, die sich auf die Türkenkriege beziehen. Ein entsprechendes Zimmer im zweiten Obergeschoß des Turms zeigt den Abschied des Orpheus von Eurydike. Das zweite Obergeschoß des Nordwestturms zeigt eine Stuckdecke von 1670, angeblich von Carlone, mit Kartuschen, Laubwerk und im Deckenspiegel mit einem Ölgemälde mit Landschaft, dessen Inschrift sich vermutlich auf den Schloßbrand bezieht.

Im großen Salon des ersten Obergeschosses befinden sich die prachtvollen Bildnisse des ersten Grafen Johann Maximilian von Preysing von Georges Desmarées und seines Sohnes von Moritz Kellerhoven. Johann Maximilian war kurbayerischer Oberstjägermeister und Generalfeldmarschall, ein enger Vertrauter Kaiser Karls VII., der dann als Obersthofmeister unter Kurfürst Maximilian Joseph an der Spitze von Staat und Hof stand. Nach dem Sturz des Feldmarschalls Grafen Toerring übernahm Preysing 1752 auch das Außenministerium. Sein Sohn, der 1827 starb, hatte 1797 die bayerische Gesandtschaft auf dem Rastatter Friedenskongreß geführt. Als König Maximilian I. Joseph von Bayern nach dem Pariser Frieden von 1814 eine Kommission für die Ausarbeitung einer neuen Konstitution ernannte, saß auch der alte Preysing darin. Davon berichtet der Ritter von Lang

sehr unterhaltsam: «Graf von Preising pflegte zu schlafen, bis das Stimmen an ihn kam, wo er dann, leise aufgeweckt, mit der Frage auffuhr: ‹Was ist's, was ist's?› Nun mußte ihm der Gegenstand der Frage noch einmal kurz vorkatechisiert werden, gewöhnlich durch Herrn von Zentner... Sobald nun S. Exzellenz Graf Preissing den kurzen rekapitulierten Vortrag Herrn von Zentner's gehörig aufgefaßt, säumte sie nicht mit der Frage: ‹Ja, wie ist's denn hernoch? Geht das mei Hofmark Aichau an an?› – Allerdings, fuhr Herr von Zentner fort, sobald der Antrag zu einem verbindlichen Gesetz erhoben werden sollte. – ‹Na, no thu i's net›, war nur die kurze Erklärung des Herrn Grafen von Preising...» Auf die Frage des Sekretärs, was er ins Protokoll schreiben solle, rief der Graf, die Fäuste auf den Tisch gestemmt, «in seiner breiten altbaierischen Mundart: ‹Herr Secretär› Schreib Sia, der Proassink thuats halt net!›»

Im Speisezimmer sehen wir ein großes Gemälde von Vivien, das den Kurfürsten Clemens August von Köln mit den Grafen Johann Maximilian von Preysing und Joseph Franz von Seinsheim darstellt. Das schöne französische Silber, das hier aufgestellt ist, erhielt ein Preysing, der als General die bayerischen Truppen in Rußland befehligte, von Napoleon, und zwar stammt es, wie es heißt, aus dem Besitz der Bourbonen.

Die Bibliothek enthält eine gefelderte Stuckdecke mit Rahmungen aus Früchten und Rollwerk sowie aus Ovalmedaillons mit allegorischen Figuren. Der Bücherbestand hier stammt zur Hauptsache aus der Zeit Johann Warmunds. Neben der Bibliothek liegt das sogenannte Kleine Speisezimmer, wegen seines Stuckdekors auch das Engelzimmer genannt, dessen Wände mit zartfarbigen Chinoiserien bemalt sind.

Der Ostflügel birgt die Schloßkapelle St. Georg, die 1688 geweiht wurde. Aus dieser Zeit stammt das Altarbild des heiligen Georg, das vielleicht der Landshuter Maler Franz Geiger geschaffen hat. Ein anderes gutes Gemälde, die Predigt Johannes des Täufers, um 1650, wurde nach einem Holzschnitt von Lucas Cranach von 1516 gemalt.

So liegt das Schloß in der Stille seiner Wälder, freundlich, fest und bequem, ja durchaus seigneural, und jenseits des Stromes stehen die Berge des Bayerischen Waldes in duftigem Blau.

Abb. 160 bis 167

Arnstorf

Die Geschichte des Schlosses ist eng verknüpft mit dem begüterten Hause der Freiherren, dann Reichsgrafen (seit 1766) von Closen, Erbmarschällen von Niederbayern, deren erster, in der zweiten Hälfte des 13. Jahrhunderts erwähnter Herr auf Arnstorf, hier als Closen erscheint. Schon in spätgotischer Zeit, wahrscheinlich aber noch früher, hatte Arnstorf ein Schloß, von dem Reste erhalten sind, wie der Turm an der Südostfront. Im Schiff der Schloßkapelle wurde ein gotischer Treppeneingang gefunden, und an der Südwestecke des Gebäudes stand ein Turm, von dem es im Keller und Erdgeschoß noch gotische Rippengewölbe gibt. Dieser Turm wurde im 17. Jahrhundert in Höhe des ersten Obergeschosses gekappt und vor ihm eine Mauer aufgeführt, um die südöstliche Hauptfront des Schlosses in eine Flucht zu bringen.

Im Nordwestflügel befindet sich noch ein zweischiffiger Saal mit Rippengewölbe, wohl aus dem späten 15. Jahrhundert. An diesen Saal schließt ein Raum mit Rippengewölbe und zarter grüner Rankenbemalung der gleichen Zeit an, und auch die Sakristei der Schloßkapelle trägt ein spätgotisches Gewölbe. Innerhalb des 16. Jahrhunderts, bis ins 17. Jahrhundert hinein, dürfte das Schloß seine heutige äußere Gestalt erhalten haben. Einige Ziegelplatten des Korridors im zweiten Obergeschoß zeigen die Jahreszahl 1630.

Um 1700 nahm der kurbayerische Oberhofmeister Freiherr Georg Franz von Closen eine durchgreifende Restaurierung des Schlosses vor, die um 1720 abgeschlossen war. Dieser Zeit gehört die prächtige Ausstattung des Hauses an, die wahrscheinlich zu Ehren der Hausherrin aus dem reichsunmittelbaren Hause der Grafen von Montfort so kostbar ausgefallen ist. Die reiche Ausstattung macht Arnstorf zu einem der bedeutendsten Schlösser Niederbayerns. Der letzte Closen auf Arnstorf starb 1780. Seine Tochter Agnes, Gräfin von Königsfeld, kaufte das inzwischen an die Freiherrn von Aretin gelangte Obere Schloß und das Gut zurück. Ihre Tochter Josepha vermählte sich 1812 mit dem Grafen Joseph von Deym, durch den so ein Zweig dieser uradligen böhmischen Familie in Bayern ansässig wurde.

Der erste Deym auf Arnstorf war als Waise in der kurfürstlichen Pagerie in München aufgewachsen und bayerischer Offizier geworden. Er erhielt von Napoleon den Orden der Ehrenlegion, der das Bild des Kaisers und den napoleonischen Adler zeigt; später erhielt er den gleichen Orden noch einmal von König Ludwig XVIII. von Frankreich, nur mit dem Unterschied, daß Napoleons Bild durch dasjenige Heinrichs IV., der Adler durch die Bourbonenlilien ersetzt waren.

Arnstorf, ist ein geräumiges, teilweise noch von Wasser umgebenes Schloß. Es liegt um einen Innenhof, der auf drei Seiten in Arkaden aufgelöst ist. Wahrscheinlich war auch die vierte Seite einst mit Arkaden versehen, die dann dem Einbau des Stiegenhauses weichen mußten.

Eine lange steinerne Brücke führt über den hier trockengelegten Ringgraben zu dem Portal, das von Säulen flankiert wird und in der Attika das Closen-Wappen trägt.

Zu den Wohnräumen im ersten Obergeschoß führt eine breite Treppe mit kräftigen steinernen Balustern, deren abschließende Brüstung mit Steinvasen besetzt ist. Das Deckenbild, wohl von Melchior Steidl wie die meisten Fresken des Schlosses, zeigt den Sturz des Helios.

Die Räume schließen sich an die auf die Hofseite umlaufenden Korridore, deren Flachdecken stuckiertes Quadraturwerk (um 1680) tragen. Sehr malerisch wirkt der Korridor im ersten Obergeschoß, der mit schönen alten Möbeln und zahlreichen Familienbildern geschmückt ist.

Die Räume in diesem Geschoß haben vorwiegend Flachdecken mit einfachen Stuckmotiven, um 1700. Die Wände sind teilweise mit gepreßten Leder- oder schablonierten Leinwandtapeten des frühen 18. Jahrhunderts bespannt. Unter den Möbeln soll ein Schreibtisch auf Doppeladlerkonsole aus dem Besitz Kaiser Karls VII. stammen. Besonders hübsch ist ein Glasservice des 18. Jahrhunderts mit geschliffenen, bunt bemalten Gläsern. Es war in einem Holzkasten aufbewahrt, den Holzarbeiter vor dem Ersten Weltkrieg im Deymschen Wald gefunden haben, wo er vergraben war. Das Große Speisezimmer enthält Empire- und Biedermeier-Möbel, wie auch die anschließende Große Bibliothek.

Im zweiten Obergeschoß durchschreiten wir die Enfilade der Prunkräume, einige mit farbigen Leinwand- oder Ledertapeten ausgestattet, alle mit Deckenfresken von Melchior Steidl zwischen 1710 und 1714 ausgemalt. Steidl, der wahrscheinlich aus Innsbruck stammte und 1727 starb, war ein Schüler des Münchners Andreas Wolff und wurde 1680 Meister. Er ist ein hochbegabter Maler, der durch Beziehungen zu den Grafen von Schönborn nach Franken kam. Als er 1708 die Arbeit an der Flucht der Kurfürstenzimmer und des Kaisersaals in der Neuen Hofhaltung zu Bamberg begann, hatte er bereits große Erfahrung durch seine Tätigkeit in Oberösterreich gesammelt. Dort malte er die Fresken in der Stiftskirche von St. Florian (mit J. A. Gumpp) 1690/95, im Benediktinerstift Kremsmünster die Deckenbilder des Kaisersaals und der Bibliothek 1698/99. Er war in Straubing tätig, im Obermünster zu Regensburg, wo er 1706 die Deckenbilder des Westchors und der Kuppel schuf. Er arbeitete in Salzburg und in Rattenberg, im Juliusspital zu Würzburg, dessen Fresken in Saal und Fürstenzimmern vernichtet sind. Er arbeitete im Dom zu Fulda um 1710/12 zusammen mit Lucca Antonio Colombo, in der Ellwanger Wallfahrtskirche auf dem Schönenberg (Altarbilder) und in der Banzer Klosterkirche (Altarbilder). Steidl liebte es, historisch-ortsbezogene, theologisch-allegorische Themen zu verbinden und versetzte sie in starkfarbige, mächtige Scheinarchitekturen. Die Arnstorfer Fresken gehören zu seinen besten Schöpfungen.

Der prunkvollste Raum ist der Kaisersaal, so genannt, weil Kaiser Karl VII. angeblich einmal zu Gast in Arnstorf gewesen ist. Die Wände tragen Pilastergliederung; die Decke zeigt ein großes allegorisches Fresko mit einer Signatur: Melchior Steidl 1714. Um den in der Deckenmitte im Sonnenwagen dahinfahrenden Helios sind die Götter des Olymp versammelt.

An der einen Längswand stehen zwei mächtige Kamine aus rotem Marmor, dazwischen befinden sich Nischen mit den Statuen antiker Götter. Die Boiserien zeigen Ansichten der Closenschen Schlösser. In seiner Geschlossenheit und Farbigkeit ist der Kaisersaal ein glänzendes Zeugnis für eine Schloßausstattung des frühen 18. Jahrhunderts.

Neben dem Saal liegt ein kleines Theater, das 1824 eingebaut worden ist.

Die Kapelle im Nordflügel ist in der Anlage spätgotisch, wohl 15. Jahrhundert, um 1700 umgestaltet. Die reiche Stuckdecke stammt aus der Zeit um 1710/20 mit Akanthus, Laubstäben und Rankenwerk. Der Hochaltar aus der gleichen Zeit enthält die Figur einer heiligen Katharina, die wohl aus dem 17. Jahrhundert stammt. *Abb. 150 bis 156*

Schönau

Schloß Schönau ist eine mittelalterliche Anlage mit Wassergraben, wurde aber im 19. Jahrhundert sehr stark verändert. Die Anlage besteht aus zwei rechteckigen Wohnbauten, einem Bergfried und dem völlig umgestalteten Torhaus. An der Nordwestecke des Westflügels ist noch einer der alten Ecktürme erhalten. Schönau ist im Besitz der Freiherren Riederer von Paar.

Im Speisesaal des Schlosses wird ein wertvoller Wandteppich aufbewahrt. Der Teppich stammt aus dem Besitz des Pfalzgrafen Ottheinrich von Neuburg a. d. Donau. Dieser ließ nach Beendigung des Landshuter Erbfolgekrieges durch den Kölner Vergleich vom 30. Juli 1505 eine eigene Teppichmanufaktur in seinem Fürstentum Pfalz-Neuburg errichten. (Der Ort ist nicht gesichert.) Die Tapisserien waren für das Neuburger Schloß bestimmt. Die heute nicht mehr vorhandenen Kartons lieferte der aus Nördlingen gebürtige Maler und Zeichner Matthias Gerung, der in Lauingen arbeitete (geboren 1500, gestorben zwischen 1568 und 1570). Es sind neunzehn verschiedene Teppiche bekannt, die sich thematisch in vier verschiedene Gruppen einteilen lassen. Die erste Gruppe aus heute vier bekannten Stücken bestehend, verherrlicht die Genealogie des Hauses Wittelsbach, beziehungsweise sie stellt die Abstammung Ottheinrichs von den verschiedenen europäischen Fürstenhäusern dar. Zu dieser Serie gehört der Teppich in Schönau, dessen oberer Abschluß fehlt. Die drei weiteren Teppiche befinden sich im Bayerischen Nationalmuseum, München.

Das Entstehungsjahr des Teppichs 1540 ist in einem Rundfeld auf dem rechten unteren Rand, der mit Blumen und Früchten geschmückten Rahmenborte zu lesen. Zwei weitere Rundfelder enthalten links die verschlungenen Initialen OHS (= Ott Heinrich, Suzanna), und rechts MDZ (= Mit der Zeit, Wahlspruch Ottheinrichs).

Dargestellt werden Ahnen der väterlichen Großmutter Ottheinrichs. Sie erscheinen als Ganzfiguren in der jeweiligen Tracht ihrer Zeit mit den beigefügten Allianzwappen und Schrifttafeln. In der rechten unteren Ecke sieht man Margaretha, die Mutter des Pfalzgrafen Ruprecht; hinter ihr liegt ein Hirsch. Über ihr steht ihr Vater Ludwig der Reiche von Landshut, in der Mitte seine Gemahlin Amalie. Links darüber ist die Mutter der Amalie, Margarethe von Österreich, abgebildet. Insgesamt werden vier Generationen dargestellt.

Die Ausführung der Teppiche wurde heimischen Künstlern übertragen, und nicht wie angenommen wurde, Niederländern, was ein Vergleich mit niederländischen Gobelins bestätigt. Die Genealogie weist in den verschiedenen Teppichen jedoch auch Fehler auf. Dafür ist die künstlerische Ausführung sowie die Darstellung der Kostüme hervorragend. Eine kolorierte Zeichnung aus dem 18. Jahrhundert im Bayerischen Nationalmuseum gibt den damals noch vollständig erhaltenen Teppich wieder.

Schönau besitzt auch einige Erinnerungsstücke an Lord Nelson. Sie sind durch eine englische Urgroßmutter der heutigen Besitzer dorthin gekommen, unter ihnen Degen, Schuhschnallen und Geldbörse des berühmten Briten. *Abb. 149*

Thurnstein

Südwestlich von Pfarrkirchen, bei Postmünster auf einem Höhenrücken über dem Rottal, liegt Thurnstein. Behaglich steht der dreiflügelige Bau – einen Teil des Ostflügels bildet die Schloßkirche – mit drei überkuppelten, übereck gestellten Türmen zwischen den alten Bäumen des Parks, den der Münchner Hofgartendirektor Karl Effner, ein Nachkomme des berühmten Architekten Joseph Effner, nach 1836 angelegt hat. Ein kleiner, vertiefter Hof, zu dem zwei Treppen zwischen einer Balustrade hinabführen, öffnet sich gegen den Platz mit den Wirtschaftsgebäuden.

Thurnstein ist ein alter Sitz. Schon in römischer Zeit soll hier ein Turm gestanden haben. Wie die mittelalterliche Burg aussah, zeigt eine Karte des Gerichts Reichenberg um 1540, sowie die Abbildung in Philipp Apians ‹Bayerische Land-Tafeln›. Ende des 17. Jahrhunderts baute Freiherr Johann Sebastian von Imbsland (gestorben 1696), der das Gut 1674 gekauft hatte, das Schloß um und vergrößerte damals auch die Schloßkapelle. 1750 wurde Thurnstein an die Grafen Goder verkauft, denen Thurnstein die schöne Schloßkirche verdankt. Es war Johann Nepomuk, der letzte Graf von Goder, der 1782 mit der Umgestaltung der Kapelle zu einer Schloßkirche begann und sie bereits ein Jahr später fertigstellte. Sie hat eine sehr qualitätvolle Ausstattung und wird von Emporen umlaufen, die mit klassizistischen Gehängen und Vasen geschmückt sind. Das Gewölbe ist in seiner ganzen Ausdehnung freskiert. Johann Nepomuk della Croce, den wir aus Altötting, Piesing und Burghausen kennen, malte das Deckenbild in leuchtenden, kräftigen Farben. Die Randzone zeigt zwischen landschaftlichen und architektonischen Staffagen Szenen aus dem Leben Esthers; die westliche Darstellung, über der Orgel, zeigt Esther im Gebet, die östliche die Übergabe des Szepters durch König Darius an Esther. Die gesamte Deckenmitte ist als freier, offener Himmel behandelt. Den reichen Hochaltar schuf 1760 der Passauer Bildhauer Joseph Deutschmann mit seinem Gesellen Franz Anton Zauner. 1782/84 veränderte er den Baldachin. Damals erhielten die Figuren auch eine neue Fassung. Die beiden seitlichen Figuren, der hl. Johann Nepomuk und der hl. Florian, stammen unzweifelhaft von Christian Jorhan d. J., dessen Wirken hier mit den Figuren der Seitenaltäre aktenmäßig belegt ist. Die Bilder der Seitenaltäre stammen ebenfalls von Johann Nepomuk della Croce, das Hochaltarbild ist eine Kopie – wohl des 17. Jahrhunderts – des Gnadenbildes von Lucas Cranach. Die Kanzel ist von Deutschmann, 1763, der sie ebenfalls 1784 verändert hat. Auch das schöne Kruzifix mit der schmerzhaften Muttergottes ist von Deutschmann gearbeitet. Das prachtvolle Gitter unter der Westempore wurde in der Schmiede von Schalldorf bei Postmünster geschmiedet. In der Kirche befindet sich auch das lebensgroße Porträt des Grafen Johann Nepomuk († 1789), und an der Südwand ist ein Kalksteinrelief angebracht, welches das Haupt Christi zeigt und möglicherweise von Loy Hering geschaffen worden ist (1. Hälfte des 16. Jahrhunderts).

Die Fassaden des Schlosses tragen gemalte Simsbänder und Fensterrahmungen des 18. Jahrhunderts. Als 1926 diese Bemalung instand gesetzt wurde, benutzte man auch die auf dem Dachboden des Schlosses gefundenen Reste von Goldocker, die einstmals für die Fassadenbemalung verwendet worden war. 1836 kaufte Graf Ludwig von Geldern-Egmont das Gut, das 1946 durch Heirat der Gräfin Maria von Geldern-Egmont mit Graf Karl-Rudolf von La Rosée an diese Familie überging.

Durch die reichgeschnitzte Rokokotür betritt man den Flur des Erdgeschosses, aus dem das hübsche Stiegenhaus mit kräftigem Balustergeländer und gedrehten Säulen nach oben führt. In den Fluren stehen mecklenburgische Brauttruhen auf Rädern aus dem 18. Jahrhundert und alte Schränke. Im zweiten Obergeschoß liegen die Wohnräume,

behagliche Zimmer mit schönem Hausrat, mit Familienbildern und Porzellanen, vor allem mit kostbaren Möbeln des 17. und 18. Jahrhunderts. Es gibt hier helle Kirschholzmöbel mit bemalten blauen Samtbezügen, wie sie noch in einem Saal des Schlosses Ismaning bei München stehen, es gibt reich intarsierte Tische und Sitzmöbel von Knussmann aus Mainz. Ein Unikum dürfte der große Billardtisch mit Jagdszenen aus eingelegtem Holz und Elfenbein sein, der aus dem Rokoko stammt. Ein weiteres Unikum ist die ‹Holzbibliothek›, eine Sammlung aller Holzarten in Holzkästen, die Buchform haben und Samen, Blätter, Schnitte usw. enthalten, die kurioseste Bücherei, die man sich denken kann.

So präsentiert sich Thurnstein durchaus als ein bayerischer Edelsitz des 17. und 18. Jahrhunderts. *Abb. 143 bis 146*

Ering

Ering liegt unweit des Inns. Es war einst im Besitz der Grafen von Paumgarten, die einem Bürgergeschlecht aus Kufstein und Wasserburg entstammten und seit dem Ende des 15. Jahrhunderts zum Landadel gehörten. Um 1500 erwarben sie Ering. 1629 wurden sie in den Reichsfreiherrn-, 1745 in den Reichsgrafenstand erhoben, zudem waren sie die letzten Erblandmarschälle von Niederbayern. Nach dem Tode des letzten Grafen von Paumgarten, 1852, wurde Ering Erbengemeinschaft seiner sechs Schwestern, deren älteste den Freiherrn Maximilian von Lerchenfeld heiratete. Dieser kaufte das Gut aus der Erbengemeinschaft. Seine Tochter heiratete Ferdinand Freiherrn von Sedlnitzky. Heute ist dessen älteste Enkelin Marie Gabrielle Gräfin Esterhazy von Galantha Besitzerin des Schlosses.

Die Familie Paumgarten hatte ab 1508 Schloß Frauenstein auf dem österreichischen Innufer bewohnt, von dem nur Reste eines alten Speichers erhalten sind. 1562 bis 1602 wurde Ering Wohnsitz eines Zweiges der Familie. Ob die Paumgartens damals den alten Sitz um- oder neu bauten, ist unbekannt; es könnte sich um eine Art ‹Stöckl› mit zwei Türmen gehandelt haben, das auf einem Plan des Schloßkomplexes von etwa 1700 abgebildet ist. Ende des 17. Jahrhunderts verlegten sie ihren Wohnsitz ganz nach Ering. Der oben erwähnte Plan läßt vermuten, daß bis zu dieser Zeit je nach Bedarf neue Gebäude errichtet wurden.

Johann Franz Joseph Freiherr von Paumgarten, der 1708 wegen Beteiligung am Bauernaufstand gegen Österreich im Spanischen Erbfolgekrieg zu 10 000 Gulden Strafe und Hausarrest verurteilt wurde, unternahm den ersten Umbau des Schloßkomplexes. Er starb 1727. Nach Wening war das alte Schloß 1721 noch in gutem Zustand, das neue noch nicht fertiggestellt. Der Plan für diese Umbauten von einem unbekannten Baumeister befindet sich im Schloßarchiv. Um

1754 beauftragte Johann Joseph Franz Albrecht Thaddäus Graf Paumgarten den Münchner Leonhard Matthäus Gießl, das Schloß umzubauen (Pläne im Eringer Archiv). Der nordöstliche Trakt wurde abgebrochen und ein südlicher Seitenflügel im Anschluß an den einstöckigen südlichen Teil der Anlage neu gebaut.

Das Hauptgebäude des Hochschlosses blieb mit seinen Außenmauern im wesentlichen erhalten, wurde jedoch im Innern völlig umgestaltet. Der einfache vornehme Hauptbau hat einen leicht vorgezogenen Mittelrisalit und zwei den Architrav tragende Säulen auf dem Treppenpodest. Der Giebel der Hofseite enthält das Stuckwappen der Paumgarten. 1772 waren die Bauarbeiten im großen ganzen abgeschlossen. In diesem Jahr starb der Bauherr. Sein Neffe Maximilian Joseph Edmund Graf von Paumgarten dürfte die Ausstattung der Räume veranlaßt haben. Die Dekoration des Saales ist für ihn nachweisbar. Es ist ein festlicher Raum mit elegantem, zartem Stuckdekor an den Wänden. Stuckierte Supraporten zeigen Paumgartensche Schlösser. Über dem Kamin befindet sich das Bildnis des Grafen Joseph Franz Albrecht Thaddäus von B. D. Lander, 1768. Bemerkenswert ist der prächtige Rokokoofen; er gehört möglicherweise zu einer Lieferung von acht Öfen, die, laut Bauakten, von Kaspar Mosmüller in Pfarrkirchen «nach Münchner Rissen» angefertigt wurden. Im Obergeschoß des Hauptbaus liegt eine Enfilade schön ausgestatteter Räume aus der Zeit um 1772: Leinwandtapeten, französische Marmorkamine (laut Bauakten). Die Tapeten tragen auf rotem, blauem und grünem Grund Goldornamentik und eingestreute Genreszenen: Schäfer-, Bade-, Spielszenen und Putten. Die Räume sollen nach einer notwendigen Restaurierung wegen ihrer künstlerischen Bedeutung einem interessierten Publikum zugänglich gemacht werden. *Abb. 140 bis 142*

Schönburg

Nach dem Tod des letzten Freiherrn von Schönburg 1692 gelangte das Schloß an die Freiherren von Closen zu Gern und Arnstorf, anschließend an die Grafen von Leyden. Seit 1876 war es im Besitz der Grafen von Arco-Zinneberg, die es vor kurzem verkauft haben. Das nicht mehr erhaltene mittelalterliche Schloß wird in Apians Topographie als kunstvolles Gebäude beschrieben.

Das jetzige Schloß wurde unter Georg Adolf Freiherr von Schönburg 1676/80 – die Bauinschrift befindet sich in der Durchfahrt des Schlosses – erbaut. 1842 fand eine Restaurierung statt. Das Schloß steht auf einem Höhenzug oberhalb der Pockinger Heide. Es ist ein sehr vornehm wirkender, dreigeschossiger Bau mit zwei auf der Nordseite hervortretenden Flügeln. Die Südachse des Schlosses wird von

wenig vorspringenden Ecktürmen mit viereckigem Grundriß flankiert. An der Südfassade befindet sich ein großes gemaltes Ehewappen Leyden-Montjoye, das wahrscheinlich 1842 angebracht worden ist.

Die Innenräume sind im Untergeschoß gewölbt, in den oberen Stockwerken flachgedeckt. Die Zimmereinteilung an der Südseite folgt symmetrisch dem langen Gang, je drei Zimmer zu beiden Seiten. Sehr schön sind die beiden großen Eckzimmer im Erdgeschoß, deren Gewölbe in der Mitte auf gedrungenen Rundpfeilern ruhen. Die Räume des ersten oberen Stockwerkes zeigen barocke Stukkaturen, besonders reich ist der Mittelsaal stukkiert.

An der Nordwestseite des Schlosses wurde um die Mitte des 18. Jahrhunderts das Torhaus, das früher als Expositurhaus diente, errichtet. Es ist eine reizvolle Rokoko-Anlage, die aus drei Flügeln besteht. Das Portal wird von zwei toskanischen Doppelpilastern flankiert und von einem Korbbogengiebel bekrönt. *Abb. 158*

Kleeberg

Schon 1398 wird ein Simon Munster de Cleberg genannt, aber bereits 1420 geht das Anwesen in andere Hände über, bis es schließlich 1881 an die Freiherren von Moreau gelangt, die es heute noch besitzen.

Von dem mittelalterlichen Gebäude ist nichts mehr erhalten. Mit dem heutigen Herrenhaus begann man 1610. Der Saalbau, jetzt Kapellenbau, wurde jedoch erst um 1700 an das Torhaus angebaut. Im 19. Jahrhundert fand eine Veränderung und teilweise Beseitigung der Nebengebäude statt.

Das Wohnhaus ist dreigeschossig und besitzt ausspringende (im Grundriß rechteckige) Ecktürme mit geschweiften Hauben. Der Nordostturm hat die doppelte Höhe der übrigen Türme.

Im Innern haben die Räume des Untergeschosses zum großen Teil gute Stukkaturen in Felderrahmung vom Ende des 17. Jahrhunderts. Im ersten Stock sind das Herrenzimmer, das Damenzimmer und das Speisezimmer wegen seiner Stukkaturen erwähnenswert. Letzteres besitzt einen hübschen Rokoko-Ofen mit zierlichem Aufbau, grün glasiert mit grünem und weißem Muschelwerk (um 1750). Im Gang des zweiten Geschosses zeigt die Decke barocken Rahmenstuck mit Fruchtkränzen. Eine sehr üppige Stuckdecke befindet sich im heutigen Kinderzimmer mit Rankengirlanden und dichtem Früchtekranz (gegen 1700). Hier steht ein weiß und blau glasierter Kachelofen des späten 18. Jahrhunderts. Das Torhaus besitzt an der Südseite ein schönes Pilasterportal mit zwei Giebelschenkeln. Zwei Rokoko-Kartuschen über dem Eingang enthalten die Ehewappen Taufkirchen und Gugler.

Schloß Kleeberg
Nach einem Kupferstich
aus der Werkstatt
von Michael Wening, 1723

Die Schloßkapelle St. Mariä Himmelfahrt war ursprünglich vielleicht ein Festsaal, der erst 1759 zur Kapelle geweiht wurde. Darauf weist besonders die profane Thematik des Stuckdekors hin. Die rechteckige Saalanlage zeigt an der Decke und an der Nordwand reichen Rokoko-Stuck (gegen 1740). Am Plafond wird Venus auf dem Triumphwagen von Pfauen gezogen dargestellt. Außen am Rand sind die Jahreszeiten abgebildet. An der Nordwand ist Venus mit dem bogenschnitzenden Amor sichtbar. Die Stukkaturen dürften von Johann Bapt. Modler aus Kößlarn stammen, der 1745 und 1748 in Fürstenzell die Kanzel der Abteikirche arbeitete, dann 1746 in Aldersbach, und vor allem 1768 in der Bischöflichen Residenz in Passau das Treppenhaus phantasievoll stukkierte.

Ortenburg

Im Wolfachtal, unfern der Donau und nahe von Passau, tritt aus dem waldigen Höhenzug ein Hügelrücken hervor. Auf ihm, lang hingestreckt, die mächtige Ortenburg – ein Schloß mit dem Antlitz einer Burg, grau, machtvoll, mit Schießscharten, Zinnen, Turm, schweren Stützmauern und hoch in der Wand kleinen Fenstern, das Bild also einer wehrhaften, für die Verteidigung bestimmten Anlage. Dies Bild der Burg begleitet den Wanderer oder Autofahrer ein gutes Stück Weges, bis es hinter den Bäumen und Häusern des

Marktes Ortenburg versinkt. Eine Allee alter Linden führt vom Markt herauf in den Wirtschaftshof mit Ställen, Reitschule, Remisen und Gesindehäusern. Wo die schmale Stirnfront des Schlosses in den Wirtschaftshof schaut, beginnt die Sphäre des Herrschaftlichen, denn hier zeigt es eine höfisch-vornehme Fassade mit würdig-strengem Portal. Durch die dämmerige Eingangshalle tritt man in den Innenhof mit Resten verblaßter Fresken, mit eleganten Loggien, das Ganze eine Erinnerung an die humanistisch gebildete Welt der Renaissance. Eine steinerne Tafel, die die Jahreszahl 1567 trägt, kündet in lateinischem Text, daß der hochgeborene Graf Joachim zu Ortenburg die uralte Burg im Ostteil von Grund auf neu erbaut und im übrigen Teil erneuert habe (1567).

Die Grafen zu Ortenburg sind eines Stammes mit den Grafen von Sponheim (Spannheim), Herzögen von Kärnten, die im Nahegau angesessen und möglicherweise dem Hause der Salier angehörten. Es ist ein mächtiges Geschlecht gewesen, das über ausgedehnten Grundbesitz in Österreich und Bayern verfügt hat und den Wittelsbachern ebenbürtig zur Seite stand. Die Macht der Sponheimer in Bayern war den Wittelsbachern ein Dorn im Auge, weshalb sie alles daran setzten, diese Gebiete in ihre Hand zu bekommen. So schmolz der ortenburgische Besitz nach und nach zusammen, bis auf die kleine reichsunmittelbare Grafschaft, die sich als einzige in Bayern bis zur Mediatisierung von 1806 gehalten hat. «Wer von dem Niedergang Ortenburgs erzählt, erzählt von dem Aufstieg Bayerns», berichtet ein Historiker von der ehemaligen Bedeutung des Hauses. 1806 haben die Ortenburg die Grafschaft gegen die säkularisierte, bei Coburg gelegene Herrschaft Tambach des Klosters Langheim vertauscht und 1827 Schloß Ortenburg zurückgekauft, das dann bis 1972 in ihrem Besitz blieb.

Graf Joachim – sein schönes, zu Lebzeiten ausgeführtes Grabmal (1576/77) ist in der Pfarrkirche zu sehen – genoß eine gründliche Erziehung, studierte in Ingolstadt und Padua und heiratete neunzehnjährig die Gräfin Ursula Fugger. Joachim war Rat des Kaisers Ferdinand I. und kurpfälzischer Vizekanzler in Amberg, betraut mit vielfachen diplomatischen Missionen, bis er die Reformation in der Grafschaft einführte und die Zeit des Kampfes gegen Wittelsbach verstärkt wieder anhob. Die bayerischen Herzöge wandten Waffengewalt an und sperrten den Handel. Drei Jahre lang dauerte das Treiben, bis der Kurfürst von Sachsen 1565 einen Vergleich zustande brachte, dessen Hauptpunkt bestimmte, daß die lutherische Lehre nicht auf herzogliches Gebiet übergreifen dürfe.

Hinter dem Portal im Hof führt die Treppe empor in eine versunkene Welt. Da ist das hübsche Gräfinnenzimmer im Nordflügel mit dem Erkerkabinett, um 1700, mit Bemalung um 1720, vielleicht eine französische Arbeit. Von der Opulenz der Familie zeugt der Rittersaal, der im wesentlichen in der zweiten Hälfte des 16. Jahrhunderts ausgestattet wurde. Geschnitzte, bemalte Wappenschilder zeigen von Norden nach Süden: Grafen zu Ortenburg und Firmian, Grafen von Rohrbach und Thun; auf der Ostseite: Gräfin Schenk von Limpurg, die zweite Gemahlin Joachims, und ihre Verwandten, die Wild- und Rheingrafen zu Salm, die Grafen von Schlick und Ysenburg. An den Wänden Fresken mit Scheinarchitekturen und Gehängen, in den Nischen mythologische Figuren: Mars, Herkules, Hermes, Apoll, Amor (?), Thanatos und Dionysos.

Die Graf-Rudolf-Zimmer im Westflügel tragen klassizistische Wandmalereien um 1800, das Empfangszimmer im Ostflügel hat eine barocke Ausstattung um 1700, und im Südflügel liegt der große Saal, der dann als Kapelle benutzt worden ist, mit ungewöhnlich prächtiger Holzdecke aus tiefen, schattigen Kassetten und einer Überfülle von Ornamenten. Hier glänzt nicht die Buntheit italienischer Paläste, hier schimmert allein das warme, dunkle und helle Braun der verschiedenartigen Hölzer, und nur das große Ortenburgwappen in der Mitte ist farbig gefaßt. Es ist eine der bedeutendsten Holzdecken Süddeutschlands, 1628 angefertigt, vielleicht in der Werkstatt Wendel Dietrichs in Augsburg. Dietrich schuf auch die berühmte Kassettendecke des Fuggerschlosses Kirchheim bei Mindelheim.

Das herrschaftliche Leben auf Ortenburg ist verstummt, still liegt die Lindenallee, durch welche die Reisewagen der Verwandten Hohenlohe oder Ysenburg heranrollten. Niemand kommt mehr herein in die verblaßte, einst heitere Pracht der Renaissancewelt, hinter der dennoch der Ernst der Reformationszeit und des aufrichtigen, frommen Gemütes des Grafen Joachim stehen. Wir lesen am Eingang des Schlosses mahnende Verse, deren einer lautet:

> Die Zeit die du verleurst mit Jagen
> Die wirstu zwar noch schmerzlich klagen
> Ruf lauth zu Gott gar offt und viel
> Day sey dein Hundt und Federspiel.

Abb. 159

Aicha vorm Wald

In schönster Wald- und Wiesenlandschaft liegt nördlich von Passau das Schloß Aicha, ehemals eine Weiherhausanlage. Zu Beginn des 15. Jahrhunderts meldet das Urbar des Straubinger Vizedomamtes, daß der Herr zu Hals einen Turm zu Aicha besitze. Aicha war also damals Eigentum der Grafen von Hals, deren Burg Hals als Ruine in der Nähe Passaus über der Ilz steht. Seit dem frühen 16. Jahrhundert folgten wechselnde Besitzer, bis es nach dem letzten Krieg Eigentum des Prinzen Alexis von Croy geworden ist, der hier eine behagliche Pension eingerichtet hat.

Die Architektur des Schlosses weist auf das späte 16., beziehungsweise auf das frühe 17. Jahrhundert. 1870 stürzte an der Nordostecke ein Teil des Baues ein, der heute durch eine Mauer ersetzt ist. Das Schloß besteht aus Herrenhaus und Nebengebäuden um einen kleinen, ungewöhnlich malerischen Hof, der durch zwei Geschosse in Lauben aufgelöst ist. Der Zugang erfolgt durch einen vorspringenden, turmartigen Bau. Aicha ist eine sehr schlichte, aber für die Gegend ungemein typische Anlage. *Abb. 157*

Passau | Die Fürstbischöfliche Residenz

Am Zusammenfluß von Donau, Inn und Ilz liegt Passau, die Dreiflüssestadt. Auf dem Altstadthügel, dem heutigen Domplatz, siedelten bereits die Kelten, und die Römer bauten hier das Castrum Batava als Kastell zum Schutz der Ostgrenze ihrer Provinz Rätien. Als 739 Bonifatius an die Ordnung des kirchlichen Lebens in Bayern ging, fand er in Passau den Bischof Vivilo vor, der sich hierher zurückgezogen hatte, als sein Bistum Lorch von den Awaren verheert worden war. Damals wurde die Stadt zum Bischofssitz erhoben. Einer der bedeutendsten Bischöfe war Pilgrim (970/91), der auch durch seinen Anteil an der Überlieferung des Nibelungenliedes bekannt geworden ist.

Die Bischöfe von Passau galten einst als die gröbsten unter den deutschen Domherren, aber auch sie hatten, wie ihre Kollegen in Würzburg oder Bamberg, nicht geringen Anteil an der Entstehung des prachtvollen Stadtbildes, das in seiner glücklichen Mischung bayerischer und italienischer Stilelemente ein eindrucksvolles Zeugnis europäischer Kultur darstellt.

Passau blieb Reichsstift, bis es 1803 säkularisiert wurde und an Bayern kam. Den neuen Besitzern fiel ein in Jahrhunderten gewachsener Schatz an Silbergerät, Kleinodien und Paramenten in die Hände. Alles das wurde beschlagnahmt und nach München gebracht, wo Kirchen- und Tafelsilber eingeschmolzen wurden. Was übrigblieb, kam in die ‹5. Auktion von Kloster- und Kircheneffekten›, die allein für Passauer Kunstgegenstände 30931 fl. erbrachte. Über das Schicksal der fürstbischöflichen Gemäldegalerie mit Werken von Dürer, Tintoretto, Rubens, Wolf Huber, Caravaggio und manch anderen Meistern, wissen wir nicht viel. Der napoleonische Marschall Soult führte die besten Stücke mit sich fort.

Die bischöfliche Wohnung befand sich ursprünglich auf Oberhaus. 1219 begann Fürstbischof Ulrich von Andechs den Bau der St. Georgsburg auf der steilen Bergnase zwischen Donau und Ilz, gegenüber der Stadt. Noch 1255 scheint der Bau nicht vollendet gewesen zu sein. Der heutige Bestand gehört im wesentlichen dem 15. und 16. Jahrhundert an. Der sogenannte Fürstenbau (Oberhausmuseum), den man von der Stadt aus sieht, ist in der zweiten Hälfte des 16. Jahrhunderts umgebaut worden und erhielt unter Kardinal Fürstbischof Johann Philipp von Lamberg Ende des 17. Jahrhunderts seine barocke Fassade. Damals wurde auch die Westseite der Burg durch ausgedehnte Befestigungen nach Vauban'schem System gesichert. Mit dem Oberhaus durch Mauern verbunden ist Niederhaus am Fuß des Georgsbergs (heute Privatbesitz), das wahrscheinlich im 14. Jahrhundert erbaut worden ist. Die aus Alter und Neuer Hofhaltung bestehende fürstbischöfliche Residenz in der Stadt muß als Ausdruck und Schaustellung der hohen geistlichen Würde und der persönlichen Daseinsfreude ihrer Bauherren verstanden werden.

1188 ist zum ersten Mal vom ‹Palatium Bataviense› die Rede. Dieser Bau lag etwa dem Querschiff des Doms gegenüber. Die im 14. und 15. Jahrhundert entstandenen Trakte der Alten Residenz haben durch Wiederaufbau und Instandsetzung nach den Stadtbränden von 1662 und 1680 ihr altes Aussehen verloren. Die heutige Residenz ist unter den Fürstbischöfen Grafen Wenzeslaus von Thun, Sebastian von Pötting und Johann Philipp von Lamberg gegen Ende des 17. Jahrhunderts entstanden. Die Neue Hofhaltung wurde von Fürstbischof Kardinal Johann Philipp Graf von Lamberg begonnen und von seinem zweiten Nachfolger Fürstbischof Kardinal Joseph Dominikus Graf von Lamberg in den dreißiger Jahren des 18. Jahrhunderts vollendet. An der Ausstattung wurde noch länger gearbeitet.

Die Alte Residenz liegt auf der Südseite des Doms an der engen Zengergasse. Die Fassaden stammen einheitlich aus der Zeit des Wiederaufbaus um 1680 unter Fürstbischof Graf Pötting. Man betritt den Hof der Alten Residenz durch das prächtige Portal von 1670 mit der Büste des Fürstbischofs Grafen Wenzeslaus von Thun. Im Hof sehen wir noch die barock überbaute spätgotische Architektur der Hofkapelle. An der Südseite des Hofs befindet sich der ehemalige fürstliche Wohntrakt, dessen Haupträume im dritten Geschoß liegen. Sie erhielten ihre Ausstattung unter Joseph Dominikus von Lamberg um 1730, wahrscheinlich von oberösterreichischen Künstlern. Das ‹Große Tafelzimmer› und der Audienzsaal sind mit Gemälden und mit Gobelins der Erlanger Manufaktur geschmückt und haben graziösen Deckenstuck.

Die Neue Residenz schließt gegen Osten an. Sie ist ein langgestreckter Flügel, ionisierende Pilaster gliedern die Fassade. Auf der Dachbalustrade stehen im Wechsel Vasen und Putten. In den oberen Stockwerken befand sich das ‹Appartement Sr. Hochfürstlichen Eminenz Jos. Dominikus von Lamberg›. Architekt dieses von Johann Philipp von Lamberg begonnenen Baus ist vielleicht Dominikus d'Angeli, der 1726 erstmals als Hofbaumeister nachgewiesen ist.

Kardinal Fürstbischof Leopold Graf von Firmian ließ dann außer zwei prunkvollen Portalen an der Fassade und außer der Dachbalustrade die Räume weiter verschönern. Diese Arbeiten leitete der Wiener Architekt Melchior Hefele. Stukkator war Johann Modler von Kößlarn, Bildhauer Joseph Bergler. Die beiden Portale aus rotem Marmor, 1770 und 1771 geschaffen, tragen halbrund vorgewölbte Balkons. Figuren und Ornamente sind aus Blei gegossen. Das festliche Stiegenhaus, seitlich in Rundbogen geöffnet, steigt in gebrochenem Lauf durch drei Geschosse empor. Auf den Sockeln zwischen dem Balustergeländer im zweiten Obergeschoß stehen laternentragende Putten in Bleiguß nach Modellen Berglers. Den Plafond schmückt ein Fresko, vielleicht von Johann Baptist Rensi, der 1764 zum Hofmaler ernannt wurde: Die Götter des Olymp. Im zweiten Obergeschoß liegt die Enfilade der Fest- und Wohnräume, alle reich geschmückt mit Eichenholzboiserien, in die Gemälde eingelassen sind, oder mit geschnitztem, vergoldetem Dekor und mit schönen Stuckdecken. Durch das prächtige Stiegenhaus begaben sich einst die Gäste zu den Empfängen, Diners und Konzerten der Bischöfe hinauf in die lange Flucht der Festräume. 1803 erlosch der Glanz dieses geistlichen Hofes; der letzte Fürstbischof, Leopold Graf von Thun, zog sich auf die Güter seiner Familie nach Böhmen zurück.

Abb. 168 bis 173

1780 war die Kaiserin Maria Theresia gestorben. Ihr Sohn, Joseph II. bemühte sich um straffe Zentralisierung der Verwaltung, und aus Wien wehte der kalte Wind der Reformen durch das Land. Klöster wurden aufgehoben, Priesterseminare kamen unter Staatsaufsicht, das gesamte kirchliche Leben erfuhr tiefeingreifende Veränderungen im Sinn der Aufklärung. Das mußte auch Passau spüren.

1783 starb der Kardinal Fürstbischof Graf Firmian. Sofort ordnete der Kaiser die Abtrennung aller in Österreich gelegenen Gebiete an, die bislang unter Passauer Diözesanhoheit gestanden hatten. Das bedeutete den Verlust von zwei Dritteln der Diözese: Joseph II. bildete aus ihnen die neuen Bistümer St. Pölten und Linz. Auch alle Passauer Besitzungen in Österreich wurden beschlagnahmt, und das bedeutete empfindliche wirtschaftliche Verluste für das Bistum.

Das Domkapitel von Passau versuchte allen diesen Neuerungen durch die Wahl eines Freundes des Kaisers, eines ‹Aufgeklärten›, zu begegnen und wählte den Domherrn Joseph Franz Anton Grafen von Auersperg, der seit 1771 Fürstbischof von Gurk in Kärnten gewesen war.

Erst 1784 zog Auersperg in Passau ein, nachdem er alle seine Beziehungen für das Bistum in Wien hatte spielen lassen. Zwar gab der Kaiser die beschlagnahmten Herrschaften zurück, aber den Verzicht auf den österreichischen Teil der Diözese konnte Auersperg bei ihm nicht durchsetzen. Um die Verluste auszugleichen, ging er deshalb an die Vereinfachung und Straffung der bischöflichen Verwaltung.

Wie seine Vorgänger hat Auersperg viel für das kulturelle Leben des Bistums getan; er ließ das Theater neu einrichten, hielt ein gutes Orchester, baute Schulen und Spitäler, Straßen und Brücken. Aber auch ein Schloß hat er sich gebaut, das noch einmal den Geist des 18. Jahrhunderts atmen, der Geselligkeit und Freude dienen sollte: Freudenhain, oder wie es damals heißen sollte: Freundenhain. «So ließ unser theuerster Landesvater», schreibt ein Zeitgenosse, «einen über dem Hofgarten zu Hacklberg auf einer kleinen Anhöhe befindlichen Tannenwald zu einem Lustwäldchen zurichten, daselbst nach Länge und über Quer in dem ganzen Umfang desselben ordentliche Spaziergänge wie natürliche Alleen anlegen, diese zu beiden Seiten mit Stauden, welche schmackhafte Beeren tragen, besetzen, viele artige große und kleine Sommerlauben zurichten. Und es scheinet, als ob selbst die gütige Natur, die Erde, sage ich, eine Freude darob hätte: darum dieses Element nicht nur seinen Rücken dazu

anboth und hergabe, sondern auch aus ihrer inneren Schatzkammer zum neuen Schloßgebäude ein schätzbares Präsent machte. Hier rede ich von der gleich zu Anfang des Baus gefundenen Ziegelerde, mittels welcher, da sie schon bei der Hand ist, große Kösten erspart werden.»

1785/92 hat der Baudirektor Georg Hagenauer westlich von Passau Freudenhain gebaut. Er schuf einen reizvollen, eleganten und behaglichen Komplex von Gebäuden um den weiten Ehrenhof. Der zart gegliederte, noble Hauptbau beherrscht den Hof und die Flügelbauten, deren Mittelachsen pavillonartig überhöht sind. Die Räume tragen schöne Stukkaturen. 1789 fuhr Auersperg zum ersten Mal nach Freudenhain hinaus. August Graf Preysing beschwört noch einmal die Stimmung des Schlosses: «Der Kardinal steigt, nicht ohne Mühe, aus dem Wagen, zupft am Jabot, tritt ins kühle Vestibül mit den weißen Türen und flatternden Stuckbändern. Da schlagen auf einmal die Uhren die volle Mittagsstunde an, im Gartensaal zuerst, dann im Kabinett, zuletzt im Schreibzimmer. Es gibt ein silbernes Läuten, das langsam, wie zögernd, durchs Haus läuft, einen um Jahrzehnte zurückversetzen möchte. Wien ... Salzburg ... Pöckenstein. Der Oheim Kardinal Trautson, wenn er dem Diener klingelte. ... Eine Audienz in Schönbrunn bei der großen Kaiserin...»

Christoph und Karl Hartmeyer, in Holland geschult, schufen die Gartenanlagen. Der Landschaftspark war einst durchsetzt von kleinen Partien in der Art französischer Parterres. Es gab Eremitagen, Grotten, Brücken, Ruinenarchitekturen, Wasserfälle und Freundschaftstempel. Erhalten geblieben sind das ‹Holländische Dorf› – sieben im Halbkreis angeordnete Häuschen – und der chinesische Theepavillon (Parkwächterhaus). Eines der Häuschen im ‹Holländischen Dorf› bezog der Kardinal und nannte es ‹Vaartweel› (Fahrt wohl). Hier ist Auersperg im August 1795 plötzlich gestorben.

Die Zeit Freudenhains war vorüber, sein Abstieg begann. 1805 wurde es französisches Militärlazarett, seit 1880 gehört es den Englischen Fräulein, die hier ein musisches Gymnasium für Mädchen eingerichtet haben. «Die weißen Gartenfiguren», schrieb Preysing, «was sind sie anders als kalter Marmor, theatralische Attitüde? Ein Freundschaftstempel die Riesengrotte, die Eremitage – vorbei, vorbei. Der Wildbach schießt brausend hinab zum Strom, und nichts bleibt als das bittere Wort, das er, Propst Melchior, auf die Tafel vor dem Steg hat setzen lassen: ‹Alles ist Übergang›»!

Abb. 174

115 – Landshut · Burg Trausnitz von Südwesten

116 bis 119 – Landshut · Burg Trausnitz
Fresken an der Narrentreppe
mit Figuren der Commedia dell'arte

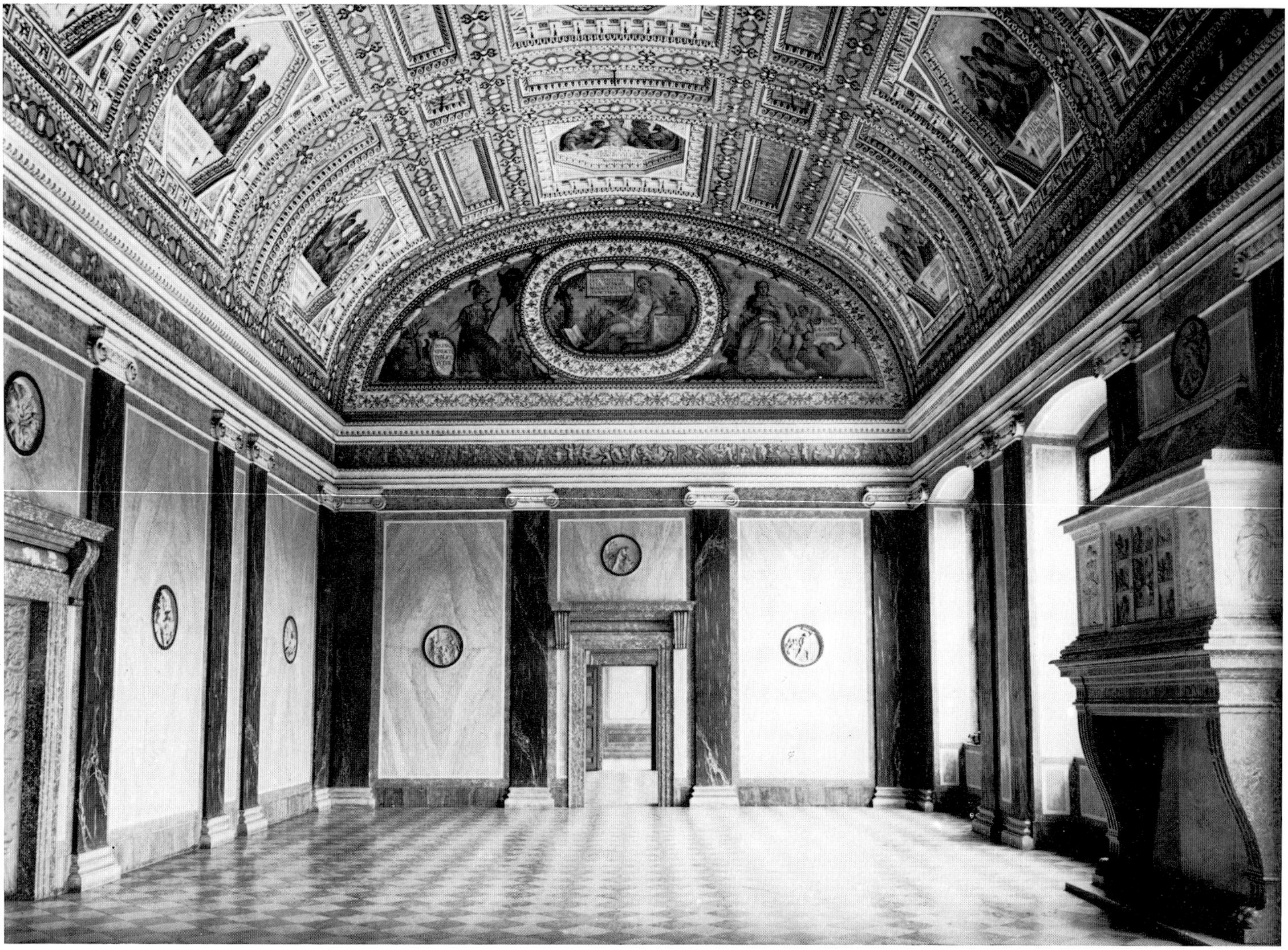

121 – Landshut · Stadtresidenz
Italienischer Saal

122 – Landshut · Stadtresidenz
Venuszimmer mit süddeutscher Truhe

123 bis 125 – Landshut · Stadtresidenz
Deckenausmalung in den Prunkgemächern
des Italienischen Baus

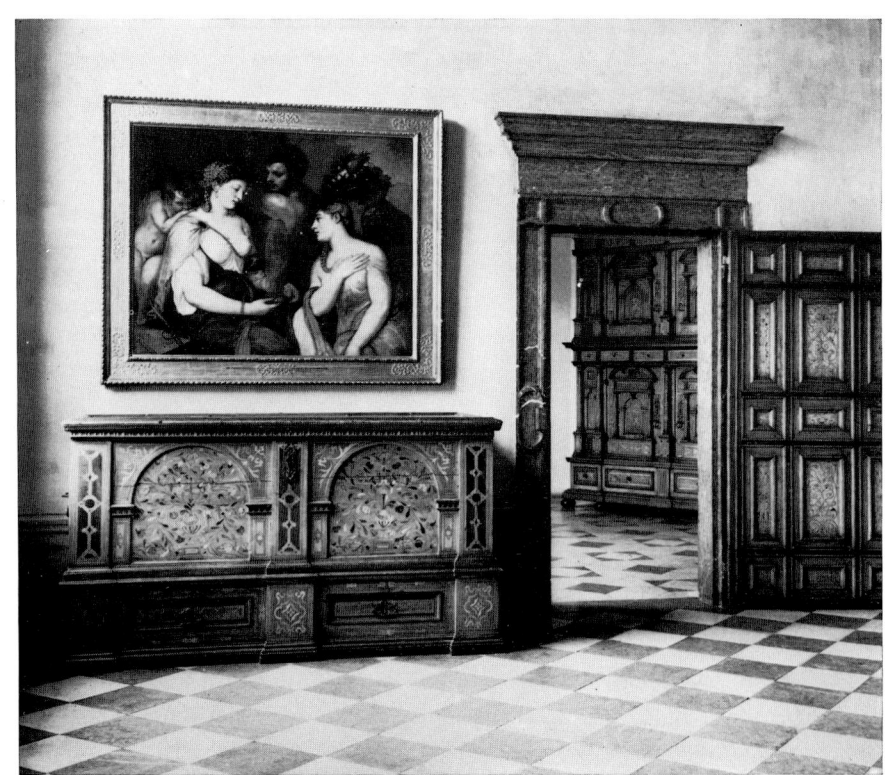

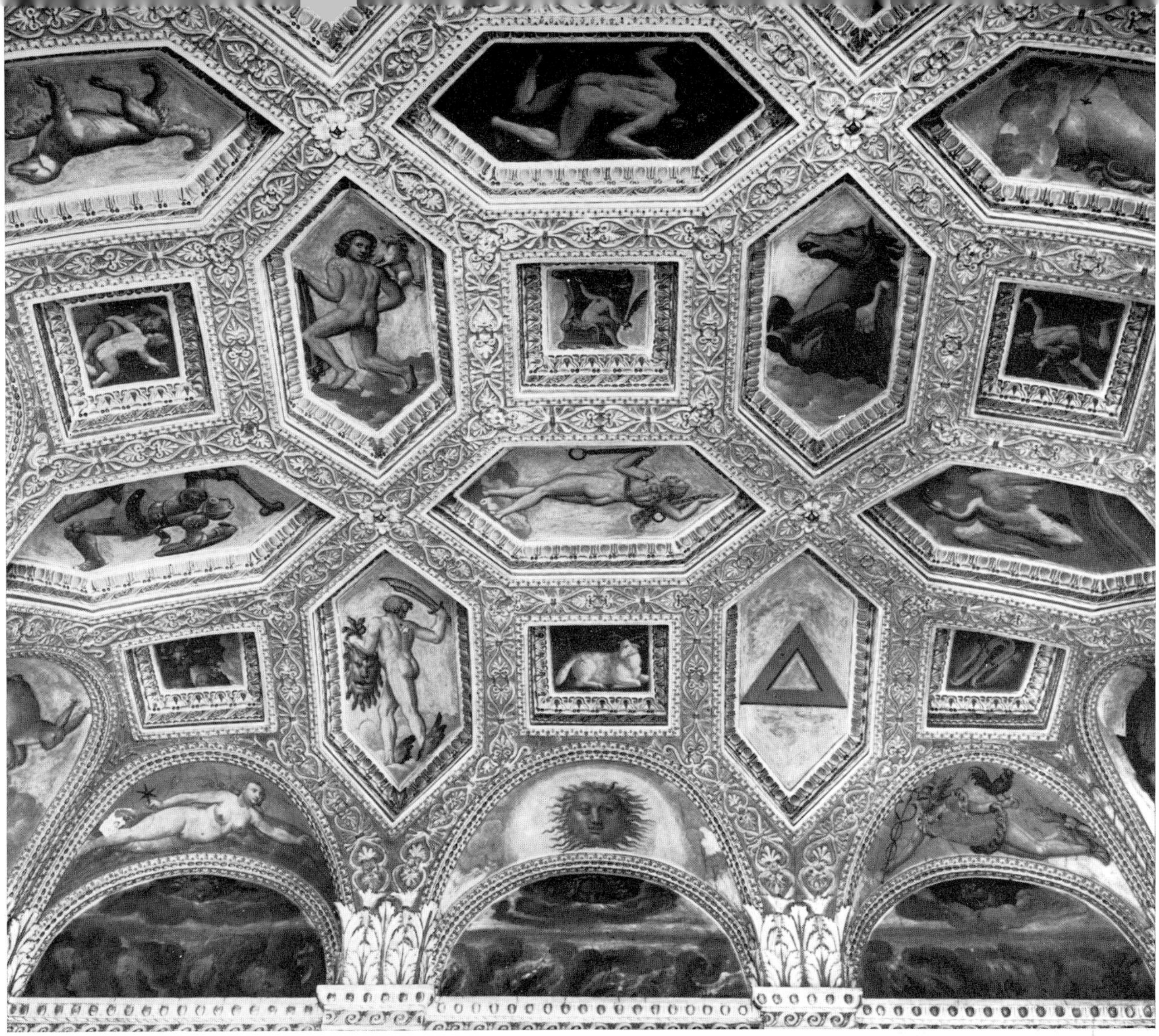

CORPVS
NOSTRA
CORPORA
CORRVMPVNT
VENVS
VINA
BALNEA

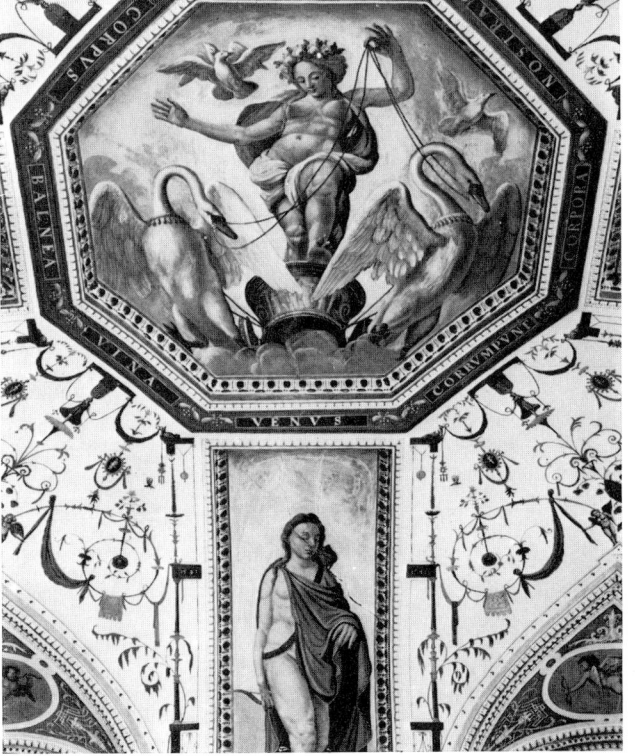

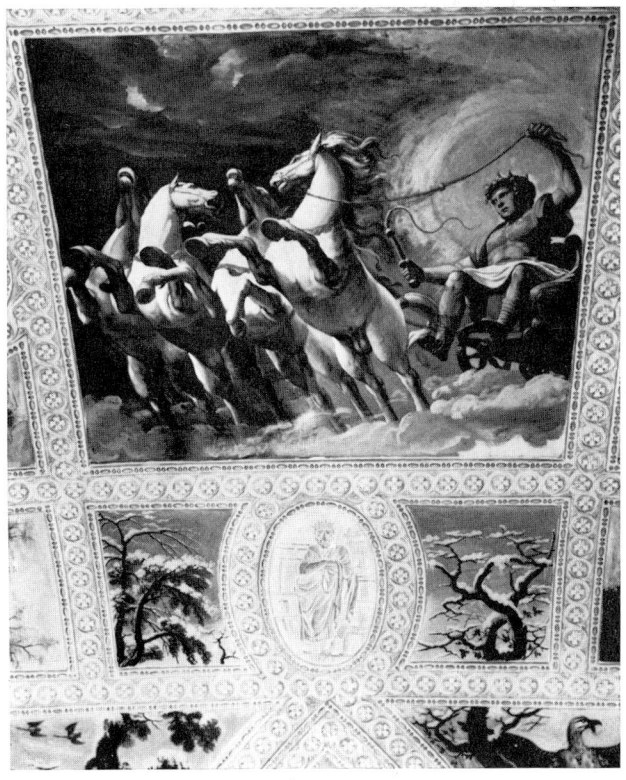

126 – Landshut · Stadtresidenz
Birkenfeld-Trakt
Arbeitszimmer
Herzog Wilhelms
von Birkenfeld-Gelnhausen

127 – Neufraunhofen
Schloßkirche

128 – *Schloß Kronwinkl*

129 – *Kronwinkl*
Speisezimmer im Erdgeschoß

130 – Schloß Schambach

131 – Schloß Kapfing
Erweiterungsbau von 1910/11

132 – Kapfing, Speisezimmer

133 – Kapfing, Ecke im Salon
mit dem Porträt des
Cajetan Grafen von Spreti

134 – Kapfing
Schloßhof mit Spalieren, 1911

135 – Irlbach, Ecke des Empirezimmers, um 1820
Reliefs von Bertel Thorvaldsen und Ludwig Schwanthaler

137 – Irlbach, Empirezimmer mit Büste des Bauherrn
Gabriel Grafen von Bray von Thorvaldsen

136 – *Irlbach, Deckenrelief im Empirezimmer*

138 – Offenberg, Stuckdetail
Samson und Dalila

139 – Offenberg, Blick in die Wohnräume

140 bis 142 – Ering
Stuckdekorationen im Festsaal

MAX. IOS. &. S.R.J. COM. FAMILIA

SCHLOS ERING.

MATER

PATER

143 – *Schloß Thurnstein, Ostflügel mit Kapelle*

144 – *Thurnstein, Treppenhaus*

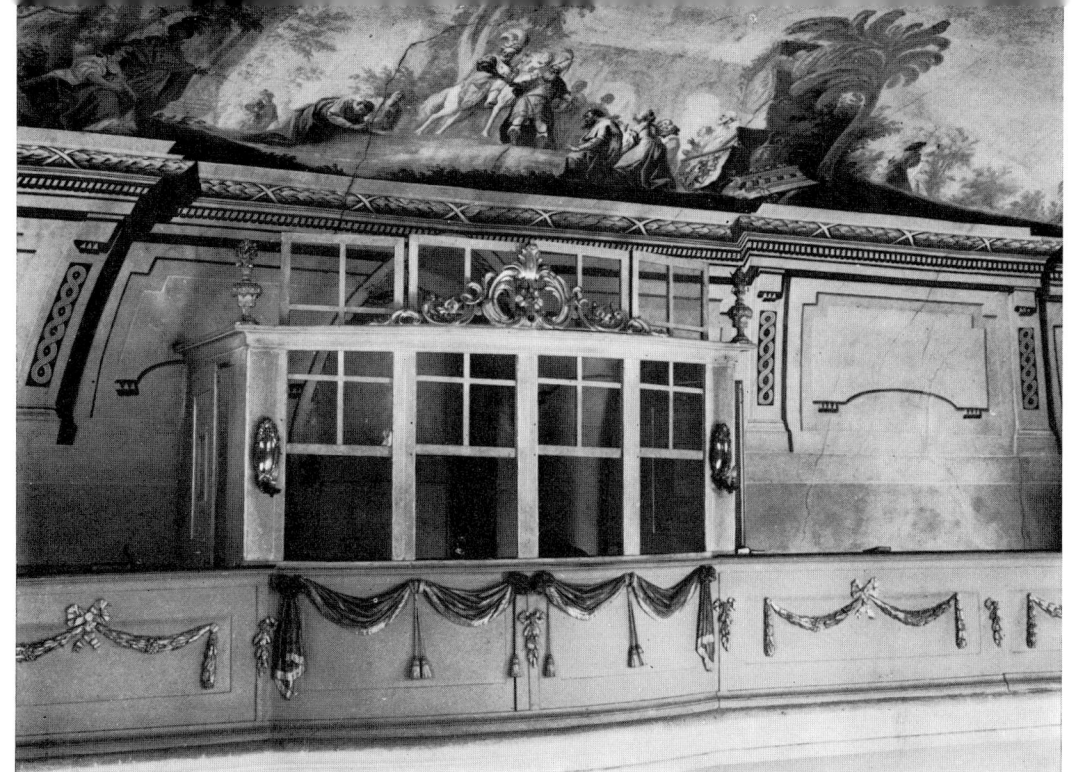

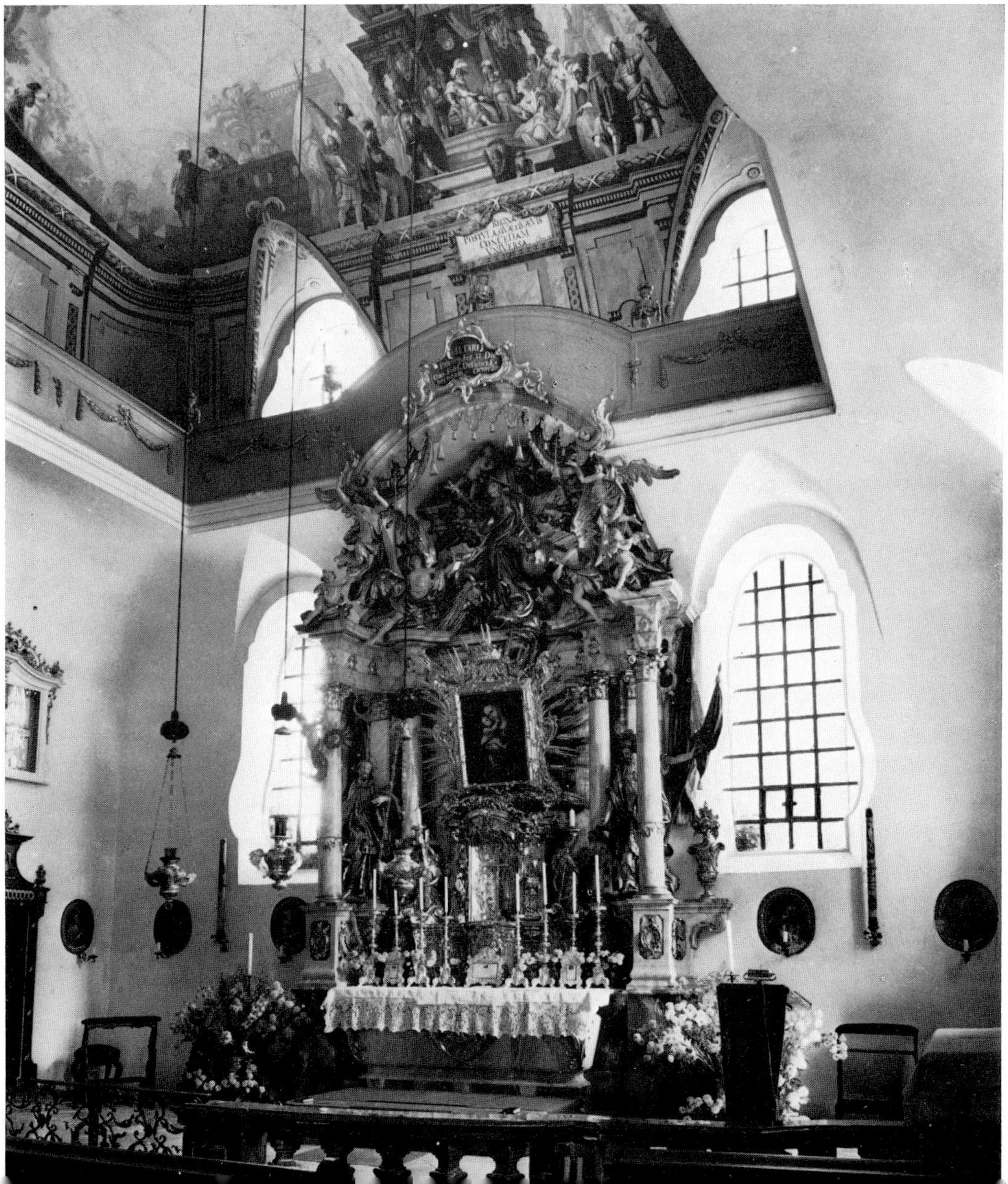

*145 – Thurnstein
Nördliches Oratorium
in der Schloßkapelle*

*146 – Thurnstein
Hochaltar in der
Schloßkapelle*

149 – Schönau
Fragment eines Wandteppichs
der Ottheinrichfolge, 1540

147 – Schloß Oberlauterbach

148 – Neuburg am Inn
Terrakottasaal

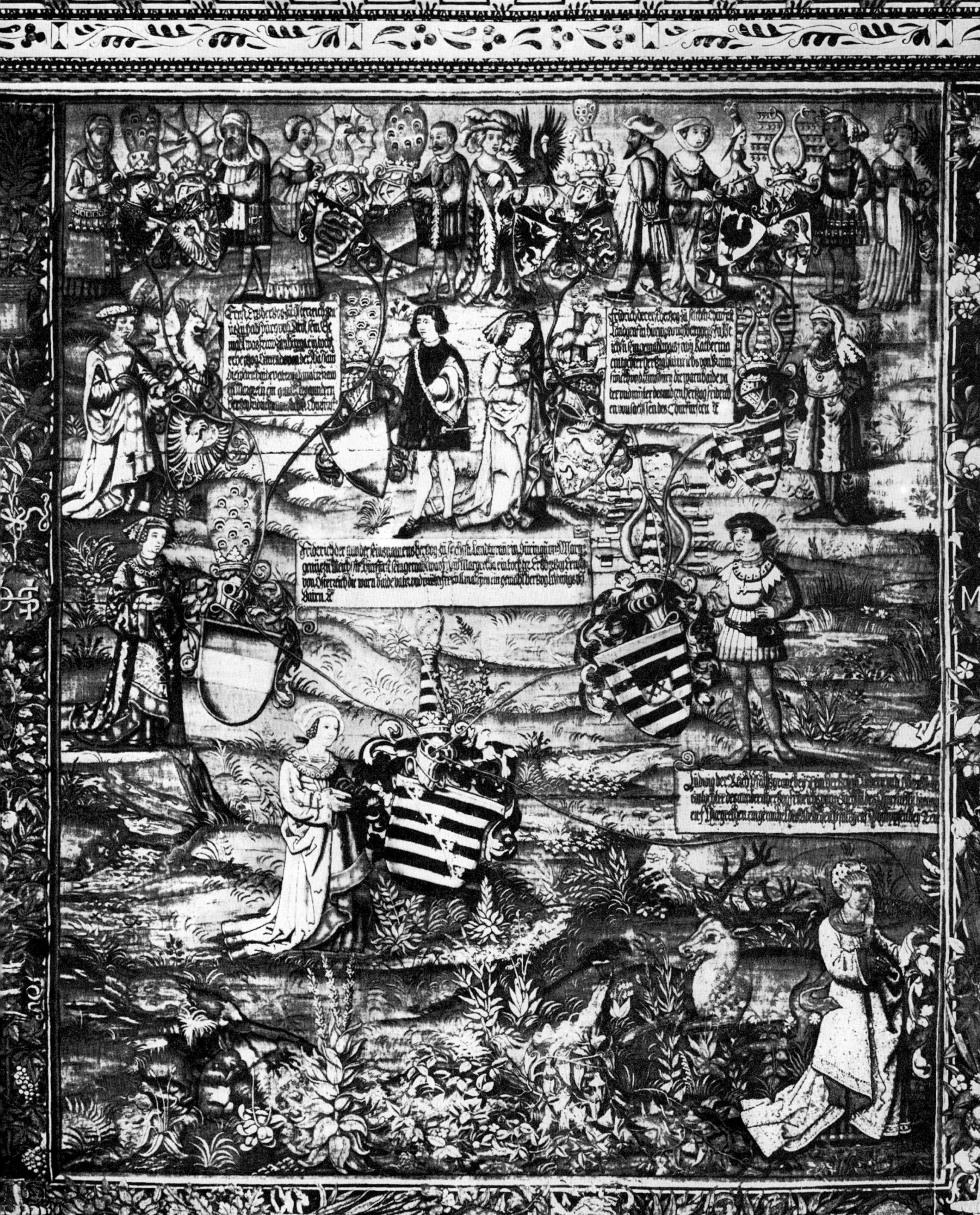

153 – Arnstorf, Oberes Schloß, Großes Speisezimmer

151 – Arnstorf, Arkaden im Innenhof des Oberen Schlosses

152 – Arnstorf, Oberes Schloß, Korridor im ersten Obergeschoß

154 – Arnstorf, Oberes Schloß
Langes Zimmer
Detail des Deckenfreskos
von Melchior Steidl

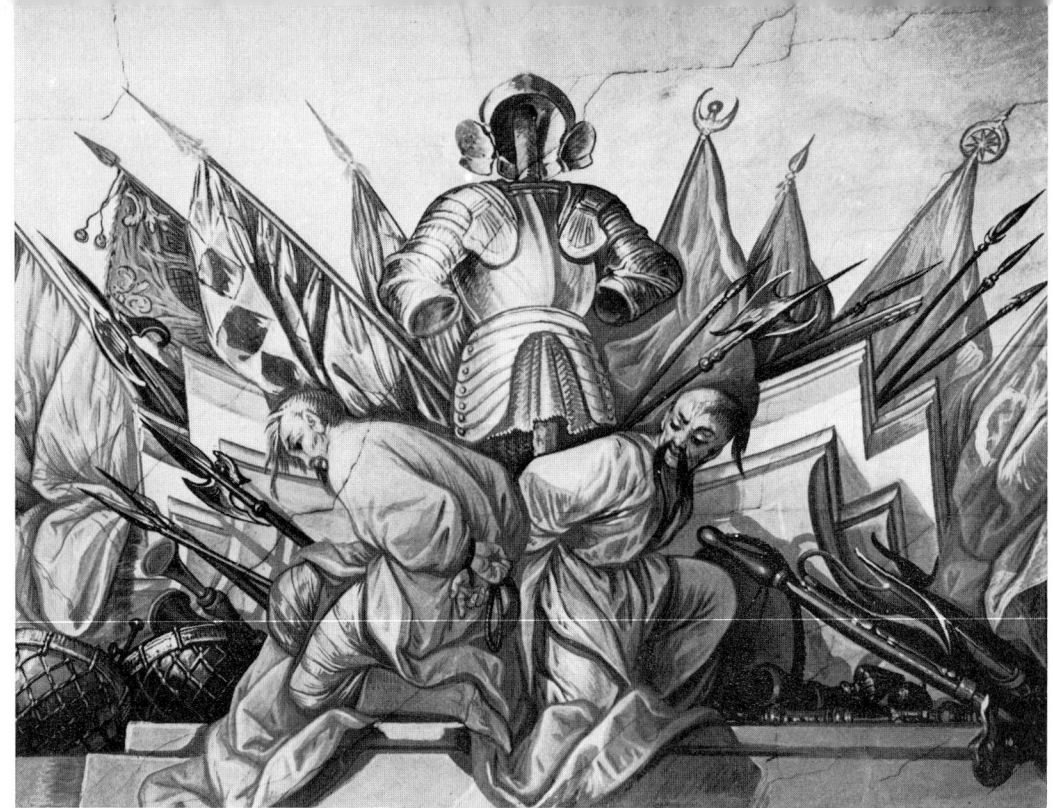

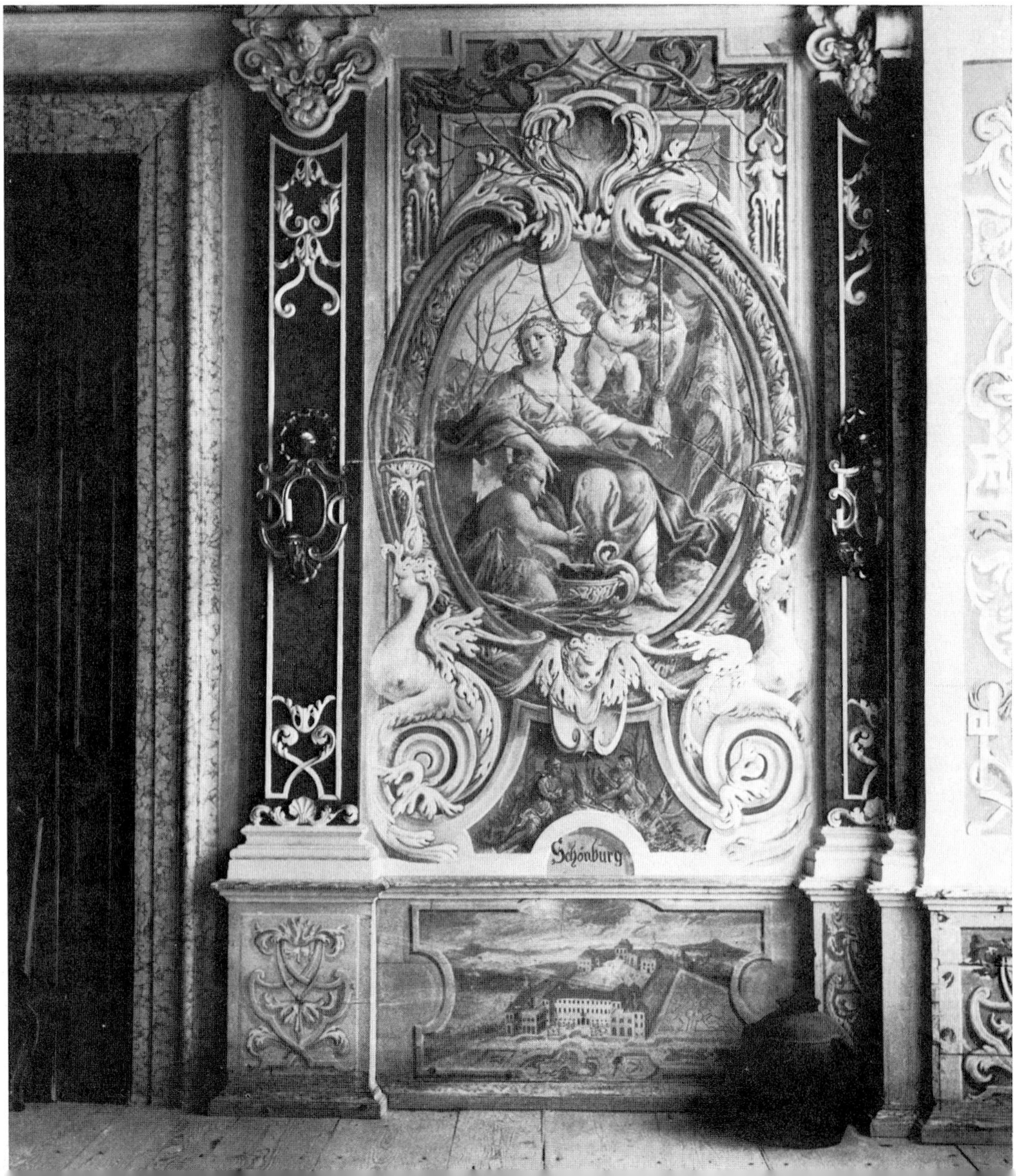

155/156 – Arnstorf, Oberes Schloß
Fresken im Kaisersaal
von Melchior Steidl

157 – Schloß Aicha vorm Wald

158 – Schloß Schönburg
Dreiflügeliges Torgebäude
Mitte 18. Jahrhundert

159 – Ortenburg, Schloßkirche mit Kassettendecke vom Ende des 16. Jahrhunderts

161 – Moos, Vorzimmer-Salon
im zweiten Obergeschoß

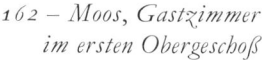

162 – Moos, Gastzimmer
im ersten Obergeschoß

165/166 – Moos, Relieffelder mit allegorischen Figuren
an der Decke der Bibliothek

167 – Moos, Teilansicht der Bibiothek

163 – Moos, Roter Salon, Bildnis des Johann Maximilian
Grafen von Preysing-Hohenaschau von Georges Desmarées

164 – Moos, Roter Salon

168 – Passau · Neue bischöfliche Residenz, Stiegenhaus

169 – Passau · Neue bischöfliche Residenz, ‹Salon› der ehemaligen Audienzzimmer

170 – Passau
Neue bischöfliche Residenz
Rokoko-Ofen im ‹Salon›

171 – Passau
Neue bischöfliche Residenz
Blick in die Vorzimmer

172 – Passau · Neue bischöfliche Residenz
Detail der Stuckdekoration im ‹Salon›

173 – Passau
Ehemaliges bischöfliches Hof-Theater
nach der Wiederherstellung von 1961

174 – *Sommerschloß Freudenhain bei Passau*

Oberpfalz

Im Westen der Oberpfalz bilden die Berge des Fränkischen Jura die Grenze, mit Laub- und Nadelwäldern, mit Äckern zwischen Schlehdornhecken, mit kahlen, grasigen Kuppen und bizarren Felsbildungen, alles das durchschnitten von tiefen Tälern, von Vils, Altmühl, Laaber und Lauter, die sich, gesäumt von Erlen und Weiden, in vielen Windungen dahinschlängeln.

Im Norden begrenzen die dunklen Ausläufer des Fichtelgebirges, der Steinwald, mit dem ‹Stiftland› der Klöster Waldsassen und Speinshart die Oberpfalz. Hier entspringt der Hauptfluß, der als Fichtelnaab beginnt und nach Vereinigung mit Heide- und Waldnaab als Naab weiterfließt, die Vils aufnimmt und bei Regensburg in die Donau mündet. Die größten Waldmassen der Oberpfalz liegen im Osten. Es ist der Oberpfälzer Wald, Teil des Böhmerwaldes – Wald schlechthin in meilenweiter Ausdehnung. Es ist das Land des Holzes, der kleinen Glashütten, und hier beginnt der Regen seinen Lauf. Im Regental steht die Ruine Stockenfels, von der die Sage erzählt, daß alle oberpfälzischen Brauer, die schlechtes Bier brauten, nach ihrem Tode hier umgehen müssen; nachts höre man ihr Klagen und Stöhnen aus den Trümmern der Burg. Der Regen mündet ebenfalls bei Regensburg in die Donau; sie bildet die südliche Grenze der Oberpfalz. Zwar reicht der Regierungsbezirk noch ein Stück weiter über die Donau nach Süden, doch hat dort das Land schon durchaus niederbayerischen Charakter.

Inmitten dieses von Gebirgen und Höhenzügen umschlossenen Gebiets breitet sich die ‹Oberpfälzer Hochebene› aus. Es ist ein weites, karges, abseits der Städte und Industrien gelegenes Gebiet von großer Schönheit, eigentlich keine Ebene, denn allenthalben gibt es Hügel und Berge, und dazwischen liegen Moore, blinken die zahllosen Fischweiher in Wiesen und Wald. Die Oberpfalz ist reich an Bodenschätzen, wie Erzen und Kaolin, aber der größte Teil des Regierungsbezirkes ist Bauern- oder Waldland, zudem ein Land alter Sagen, Legenden und Überlieferungen.

In frühgeschichtlicher Zeit bedeckte der Nordwald, der Bayern von Böhmen trennte, einen weiten Teil des Landes. Die Römer sind nicht über die Donau in diese Wildnis vorgestoßen, und erst im 8. Jahrhundert begannen die Bayern dort ernstlich zu siedeln. Drei mächtige Grafenhäuser herrschten über das Gebiet: die Sulzbacher, deren Hauskloster Kastl gewesen ist, die Markgrafen von Vohburg, welche die Klöster Reichenbach und Waldsassen gründeten, und die Landgrafen von Leuchtenberg, deren Burg gleichen Namens zwischen Wernberg und Vohenstrauß als großartige Ruine im Lande steht. Das Sulzbacher Erbe fiel 1188 an die Wittelsbacher, die inzwischen, neben kleineren Herrschaften, auch die Güter des Markgrafen von Vohburg und Teile des Leuchtenberger Besitzes an sich zu bringen wußten. 1291 verkaufte der Leuchtenberger die Landgrafschaft im Nordgau an den bayerischen Herzog, der 1304 auch die weiter westlich gelegene Grafschaft Hirschberg erwarb. So ist das Gebiet allmählich bayerisch geworden. Lange Zeit gehörten große Teile des Landes zur wittelsbachischen Linie Kurpfalz – daher der Name Oberpfalz –, die durch einen Statthalter in Amberg die Regierungsgeschäfte wahrnehmen ließ. Nach dem Landshuter Erbfolgekrieg kamen 1505 die kurpfälzischen Lande an Bayern, mit Ausnahme des südwestlichen Gebietes um Burglengenfeld und Sulzbach, das der 1505 geschaffenen ‹Jungen Pfalz›, dem Fürstentum Neuburg, zugesprochen wurde.

Heute ist Regensburg Sitz der Regierung der Oberpfalz. Vom Strom her, von der mächtigen Donaubrücke, präsentiert sich die Stadt am eindrücklichsten. Im Mittelalter muß das Stadtbild an eine Stadt wie Bologna erinnert haben mit der großartigen, abweisenden, fast finster wirkenden Masse schwerer patrizischer Wohntürme, welche über die Dächer aufragten und die zu einem beträchtlichen Teil noch vorhanden sind. Regensburg war einst der nördlichste Stützpunkt Roms, erbaut nach der Mitte des ersten nachchristlichen Jahrhunderts bei der Keltensiedlung Rathaspona, als Sitz des Oberkommandierenden der Provinz Rätien. Die aus Böhmen hervorbrechenden Markomannen zerstörten das Kastell. Kaiser Marc Aurel ließ gegenüber der Regenmündung das neue Kastell Castra Regina im Jahre 179 bauen, und um 300 wurde die Festung mit einer starken, sieben Meter hohen Mauer umgeben, von der Reste sowie die Porta Praetoria am Bischofshof erhalten sind. 535 setzten sich die Bayern in Castra Regina fest, wo das Herzogshaus der Agilolfinger seine Residenz aufschlug. Das römische Lager ist bestimmend für den Grundriß des frühen Regensburg gewesen.

Neben den Agilolfingern gewann der Bischof Grund und Boden in der Stadt. Ihm unterstanden der Dom, das Obermünster, das später reichsfreie Abtei wurde, und das Benediktinerstift St. Emmeram. Nach der Absetzung des letzten Herzogs Tassilo, 788, wurde Regensburg kaiserliche Pfalz, und das 9. Jahrhundert sah die erste Stadterweiterung zwischen Kastell und Donau. 911 starben die Karolinger aus, es folgten die bayerischen Herzöge, und unter Herzog Arnulf erfolgte die zweite Stadterweiterung im Westen. Mit der Ummauerung der Westen- und Ostenvorstadt hatte Regensburg die Ausdehnung erreicht, die bis ins 19. Jahrhundert bestehen blieb.

Im 12. und 13. Jahrhundert erlebte die Stadt ihre glücklichste Zeit. Sie hatte damals den Höhepunkt ihres Wohlstandes erreicht, am Hof des Herzogs entstand das Rolandslied und in bischöflichem Auftrag die älteste gereimte Kaiserchronik. Am Beginn dieser glänzenden Epoche steht der Bau der Steinernen Brücke, an ihrem Ende der Dombau.

Eng ist das Schicksal der Stadt mit der Geschichte des Reichs verbunden gewesen. Seit 1594 sind alle Reichsversammlungen in Regensburg abgehalten worden; ab 1663 tagte der ‹Immerwährende Reichstag› im alten Rathaus als eine Art Parlament und wichtiges Kontrollorgan gegenüber kaiserlicher Macht. Die Schönheit Regensburgs ist strenger, verhaltener, steinerner als die anderer Reichsstädte; sie ist von fast schwermütigem Ernst. Das mag daher rühren, daß die Stadt schon sehr früh zu wirtschaftlicher und künstlerischer Blüte kam, die aber bereits zu welken begann, als andere Städte erst anfingen aufzusteigen.

Um Klöster und Kirchen breitet sich die prachtvolle Stadt mit lustigen Straßennamen: Unter den Schwibbögen, Hinter der Grieb, Roter Herzfleck, Am Frauenbergel, Zur schönen Gelegenheit, um nur einige zu nennen. Überall tritt uns Geschichte entgegen, durchdringen Römerzeit und Mittelalter einander, die Kultur geistlicher und bürgerlicher Bezirke, deren Kraft und Selbstbewußtsein sich in Kirchen, Klöstern und Turmhäusern ebenso manifestieren wie in den Büsten der geharnischten Stadtknechte ‹Schutz› und ‹Trutz› am Portal des Alten Rathauses. In Regensburg haben wir durchaus das Gefühl, geschichtlicher Frühe gegenüberzustehen. Mit wenigen Schritten sind wir aus der Gegenwart ins Mittelalter gelangt, wo Romantik und Gotik die Hauptakzente gesetzt haben, wo uns die Kraft romanischer Bildwerke packt wie die am Portal der Alten Kapelle, wie die Skulpturen der Schottenkirche oder der Vorhalle von St. Emmeram.

Aber auch das 18. Jahrhundert ist mit schönen Bauten vertreten, darunter die – im 19. Jahrhundert veränderte – Residenz der Fürsten von Thurn und Taxis, die sich als kaiserliche Prinzipalkommissare im ehemaligen Reichsstift von St. Emmeram niedergelassen hatten. Auch haben wir hier ein interessantes Beispiel neugotischer Baukunst des 19. Jahrhunderts in Gestalt der königlichen Villa. König Maximilian II. Joseph von Bayern hielt sich 1852 längere Zeit in der Stadt auf. Ihm gefiel vor allem die Lage der Ostenbastei und er wünschte dort ein Haus zu besitzen. Als Ersatz für den Neubau einer Villa bot er der Stadt das Schlößchen Barbing und das Residenzgebäude nächst dem Dom an. Ludwig Volz, der Schloß Egg bei Deggendorf und Schloß Taxis bei Neresheim umbaute, wurde als Architekt berufen. Er baute das neugotische Haus, das, wie die ‹Illustrierte Zeitung› von 1862 mitteilt, «eine außerordentliche Eleganz» zeigt.

Von Regensburg können wir in westlicher Richtung über Kelheim – mit Abstechern zur Asam-Klosterkirche von Weltenburg und nach Rohr – nach Beilngries und zur Burg Prunn fahren, die hoch über dem Altmühltal steht. Von hier führt der Weg nach Riedenburg und zum Schloß Eggersberg. Den mächtigen Schloßbau mit seinen drei überkuppelten, polygonalen Ecktürmen und seinen Staffelgiebeln an den Schmalseiten hat zu Beginn des 17. Jahrhunderts der damalige Besitzer, Adam Jocher, aufführen lassen. Das Schloß gehörte später den Freiherren von Bassus zu Sandersdorf, bis es im Jahre 1962 in den Besitz von Dr. Robert Weigand aus München überging, der das verfallende Gebäude instand setzte und zu einem schönen Hotel ausbaute. Von Eggersberg aus sollte man Schloß Hirschberg, die Sommerresidenz der Eichstätter Bischöfe, besuchen. Nordöstlich von Beilngries, auf einer einsamen Jurahochfläche zwischen Sulz- und Laabertal, liegt das Dorf Khevenhüll, wo einst die Burg der heute in Österreich angesessenen Fürsten von Khevenhüller stand. Beilngries ist, wie das benachbarte Berching, eine sehr reizvolle alte Stadt mit fast durchweg erhaltenem Mauerring und Türmen. Von Beilngries führt ein schöner Weg über Neumarkt, wo einst die Pfälzer Fürsten residierten, nach Parsberg mit seiner Burg, und von dort aus geht es dann wieder nach Regensburg zurück.

Eine andere lohnende, landschaftlich sehr reizvolle Strecke führt von Regensburg über Kallmünz und Schloß Dietldorf, dann über Schmidmühlen bis Vilshofen, immer durch eine ausnehmend anmutige Landschaft, bis nach Amberg. Von dort aus können wir über Sulzbach-Rosenberg zum Fränkischen Jura mit Schloß Neidstein bei Neukirchen gelangen. Kallmünz finden wir in prachtvoller Lage am Zusammenfluß von Naab und Vils, über dem das riesige Bergschloß steht, das wahrscheinlich die bayerischen Herzöge um die Mitte des 13. Jahrhunderts bauten. Im Dreißigjährigen Krieg ist die Burg zerstört worden. Am äußeren Schloßberg befindet sich noch ein keltischer Ringwall.

Amberg liegt zu Füßen des Mariahilfberges, eines stark besuchten Wallfahrtsortes. Die Stadt ruht im Kranz ihrer wohlerhaltenen Befestigungen und erlebte ihre Glanzzeit im 15. und 16. Jahrhundert. Der Amberger Bürgermeister und Chronist Michael Schwaiger nennt sie in seiner 1596/99 geschriebenen Chronik die festeste Fürstenstadt Bayerns. Von dieser bedeutenden Epoche künden noch Bauwerke, wie das zierliche gotische Rathaus, das kurpfälzische Renaissanceschloß oder die prächtigen Kirchen. Das alles spiegelt sich in der Vils, welche die Stadt durchfließt.

Von Schwandorf aus können wir auch weiterhin dem Lauf der Naab auf der Bundesstraße 15 folgen, vorüber an Schloß Fronberg, und bald ist das hochgelegene alte Städtchen Nabburg erreicht, zu dessen Füßen, eben an dieser Straße, ein Dorf mit Namen Venedig liegt. Es hat nichts mit der Lagunenstadt gemeinsam, und man hat sich über diesen merkwürdigen Namen den Kopf zerbrochen. Einige behaupten, die Benennung rühre von einer wendischen Niederlassung ‹Vendi› her, andere führen sie auf die sagenhaften Venedigermännlein zurück, die im Bergbau tätig gewesen sind. An dieser Straße gibt es auch das Dorf Perschen mit dem Edelmannshof aus dem 15./16. Jahrhundert, der heute eines der schönsten bayerischen Bauernhofmuseen birgt. Er steht über der still durch die Wiesen ziehenden Naab, angelehnt an die Friedhofsmauer. Das Wohnhaus ist mit Bauernmöbeln und bäuerlichem Hausrat eingerichtet; die vorhandenen und einige hierher versetzte Wirtschaftsgebäude sind so ausgestattet, wie sie einst benutzt worden sind. Es gibt im Wohnhaus die alte Räucherkammer, in der noch heute Würste und Schinken hängen; es gibt eine Gaststube, aus deren Fenstern man Fluß und Wiesen überschaut. Die Friedhofskirche, eine der ältesten der Oberpfalz, war ehemals die Pfarrkirche von Nabburg und ist urkundlich seit 1122 bezeugt. 1752/53 mußte sie instand gesetzt werden; sie erhielt damals die Wölbung des Langhauses. Die doppeltürmige Basilika bildet mit der Rundkapelle im Friedhof eine sehr eindrucksvolle Gruppe. Die zweigeschossige Rotunde ist älter als die Kirche. Ihr

Untergeschoß diente als Karner, das Obergeschoß ist dem hl. Michael geweiht. Von besonderer Bedeutung sind die Fresken, die in der Regensburger Buchmalerei des 12. Jahrhunderts Parallelen finden; ihre Thematik bezieht sich auf das Jüngste Gericht und die Fürbitte für die Toten.

Immer der Naab folgend, vorüber an der Burg Wernberg, kommen wir durch das schöne alte Weiden, den Heimatort Max Regers, und über Neustadt a. d. Waldnaab mit dem Lobkowicz-schloß nach Burggrub, biegen rechts ab nach Thumsenreuth am Steinwald mit seinem alten Schloß, das als Museum gezeigt wird, und können die Klöster Speinshart und Waldsassen besuchen. Speinshart wurde 1145 gegründet. 1691 wurde es zur Abtei erhoben; damals begann hier eine rege Bautätigkeit. Baumeister ist Wolfgang Dientzenhofer aus Amberg, Stukkatoren und Maler sind die Brüder Lucchese aus Melide im Tessin gewesen. Sie haben einen außerordentlich reichen Innenraum geschaffen. Die Klostergebäude entstanden zwischen 1704 und 1746.

Die mächtige ehemalige Zisterzienserabtei Waldsassen ist eine Gründung des Markgrafen Diepold von Vohburg aus dem 12. Jahrhundert. Nach dem Friedensschluß zu Münster und Osnabrück 1648 wurden die Schäden des Dreißigjährigen Krieges behoben, 1685 wurde der Grundstein zur neuen Kirche gelegt. 1695 begannen Stukkatoren und Freskanten die Arbeit, 1697 wuchs die zweitürmige Fassade empor. Entwerfender Architekt war der Prager Abraham Leutner, sein Werkmeister Georg Dientzenhofer. Der klar gegliederte Kirchenraum ist auf das üppigste ausgeschmückt, vor allem ist das Chorgestühl, das 1689 aufgestellt wurde, von großem Reichtum. Zu den schönsten, festlichen Räumen des deutschen Barock gehört die Bibliothek des Klosters, die 1724/25 ausgestattet worden ist.

Ganz in der Nähe steht auf einer Wiese des Glasbergs bei Münchenreuth die Wallfahrtskapelle Kappel, deren Neubau 1684 von Georg Dientzenhofer begonnen wurde. Ihm war das Thema der Dreifaltigkeit gestellt; er hat es glänzend gelöst und schuf einen schwellenden, runden, überkuppelten, mit zwiebelbekrönten Rundtürmen versehenen, höchst originellen Bau.

Von Weiden führt eine sehr schöne Straße über Vohenstrauß mit dem ehemaligen pfälzischen Schloß, über Oberviechtach nach Winklarn, dessen Schloß besichtigt werden kann. Von hier aus kann man über Rötz und Nittenau, immer durch dichte Wälder, dann durch das Regental nach Regensburg zurückkehren. Das Tal des Regen mit seinen zahlreichen Burgen und Schlössern, wie Ramspau und jenseits des Flusses Karlstein, mit Regendorf oder Hauzenstein, das auf der anderen Seite der östlichen Hügelkette liegt, ist von hohem landschaftlichen Reiz. Schließlich sind unweit von Regensburg, südlich des burgartigen Schlosses Wörth an der Donau, in der schon niederbayerisch anmutenden, weitgespannten Landschaft die Schlösser Schönach und Sünching, Koefering und Alteglofsheim zu nennen, von denen Sünching mit seinem prachtvollen Festsaal und seiner schönen Kapelle, Alteglofsheim mit seinen Asam-Fresken und seinem Stuck einzigartige Beispiele der hohen Kunst des Münchner Rokoko besitzen.

Im Juli 1947 wandte sich der Direktor des ‹Military Government Liaison and Security Office› an den Fürsten von Thurn und Taxis und verlangte zu wissen, ob er zur Führung der Hausflagge auf seinem Stadtschloß ermächtigt sei, denn «von diesem Amt wurde keine Genehmigung zur Hissung einer solchen Flagge erteilt», sie sei daher sofort einzuholen. Was während des Dritten Reichs der Regierungspräsident nicht erreicht hatte, wollten nun die Amerikaner durchsetzen, denen ohne Zweifel der ‹fürstliche Hof› ein Dorn im Auge war. Der Fürst beschwerte sich bei den zuständigen deutschen Stellen und bat, sich bei der Militärregierung dahin zu verwenden, daß die Hausfahne aufgezogen werden dürfe. Bald darauf wehte das blau-rote Tuch wieder wie eh und je vom Dach des Schlosses.

Man wird denken: die hatten Sorgen! Die hatten sie auch, aber hier ging es, neben viel schwerwiegenderen Angelegenheiten, um eine Frage des Prestiges eines alten, sehr vornehmen Hauses, das in Regensburg höchstes Ansehen genießt, das jährlich große Summen für kulturelle und soziale Aufgaben auswirft und aus dem Leben der Stadt nicht fortgedacht werden kann.

Wie ist die Familie von Thurn und Taxis nach Regensburg gekommen? Sie stammt aus Cornello bei Bergamo in Oberitalien, hieß dort Tasso, beziehungsweise Taxis – die Führung des Namens Thurn und Taxis wurde erst Mitte des 17. Jahrhunderts vom Kaiser genehmigt – und ihre große geschichtliche Leistung ist die Einrichtung der Post in Europa, die sie seit dem Ende des 15. Jahrhunderts aufzubauen begann. Die Anfänge der Post liegen im italienischen Kurierdienst, vor allem der Kurie, in deren Dienst sich hauptsächlich Bergamasker Familien, darunter die Tasso befanden. Kaiser Maximilian I. ging daran, feste Postdienste im Reich einzurichten und nahm die Tasso in seine Dienste. Das geschah um 1490. Gabriel Taxis († 1529) war Oberpostmeister in Tirol und Vorderösterreich, Franz Taxis baute die Post in den westlichen Gebieten des habsburgischen Reichs aus: Niederlande, Deutschland, Spanien, mit Verbindungen zum französischen Hof. 1505 schloß er einen Vertrag über die Posten mit dem Kaiser. Die verschiedenen Taxis-Brüder, Vettern, Neffen saßen an der Wende zum 16. Jahrhundert in Innsbruck, Augsburg, Füssen, Venedig, Mailand, Rom, Brüssel, Antwerpen und Spanien als kaiserliche Postmeister. Durch ihre Tüchtigkeit wird die Familie eine selbständige Macht, die bereits 1512 eine Wappenbesserung erhielt. Franz' Neffe Johann Baptist trat die Nachfolge als Oberpostmeister an, auch für Spanien. 1520 war er Generalpostmeister des Reichs mit dem Sitz in Brüssel. Stets wurde enge Verbindung zum Kaiser gepflegt. Leonhard I. von Thurn und Taxis wurde mit kaum zwanzig

Jahren 1543 Generalpostmeister. Seine Posten beförderten Befehle und Briefe des Kaisers durch das ganze Reich, hielten die Verbindung zu den in Ungarn gegen die Türken kämpfenden Truppen und besorgten ebenso den gesamten Postverkehr der Höfe und Stände.

1596 verlieh der Kaiser der Familie das Reichspostgeneralat mit der Erlaubnis, Postämter einzurichten, Personal anzustellen und zu entlassen. Das Reichspostgeneralat hat sich in dieser Zeit zu einem Reichsregal entwickelt. 1608 wurde dem Hause die Reichsfreiherrenwürde erteilt, 1615 wurde das Reichspostgeneralat zu einem Erbmannlehen erhoben und war nun fest in der Hand der Familie. 1624 erfolgte die Erhebung in den Reichsgrafenstand. Das Generalat umfaßte unter Graf Leonhard II. im 17. Jahrhundert einen Bereich, der von der Nordsee bis zur Adria reichte. Es ist erstaunlich, mit welcher Tatkraft und Energie ein Taxis nach dem anderen das Postwesen ausgebaut und bis ins 19. Jahrhundert erfolgreich betrieben hat. Nach dem Westfälischen Frieden verlor Taxis die Post an Brandenburg, wo der Kurfürst eine eigene Post einrichtete, wogegen auch der Kaiser nichts tun konnte, und in den österreichischen Erblanden lag die Post in den Händen der Grafen, dann Fürsten von Paar. 1695 wurde Taxis in den Reichsfürstenstand erhoben und hatte seit 1704 auf der Fürstenbank des Kurrheinischen Kreises, seit 1754 im Reichsfürstenrat Sitz und Stimme.

1701 erfolgte wegen des Spanischen Erbfolgekrieges die Übersiedlung des Fürsten Eugen Alexander nach Frankfurt, wo er sich von Robert de Cotte das prachtvolle Palais bauen ließ, das im letzten Krieg fast ganz zerstört worden ist. Als der wittelsbachische Kaiser Karl VII. 1742 in Frankfurt den Reichstag hielt, ernannte er den Fürsten zum Prinzipalkommissar auf Reichstagen, also zu seinem Stellvertreter. Wien war verärgert. Man wollte den Fürsten verhaften lassen, und der Kurfürst von Mainz mußte vermitteln. Fürst Taxis nahm das Amt erst an, als sich der Wiener Hof beruhigt hatte.

Für diese Stellung war er wie geschaffen, da das Reichspostgeneralat eng an das Reich gebunden war und er selbst die mit dem Amt des Prinzipalkommissars verbundenen Kosten der Repräsentation zu tragen vermochte. Karl VII. erhob 1744 das Reichsposterblehen zu einem Thron- und Fahnenlehen, wodurch die Stellung des Hauses Taxis ganz gesichert war. Auch versprach der Fürst, sich bald ein ‹fürstenmäßiges Land› zuzulegen, da der Sitz im Fürstenrat an ein reichsfreies Territorium gebunden war. Er kaufte 1785 die Grafschaft Friedberg sowie die Herrschaften Scheer, Dürmentingen und Bussen, die der Kaiser 1787 zur gefürsteten Grafschaft Friedberg-Scheer erhob. Schon 1702 hatte die Herzogin Liselotte von Orléans, die Pfälzerin aus Heidelberg, ironisch geschrieben: «Der Fürst Taxis, das ist auch wieder ein toll Fürstentum! Wenn ihr das vor Fürsten zählen wollt, werdet ihr bei Dutzenden sie finden!»

Alles aber ging gut, denn als Franz I. Kaiser geworden war, übernahm er den Fürsten Alexander Ferdinand als Prinzipalkommissar; diesem folgten Karl Anselm und als letzter Karl Alexander. Da Regensburg Sitz des ‹Immerwährenden Reichstags› war, beschloß der Fürst dorthin überzusiedeln. Der Bischof von Freising vermietete ihm seinen Stadthof, auch das Reichsstift St. Emmeram stellte Gebäude zur Verfügung, und 1748 ließ sich Fürst Alexander Ferdinand in Regensburg nieder und führte einen veritablen Hof. 1790 gingen, infolge der Französischen Revolution, die Posten in Flandern und Brabant verloren, mit ihnen der ganze linksrheinische Grundbesitz. Als Entschädigung erhielt das Haus 1803 die Reichsstifte Obermarchtal und Neresheim, das inzwischen den Benediktinern zurückgegeben worden ist, sowie das Amt Ostrach des Reichsstiftes Salem und das gefürstete Damenstift Buchau. 1792 kaufte der Fürst die Stadtbefestigung bei St. Emmeram, wo später der Schloßgarten angelegt wurde.

Ein schwerer Schlag war die 1806 erfolgte Auflösung der Reichspostverfassung und des Reichstags. Es wurde still in Regensburg, aber die Thurn und Taxis blieben. In den kommenden Jahren mußten sie das Postregal für Bayern abtreten, das ihnen zwar anfangs noch als Lehen gegeben wurde, aber kurz darauf ganz an Bayern überging. Als Entschädigung erhielten sie die beiden Herrschaften Donaustauf und Wörth und ganz St. Emmeram, mit Ausnahme der Stiftskirche.

Das Heilige Römische Reich Deutscher Nation ist tot, aber noch wehen die Farben der einstigen Generalerbpostmeister und Prinzipalkommissare vom Dach des Regensburger Schlosses. Diese Residenz, denn um eine solche handelt es sich bei der Weitläufigkeit der Anlage, zeigt noch deutlich ihre klösterliche Vergangenheit, insbesondere in dem wunderschönen Kreuzgang, der neben Teilen der Romanik vor allem solche der frühen Gotik und des 14. Jahrhunderts enthält. Daneben haben sich hier die ‹Romanische Küche› (um 1200) und das Refektorium (in der jetzigen Gestalt allerdings von 1686) erhalten, und auch im Ostflügel sind noch spätgotische Bauteile vorhanden. Die Gebäude gruppieren sich um einen großen Innenhof mit dem schönen, 1578 von Michael Dietlmaier gefertigten Kurfürsten- oder Arnulfbrunnen. Die Anlage wurde 1666 als Neuer Konventbau von St. Emmeram begonnen. Der Ostflügel, einst Wohnung des Prinzipalkommissars, wurde zwischen 1816 und 1819 umgestaltet, wohl durch den Würzburger Hofbaudirektor Salins, unter Hinzuziehung Leo von Klenzes. Als Bildhauer und Stukkator war Christoph Ittelberger, als Maler Joseph Zacharias beschäftigt. Das Spiegelzimmer, 1792 entstanden, ist in den Umbaujahren verändert

worden. Seine Ausstattung sowie die des ehemaligen Schlafzimmers der Fürstin, des Grünen Zimmers, ist noch unverändert erhalten. Erst 1873 wurden durchgreifende Veränderungen der Innenräume des Ostflügels vorgenommen, dann 1883/88 der Südflügel umgebaut. Im Ostflügel sind damals Teile der außerordentlich qualitätvollen Ausstattung des Frankfurter Palais' (Thronsaal), vor allem schöne Boiserien, eingebaut worden. Aus der Zeit von 1873 stammt der Silbersalon.

Viele Räume des Schlosses sind reich eingerichtet, mit prachtvollen Möbeln, mit Wirkteppichen und Gemälden, die zum großen Teil aus Frankfurt stammen. Da ist der Hochzeitsteppich aus der Werkstatt des Daniel Egerman, Brüssel, für den Grafen Leonhard II. und Alexandrine von Rye angefertigt, Wolle mit Seide, Gold und Silber durchwirkt; Kartonier war Nicolaus van der Horst. Der Wappenteppich des Wirkers François van den Hecke hat vielleicht Teniers III (erste Hälfte 17. Jahrhundert) zum Kartonier. Dieser Teppich bezieht sich auf die Verbindung der Thurn und Taxis mit den Visconti und Este. Dann gibt es Gobelins mit der ‹Hausgeschichte› nach Vorzeichnungen von Erasmus Quellinus II., einem Schüler von Rubens, aus der Werkstatt Guilam van Leefdael und van der Borcht, Brüssel 1649. Sie zeigen den legendären Kampf der Thurn und Taxis gegen die Mailänder Visconti. Der Bibliotheksbau wurde vom Abt von St. Emmeram 1732/33 gebaut und 1737 von Cosmas Damian Asam ausgemalt. Diese sehr gut erhaltenen Fresken sind erst vor wenigen Jahren wieder entdeckt worden. Der Marstall, ein vornehmer Dreiflügelbau von J. B. Metivier, mit Reliefs von Ludwig Schwanthaler, entstand 1831 und birgt heute das prächtige Marstallmuseum mit dem gesamten fürstlichen Wagenpark. Begraben liegen die Fürsten von Thurn und Taxis in der ehemaligen Stiftskirche St. Emmeram.

Es ist eine Kirche, an der das hohe Alter der Stadt Regensburg besonders spürbar wird, denn trotz der reichen Ausstattung des 18. Jahrhunderts ist der Geist der Frühzeit allenthalben erkennbar. Durch das frühgotische Außentor kommen wir in die Vorhalle, wo sich die drei ältesten Steinbildwerke süddeutscher Romanik befinden, der thronende Christus zwischen den Heiligen Emmeram und Dionysius, um 1052 geschaffen, streng und blockhaft schwer. In der Kirche stehen wir glänzendem Barock gegenüber, das mit den älteren Teilen eine harmonische Einheit bildet. Das Rahmengehäuse zeigt romanische Form, Westquerschiff und Dionysiuschor tragen Kassettendecken von 1642, und unter diesem Chor liegt die geräumige Wolfgangs-Krypta, die 1052 geweiht worden ist.

1731/32 haben die Brüder Cosmas Damian und Egid Quirin Asam für Abt Godin das Innere des Schiffs prachtvoll umgestaltet. Über die Brüstung des letzten Nordfensters schaut die lebenswahre, farbig gefaßte Stuckfigur eines jungen Mönchs in die Kirche hinab. Der Abt hatte einen der Brüder beauftragt, die Arbeit der Meister zu überwachen und anzutreiben. Das gefiel diesen nicht, und so porträtierten sie ihn insgeheim und setzten ihn auf die Brüstung, damit er dort ewig Wache halte als ‹letzter Mönch von St. Emmeram›.

Unter der Fülle prächtiger Grabsteine sehen wir vor allem die der Heiligen Emmeram und Wolfgang aus dem 14. Jahrhundert, die Deckplatte des herrlichen Grabmals Hemmas, der Gemahlin König Ludwigs des Deutschen, um 1270/80, das Hochgrab des 995 verstorbenen Herzogs Heinrich des Zänkers (um 1330) und das Grab Herzog Arnulfs von Bayern, der 937 starb. In diese vornehme Versammlung sind dann die Fürsten von Thurn und Taxis eingegangen.

Abb. 175 bis 182

Prunn

Schloß Prunn liegt bei Riedenburg im Altmühltal auf einem hohen, zerklüfteten Jurafelsen mit einem herrlichen Landschaftsausblick. 1037 wird Prunn zum ersten Mal als Stammsitz der Herren von Prunn erwähnt. Seit 1288 ist es Lehen der bayerischen Herzöge. Im 14. Jahrhundert zogen die Frauenberger auf Prunn ein. Das Wappen der Frauenberger – der Schimmel oder die weiße Gurre – schmückt heute noch die östliche Hochwand der Burg.

Unter den Frauenbergern ist Prunn eine Pflegestätte mittelhochdeutscher Dichtung gewesen. Zeugnis davon gibt eine Handschrift des Nibelungenliedes aus dem 14. Jahrhundert. Der Prunner Codex mit der Überschrift: «Das ist das Buch Chreimhilden» wurde 1575 von dem Historiographen Wiguleus Hundt auf der Burg entdeckt und auf Wunsch Albrechts V. in die herzogliche Bibliothek nach München gebracht (heute in der Bayerischen Staatsbibliothek). Einen weiteren Hinweis auf das höfische Leben auf der Burg geben Reste von Wandmalereien (Darstellung einer Burg) in der ehemaligen Wachstube des Palas. 1567 nach dem Erlöschen der Frauenberger vom Haag zu Prunn kommt die Burg wieder an die bayerischen Herzöge, die den Grafen Joachim von Ortenburg als Pfleger einsetzen. Die Burg verdankt ihre Erhaltung bis zum heutigen Tage vornehmlich der vorzüglichen Denkmalpflege König Ludwigs I. 1827 verfügte er, daß das Bergschloß als ein geschichtliches Wahrzeichen erhalten bleibe.

Die Stuben haben meistens geschnitzte Balkendecken und Türumrahmungen aus der Renaissancezeit und Mobiliar, wie Truhen, Tische und Stühle, aus dem 16./17. Jahrhundert. Außerdem haben sich hier Bildteppiche und Gemälde des 17. Jahrhunderts erhalten: im Gerichtszimmer zwei dis-

kutierende Philosophen mit der Signatur von Johann Adam Schöpf, gegenüber ein Bildnis des Christian von Frauenberg (Leihgabe aus Privatbesitz).

Die Burgkapelle, von den Jesuiten um 1700 geschaffen, ist ein rechteckiger Raum mit stuckierter Flachdecke und einer gegenüber dem Altar liegenden Empore. Der Altar mit gewundenen Säulen besitzt in der Altarstaffel sechs spätgotische Relieffiguren, die vom früheren Altar stammen: Christus, Maria mit Kind, die Heiligen Barbara, Katharina, Margaretha und Ursula (um 1500). Die Wangen des Kirchengestühls zeigen schöne Akanthuslaubschnitzereien um 1710.

Abb. 183

Hirschberg

Hirschberg war einst Besitz der Grafen gleichen Namens, die 1305 ausstarben. Graf Gebhard VI. hatte das Schloß und einen großen Teil der Grafschaft dem Bistum Eichstätt vermacht, und Bischof Friedrich Graf zu Öttingen (1383–1415) ließ hier einen prächtigen Wohnbau aufführen und einen neuen Turm, auch umgab er die Burg mit einem Zwinger.

Unter seinen Nachfolgern wurde die Burg noch stärker befestigt, doch brannte ein großer Teil der Gebäude 1636 ab. Im 18. Jahrhundert fanden umfangreiche Um- oder Neubauten unter Gabriel de Gabrieli statt, aber erst Fürstbischof Raimund Anton Graf Strasoldo baute mit Moritz Pedetti 1760/64 das Schloß unter Benützung alter Mauerbestände zu einem prachtvollen Sommerschloß aus.

Die weitläufige Anlage liegt westlich von Beilngries auf einem Bergsporn. Von der Vorburg, deren hohe Ringmauern fast ganz erhalten sind, gelangen wir durch einen dämmerigen Laubengang hoher Hainbuchen zu einem Gittertor zwischen zwei Türmen mit gotischen Staffelgiebeln, deren südlicher die ehemalige Torhalle enthält. Dahinter öffnet sich der Ehrenhof des Schlosses: aus dem Mittelalter treten wir mitten ins 18. Jahrhundert.

Das Schloß umschließt mit einem schmalen Mittelbau und zwei langen Seitenflügeln die Cour d'Honneur. Das Ganze ist von ruhiger Vornehmheit. Lisenen gliedern den Mitteltrakt, über den Fenstern sitzen geschwungene Verdachungen, und die Mitte des Baues wird durch einen Balkon vor Pilastern unter geschweifter Verdachung betont. Neben dem Durchgang zum Park stehen in Nischen zwei Figuren mit Attributen von Hofbedienten von Johann Jakob Berg. Über dem Durchgang sitzt das Wappen Strasoldos mit der Jahreszahl 1764, und über dem Erdgeschoß, rings den Hof umlaufend, sind gegossene Hirschköpfe in stukkierten Kartuschen angebracht. Die Fassaden der Seitenflügel sind ähnlich wie der Mittelbau gestaltet.

Im Mittelbau sind die Repräsentationsräume untergebracht, der Südflügel enthält die Wohnräume des Bischofs
und die Kapelle St. Johannes Evangelista. Sämtliche Fest-
und Wohnräume werden von ausgezeichneten, sehr fein
gearbeiteten Stukkaturen des Eichstätters Johann Jakob
Berg geschmückt.

Im ersten Obergeschoß liegt der Kaisersaal, dessen Wände
von Pilastern gegliedert werden. In den Wandfüllungen
sehen wir die Bildnisse der kaiserlichen Familie, alle 1760
von Johann Michael Franz gemalt. Die Decke trägt eine
reiche Mittelrosette und graziösen Stuckzierat über der
Hohlkehle.

Im zweiten Obergeschoß liegt der Rittersaal, noch reicher
ausgestattet als der Kaisersaal. Seine Wände tragen ebenfalls
Pilastergliederung, deren Füllungen aus milchblauen Ans-
bacher Fayenceplatten bestehen. Die weißen Wände sind
von den köstlichsten Stukkaturen überzogen, rote Marmor-
kamine setzen farbige Akzente, und über Kaminen und
Türen sehen wir Veduten von Eichstätt, Beilngries mit
Hirschberg, Berching, Abensberg, Greding, Ornbau und
Spalt. An den Wänden sind Bildnisse des Bauherrn Stra-
soldo und des Grafen Gebhard VI. von Hirschberg von
Franz, 1766, angebracht. Die Stukkierung an Wänden und
Hohlkehle ist von höchster Qualität. Das Deckenbild, die
Opferung der Iphigenie, malte Franz 1764 in lichten, zarten
Farben.

Im Südflügel befindet sich ein Kabinett, dessen Stuck die
Decke wie eine Rosenlaube umrankt, und im Nordflügel zeigt
ein Raum eine Decke aus konzentrischen Kreisen, über denen
radförmig Rankenwerk ausgebreitet ist.   *Abb. 184 bis 188*

Parsberg

Auf zwei Terrassen einer aus Dolomitfelsen gebildeten
Bergkuppe liegen hoch über dem Städtchen das obere und
untere Schloß, ein ausgedehnter Gebäudekomplex, über
dem noch Reste der mittelalterlichen Burg vorhanden sind.

Vom Bau des oberen Schlosses gibt es keine Nachrichten.
Die früheste Erwähnung findet sich in einer Urkunde von
1205, durch die Herzog Ludwig von Bayern für den Fall
seines kinderlosen Todes Parsberg dem Bistum Regensburg
vermacht. Auf der Burg saßen die Herren, dann Grafen von
Parsberg und Lupburg, welche um die Mitte des 15. Jahrhunderts einen durchgreifenden Umbau des Schlosses vor-
nahmen. Der Haupttrakt mit den beiden Ecktürmen unter
Zwiebelhauben ist wohl durch Haug von Parsberg in der
1. Hälfte des 16. Jahrhunderts errichtet worden. Graf Haug
starb 1552.

Wohl 1600 erfolgte der Bau des unteren Schlosses, doch
wurde die ganze Anlage bald darauf von den Schweden

zerstört. Die Herrschaft blieb bis 1730 im Besitz der Familie
von Parsberg, die damals ausstarb, und kam dann an den
Fürstbischof von Würzburg, Graf Friedrich Karl von
Schönborn. Die Schönborn verkauften die Herrschaft 1792
an Bayern. Das Innere des Schlosses ist ganz schmuck-
los.   *Abb. 189*

Neumarkt

Im wittelsbachischen Hausvertrag von Pavia, 1329, fiel
auch Neumarkt an Kurpfalz. In der Nordostecke der schönen alten Stadt, von deren Befestigungen noch Reste erhalten sind, steht das kurfürstliche Schloß. Pfalzgraf Johann,
der zweite Sohn Kaiser Ruprechts III., hatte 1410 als Erbe
Teile der Oberpfalz erhalten. Man nannte ihn den Oberpfälzer, Neuburger oder Neumarkter, und er wählte 1410
Neumarkt als Residenz und baute hier ein neues Schloß,
das jedoch 1520 abbrannte. In Neumarkt wurde 1416 ein
Prinz geboren, Christoph, Sohn des Herzogs Johann, der
1440 die dänische und auch die schwedische, und 1441 die
norwegische Königskrone trug.

Das Schloß wurde nach dem Brand von 1520 neu erbaut
und 1539 vollendet. Baumeister war der Eichstätter Erhard
Reich. Auch Ottheinrich von der Pfalz scheint sich am
Schloßbau beteiligt zu haben, da 1556 der Nürnberger Paul
Behaim auf Wunsch des Fürsten nach Neumarkt kam.

Im 19. Jahrhundert verlor die Residenz durch Abbruch
von zwei Flügeln und durch innere Veränderungen viel von
ihrem alten Charakter. Es muß, alten Abbildungen zufolge,
ein üppiger Bau gewesen sein, eine Vierflügelanlage um
einen Hof. Der noch stehende Nordostbau enthielt die
fürstlichen Wohnräume, die laut Inventaren sehr reich ausgestattet gewesen sein müssen. Erhalten sind von dieser
Pracht nur noch zwei Renaissance-Kamine mit dem bayerischen und pfälzischen Wappen aus der Werkstatt Loy
Herings.

Amberg

Das älteste Schloß der Pfalzgrafen war der sogenannte
‹Eichenforst› (heute Stadtmuseum), 1296 bis 1315 erbaut,
mit hohen gotischen Treppengiebeln und dem schönen, als
Erker ausgebildeten Chörlein der Kapelle. 1329 kam Am-
berg durch den wittelsbachischen Hausvertrag zu Pavia an
Kurpfalz und wurde Hauptort der kurpfälzischen ‹Oberen
Pfalz›.

Der Bau der neuen Residenz begann 1417 durch den Kurfürsten von der Pfalz bei der sogenannten ‹Stadtbrille›, der
steinernen Brücke über die Vils. Dieses Schloß hatte ein

unglückliches Schicksal, denn 1557 schlug hier der Blitz ein und das ganze Schloß brannte ab. Zwanzig Jahre später war es wieder hergestellt, aber auch das neue Gebäude fiel, 1644, einem Blitzschlag zum Opfer.

Der Gebäudekomplex des 16. Jahrhunderts, um einen Innenhof gruppiert, war rings von Mauer und Graben umgeben. Den Torbau, er umfaßte zwei Tore, sicherten übereck gestellte Verteidigungserker. Am inneren Tor stand ein hoher Turm, der Fuchssteiner, auf der Südseite des Schlosses lag die ‹Große Kemenate›, ein Wirtschaftsgebäude. Diesen Trakt baute der Heidelberger Hofbaumeister Johann Schoch 1602/03 um; er erhielt die stattlichen Volutengiebel. Nach dem Brand von 1644 richtete man in diesem Flügel die Wohnung des Vizestatthalters ein.

Der auf der Stadtseite gelegene Flügel, die ‹Alte Kemenate›, wurde 1768 abgebrochen. Die anderen Gebäude sind ebenfalls verschwunden, bis auf den Bau Johann Schochs, ein dreigeschossiger Trakt mit Hausteinfassaden, an dessen Südseite noch Reste des Torbaus zu sehen sind. Von der alten Ausstattung des Südflügels ist nur die Kapelle mit bemalter Decke, holzgetäfelten Wänden und einem hübschen Rokokoaltar erhalten.

Sulzbach-Rosenberg

Sulzbach gehörte dem mächtigen Hause der Grafen von Sulzbach-Kastl-Hirschberg. Die Grafschaft Sulzbach war, nach der Markgrafschaft Vohburg, das bedeutendste Territorium im Nordgau. Nach dem Aussterben beider Sulzbacher Linien fiel der Besitz durch Erbvertrag an den bayerischen Herzog, 1329 durch den wittelsbachischen Hausvertrag zu Pavia an Kurpfalz und wurde 1569 Sitz einer eigenen herzoglich-sulzbachischen Linie, welcher Carl Theodor Kurfürst von Pfalz und Bayern entstammte.

Stadt und Schloß liegen auf einem Höhenrücken des Jura über dem Tal. Schon von weitem sieht man den bewegten Umriß der Stadt mit Türmen und Mauern, und innen geht es bergauf, bergab durch steile Straßen und Gassen mit schönen alten Häusern und einem weiten Marktplatz, den das prächtige Rathaus des 14. bis 16. Jahrhunderts schmückt.

Das Schloß, eine sehr weitläufige Anlage, soll von Graf Gebhard I. von Sulzbach um die Mitte des 11. Jahrhunderts erbaut worden sein. Baunachrichten fehlen. Im 15. Jahrhundert sind wohl die Befestigungen wegen der Husseneinfälle verstärkt worden. Aus dieser Zeit stammte der große polygonale Turm an der Westspitze, der ‹Hussenturm›, der zu Beginn des vorigen Jahrhunderts abgebrochen wurde.

Otto Heinrich von Pfalz-Zweibrücken-Sulzbach hielt 1582 seinen feierlichen Einzug in die Stadt und begann sofort mit dem Ausbau der Burg zur Residenz. Sein Baumeister war Adam Schwarz, Ratsherr aus Sulzbach. 1618/20 ließ Herzog August mit einem ‹welschen Baumeister› das Schloß ganz neu herstellen und kostbar ausstatten. Baumeister war, wie aus einem Brief des Herzogs an seinen Bruder in Neuburg hervorgeht, Simon Doctor (wahrscheinlicher Sigmund Doctor). Herzog Christian August ließ die Schloßkapelle 1663 von Zacharias Adamei aus Neustadt a. d Waldnaab verändern und 1684 von Maurermeister Johann Kirchberg aus Neustadt a. d. W. ein Ballhaus bauen. An seiner Stelle steht seit 1753 das Kloster der Salesianerinnen. 1768/94 wurde wieder viel gebaut und verändert, da die verwitwete Pfalzgräfin Franziska Dorothea von Pfalz-Birkenfeld hier Wohnung nahm. Nach ihrem Tode verwahrloste das Schloß, bis es 1807 Johann Esaias von Seidel für seine Buchdruckerei kaufte und restaurieren ließ. 1861 hat der Staat das Schloß zurückgekauft und es im Innern durch Umbauten für Behördenzwecke hergerichtet.

Man gelangt, vom Marktplatz bergan steigend, zu einem Querbau mit spitzbogigem gotischem Tor, dann durch ein Rundbogentor des frühen 17. Jahrhunderts in den Schloßhof mit dem hübschen Löwenbrunnen von 1701. Von den Gebäuden, die den Hof umstehen, ist das markanteste der dreistöckige Saalbau von 1582 mit Treppenturm auf der Hofseite, dessen schönes Portal die Jahreszahl 1582 trägt. Im obersten Stockwerk liegt der große Saal, in dem heute das Heimatmuseum untergebracht ist. Alles übrige ist verändert oder verschwunden.

Neidstein

Von Sulzbach-Rosenberg ist es nicht weit nach Neidstein bei Neukirchen, dem Sitz der Freiherren von Brandt-Neidstein seit mehr als 500 Jahren.

Am Ende eines Bergsporns, unter der im Landshuter Erbfolgekrieg 1504 zerstörten Burg, steht im Wald das Schloß, ein stattlicher Bau in schönster landschaftlicher Lage.

Die Burg war Sitz der Herren von Stein, die sich seit dem 12. Jahrhundert von Neidstein (Nietstein) nannten. Die Neidsteiner waren Ministerialen der Bischöfe von Bamberg und bauten die Burg um 1050, um von hier aus den Abschnitt zwischen Hersbruck und Sulzbach an der alten Fernstraße nach Prag sichern zu können. Nach dem Erlöschen der Herren von Neidstein saßen landesherrliche Pfleger auf der Burg, bis 1466 Herzog Ludwig der Reiche von Bayern-Landshut die Burg dem Hans Prantner verpfändete, der aus Egerländer Uradel stammte.

Jobst von Brandt d. Ä. galt «als Prototyp des im Absterben begriffenen alten Rittertums»; er baute die zerstörte Burg nicht mehr auf, sondern errichtete auf dem darunter gelegenen Plateau das neue Schloß, das 1513 fertiggestellt war, einen langgestreckten Trakt mit östlichem Torbau und einem Rundturm im Westen.

Einem Zweig der Familie gehörte Jobst von Brandt d. J. (1517/70) an, der einer der bedeutendsten Liederdichter in Bayern war. Er hatte in Heidelberg studiert, war dann bis 1548 Kapellsänger am Hofe zu München und wurde im gleichen Jahr Stiftshauptmann und Pfleger der dem Kloster Waldsassen gehörenden Herrschaft Liebenstein. Brandt gilt als ein Meister seines Fachs, als der bedeutendste zwischen Ludwig Senfl und Orlando di Lasso. Er hinterließ neben deutschen Liedern Vertonungen von Psalmen.

Neidstein ist im Lauf der Zeit zu einem wohnlichen Schloß ausgebaut worden, das im 19. Jahrhundert anstelle des Krüppelwalmdachs die Staffelgiebel erhielt.

An einer Wand des Schlosses sind aus Amberg stammende Reliefs angebracht, Szenen aus dem Alten Testament, von Georg Schweiger, dessen lächelndes Bildnis sich darunter befindet, mit folgender Inschrift:

Mein Kunst wird offt gefochten an
Halt mich zu Gott, der helffen kan
Und arbeit frölich in meim Hauß
Diss lacht im der zum fenster auß.
G. S. 1601

Abb. 193

Wernberg

Wernberg war alter Besitz der Landgrafen von Leuchtenberg, die es 1280 an Konrad von Paulsdorf verkauften. Um 1450 kamen die Nothaft von Weißenstein in den Besitz der Burg, die 1530 wieder leuchtenbergisch wurde. Nach dem Erlöschen des Hauses Leuchtenberg kam die Anlage 1646 als böhmisches Lehen an die Grafen von Khevenhüller, später durch Kauf an den Kurfürsten von Bayern. Wernberg gehört heute den Grafen von Schall-Riaucour. Gegenwärtig ist dort das Agnes-Heim für behinderte Kinder untergebracht.

Die Burg liegt am Ende eines die Naab begleitenden Bergrückens, eine romanische, durch Umbauten im 15. Jahrhundert veränderte Anlage. Über einen doppelten Graben führt der Zugang in den durch Einbauten in drei Teile geteilten Hof, in dem der hohe Bergfried steht. Im 16. Jahrhundert wurden die Befestigungen durch halbrunde Ecktürme verstärkt, von denen einer erhalten ist. Das Torhaus entstammt wohl dem 16. Jahrhundert, ebenso der Wohnbau. Im Hof sind die Fassaden nach Osten, Norden und Westen in zweigeschossigen Arkadenbogen aufgelöst, deren obere Balustraden aus im Zickzack gestellten Ziegeln gemauert sind.

Neustadt an der Waldnaab

Neustadt, erstmalig 1232 erwähnt – damals verpfändete Graf Heinrich von Altdorf seinen Besitz an Graf Heinrich von Ortenburg – ist eine malerische kleine Stadt, die wohl schon im 13. Jahrhundert ihre Befestigungen erhalten hat, von denen noch Reste erhalten sind. Die Stadt liegt auf einem langgezogenen schmalen Hügelrücken zwischen Waldnaab und Floß, die sich hier vereinigen. Am Nordostende der Stadt befindet sich das Schloß.

Es war Sitz der Herrschaft Neustadt-Sternstein, die 1558 an das fürstliche Haus Lobkowicz übergegangen war, zuerst als Pfandschaft, seit 1575 als Erblehen und seit 1641 als gefürstete Grafschaft.

In der Mitte des 17. Jahrhunderts machten die Lobkowicz Neustadt zu ihrer Residenz. Fürst Ferdinand August (1655 bis 1715) wollte hier ein neues großes Schloß haben, ließ die Befestigungen beim alten Schloß abbrechen und begann 1698 den Bau einer auf drei Flügel angelegten Residenz. Antonio Porta, der in lobkowiczschen Diensten gestanden, 1668/84 das Schloß Raudnitz in Böhmen, außerdem Schloß Sagan in Schlesien und die böhmischen Lobkowiczschlösser Bilin und Lobkowicz gebaut hat, leitete den Neustadter Bau bis zu seinem Tode, 1702. Sein Nachfolger, der fürstliche Baumeister Anton Ritz, setzte den Bau fort, aber als der Fürst 1715 starb, geriet alles ins Stocken, denn seine Nachfolger gaben ihren Wohnsitz in Neustadt wieder auf. Daher ist nur ein Flügel des Schlosses, das heutige Landratsamt, aufgeführt worden.

Das ‹Neue Schloß› zeigt der Stadt zu eine reiche Fassade mit Pilastergliederung, mit Balustersockeln unter den Fenstern, mit Triglyphenfries und Kranzgesims als Abschluß. Die fürstlichen Repräsentationsräume lagen im 2. Obergeschoß. Sie sind in den letzten Jahren restauriert worden und enthalten zum Teil noch üppigen Stuck aus Girlanden und Akanthuslaub. Südlich vom Treppenaufgang befindet sich ein prächtiger Raum, wohl die ehemalige Schloßkapelle, mit hohem Spiegelgewölbe und reicher Stukkierung. Die guten Deckenbilder zeigen das apostolische Glaubensbekenntnis in siebzehn Bildern. Maler und Stukkatoren sind nicht bekannt. Wäre das Schloß wie geplant fertiggestellt worden, so hätte die Oberpfalz damit die üppigste Residenz erhalten.

Falkenberg

Im Gebiet des Steinwalds sitzt die Burg Falkenberg als mächtiger Klotz auf einem Felskegel, der steil zur Waldnaab abfällt. Die Burg gehörte im 12. und 13. Jahrhundert den Herren von Falkenberg und erscheint nach deren Aussterben im Besitz der Landgrafen von Leuchtenberg, welche sie vor 1290 dem Burggrafen von Nürnberg verpfändeten. Dieser trat im Jahre 1290 das Pfandrecht den Zisterziensern von Waldsassen ab, welche die Burg vier Jahre später von den Leuchtenberg kauften. Sie geriet im Lauf des 14. Jahrhunderts mehr und mehr in Verfall, so daß Abt Konrad II. sie gleichsam neu bauen mußte; er verstärkte auch um 1400 die Befestigungen. Im Mai 1428 wurde Falkenberg von den Hussiten belagert und im Jahre 1648 nahmen die Schweden unter dem General von Königsmarck die Burg ein.

Nach dem Friedensschluß verfügte der neue Herr Falkenbergs, Kurfürst Maximilian von Bayern, daß an der Burg keine Ausbesserungen mehr vorgenommen werden sollten. Im 19. Jahrhundert wurden Steine des Bergfrieds und der Kapellenfassade zum Bau des Pfarrhofs verwendet. 1936 kaufte der Botschafter Friedrich-Werner Graf von der Schulenburg, der als Teilnehmer an der Verschwörung des 20. Juli 1944 hingerichtet worden ist, die Burg und setzte sie instand. Sie gehört auch heute der Familie Schulenburg.

Drei Bauperioden lassen sich an Falkenberg feststellen: die Umfassungsmauern des Ost- und Westflügels gehören in den unteren Teilen dem 11. Jahrhundert an, Bergfried und Torbau dem 15. Jahrhundert, das übrige dem späteren 15. Jahrhundert. Grabenartige Vertiefungen im östlichen Vorfeld deuten auf früher vorhandene ein oder zwei Vorburgen hin. Dieses Gelände trennt ein tiefer, breiter Halsgraben von der Burg, über den eine Zugbrücke zum Torturm führt. Oben im Torbau befindet sich die Kapelle, noch mit gotischem Sandsteinbogen. Der Grundriß zeigt im Zentrum der Anlage den Bergfried oder Hussitenturm.

Falkenberg gehört zu den eindrucksvollsten Burgen der Oberpfalz; sie ist mit großem Einfühlungsvermögen wieder ausgebaut worden. *Abb. 190*

Thumsenreuth

Im Hügelland bei Erbendorf, zu Füßen des Steinwaldes, unweit vom Zusammenfluß der Fichtel- und Waldnaab, liegt Schloß Thumsenreuth der Freiherren von Lindenfels. Das Land um den Rauhen Kulm, ein Gebiet von außerordentlicher landschaftlicher Schönheit, ist seit mehr als 300 Jahren die Heimat der aus Württemberg stammenden Lindenfels. 1255 wird die Wasserburg erstmals urkundlich genannt. In diesem Jahr erfolgte ein Ausbau der kleinen Anlage, der Turmburg, durch die Herren von Trautenberg, die hier bis 1405 saßen. Ihnen folgten die mächtigen Herren, späteren Grafen Nothaft von Weißenstein, dann andere Familien, bis Jobst Bernhard von Lindenfels 1661 die Herrschaft kaufte.

Die Nothaft bauten 1586 die Burg zum Schloß um, eigentlich zu einem Burgschloß, denn der wehrhafte Charakter ist

erhalten geblieben. Aus jener Zeit stammt der schöne mit Maßwerk und Wappen geschmückte Eck-Erker am südwestlichen Risalit, dessen Inschrift besagt, daß Christoph Nothaft von Weißenstein und seine beiden Ehefrauen, von Biberen und von Seckendorff, das Schloß gebaut haben. Im Dreißigjährigen Krieg wurde der runde Turm an der Nordwestecke zerstört. Nachdem ein Teil des Grabens eingeebnet worden war, erhielt das Haus 1743 den heutigen Haupteingang.

Das Innere, das zum Teil als Museum gezeigt wird, enthält gutes Mobiliar, vor allem prachtvolle Renaissance-Schränke, und viele, darunter einige sehr gute Familienbilder, Turnierstammbäume und Hausrat aller Jahrhunderte. Einige Räume tragen gute Stukkaturen und zartfarbige Deckenbilder und Wandbemalungen des Rokoko. Das kleine Museum birgt Uniformen der Lindenfels, Waffen, Porzellane, Kleinkunst, Puppenstuben, Spielzeug, und in der Kapelle hängt ein schönes Altarbild des 17. Jahrhunderts, das Hans Kaspar von Lindenfels mit seiner Familie zeigt. Im Erdgeschoß steht eine gewaltige Wäschemangel, die noch in unserem Jahrhundert benutzt wurde und von manchem Besucher für ein Folterwerkzeug gehalten wird.

Alles das gehört zur Geschichte, zum Leben des alten Hauses, wird weitergegeben von Generationen zu Generationen, in denen sich Vergangenheit, Gegenwart und Zukunft miteinander verbinden.

Vohenstrauß / Schloß Friedrichsburg

Am Südende der breiten Marktstraße des Städtchens Vohenstrauß erhebt sich beherrschend der massige Bau des Schlosses Friedrichsburg, einer der bedeutendsten Schloßbauten der Oberpfalz, dazu in einem der schönsten Waldgebiete des Landes, nahe der böhmischen Grenze. Erbauer des Schlosses war Pfalzgraf Friedrich, Sohn des Pfalzgrafen Wolfgang von Zweibrücken-Veldenz, Herzogs von Pfalz-Neuburg, des Stammvaters der königlichen Linie in Bayern. Heute dient es als Ämterhaus.

Die Herrschaft Vohenstrauß war 1505 dem neu gegründeten Fürstentum Pfalz-Neuburg zugesprochen worden. Pfalzgraf Friedrich lebte hier bis zu seinem Tode im Jahre 1597. Er war mit der Tochter des schlesischen Herzogs von Liegnitz-Brieg verheiratet. Beide liegen in der Stadtpfarrkirche Lauingen begraben, und Kleider und Schmuck aus ihren Gräbern können wir im Bayerischen Nationalmuseum in München sehen. 1586 begann der Maurermeister Hans Reicholt aus Weiden nach den Plänen des Burglengenfelder Baumeisters Leonhard Grieneisen den Bau des Schlosses. Es ist eine höchst stattliche, kraftvolle Anlage mit Rundtürmen unter Spitzhelmen, mit hohem Satteldach und Wellengiebeln an Ost- und Westseite. An der Nordfront steht ebenfalls ein Rundturm mit reichem wappengeschmücktem Portal. Im Innern ist das Schloß vielfach umgestaltet worden. Die es umgebende hohe Mauer mit runden Ecktürmen ist noch in großen Teilen erhalten. *Abb. 191*

Winklarn

Im Schwarzachbergland mit seiner höchsten Erhebung, dem Frauensteiner Waldrücken, in sehr abwechslungsreicher Landschaft, liegt die Herrschaft Winklarn. Sie befand sich im Besitz der Herren Fuchs von Wallburg, ging im 17. Jahrhundert an die Freiherren von Weichs über, denen andere Familien folgten, bis 1803 Carl Wilhelm Graf Eckart von Leonberg Gut und Schloß kaufte. Seine einzige Tochter, vermählt mit dem Comte Du Moulin, erbte Winklarn, Leonberg und das schwäbische Bertoldsheim. Ihr ältester Sohn nannte sich Graf Du Moulin-Eckart, der zweite, Herr auf Leonberg, verdeutschte auf Wunsch König Ludwigs I. seinen Namen und nannte sich Graf von der Mühle-Eckart. Beide Namen bestehen heute noch nebeneinander.

Ritter Thomas Fuchs († 1525) hatte am Ostrand des Marktes das Schloß gebaut, eine stattliche Anlage mit vier Ecktürmen, die 1822 abbrannte. Das Schloß wurde nicht in der alten Form wiederaufgebaut, sondern in zwei Teile geteilt, die einander gegenüber stehen als Oberes und Unteres Schloß, der eine Bau mit zwei, der andere mit einem Eckturm. Das Innere enthält kulturhistorisch interessante Sammlungen der Kunst und Volkskunst und schöne alte Möbel des 15. bis 19. Jahrhunderts. Alles das zusammen bildet ein behagliches, wohnliches Interieur.

Fronberg

Auf bewaldetem Bergzug, beherrschend über dem Tal der Naab, steht Schloß Fronberg, einst Sitz der Herren gleichen Namens. Zweimal ist die große Anlage ein Raub der Flammen geworden: zu Beginn des 14. Jahrhunderts und erneut im Bayerischen Erbfolgekrieg. Erst die Herren von Vestenberg, die Fronberg von 1521 bis 1587 besaßen, bauten das Schloß wieder auf. So hat es manche bauliche Wandlung erfahren, bis es seine heutige Gestalt erhielt. An den Charakter eines Burgschlosses erinnert noch der Torturm des 16. Jahrhunderts, die Laubengänge im Hof und der tiefe Graben, der die Gebäude im Süden, Osten und Westen umzieht. Die Besitzer haben oft gewechselt, ehe die Freiherren von Künsberg das Schloß erwarben, von denen es 1873 durch die Ehe eines Freiherrn von Breidbach-Bürresheim mit Maria Wilhelmine Freiin von Künsberg an die Breidbach überging.

Über die Brücke erreichen wir den Torturm, dessen Fassade in Fresko das Ehewappen Spiering-Stingelheim aus dem 18. Jahrhundert trägt. Aus gleicher Zeit dürften die Rahmung des Torbogens, die Lisenen und der gesprengte Dreiecksgiebel stammen. Hinter dem Tor liegt der Vorhof, an dessen Nordseite sich eine zweigeschossige, unten jetzt vermauerte Laube mit runden Bogen auf kräftigen Säulchen hinzieht. An der Brüstung des oberen Laubenganges sitzt zwischen spätgotischem Maßwerk das Wappen Vestenberg mit der Jahreszahl 1587. Auf der Westseite erhebt sich die Hufeisenanlage des Schlosses, dessen Fassade von zwei vorspringenden Ecktürmen flankiert wird, und im Süden steht ein langer Trakt, an den sich nach Norden der Kapellenflügel anschließt. Die Schloßkapelle, deren Oratorium die Wappen Spierinck-Preysing trägt (18. Jahrhundert), wurde 1677 oder 1678 von Pietro Spineta gebaut und enthält drei schöne Altäre der gleichen Zeit.

Es ist, als habe man im 17. Jahrhundert hier nichts anderes gewollt als ein geräumiges Haus zu schaffen, dem ein Graben und ein kräftiger Torturm noch einigen Schutz zu gewähren vermochten. Dennoch, schon der Vorhof ist erfüllt von einer Atmosphäre, die als ein Werk von Generationen unmerklich aus den Fundamenten und dem Felsgrund der Burg herauswuchs und alles scheinbar Zufällige zu einer Einheit zusammenschloß.

Dietldorf

Friedrich Eberhard Freiherr Tänzl von Tratzberg baute das Schloß 1700/05 von Grund auf neu mit einem italienischen Baumeister, den er angeblich aus Italien mitbrachte.

Die Tänzl zählten zu den reichsten Gewerken des Silber- und Kupferbergbaus in Nordtirol, bauten bei Jenbach am Inn das bedeutende Schloß Tratzberg, wo Kaiser Maximilian I. häufig zu Gast war, und wurden 1483 geadelt. Seit 1655 sind sie in der Oberpfalz ansässig, als der kurkölnische Kämmerer, bayerische Pfleger zu Fronstein und Kastner zu Laaber, Karl Sigismund von Tänzl, die Hofmark Traidendorf kaufte. 1688 fiel Dietldorf durch Heirat an die Familie.

Es ist ein stattlicher dreigeschossiger Bau mit drei Mittelrisaliten. Die klare Außengliederung macht den italienischen Charakter sichtbar. Im Erdgeschoß befindet sich die Kapelle mit einem zierlichen Altar aus dem Ende des 18. Jahrhunderts.

Das Innere ist mit gutem Mobiliar des Rokoko, Empire und Biedermeier eingerichtet; zudem befindet sich im Schloß eine Sammlung von Zeichnungen des Georg Hämmerl aus Kallmünz, die er in den Jahren 1793–1802 anfertigte. Sie zeigen Ansichten von Schlössern und Städten des Herzogtums Pfalz-Neuburg und bilden wertvolle Dokumente zur Topographie Bayerns.

Wolfsegg

1932 kaufte Georg Rauchenberger die baufällige Ruine, um sie vor dem völligen Verfall zu retten und wiederherzustellen. Die Burganlage von beträchtlichen Ausmaßen liegt beherrschend auf einem Felskegel über dem Dorf, umgeben von einem Bering mit zwei halbrunden Türmen, einem Rundturm und zwei Halbtürmen im Fundament zweier Zwingerhäuschen. Die Anlage ist annähernd oval.

Um 1300 erbaut, wird die Burg erstmalig 1358 urkundlich erwähnt bei Übereignung durch Wolf von Schönleiten an seine beiden Töchter (Kunkellehen).

Der Zugang zum Hof befindet sich auf der Südseite über der inneren Burg, die ein unregelmäßiges Polygon bildet. Auf der Westseite steht der erhaltene Palas mit dem Ziegeltreppenturm von 1460 und großen tonnengewölbten Räumen, die mit schönen alten Möbeln, Gobelins und mittelalterlichen Waffen ausgestattet sind.

Man erreicht Wolfsegg von Regensburg aus über Hainsacker oder der Naab entlang über Pielenhofen.

Ramspau

Fährt man von Regensburg über Stadtamhof in Richtung Nittenau, sieht man jenseits des Regen, der durch die Wiesen fließt, das stattliche Schloß Ramspau unter seinem hohen Dach mit vier originellen Türmen, die von eleganten geschindelten Zwiebelhauben bekrönt werden. Graf Johann Sigmund von Reisach hatte das Gut 1694 gekauft und, wie die Inschrift über dem Portal sagt, aus den Steinen der alten Burg das neue Schloß erbauen lassen, das 1726 fertiggestellt war. Nach den Reisach kam Ramspau an die Freiherren von Schneid und durch sie 1803 an die Freiherren von Pfetten, die auch heute noch hier ansässig sind.

Ramspau ist ein schlichtes, aber dabei sehr wohnliches Haus. Aus dem einfachen Vestibül führt eine bequeme einläufige Treppe nach oben zu den Wohnräumen, die mit guten Möbeln des 18. und frühen 19. Jahrhunderts ausgestattet sind und schöne Empireöfen und Bilder enthalten.

Hauzenstein

Das Schloß steht in allerschönster Lage unterhalb der nicht mehr vorhandenen Burg Hauzenstein, in einem stillen, engen Waldtal östlich des Regen. Die Gegend gehörte den Hauzendorfern, die wohl die kleine Burg erbauten, sich Hauzendorfer von Hauzenstein nannten und deren Name 1372 zum ersten Mal erscheint. Es folgten 1404 Niclas von Paulstorff und 1441 die Herren von Laubelfing, dann verschiedene Besitzer, bis die Grafen von Walderdorff 1830 das Gut kauften.

Schloß Hauzenstein ist ein schlichter, wohlproportionierter Bau von etwa 1680, zweifellos auf älterer Grundlage, über dessen Fenstern Segmentbogenverdachungen sitzen. Auf der Westseite steht angebaut ein Turm mit Glockentürmchen unter Zwiebelhaube und auf der Ostseite angebaut ein alter Flügel, der 1907 noch ein neues Stockwerk aufgesetzt erhielt.

Es ist ein sehr behagliches Haus mit dem ganzen Reiz eines geräumigen Landschlosses. Im Erdgeschoß liegt die Kapelle, ein schlichter, kreuzgewölbter, durch dicke Rundsäulen mit Kämpfern geteilter Raum, darin ein klassizistischer Altar.

Ebenfalls im Erdgeschoß liegt die große Bibliothek mit wertvollen alten Bücherbeständen. Im ersten Obergeschoß befinden sich die Wohnräume, der große Speisesaal und das kleine Speisezimmer. Man findet dort Marmorkamine des Rokoko und kostbare Möbel des 17.–19. Jahrhunderts und zwei prachtvolle farbige niederbayerische Kachelöfen, um 1530, geschmückt mit Bildnismedaillons, möglicherweise Porträts der herzoglich bayerischen Familie. Ein ähnliches Stück steht auf der Burg Trausnitz bei Landshut. Es gibt venezianische Spiegel und Lüster, darunter einen Spiegel mit dem Bildnis der Kaiserin-Kurfürstin Maria Amalia, Geschenk an einen der Besitzer von Hauzenstein. Auf den Korridoren, die einfachen Rahmenstuck des 17. Jahrhunderts tragen, stehen zahlreiche gute Renaissance- und Frühbarockschränke.

Die Walderdorff entstammen dem rheinischen Uradel und wurden 1767 in den Reichsgrafenstand erhoben. Ein sehr notabler Herr der Familie ist der Kurfürst von Trier, Johann Philipp von Walderdorff (1756/68) gewesen, dessen Bildnisse sich mehrfach im Schlosse befinden.

«Der Kurfürst Johann Philipp», berichtet der Rheinische Antiquarius, «war ein Herr von schönstem Aussehen, äußerst einnehmender Gesichtsbildung und einem aufrichtigen Herzen ... Sein Vater war ein sehr ernsthafter Mann, besonders in Erziehung seiner Kinder, und residierte mit seiner Frau Gemahlin, welche eine Freiin von Kesselstadt war, beständig auf dem Schloß Molsberg [es gehört heute noch der Familie]. Als er einstens seinen Herrn Sohn Johann Philipp zu Molsberg in der Küche antraf und ihn deshalb strafen wollte, stieg Johann Philipp als ein Knab von zwölf Jahren aus Furcht vor seinem Herrn Vater durch den Küchen-Schornstein aufs Dach; hier mußte der Herr Vater seinen Zorn in die besten und süßesten Worte verwechseln, um so lang seinen Sohn vor größerer Desparation und Furcht abzuhalten, bis dahin der Bleidecker gekommen und ihn ohne Unglück wieder heruntergebracht hatte. . . .»

Die rheinischen Walderdorff auf Hauzenstein und dem benachbarten Kürn sind ganz und gar heimisch geworden im bayerischen Raum. An der landschaftlichen Situation, an dem kleinen Park, der unmerklich in den Bergwald übergeht, hätte der Gartenarchitekt Ludwig von Sckell seine Freude gehabt. Es ist still in diesem abgelegenen Waldtal, so still, daß die Rehe zur Äsung in den Garten kommen, ein Bild wie aus Eichendorffs Dichtung.

Karlstein

Hoch über dem Tal des Regen und dem Dorf Karlstein steht die Vierflügelanlage des Schlosses mit tonnengewölbter Einfahrt. Die Anlage trägt nicht nur mittelalterlichen Charakter, sondern stammt gewiß aus mittelalterlicher Zeit, obwohl die Erneuerung im 19. Jahrhundert dem Schloß viele neugotische Elemente hinzugefügt hat, so zum Beispiel den Zierat an den Fenstern oder die Fialen, die das Dach überragen. Die Erneuerung erfolgte 1841 aus Anlaß der Vermählung des Grafen August von Drechsel mit Maximiliane Gräfin von Bayrstorff, die eine Tochter des Prinzen Carl von Bayern war.

Die Grafen von Drechsel, denen das Schloß noch heute gehört, kommen aus Dinkelsbühl, wo sie dem städtischen Patriziat angehörten. Ein Walter Drechsel, Kanzler des Pfalzgrafen Philipp Ludwig von Pfalz-Neuburg, erhielt 1579 den Reichsadel, 1731 wurde die Familie in den Reichsfreiherrenstand erhoben. Karl Joseph Drechsel war einer der engen Mitarbeiter des bayerischen Ministers Graf Montgelas; er wurde 1803 Generallandesdirektionsrat in München, 1806 Postkommissar. Ihm war die nicht angenehme Aufgabe gestellt, die Rechte des bayerischen Staates gegen die Thurn- und Taxis'sche Post durchzusetzen. 1808 wurde diese Einrichtung von Bayern übernommen und Drechsel schuf nun die Organisation eines vorzüglich funktionierenden staatlichen Postwesens. Er war es auch, der nach der Säkularisierung die Tegernseer Klostergebäude kaufte, die er dann 1871 an König Maximilian I. Joseph abtrat. Als Generalpostdirektor, Staatsrat und Kämmerer gehörte er zu den Stützen des jungen Königreichs und wurde 1817 in den Grafenstand erhoben.

Wörth

Die Herrschaft Wörth gehörte zum Hochstift Regensburg und wurde, mit der Herrschaft Donaustauf, 1812 als Ersatz für das an Bayern abgetretene Postregal dem Fürsten von Thurn und Taxis überlassen, mit dem Titel ‹Herzog von Wörth und Donaustauf›, der 1899 vom König von Bayern verliehen wurde.

Da liegt über der Donau und dem Städtchen Wörth auf den Vorbergen des bayerischen Waldes diese mächtige Burg. Acht kräftige Türme, runde und viereckige, schützen die wohlerhaltene Anlage, die wohl in der zweiten Hälfte des 13. Jahrhunderts entstanden ist. Mit Ausnahme des gewaltigen Bergfrieds gehören die heutigen Bauten dem 16. Jahrhundert an, erbaut von Pfalzgraf Johann, dem Administrator des Hochstifts (1507/38). Kaiser Franz II. sagte bei einem Besuch in Wörth: «Dem Schlössl wär ich auch nicht feind.» So hat Albrecht Altdorfer, der Regensburger Maler, sie um 1520 auf einer kleinen Donaulandschaft gemalt, die sich im Besitz der Bayerischen Staatsgemäldesammlungen befindet. Fürstbischof Albert IV. von Törring hat dann 1613/49 die Bauarbeiten abgeschlossen. Heute ist die Burg an die Deutsche Bundesbahn vermietet.

Zunächst gelangen wir zu einem vorgeschobenen Torbau – er trägt das Wappen des Bischofs Wolfgang von Hausen und die Jahreszahl 1606 – der von zwei Rundtürmen flankiert wird, von dort aus durch einen von Zwingern beherrschten Hohlweg zum Haupttor, das 1525 errichtet worden ist, ebenfalls von zwei Batterietürmen flankiert. Am Obergeschoß sehen wir das Wappen des Hochstifts Regensburg und das von Pfalz-Bayern mit der Bauinschrift, vielleicht aus der Werkstatt des Eichstätters Loy Hering.

Wir betreten den Hof und sehen im Westen den dreiflügeligen Fürstenbau mit der Schloßkapelle St. Martin, im Osten den mächtigen Bergfried und das alte Dienstgebäude, alles das von der Ringmauer umschlossen, an deren Ecken runde Batterietürme stehen.

Im alten Dienstgebäude liegt die große Schloßküche mit weitgespanntem Kreuzrippengewölbe.

Dem Fürstenbau ist am Westflügel auf der Hofseite eine doppelgeschossige offene Galerie aus der Frühzeit des 17. Jahrhunderts vorgelegt, also aus der Zeit des Bischofs Törring.

Die Innenräume sind reich ausgestattet. Das Schlafzimmer des Bischofs trägt noch eine getäfelte Decke mit schöner Figuration, Türrahmen mit Hermenpilastern und reichem Architrav, und die Wände sind mit Landschaften des beginnenden 19. Jahrhunderts bemalt.

Das Wohnzimmer oder Fürstenzimmer im südwestlichen Eckturm erhielt seine Ausstattung unter Fürstbischof Albert Sigmund, Herzog von Bayern (1668/85). Schwerer üppiger Stuck der Wessobrunner Schule aus Früchten, Putten und Kartuschen bedeckt die Gewölbegurte und bildet die Rahmen der Deckenbilder des Jakob Heubel aus Regensburg, welche die Geschichte der Prokris und des

Kephalos schildern. Das Hochzeitsbild trägt die Inschrift: Jacob Heybel, 1676.

Aus gleicher Zeit stammt der prächtige Ofen in schwarzer Glasur, der sich heute im Stadtmuseum Regensburg befindet, im Untergeschoß mit Majolikatafeln verkleidet, im Obergeschoß mit blauen Groteskenmalereien geschmückt.

Zwischen Kapelle und Fürstenzimmern liegt der Saal, ein langgestreckter, tonnengewölbter Raum mit Wandpilastern, geschnitzten Türrahmen und gemalten Törringwappen an der Decke. Holzarbeiten, wie Türrahmen, Dekken, Vertäfelungen sind von den Schreinern Wolf Schroff aus Moosburg, Christoph Büderer aus Schwäbisch-Hall und Hans Keim aus Landshut gearbeitet worden.

An der Nordseite der 1616 eingebauten Kapelle befindet sich ein Säulenportal mit Gebälk, an dem die Wappen Hochstift Regensburg, Bayern und Törring angebracht sind. Der Hochaltar, die Seitenaltäre, die Kanzel und das Chorgestühl stammen aus der Zeit des Bischofs Albert Sigmund von Bayern. Der schöne Flügelaltar des späten 15. Jahrhunderts enthält die Figur des heiligen Martin; er steht jetzt in der ‹Romanischen Küche› des Regensburger Schlosses.

Abb. 192

Schönach

1703 errichtete Johann Georg Graf von Königsfeld hier ein neues Schloß das 1726 in den Besitz der Grafen von Arco kam. 1764 folgten diesen die Grafen von Seinsheim, von denen die Freiherren von Hoenning O'Carroll Schloß Schönach erbten.

Die vornehme Fassade wird von durchlaufenden dorischen Pilastern gegliedert. Das Schloß enthält einen prachtvollen Festsaal, den Rittersaal, der durch zwei Geschosse läuft. Auf den in Stuckrahmen eingelassenen Medaillons sehen wir Familienbilder der Königsfeld. An der östlichen Langseite des Saals befinden sich drei Portale, zwischen denen zwei Marmorkamine mit Aufsätzen stehen. Einer enthält das Porträt des Erbauers. Der Plafond mit dem Königsfelder Wappen ist mit schweren Akanthusranken reich stukkiert und mit Gemälden geschmückt; es sind Szenen aus der Phaetonsage dargestellt: Phaeton bittet Zeus, den Sonnenwagen lenken zu dürfen und Phaetons Sturz. Sechs Medaillons zeigen Halbfiguren der Götter Zeus, Kronos, Hermes, Ares, Aphrodite und Artemis. An der nördlichen Wand hängen große Jagdbilder. Die Namen der an der Ausstattung des Saals beteiligten Künstler sowie des Baumeisters des Schlosses sind nicht bekannt. Fast alle Räume tragen reiche Stukkatur und Deckenbilder.

Schönach gehört zu den barocken Schlössern, die damals im Land entstanden, wie Koefering, Alteglofsheim oder Sünching, und es ist wie sie ein gutes Beispiel für die Baulust des bayerischen Adels und für eine vornehme ländliche Architektur.

Sünching

Schön ist es, an einem heißen Sommertag durch das fruchtbare Land zu fahren, das sich entlang der Donau und der Höhen des Bayerischen Waldes hinzieht. Mitten darin liegt der ansehnliche Flecken, der schon im 8. Jahrhundert bezeugt ist, ein richtiges niederbayerisches Dorf – Sünching. Ringsum weite Felder, kleine Gehölze, Auwälder und Wiesen – das Gäu, die Kornkammer Bayerns. Dort steht zwischen Wirtschaftshof und kleinem Park das Schloß, an dem berühmte Künstler des Rokoko gearbeitet haben. Der letzte Herr von Sünching wird 1343 genannt. 1573 kaufte Georg Ludwig d. Ä. Freiherr von Seinsheim die Hofmark. Mit der letzten Gräfin von Seinsheim fiel Sünching an die Freiherren von Hoenning O'Carroll.

Nach dem Dreißigjährigen Krieg wurde das Schloß als Pestkrankenhaus benutzt und dann niedergebrannt. 1668 wurde von Frhr. Christian von Seinsheim d. J. auf dem alten Burgplatz ein nach Süden offener halbrunder Wohnbau errichtet. An der Nordwestecke dieses Gebäudes hat Joseph Franz Graf von Seinsheim am 12. Juni 1758 den Grundstein für diese merkwürdige achteckige ehemalige Wasserschloßanlage gelegt, die der Münchener Hofbaumeister Leonhard Matthäus Gießl aufführte. Seinsheim bekleidete am kurfürstlichen Hof zu München die Ämter eines Oberstallmeisters und Konferenzministers. Von ihm berichtet der österreichische Gesandte Baron Widemann nach Wien: «Ist der einzige, den der Kurfürst noch in Geschäften anhören mag, die übrigen aus Zaghaftigkeit, Unzufriedenheit und Überdrüssigkeit alles liegen lassen.» Infolge seiner Stellung in München war es Seinsheim möglich, die besten Künstler für die Ausstattung des Schlosses zu verpflichten: den Stukkator Franz Xaver Feichtmayr, dessen Schwiegersohn Jakob Rauch, den berühmten Bildhauer Ignaz Günther, den Freskomaler Matthäus Günther und den berühmten François Cuvilliés d. Ä., der die Dekoration des Festsaals entwarf. Sie haben aus Sünching ein kleines Juwel geschaffen.

Wir stehen vor dem stattlichen Bau mit rustizierten Ecklisenen und betreten durch das Portal mit dem Allianzwappen des Bauherrn und seiner zweiten Gemahlin Maria Anna von Hoheneck – ihre Bildnisse von Georges Desmarées hängen im Haus – den Hof. Das Haus ist eine wahre Schatzkammer an herrlichen Möbeln und Gemälden, darunter Bildern von Desmarées und Ferdinand von Raysky. Der Festsaal von 1761 «mit seinen strahlend weißen Wänden und dem herbstlichen Duft seiner Deckenfresken beschließt ein glänzendes Kapitel altbayerischen Rokokos mit glänzendem Finale» (Herbert Schindler). François Cuvilliés entwarf die leichte graziöse Stuckdekoration, welche Franz Xaver Feichtmayr und J. Rauch ausführten, aber sie ist inzwischen lichtblau getönt worden und entspricht nicht mehr dem originalen Zustand. Ignaz Günther schnitzte die Supraporten, Konsoltische, Spiegel und die Schnitzereien über den Marmorkaminen. Über den Kaminen sehen wir die Bildnisse des Bauherrn Joseph Franz von G. Desmarées und seines Bruders Adam Friedrich, Fürstbischof von Würzburg und Bamberg, von dem Bamberger Joseph Scheubel, in voller Lebensgröße. Das großartige Deckenbild von duftigem, leuchtendem Kolorit malte der Augsburger Matthäus Günther. Es zeigt die Freuden des Landlebens im Wechsel der Jahreszeiten, gruppiert um den Götterhimmel des Olymp.

In der Schloßkapelle von 1760 waren die gleichen Meister am Werk, dazu der Stukkator Ignaz Demel und Simpert Feichtmayr. Günthers Altar zeigt die prachtvolle, in ein glänzendes Bleiweiß gefaßte Himmelfahrt Mariae, ein Hochrelief von sowohl strenger, wie auch anmutigster Komposition. Dieser Darstellung entspricht das Deckenbild der Dreifaltigkeit von M. Günther. Alles ist für den Empfang Mariens vorbereitet, und auf den für sie bestimmten Sessel fällt das von der Heiliggeisttaube ausgehende Licht.

Um diese beiden festlichen Räume liegen in den beiden oberen Stockwerken, die man durch das Stiegenhaus mit dem Deckenbild von Johann Adam Schöpf aus Regensburg erreicht, die Wohnzimmer mit reich geschnitzten und eingelegten Möbeln aus der Seinsheimzeit, mit schönen gemalten Supraporten des Christian Winck, mit guten Familienbildern. Die Modelle zu den Kaminplatten schnitzte Ignaz Günther; sie wurden im markgräflichen Bergamt Fichtelberg gegossen. In der unteren Bibliothek steht ein großer brauner Kachelofen mit Hermenfiguren und Fruchtstücken, um 1670, und die obere Bibliothek, ein behaglicher Saal mit schönen Bücherschränken, enthält eine umfangreiche alte Bibliothek.

Saal, Kapelle und Wohnräume des Schlosses, das zu besichtigen ist, geben in schönster Weise die Atmosphäre eines Herrensitzes des 18. Jahrhunderts wieder. *Abb. 196 bis 199*

Koefering

Südöstlich von Regensburg an der B 15 nach Landshut liegt das Dorf Koefering mit dem noblen Schloß der Grafen von Lerchenfeld. 1569 kam das Gut durch Kauf an Kaspar Lerchenfelder zu Brennberg. Die Familie wurde 1690 in den Reichsgrafenstand erhoben.

Der stattliche Schloßbau aus dem frühen 18. Jahrhundert ist unter Verwendung älterer Mauerteile aufgeführt worden und bildet mit zwei Flügeln ein L. An Stelle eines dritten Flügels steht auf der Südseite des Hofs der hübsche Marstall des 18. Jahrhunderts. Das Schloß wird durch Eckrisalite gegliedert, deren nördlicher den Torbau mit dem Wappen Lerchenfeld bildet. Die ganze Anlage wird von einem breiten Wassergraben umflossen. Über die steinerne Brücke gelangt man durch die Torfahrt in den großen Hof, dessen Nordseite durch Pylonen abgeschlossen wird.

Jedes dieser Schlösser, auch wenn sie im gleichen Jahrhundert gebaut wurden, hat seine durchaus eigene Art, als Heimat der es bewohnenden Familie, deren Wesensart seinen Niederschlag in ihm gefunden hat, dessen Erinnerungen hier aufbewahrt werden. Jedes Ahnenbild hat seine Geschichte, seine Anekdote; alles das macht die Atmosphäre des Hauses aus.

Das Innere von Koefering hat in den meisten Räumen noch den ursprünglichen Charakter bewahrt. Der besondere Reiz des Schlosses liegt im Wechsel von größeren und kleineren Räumen mit einer bemerkenswert schönen Ausstattung, wie sie sich nur im Lauf einer langen Zeit zusammenfinden konnte. Die beiden Säle im Torbau mit Marmorkaminen, leichtem, elegantem Deckenstuck um 1720 und 1740 befinden sich noch in ruinenhaftem Zustand, denn hier hausten nach dem letzten Krieg Amerikaner, Polen und Flüchtlinge. Eine Instandsetzung ist außerordentlich kostspielig.

Die bewohnten Räume sind elegant und behaglich; man sitzt umgeben von erfreulich schönen Gegenständen. Unter den zahlreichen, sehr guten Familienbildern sehen wir das Porträt der Gräfin Amelie von Stockau, die aus der Liaison des Grafen Maximilian Ernst mit der Fürstin Therese von Thurn und Taxis, einer Schwester der Königin Luise von Preußen, hervorgegangen war. Die Kinder aus dieser Verbindung erhielten den Namen Stockau. Amelie war eine sehr schöne Frau, deren Bildnis auch in der Schönheitsgalerie König Ludwigs I. von Bayern in Nymphenburg hängt; sie war in erster Ehe mit dem russischen Gesandten in Stockholm, Baron Krüdener, verheiratet und heiratete dann den russischen Gouverneur von Finnland, Graf Adlerberg.

Einer der notabelsten Herren des Hauses war der 1925 verstorbene Graf Hugo Lerchenfeld, bayerischer Gesandter in Berlin, wie schon sein Vater. In seinen aufschlußreichen und amüsanten Denkwürdigkeiten und Erinnerungen wird über die Welt der europäischen Diplomatie und Gesellschaft, über hohe Politik, über den ihm befreundeten Reichskanzler Fürst Bismarck, über die Zustände in Rußland und vieles mehr mit Sachkenntnis geurteilt. Er schildert auch, wie die Familie vor 1850 von Berlin in die Ferien nach Koefering reiste. «Alle Jahre, meist Ende Mai, reiste meine Mutter mit Kind und Kegel nach Koefering; mein Vater folgte erst im August. Von Berlin ging die Reise in den ersten Jahren ganz mit der Extrapost bis Koefering. Es war eine stattliche Karawane, bestehend aus drei Kaleschen, sechssitzig, mit einem Speiseschrank rückwärts und mit fünf eingeschraubten Lederkoffern, Vaches genannt, bepackt. Die Kaleschen waren mit zwei Pferden bespannt, die vom Bock gefahren wurden, die Berline mit vier Pferden, die der Postillon aus dem Sattel lenkte. War der Weg sehr schlecht oder gebirgig, so bekamen die Kaleschen drei und die Berline sechs Pferde vorgespannt.»

Heute reist man bequemer und schneller zu diesem schönen alten Sitz im Donauland.   *Abb. 194, 195*

Alteglofsheim

Nahe von Koefering liegen Dorf und Schloß Alteglofsheim zu Füßen des Rochusberges und des Heidenbuckels. Der erste Eindruck: sehr imposant, sehr weitläufig, mehr ein fürstliches als ein ländliches Schloß. Der zweite Eindruck: so sehen Schlösser aus, deren Besitzer nicht mehr die Mittel haben, sie zu pflegen und zu unterhalten. Alle Anstrengungen der Besitzerin, den Bau zu retten, führten nicht zum Ziel, aber nun ist im Jahre 1973 das Schloß in den Besitz des Freistaats Bayern übergegangen, der es der Universität Regensburg überläßt, die dort nach erfolgter Instandsetzung Seminare einzurichten beabsichtigt. Noch steht es im verwilderten Park, ein Schloß, das dank der Künstler, die es erbaut und ausgestattet haben, von hoher Qualität ist und ebenso zum Bild bayerischer Barockkultur gehört wie Nymphenburg oder Schleißheim.

Die ehemalige Wasserburg war schon im 13. Jahrhundert Besitz der Herren von Eglofsheim, die Ende des 14. Jahrhunderts ausstarben. Alteglofsheim fiel an die Herzöge von Bayern zurück, welche die Grafen von Abensberg mit der Herrschaft belehnten. 1498 verkaufte Herzog Georg die Herrschaft an die Herren von Parsberg, denen andere Eigentümer folgten, bis 1659 die Grafen von Königsfeld hier seßhaft wurden. Nun begann die Glanzzeit des Schlosses.

Graf Joseph Anton Maria von Königsfeld besaß das Vertrauen des Kurfürsten Karl Albrecht von Bayern, des späteren Kaisers Karl VII., der ihn zu seinem geheimen Staats- und Konferenzrat ernannte. 1730 hielt Königsfeld sich mehrere Monate in diplomatischer Mission in Paris auf, wo er das Palais des Marschalls Bouflers bewohnte. In einem Brief an den kurbayerischen Oberststallmeister Grafen Preysing erzählt er von einem spukhaften Erlebnis: «Hab sonst noch etwas Wunderliches zu melden. Die Franzosen glauben an keine Hexerei, auch nicht, daß Geister um-

gehen können. Es scheint aber, daß der verstorbene Régent, le Duc d'Orléans, sie eines anderen überzeugen will, dann er läßt öfter zwischen 8–9 Uhr abends sein völlige Begräbnis zwischen Paris und Versailles sehen. Ich muß gestehen, daß ich es selbst nicht geglaubt, allein gestern 5 Minuten vor 9 Uhr, da es nicht finster ware, stund ich auf der Terrasse meines Gartens, so präsentierten sich auf der Straße von Versailles viele flambeaux. Ich ließ den Premier jardinier rufen und befragte ihn, was doch dieser Apparat von Fakkeln und anderem sagen wölle, so erklärte er mir, es wäre das Enterrement des Duc Régent, so sich zum öfteren also vorstellet. Meine Frau, der Christian und alle meine Leuthe haben es mitangesehen. Es ist merkwürdig, daß diese Repräsentation gemeiniglich am Sonntag zu geschehen pflegt, ich will es ferner in Beobachtung nehmen und die Umbstände notieren.»

Aber nicht nur Spuk hat der Graf in Paris gesehen; er sah die eleganten Palais, die Architekturen de Cotte's und Boffrand's und hat wohl damals den Plan gefaßt, sein Schloß in Bayern zu verschönern. Graf Joseph Anton Maria hatte schon in den zwanziger Jahren des 18. Jahrhunderts begonnen, Alteglofsheim zu einer Residenz umzugestalten. In den dreißiger Jahren ließ er durch Münchner Hofkünstler die ‹Schönen Zimmer› nach neuestem Geschmack einrichten. Während hier eines der ersten Beispiele einer großen Raumflucht in einem Landschloß entstand, vollendete Cosmas Damian Asam einen der schönsten Profanräume des bayerischen Rokoko, den Ovalsaal.

Das Schloß ist keine Anlage aus einem Guß, denn der Bergfried und das Mauerwerk des inneren Südflügels gehören dem Mittelalter an. Die beiden runden Ecktürme an der Schmalseite des Südflügels wurden 1604 angebaut. Parallel zu diesem Trakt hatte Johann Georg Graf von Königsfeld einen zweiten langgestreckten Bau errichten lassen, den äußeren Südflügel, der um 1730 nach Westen verlängert wurde.

Wir betreten durch das in den mittelalterlichen Bestand eingefügte Treppenhaus den inneren Südflügel mit dem um 1730 entstandenen Deckenbild von Gottfried Nikolaus Stuber: Wappen Königsfeld, umgeben von olympischen Göttern. Eine Folge von acht Räumen im äußeren Südflügel, die sogenannten ‹Schönen Zimmer›, wurden um 1730 ausgestattet. Sie sind sehr heruntergekommen, da das meiste der Ausstattung, wie Öfen, Boiserien und Gemälde, vom Hause Thurn und Taxis bei Verkauf des Schlosses herausgenommen worden ist. Die Abfolge der Räume ist so komponiert, daß durch wechselnde Größe und – einstige – Farbgebung eine Steigerung des Raumeindrucks erzielt wird. Es folgen einander Empfangssaal, Audienzzimmer, Schlafzimmer, Kabinett, Kaisersaal. Diesen Paradezimmern ist im Westen ein kleines Appartement mit Bibliothek,

Speisezimmer und Teezimmer angefügt. Alle Räume befinden sich in der kläglichsten Verfassung, lediglich die noch teilweise vorhandenen Deckenbilder und der schöne Stuckdekor (um 1730) zeugen von ihrer einstigen Eleganz. Die Decke des Empfangssaals, der in Weiß gehalten ist, zeigte im Deckenspiegel fünf Ölbilder des Regensburger Meisters Jakob Heubel: Urteil des Paris, umgeben von den personifizierten vier Elementen, von Jupiter, von Neptun, Aurora und Gäa (Ende 17. Jahrhundert). Der außerordentlich graziöse Stuckdekor könnte von Johann Baptist Zimmermann stammen. Prof. Dr. Herbert Schindler nimmt seine Tätigkeit in Alteglofsheim an.

Die anmutige Ausstattung des Audienzzimmers – der Entwurf stammt vielleicht von François Cuvilliés d. Ä. – ist in Weiß und Gold gehalten. Die Boiserien zeigen prachtvoll geschnitzte Füllungen. Ursprünglich waren die Wandflächen mit Seidentapeten verkleidet, von denen noch verschlissene Reste vorhanden sind. Das Schlafzimmer zeigt vergoldete Stuckzier und ein Deckenbild von G. N. Stuber: Hermes bringt Jupiter und Jo das Haupt des Argus. Die Supraporten der vier Jahreszeiten, wohl von J. Heubel, und der prachtvolle Ofen von 1679 sind verschwunden.

Die Decke des Kaisersaals ist mit schwerer, fast voll plastischer, wohl von Italienern verfertigter Stukkatur geschmückt, um 1680, mit Akanthusranken, Blatt- und Blumendekor, in den Ecken die durch große Figuren symbolisierten vier Weltteile. An der Decke befinden sich fünf Ölgemälde: in der Mitte Kaiser Leopold I. mit der Kaiserin, umgeben von Angehörigen des Erzhauses und Fürstlichkeiten des Reichs. Die anderen Bilder zeigen Geburt der Venus, Venus und Mars, Boreas raubt Oreithya, Rinaldo und Armida, alle vermutlich von J. Heubel.

Im Jahre 1779 fand eine Instandsetzung der ‹Schönen Zimmer› nach Angaben des Münchner Hofbaumeisters Gießl und des Malers Jakob Dorn statt.

In ganz verwahrlostem Zustand befindet sich das nach Westen angeschlossene Appartement. Lediglich die elegante Stukkatur ist erhalten. «Man sagt uns», schreibt H. Schindler in seinem Buch ‹Barockreisen in Schwaben und Altbayern› (München 1965) «daß die letzten drei Räume den Zimmern in Paris nachgebildet sind, die der Graf in Paris bewohnt hat. Ja, man erzählt, wie diese Räume noch unter dem Sohn des Erbauers rauschende Feste erlebten, zu denen die Diplomaten des Regensburger Reichstags geladen waren, und wie der letzte Königsfeld 1810 in jener Nische dort gestorben ist, ein Jahr, nachdem Napoleon hier übernachtet hatte.»

Der gegen Norden ziehende Querflügel bildet mit dem inneren Südflügel eine repräsentative, malerische Baugruppe. Beide begrenzen den Schloßhof, der sich als Terrasse leicht über dem Park erhebt. In der Ostfront springt ein halbkreisförmiger Risalit vor, an der Mitte der Westfront das große Treppenhaus. Das Erdgeschoß des östlichen Risalits ist in drei Arkaden geöffnet, flankiert von korinthischen Säulen. Die doppelläufige Treppe mit geschnitztem Balustergeländer und dem großen Deckenbild Apollo und die neun Musen, sowie Landschaftsstaffagen, wohl von G. N. Stuber, führt zum ersten Obergeschoß, das vormals von einem Eisengitter geschlossen war, welches der Alteglofsheimer Schlosser Tobias Rädl im Jahre 1730 anfertigte. Hier liegt der Ovalsaal.

Im Gegensatz zu dem noblen, kühlen Charakter der ‹Schönen Zimmer› im äußeren Südflügel ist dieser Saal eine echte, lebensvolle bayerische Schöpfung. Er ist nicht groß, doch ausgezeichnet proportioniert. Cosmas Damian Asam hat die Ausstattung selbst ‹diktiert› (Brief des Schloßverwalters an Graf Königsfeld), und das gibt dem Saal den Wert der Seltenheit. Die Stukkaturen sind wahrscheinlich von seinem Bruder Egid Quirin Asam geschaffen worden.

Es ist ein heiterer, festlicher Raum. Auf der Hofseite springt er mit drei großen Fenstertüren über die Fluchtlinie des Flügels auf einen Altan vor. Auf der Innenseite werfen Spiegelfüllungen das Bild des Parks zurück. Das Deckenbild zeigt Apollo auf dem Sonnenwagen, in seinem Gefolge die Musen. Die Mächte der Finsternis, Hypnos, Medusa, Boreas und die Gorgonen, weichen zornig zurück. Mars steckt sein Schwert in die Scheide, um sich Venus zu widmen, die im Zentrum des Bildes schwebt. Mitten in das lustige Treiben hat Asam sich selbst gestellt, ein fröhlicher Jäger mit Flinte und Bierglas, der das Schauspiel dirigiert. In die Wände des Saals sind vier große Bilder eingelassen, nachgedunkelte Werke der Niederländer Frans Snyders und Jan Weenix: Jagdstücke und Stilleben. Zwei rotmarmorne Kamine sind vorhanden; der kunstvolle Steinfußboden stammt von einem Weltenburger Steinmetzen. Flügeltüren, Fenstertüren und Kamine werden von stuckierten Wandpilastern flankiert.

Im Erdgeschoß des inneren Südflügels wurde um 1683 die Schloßkapelle eingerichtet. Sie zeigt Stukkaturen jener Zeit und klassizistische Altäre um 1800.

Der letzte Königsfeld starb 1810. Die Herrschaft ging an den bayerischen König über, der sie 1815 dem Freiherrn von Cetto für seine Verdienste um den Staat schenkte. Zwanzig Jahre später erwarb das fürstliche Haus Thurn und Taxis den Besitz und veräußerte 1939 Schloß und Park, nachdem, wie erwähnt, viele Teile der Ausstattung in andere Schlösser überführt worden waren, eine Maßnahme, die wir in Anbetracht des großen künstlerischen Wertes der Anlage noch heute bedauern.

Abb. 200 bis 203

175 – Regensburg · Fürstliche Residenz, Blick vom Davidhof in den inneren Schloßhof

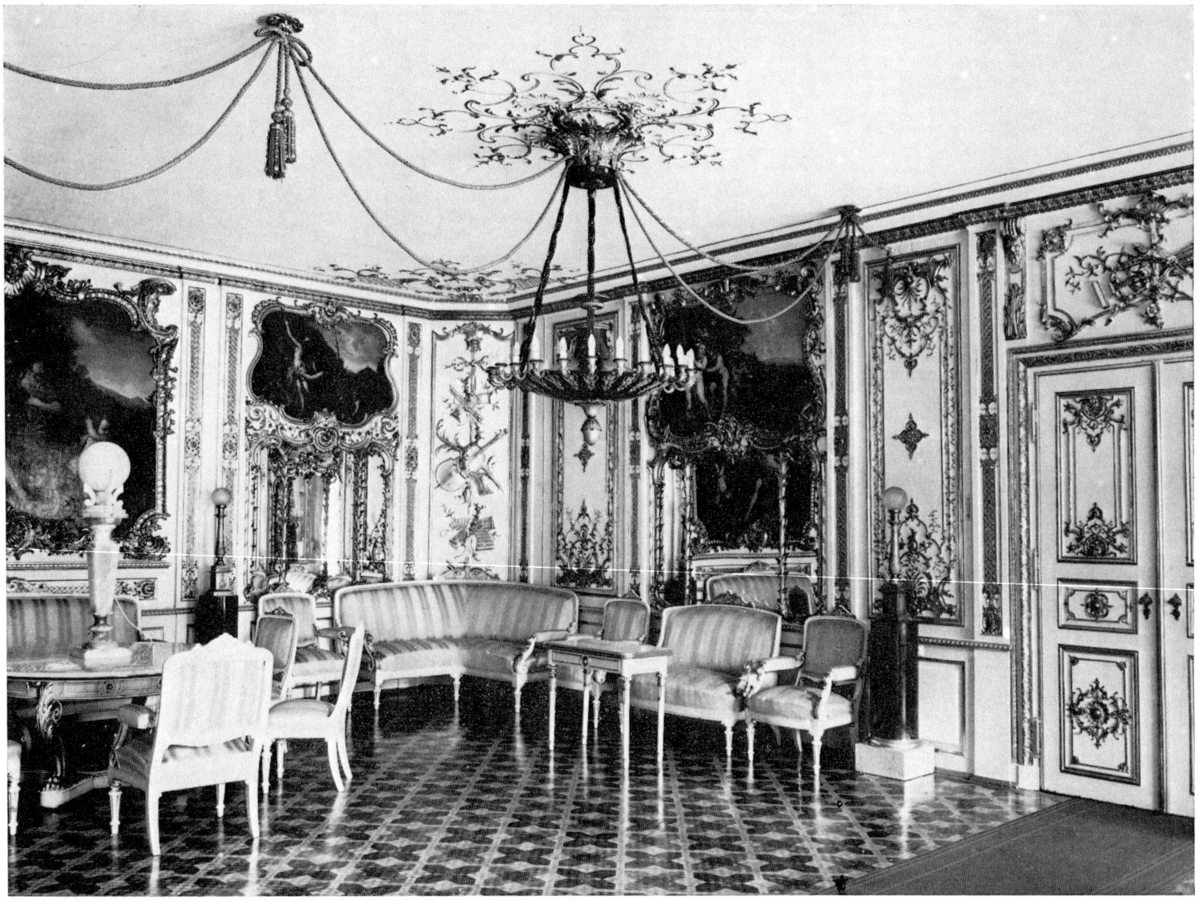

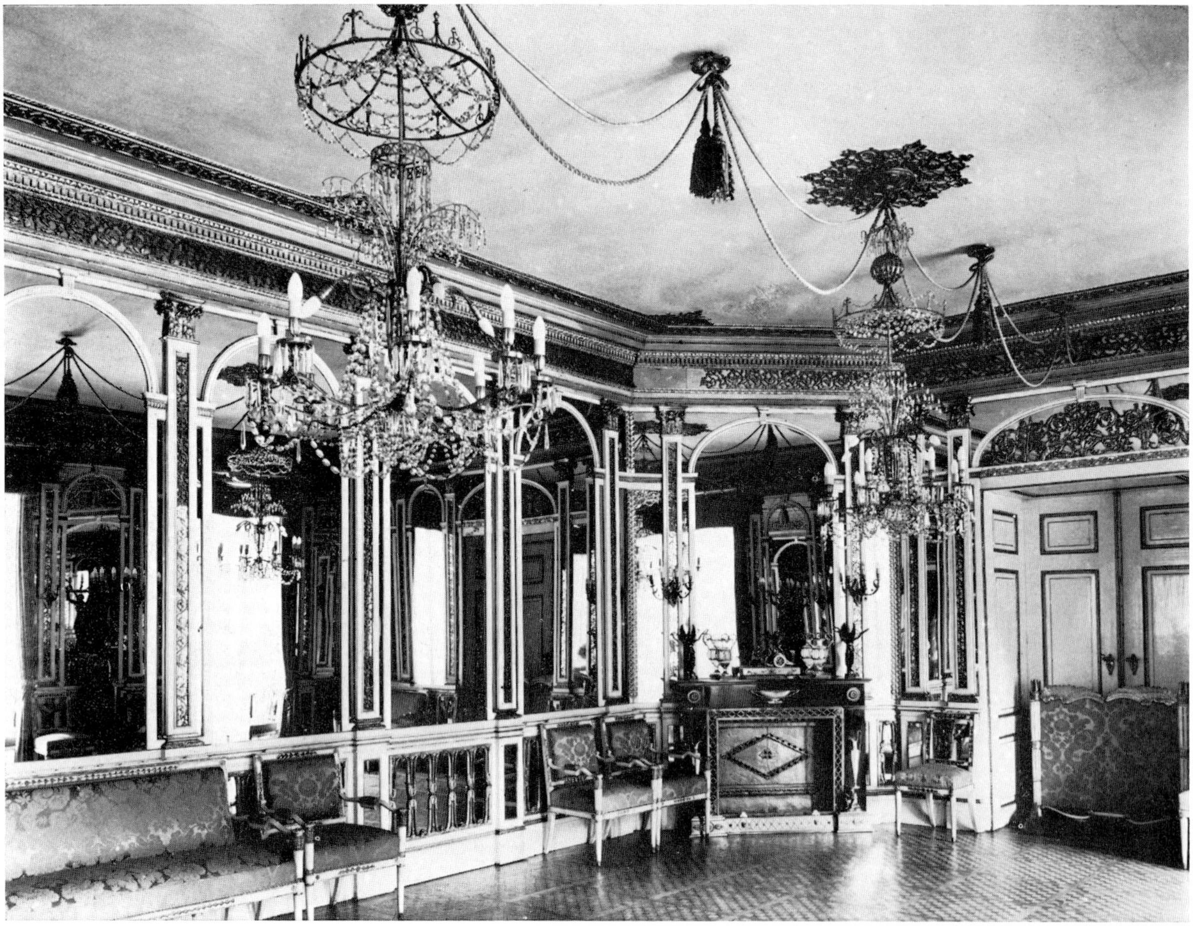

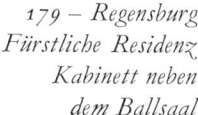

182 – Regensburg · Fürstliche Residenz, Bibliothekssaal   183 – Schloß Prunn über der Altmühl

184/185 – Hirschberg
Kellermeister und Zeremonienmeister
Nischenfiguren am Schloßportal
von Johann Jakob Berg, um 1764

186 – Schloß Hirschberg
Mitteltrakt der Dreiflügelanlage

187 – Hirschberg
Plafond eines Kabinetts
mit laubenartigem Stuck

188 – Hirschberg
Rittersaal
im zweiten Obergeschoß

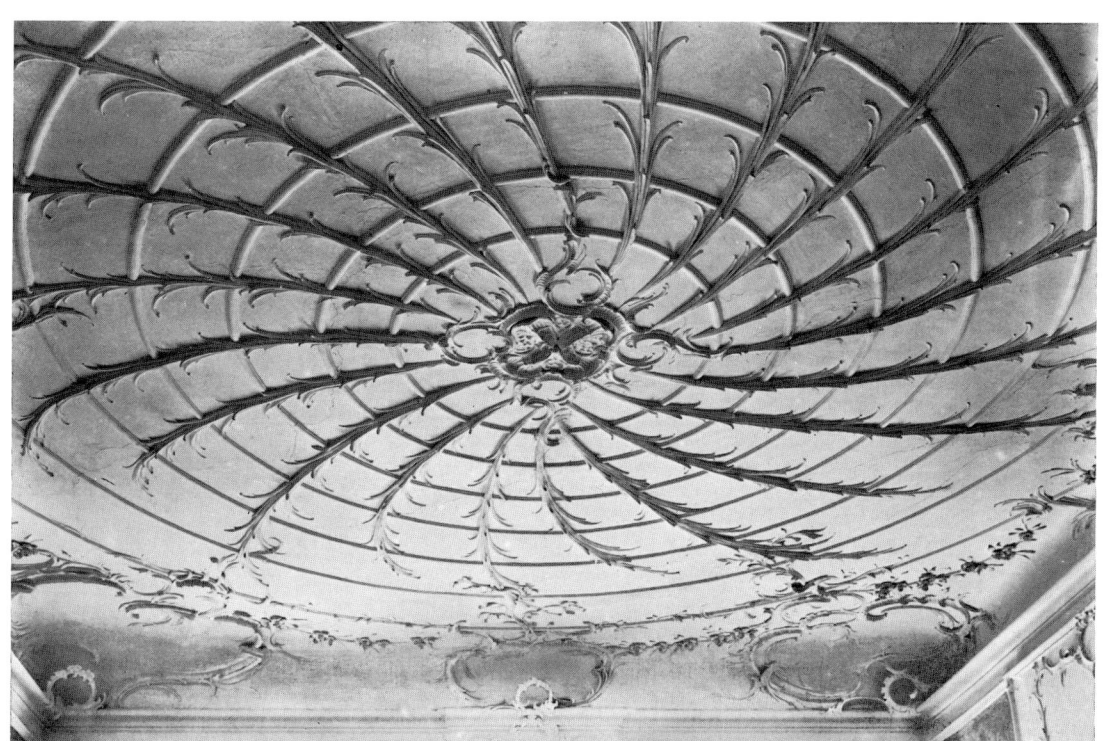

189 – Schloß Parsberg

190 – Schloß Falkenberg

191 – Vohenstrauß, Schloß Friedrichsburg

192 – *Schloß Wörth an der Donau*

193 – *Schloß Neidstein*

196 – *Sünching, Bibliothekszimmer*

197 – *Sünching, Stukkiertes Wandfeld, um 1761*

198 – *Sünching, Chinesisches Kabinett*

194 – *Koefering, Blick in einen Salon*

195 – *Koefering, Der Schloßhof mit offenen Lauben*

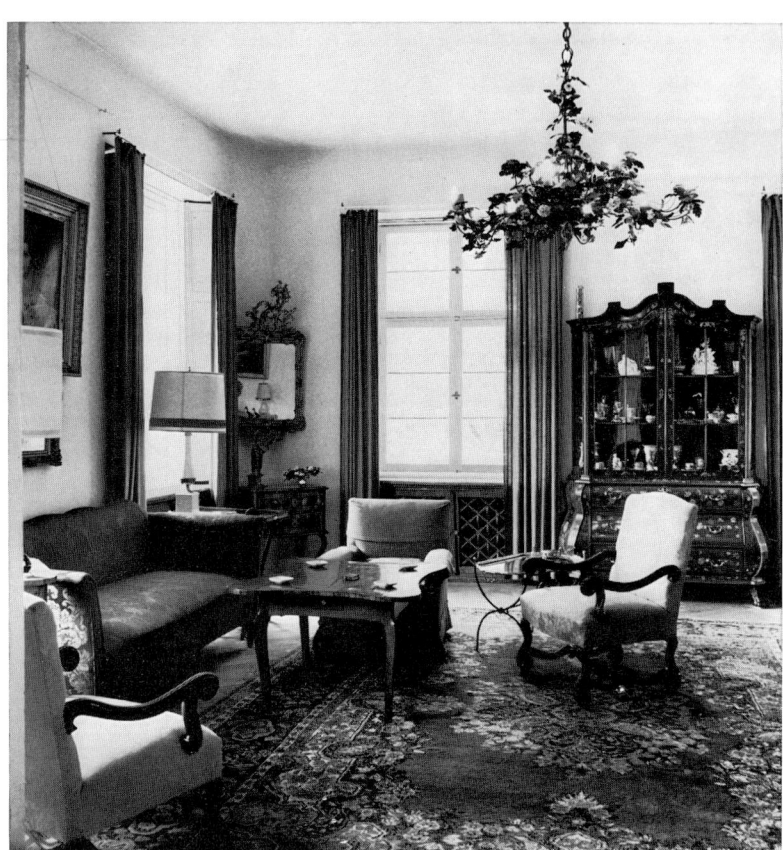

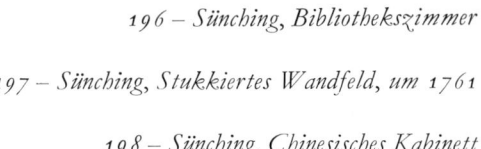

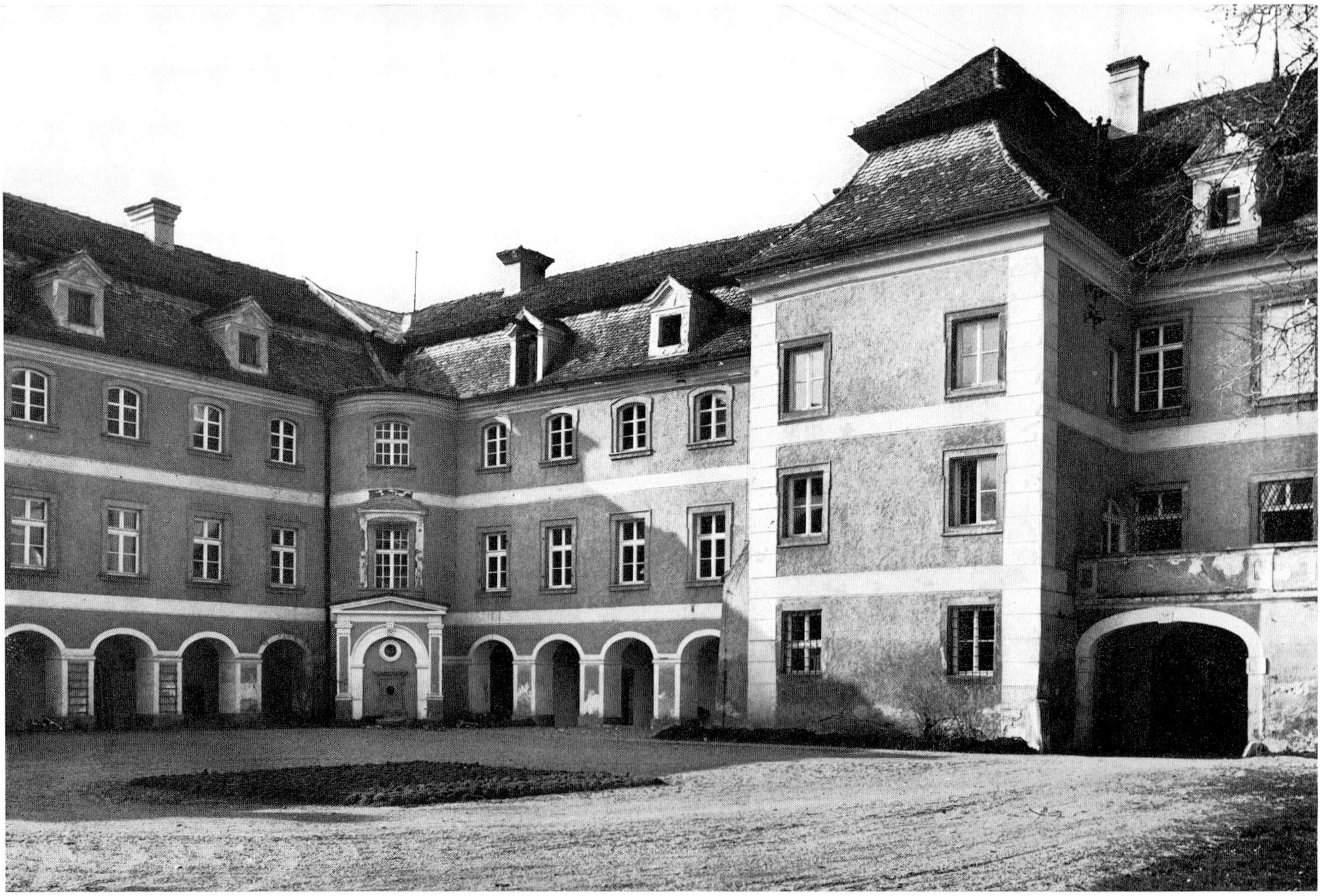

199 – Sünching Festsaal – heute Konzertsaal

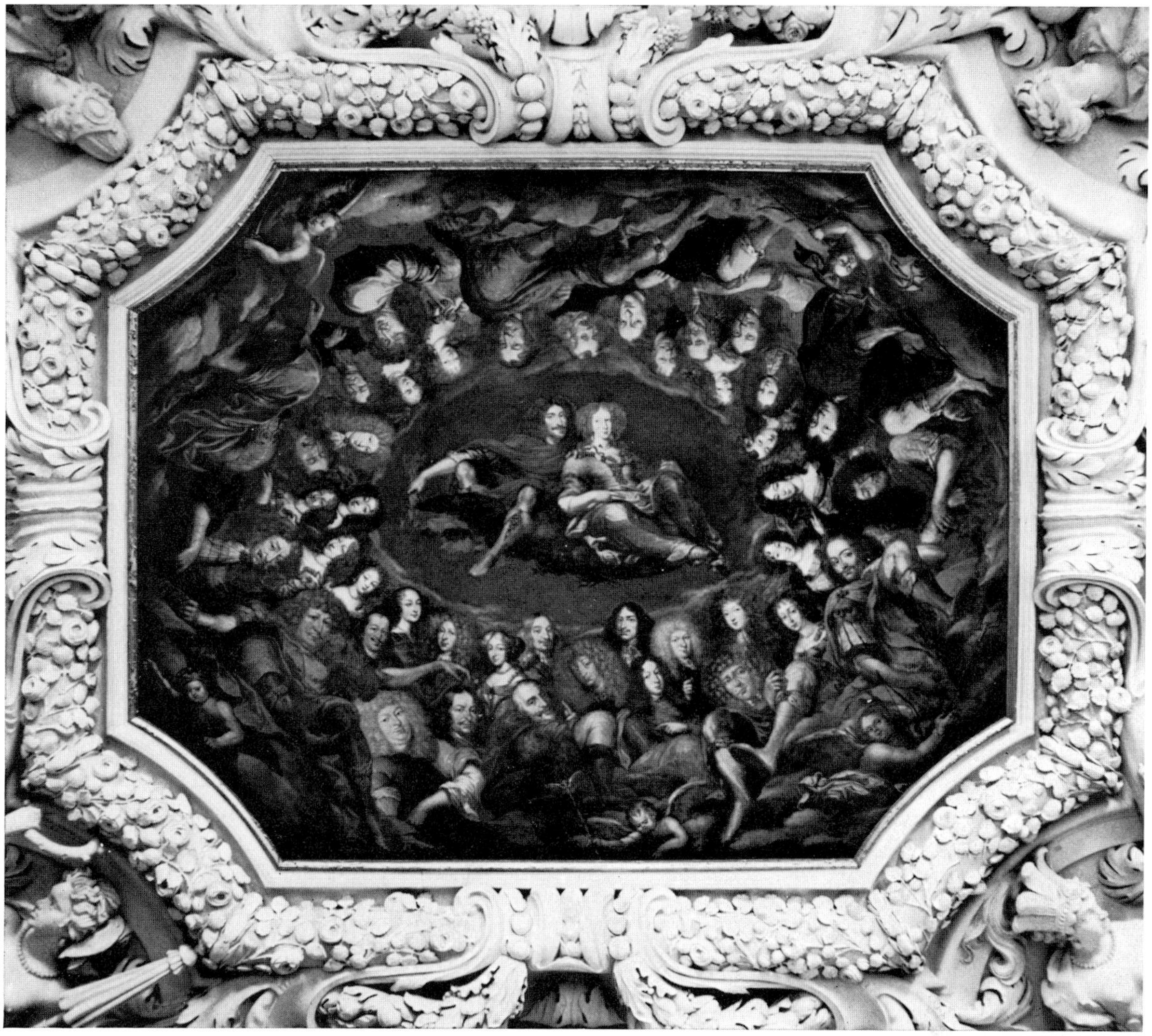

200 – Alteglofsheim Deckengemälde im Kaisersaal

201/202 – Alteglofsheim ‹Afrika› und ‹Amerika› an der Decke des Kaisersaals

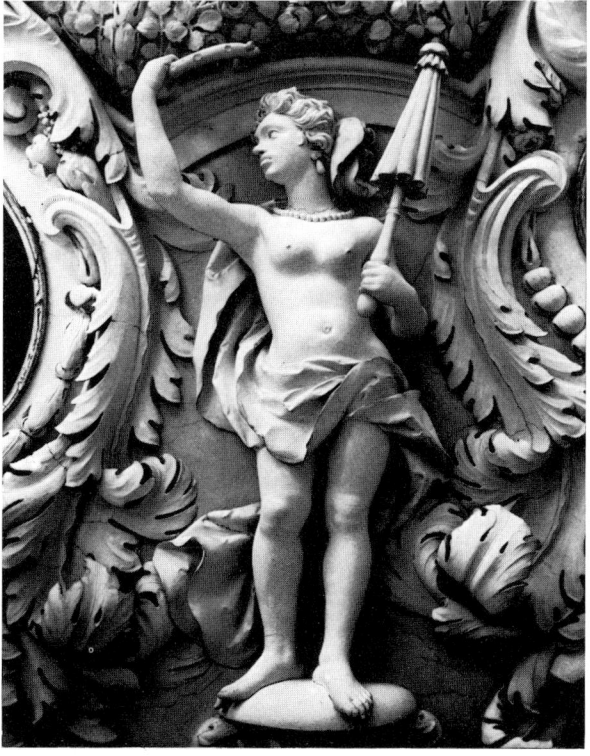

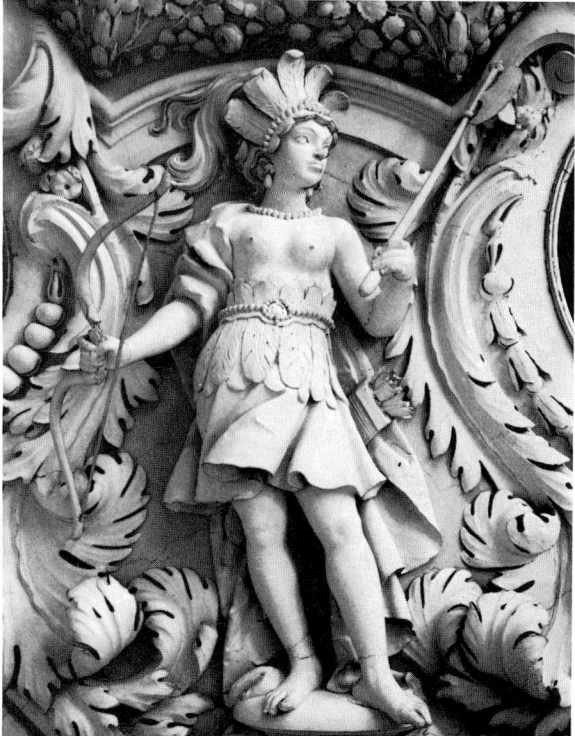

203 – Alteglofsheim, Ovaler Saal von Cosmas Damian und Egid Quirin Asam

Schwaben

Ursprünglich saßen die Kelten im schwäbischen Land; die Römer kultivierten es, und im 5. Jahrhundert ließen sich hier die Alamannen nieder. Der Schwabe ist nur der politischen Zugehörigkeit nach Bayer, er ist dem Stamm nach Alamanne, und seine Bau- und Siedlungsweise unterscheidet sich durchaus von der seiner altbayerischen Nachbarn.

Ähnlich wie Franken setzt sich das heutige bayerische Schwaben aus einer Vielzahl von Herrschaftsgebieten zusammen, die, einschließlich der später württembergischen und badischen Teile, im Schwäbischen Kreis zusammengefaßt waren. Dazu gehörten: das Hochstift Augsburg, die Fürstabtei Kempten, die Reichsstifte Ottobeuren, Ursberg, Irsee, Roggenburg, Kaisheim, Wettenhausen und die Kartause Buxheim, der Deutsche Orden, die Markgrafschaft Burgau, die Grafschaften Oettingen, Königsegg-Rothenfels mit Immenstadt, die fuggerischen Herrschaften, die der Reichsritterschaft und die Reichsstädte Augsburg, Kempten, Nördlingen, Kaufbeuren, Memmingen und Lindau sowie das Fürstentum Neuburg.

Die Wittelsbacher hatten schon im 13. Jahrhundert Besitz in Schwaben, so in Lauingen, Gundelfingen, Höchstädt, immer entlang der Donaulinie. Im 16. Jahrhundert erwarben sie Hohenschwangau; es folgten Donauwörth und Mindelheim, es wurde das Fürstentum Pfalz-Neuburg gebildet, und im 18. Jahrhundert kam noch Illertissen hinzu.

Nach dem Koalitionskrieg gegen die französische Republik wurde im Frieden von Lunéville 1801 und dann durch den Reichsdeputationshauptschluß von 1803 zu Regensburg die Grundlage zur Neuordnung des Gebietes gelegt. 1801 heißt es noch in Röders Lexikon von Schwaben: «Kein Kreis des Deutschen Reichs ist so zerstückelt und so bevölkert, also so schwer in eine Landkarte zu bringen als dieser . . .»

Zunächst wurden 1803 die geistlichen Herrschaften und die Reichsstädte – mit Ausnahme Augsburgs, das erst zwei Jahre später seine Selbständigkeit verlor – dem Königreich Bayern einverleibt, wurde die Provinz Schwaben mit der Landesdirektion in Ulm geschaffen. 1806 wurden die Gebiete der Oettingen angeschlossen, kamen die der Fürsten und Grafen Fugger und die ehemalige Grafschaft Königsegg-Rothenfels an Bayern. Am 15. Oktober jenes Jahres gab das Oettinger Wochenblatt bekannt, daß der bevollmächtigte französische Kommissar auf Grund des rheinischen Konföderationsvertrages (Rheinbund) die Oberherrlichkeitsrechte über das Fürstentum Oettingen an Seine Majestät den König von Bayern übergeben habe; dem folgte dann die Aufzählung der anderen Fürstentümer und Grafschaften in Schwaben und Franken. «Dagegen», so heißt es in der gleichzeitigen königlichen Verlautbarung, «ertheilen Wir allen genannten Fürsten, Grafen, Herren und Unsern sämtlichen neuen Unterthanen Unsere königliche Versicherung, daß Wir bei allen Unsern künftigen Anordnungen auf ihre Uns vorzutragende Wünsche allezeit gerechte und gnädige Rücksicht nehmen, und Unsere erste und angenehmste Regierungssorge dahin gerichtet seyn werde, ihren Wohlstand, ebenso wie Unsern älteren Landen, zu höchstmöglichem Grade zu befördern . . .» Das Gebiet wurde unter dem Namen Kreis Schwaben und Neuburg zusammengefaßt; heute heißt es Regierungsbezirk Schwaben und hat seinen Sitz in Augsburg.

Bayerisch-Schwaben ist ein außerordentlich schönes, fruchtbares Land, das im Süden von den Allgäuer Gebirgen begrenzt wird, im Westen von der Iller, mit Ausnahme des Gebietes um Lindau am Bodensee, während im Norden der Fränkische Jura das Gebiet abschließt und im Osten der Lech die Grenze zieht. Geistlichkeit, Adel, Stadt- und Landbevölkerung haben das kulturelle Bild Schwabens geprägt und die großartigen Städtebilder, Schlösser, Abteien, Kirchen, die behäbigen, freundlichen Dörfer entstehen lassen. Trotz vielfacher Kompetenzstreitigkeiten ergänzten sich hier Städter, Adel und Geistlichkeit auf das glücklichste; ihre kulturellen Leistungen begegnen uns allenthalben.

Von München fahren wir auf der Autobahn nach Augsburg, dem Augusta Vindelicorum der Römer, das unter Kaiser Claudius um 15 n. Chr. zur Sicherung der Provinz Rätien entstand. Noch heute erinnert das Erzbild des Augustus auf dem 1594 aufgestellten Prachtbrunnen Augsburgs, dessen Figuren Hubert Gerhard geschaffen hat, an diesen bedeutungsvollen Beginn. Augsburg ist, neben Nürnberg und Regensburg, die wichtigste Reichsstadt im süddeutschen Raum gewesen, zudem wurde sie schon sehr früh Bischofssitz. Der neue Dom, der zwischen dem 11. und 16. Jahrhundert entstand, die Residenz, die 1743 durch Zusammenfassung dreier mittelalterlicher Gebäude geschaffen wurde, sind die Wahrzeichen bischöflicher Hoheit. Dieser hat sich aber die Stadt nie gebeugt.

In langen Kämpfen gelang es Augsburg, 1276 Reichsstadt zu werden. Sie wurde von einem finanzkräftigen, stolzen Patriziat regiert, dem Familien wie die Fugger, Welser, Langenmantel, Ilsung, Rehlinger angehörten, um nur einige zu nennen. Gehen wir durch die breite Maximilianstraße, so spüren wir angesichts der vornehmen Häuser und herrlichen Kirchen noch heute die Atmosphäre der alten, reichen, ‹goldenen› Stadt.

Unter den regierenden Patriziern spielten die Fugger – diese von einfachen Webern ins Patriziat, dann in den Reichsgrafen-, schließlich in den Reichsfürstenstand aufgestiegene Familie – geraume Zeit, damals neben den Welsern, die führende Rolle. Die wichtigsten Interessengebiete des Handelshauses waren der Tiroler Silber- und Kupferbergbau, der ungarische Kupferbergbau und -handel. Sie haben den Habsburgern im Lauf von mehr als fünfzig Jahren sechs bis acht Millionen Gulden geliehen, und wir wissen, daß sich das Vermögen der Brüder Ulrich, Georg und Jakob zwischen 1475 und 1510 verzehnfachte. Jakob II. der Reiche ist eine der stärksten Persönlichkeiten des Hauses gewesen; er beherrschte den Handelsverkehr und die Bankgeschäfte der abendländischen Welt; er war ein genialer, kühner Rechner, gab nie Anleihen ohne sichere Tilgungsmöglichkeiten und war durchaus vertrauenswürdig. Von Kaiser Maximilian I. erwarb er pfandweise die Grafschaft Kirchberg-Weißenhorn, die dann ganz in Fuggerschen Besitz überging. 1514 ist er Reichsgraf geworden. Seine größte, menschlich sympathischste Leistung war die Gründung der Fuggerei, einer kleinen Stadt in der Reichsstadt, wo Arme und Bedürftige gegen geringes Entgelt wohnen durften und dürfen, denn die Stiftung besteht bis heute, wird von der Familie Fugger ganz im Sinne des Gründers verwaltet und ist noch erweitert worden.

Aber die Fugger waren nicht nur kühle, rechnende Finanz- und Kaufleute; sie hatten ihre Freude an den schönen Dingen der Welt, an Pracht und Glanz, an Schlössern und Bibliotheken, an den Werken der bildenden Kunst, wie sie sich in der Renaissance entfaltete. Sie förderten den Augsburger Kirchenbau und bauten für sich selbst die prachtvolle Fuggerkapelle bei St. Anna als Grablege, 1509. Sie gilt als frühester Renaissancebau auf deutschem Boden. Sie bauten in denselben Jahren auch das große Stadthaus an der Maximilianstraße, das im letzten Krieg schwer beschädigt, aber wieder aufgebaut worden ist. Graf Anton Fugger, der Freund Karls V., erhielt vom Kaiser das Münzrecht, eine damals unerhörte Ehrung, denn dieses Recht bezog sich auf ein Handelshaus, nicht auf eine reichsunmittelbare Familie, die das Münzrecht meist schon besaß. Der Kaiser selbst sagte, daß er solches niemals zuvor bewilligt habe und nicht wieder bewilligen werde.

Die Bedeutung der Reichsstadt Augsburg ging nach dem Dreißigjährigen Krieg zurück. Das zeigt sich an dem verhältnismäßig bescheidenen Bauwesen des 17. und 18. Jahrhunderts. Doch baute sich an der Maximilianstraße zwischen 1765/67 nach Plänen des kurfürstlich bayerischen Hofbaumeisters Karl Albrecht von Lespilliez, unter Bauleitung des Münchners Matthäus Gießl, der Handelsherr Benedikt Adam Freiherr von Liebert ein üppiges Palais, das dann in den Besitz seines Schwiegersohns, des Freiherrn Johann Lorenz von Schaezler überging. Die Familie schenkte das Schaezlerhaus 1958 der Stadt; es birgt heute die städtischen Kunstsammlungen. Das Fresko im Treppenhaus, ‹Die sieben freien Künste und Wissenschaften gedeihen unter dem Glück des Handels›, malte Gregorio Guglielmo 1766; er hat auch den prachtvollen, überreich geschmückten Festsaal entworfen, dessen von Placidus Verhelst gefertigte Boiserien Gemälde von Francesco Londino tragen. Der Deckenstuck stammt von Franz Xaver und Simpert Feichtmayr. Es ist ein Wunder, daß dieser Saal den Zweiten Weltkrieg überdauert hat, denn große Teile der Stadt sind in seiner Nähe in Schutt und Asche gesunken.

Von Augsburg aus geht es in nördlicher Richtung nach Donauwörth, doch sollten wir zuerst noch am Stadtrand Augsburgs das Fuggerschloß Wellenburg besuchen. Dann empfiehlt es sich, vor Donauwörth nach Neuburg an der Donau abzubiegen, um das Schloß der Herzöge von Pfalz-Neuburg kennenzulernen und die außerordentlich reizvolle ehemalige Residenzstadt und das Jagdschloß Grünau zu besuchen.

Von Neuburg aus kann man in Richtung Rennertshofen über Stepperg mit seinem hübschen Schloß zur großen barocken Anlage von Schloß Bertoldsheim weiterfahren, das zu besichtigen ist, und von dort längs der Donau über Leitheim – das ist das einstige Sommerschlößchen der Äbte von Kaisheim, einer der schönsten geistlichen Sommersitze des Landes – nach Donauwörth selbst fahren. Der schönen alten Stadt sollten wir einige Zeit schenken, bevor wir uns auf die ‹Romantische Straße› begeben, die ihren Namen wohl verdient, denn sie ist von großer landschaftlicher Schönheit. Wir erreichen Harburg mit seiner hochgelegenen, weitläufigen Burg, wo wir in der Burgschänke zu Mittag essen können, und fahren von hier aus durch das wellige Land nach Hohenaltheim, der Sommerresidenz der Fürsten zu Oettingen, um von dort zu dem Stauffenbergschen Schloß Amerdingen zu gelangen.

Von Harburg aus geht es aber auch hinunter ins Ries, das als weiter Talkessel vor uns ausgebreitet liegt. Mitten in diesem korn- und wiesenreichen Land, zwischen Schlössern und Dörfern, liegt wie ein Bollwerk die alte Reichsstadt Nördlingen, deren Türme, Giebel und Firste über dem mächtigen Mauerring aufsteigen, überragt vom ‹Daniel›, dem hohen, eleganten Turm der Stadtpfarrkirche St. Georg. Schön ist die Anfahrt durch die Ebene, deren Ränder von sanft geschwungenen Waldbergen gesäumt sind. Im Frühjahr schwimmen Wiesen, Äcker und Wälder in einem feuchten, grünen Licht, darin die blühenden Obstbäume, die weißen Ortschaften leuchten.

Nördlingen, einst römischer Grenzposten, dann römische Siedlung, die von den Alamannen zerstört wurde, wird bereits im Jahre 750 als königliches Hofgut Nordilingin erwähnt (dieses frühe Datum ist durch die Traditiones Fuldenses ausgewiesen). Schon um die Mitte des 13. Jahrhunderts erscheint es als Stadt. Ehe man, durch eines der Tore die Stadt betretend, sich in Straßen und Gassen umsieht, sollte man den wohlerhaltenen Wehrgang umschreiten, um einen Überblick über Anlage und Ausdehnung der Stadt zu gewinnen. Der Blick geht über rote und braune Dächer, über Gärten, welche den ehemaligen Stadtgraben füllen. Im Zentrum liegen die Stadtkirche St. Georg zwischen Obstmarkt, Schäfflesmarkt und Marktplatz, das Rathaus mit der kunstvollen Renaissancetreppe, das ehemalige Brothaus, Klösterle und Hallhaus. Im Westen steht das Spital, wo in einem Trakt das sehr bemerkenswerte Stadtmuseum mit einer prächtigen Sammlung von spätgotischen Tafelbildern untergebracht ist, im Süden St. Salvator, und dazwischen verläuft das Gewirr von Straßen und Gassen von unvergleichlich malerischem Reiz mit seinen Häusern des 15. bis 18. Jahrhunderts, breit und behäbig, zum Teil reich geschmückt.

Alles das wurde einst regiert von der ‹Hochwohlgeborenen Herrlichkeit› des Bürgermeisters von Nördlingen und dem Rat.

Bald hinter Nördlingen – einst war hier die Romantische Straße von herrlichen alten Linden gesäumt, die dem Verkehr zum Opfer gebracht werden mußten – erreichen wir Wallerstein. Man sieht den Burghügel schon von weitem aus der Ebene aufsteigen, und unter ihm gruppiert sich der hübsche Ort mit dem großen oettingischen Schloß, von dessen Leben der Ritter von Lang in seinen Erinnerungen so lustig-spöttisch erzählt. Von Wallerstein ist es nicht weit nach Oettingen, der Residenz des Hauses Oettingen-Spielberg. Es ist eine prachtvolle kleine Stadt, deren Kern, der Marktplatz, von der großzügig geführten breiten Schloßstraße durchschnitten wird, begleitet von den schönsten Fachwerkhäusern des 15. und 16. Jahrhunderts. Oettingen war Sitz einer florierenden Töpferindustrie, die ausgestorben ist. Die Landesherren hatten großes Interesse am Wohlstand des Handwerks und schickten manchen jungen Hafner zur Ausbildung nach Wien, wo die Kunst des Ofensetzens vorbildlich gepflegt wurde. Jeden Mittwoch, wie heute noch, war Wochenmarkt. Die Hafner brachten ihre Erzeugnisse zum Verkauf. Es kam vor, daß im Winter ein Schneerutsch von den Dächern die Auslagen verschüttete, und einmal – es klingt wie das Märchen vom König Drosselbart – ritt ein Prinz Oettingen übermütig die Töpferstände zusammen und freute sich am Geklirr der zerbrechenden Geschirre. Aber er bezahlte den Schaden so gut, daß die Hafner nicht böse waren.

Nach Donauwörth zurückgekehrt, können wir eine sehr lohnende Fahrt entlang der Donau in südwestlicher Richtung machen, durch fünf prachtvolle Städte: Höchstädt mit dem großen neuburgischen Schloß, das jetzt leer steht, Dillingen, Lauingen, Gundelfingen, Günzburg, und von hier aus wieder die Autobahn nach München nehmen. Bei Höchstädt-Blindheim wurde im Spanischen Erbfolgekrieg die mörderische Schlacht zwischen Kaiserlichen/Engländern und Bayern/Franzosen geschlagen, welche Bayern und Frankreich verloren. Nach dem Dorf Blindheim nannte der siegreiche englische Feldherr, Herzog von Marlborough, später sein berühmtes Schloß bei Oxford ‹Blenheim Castle›, denn der Sieg bei Blindheim hatte es ihm eingetragen.

Überall gibt es reich ausgestattete Dorfkirchen, Klöster wie Maria Mödingen oder Obermedlingen, und zwischen ihnen liegt der Hauptsitz des Bischofs von Augsburg, Dillingen, mit dem großen Schloß, das den Grafen von Dillingen gehörte, aus deren Hause der heilige Bischof Ulrich von Augsburg hervorgegangen ist.

Breit und still zieht die Donau durch die Auwälder und fließt an der Stadt Dillingen vorüber. Kommt man von Wertingen her, fühlt man sich bereits auf der Brücke im Banne des Schlosses, das als ein mächtiges Geviert von Baukörpern, überragt vom hohen Bergfried, die Höhe krönt – Burg und Schloß zugleich. Dieser erste Anblick offenbart schon den Charakter der Stadt als einer Residenz. Das geschäftige Leben des Stadtbergs nimmt den Ankommenden auf, der an der Spitalkirche vorbei durch das Mittertor in die breite, festlich-heitere Königsstraße, das Herz der Stadt, gelangt. Die zahlreichen Kirchtürme zeugen von der geistlichen Vergangenheit, von der ehemaligen Residenz der Augsburger Bischöfe und der Jesuiten-Universität. Ich lag gern im Fenster meines Zimmers im Hotel Konvikt, schaute über die blühenden Kastanien des Wirtsgartens zum steilen Dach der Pfarrkirche St. Peter hinaus und hörte dem langgezogenen Gesang der Andächtigen bei der Maiandacht zu: Aaaave Mariiiia . . . Es wird Abend. Das Geläut der Glocken schwingt über den roten Dächern, Schwalben schießen durch die dunkelnde Luft, und unter den Bäumen sitzt die allabendliche Stammtischrunde beim Bier. Das Lachen der Männer mischt sich mit dem Glockenklang und dem Gerassel der Biertragen vor der Brauerei.

Dillingen, eine Stadt voll wechselnder, in stiller Anmut ineinandergreifender Bilder, hat alles, was den Reiz städtischer Schönheit ausmacht: seine Lage und die vortreffliche Proportionierung der Stadtarchitektur. Mittelalter, Renaissance und Barock haben hier eine farbige, wohlgelungene Einheit geschaffen, deren bürgerlicher Kern in geistlicher und fürstlicher Repräsentanz gesteigert wird. Da liegt im Süden der Stadt, deren Befestigungen noch teilweise erhalten sind, als Dominante das große bischöfliche Schloß, seit dem 15. Jahrhundert wegen der unaufhörlichen Reibereien zwischen dem Fürstbischof und der Augsburger Bürgerschaft Residenz des geistlichen Landesherrn. Ihr entspricht auf der anderen Seite der Komplex der 1549 von Kardinal-Fürstbischof Otto Truchseß von Waldburg gegründeten Hochschule, kurze Zeit darauf den Jesuiten als Universität übergeben. Zwischen diesen Polen breitet sich die Stadt mit Kirchen, Kapellen, prächtigen Häusern, den ehemaligen Palais des Stiftsadels aus, wo sich die Begegnung des geistlichen mit dem weltlichen Leben vollzog.

Die Burg erweist sich als ein Gefüge mit weit zurückreichender Geschichte, denn sie wird schon 973 anläßlich eines Besuchs des Bischofs Ulrich von Augsburg bei seinem Neffen, dem Grafen von Dillingen, ‹castellum Dilinga› genannt. Wie sie ausgesehen hat, wissen wir nicht. Der heutige Bau deutet in seinen Teilen aus Mauerwerk mächtiger Buckelquader auf die erste Hälfte des 12. Jahrhunderts hin. Sein eigentliches Gesicht hat das Schloß zwischen dem 15. und 18. Jahrhundert erhalten. Durch eine vornehme barocke Portalanlage mit eingebauten Schilderhäuschen betritt man den Hof und gelangt durch den Ostflügel in den einstigen Hofgarten mit Flieder- und Jasminbüschen. Dort steht das kreisrunde Salettel unter geschweiftem Kegeldach, das mit der Ulrichskapelle eine reizende Gruppe bildet. Vor der westlichen gotischen Torhalle sehen wir das Brucktörle mit seinen Türmchen, zwischen ihnen die Stadion-Madonna, ein um 1520 entstandenes anmutiges Werk der Schule Gregor Erharts.

Wer sich mit der Geschichte des Schlosses vertraut macht, dem füllen sich die Räume mit Leben. Hier weilte oft der hl. Ulrich, hier war Kaiser Maximilian I. als fünfzehnjähriger Erzherzog zu Gast und jagte in den umliegenden Wäldern, hier regierte eine lange Reihe von Fürstbischöfen, darunter der kluge, humanistisch gebildete Christoph von Stadion, der Kardinal Otto Truchseß von Waldburg und Heinrich von Knöringen, der zweite Gründer der Universität, dessen Wappen man allenthalben in der Stadt antrifft. Man kann sich vorstellen, mit welcher Wehmut der letzte Bischof, Clemens Wenzeslaus von Sachsen-Polen, auch Kurfürst von Trier, in seinem Reisewagen die Stadt verließ, als das Bistum säkularisiert wurde. Hat man einige Zeit in der Stadt zugebracht, dann spürt man, wie eine schöne Stadt beschaffen sein sollte, welches ihre ganz eigene Atmosphäre und ihre gute Ordnung ist.

Das schwäbische Land ist von unerschöpflichem Reichtum. Wir fahren von München – vorbei am Nordufer des Ammersees, wo das Schloß Greifenberg der Freiherren von Perfall steht – über Landsberg nach Buchloe und machen einen Abstecher nach Waal, diesem hübschen Markt mit dem Schlosse der Fürsten von der Leyen. Bei Buchloe teilt sich die Straße nach Memmingen und Kempten. Wir erreichen auf dem Wege nach Memmingen zunächst Mindelheim mit seinen Türmen, Toren und Kirchen. Ebenso wie durch natürliche Bedingungen, durch Berge oder Ebenen, werden die Gesichter der alten Städte durch ihre eigene, persönliche Geschichte geprägt. Burg und Schloß in ihrem Verhältnis zum Gemeinwesen, Klöster, Kirchen, Rathäuser, Palais der Patrizier oder des Adels, Zunfthäuser, Kapellen, Spitäler, sie alle stehen nicht nur als Baudenkmäler da, sie tragen den ganz speziellen Charakter der Landschaft und der Einwohner.

Als kleine schwäbische Stadt mit schöner breiter Marktstraße gehört Mindelheim in den Kreis der guterhaltenen Städte Schwabens, die sich wie an einer Perlenschnur an Donau, Mindel und Iller hinziehen. Es blickt auf eine buntbewegte Vergangenheit zurück. Seine Anlage ist wie die der meisten schwäbischen Städte übersichtlich gegliedert. Das einzelne Haus tritt in der Straßenfront kaum durch besonderen Schmuck hervor, aber das Ganze wirkt ungemein gemütlich, und nirgends herrscht die Langeweile der Straßenzüge vom Ende des 19. Jahrhunderts oder auch unserer Zeit.

Oben auf der Burg saßen die Frundsberg, von denen Georg oder Jörg als kaiserlicher Feldherr und Landsknechtsführer berühmt geworden ist. Daß er daneben auch ein guter Landesherr war und mit der Stadt im besten Einvernehmen lebte, ist kaum bekannt. Hier empfing er manch hohen Gast: Kaiser Maximilian I. weilte bei ihm, Francesco Sforza, Herzog von Mailand, Luthers Freund Staupitz, der Connetable von Frankreich, Herzog Karl von Bourbon, der Kosmograph Sebastian Münster und manch anderer. 1527 traf den alten Herrn im Feldlager vor Bologna der Schlag. Ein Jahr lebte er als kranker, gebrochener Mann am Hofe des Herzogs von Ferrara, dann ließ er sich in langsamen Tagereisen mit einer Sänfte nach Mindelheim bringen, wo er wenige Tage nach seiner Ankunft starb. In der Mindelheimer Stephanskirche liegt er begraben. Auf dem Stifterbild des Memminger Meisters Bernhard Strigel, jetzt im Besitz der Grafen von Rechberg in Donzdorf, kniet unter den Familienangehörigen der junge Jörg, der uns als erfahrener Feldhauptmann in dem Bildnis Christoph Ambergs auf Schloß Kirchheim wieder begegnet. Im Dienst des Kaisers hatte er seine Kräfte früh verbraucht; wie viel lieber mag er mit zunehmendem Alter zu Hause gewesen sein. Stieg er auf den Bergfried der Mindelburg, um sein kleines Reich zu überschauen, welchen Blick hatte er da über das Land! Ihm zu Füßen lagen Wehrgänge, Bastionen, Burghof, Ställe, Tore und Gräben, der Burgberg mit den Obstbäumen; das alles war vor ihm ausgebreitet, und ringsum rauschte der Wald, breitete sich das Tal mit Wiesen und Feldern, durch welche die Mindel sich ihren Weg sucht. Und ging sein Blick nach Süden, so fing er sich an dem in der Ferne aufsteigenden sanftblauen Wall der Alpen. Die im Dreißigjährigen Krieg zerstörte Mindelburg ist erst im ausgehenden 19. Jahrhundert wieder instand gesetzt worden.

Unweit von Mindelheim, auf einem nördlich verlaufenden Höhenrücken, steht das Schloß Kirchheim, wie ein Sinnbild fuggerischer Macht und fuggerischen Kunstsinns, umrauscht von den Bäumen des Parks. Nur eine kurze Wegstrecke und wir erreichen Babenhausen mit seinem Schloßmuseum, das zweite große Fuggerschloß, eine großzügige Anlage von bedeutendem Ausmaß. Von Babenhausen gelangen wir bald über das einst reichsstädtische Memmingen – wie Mindelheim eine wundervolle alte Stadt – zur Benediktinerabtei Ottobeuren, deren Kirche Georg Dehio einen «der vornehmsten Kirchenbauten aller Zeiten in Deutschland» nennt. Das Kloster ist 1711 bis 1766 gebaut worden und steht dort, wo die Landschaft sich zum Bergland zu erheben beginnt. Abt Rupert II. Neß (1710/40) ging an den Neubau der Abtei. Pläne zum Konventsbau von Christian Thumb, Franz Beer, Johann Jakob Herkomer lagen vor; aber ausgeführt wurde der Entwurf des Paters Christoph Vogt, wenn auch mit einigen Änderungen, eine Vierflügelanlage um vier Höfe. Die Klosterkirche entstand unter Leitung von Simpert Kramer, der Pläne von Vogt und Dominikus Zimmermann mit seinen eigenen verarbeitete. Ihm folgte 1748 Johann Michael Fischer, einer der großen Meister des Jahrhunderts, der das Innere nach seiner Planung schuf, einen Raum von überwältigender Großartigkeit, und trotz des überreichen Dekors von Johann Michael Feichtmayr und der Maler Johann Jakob und Franz Zeiller von herrlicher Klarheit und Eindrücklichkeit.

Fahren wir von Memmingen in Richtung Leutkirch, vorüber an dem reizenden Schlößchen Illerfeld, das sich der Memminger Patrizier, Freiherr von Lupin, 1784 baute, finden wir an der Iller drei bemerkenswerte Orte. Da ist zunächst im Dorf Illerbeuren in einem kleinen Hof des 17./18. Jahrhunderts das schöne Bauernhofmuseum, vollständig mit Möbeln und Gebrauchsgegenständen aus dem bäuerlichen Lebenskreis eingerichtet – sozusagen bezugsfertig. Von hier aus sehen wir auf der Höhe den massigen Bau des Schlosses Kronburg, und ebenfalls ganz in der Nähe liegt die Wallfahrtskirche Maria Steinbach zur Schmerzhaften Muttergottes, deren 1746 begonnener Bau 1754 geweiht wurde. Der Baumeister ist nicht bekannt; es könnte Johann Georg Fischer aus Füssen, aber auch Dominikus Zimmermann aus Landsberg gewesen sein.

Schloß Hohenschwangau. Ausschnitt aus einem Kupferstich von Michael Wening, 1701

Als Maler war wohl Franz Georg Hermann tätig, als Stukkatoren haben Johann Georg Üblhör und Franz Xaver Feichtmayer hier gewirkt; sie waren noch bis 1764 am Werk. Der Kirchenraum ist von außerordentlicher Schönheit und Einheitlichkeit mit seiner kostbaren Ausstattung und Architektur. Illerbeuren, Kronburg und Maria Steinbach sind drei besonders anschauliche Beispiele für den bäuerlichen, ritterlichen und geistlichen Lebensstil im schwäbischen Land.

Zwischen Wangen und Isny kann man an einem sanft gewölbten Waldberg Schloß Syrgenstein, Sitz der Grafen Truchseß von Waldburg-Zeil, besuchen. Von hier führt die Straße nach Kempten an der Iller, einst das römische Campodunum, das in weiten Teilen ausgegraben worden ist; die Funde sind im Zumsteinhaus zu sehen. Um 725 kam es zur Gründung einer Missionszelle durch St. Gallener Mönche, aus der 752 das Benediktinerstift St. Mang hervorging. In jahrhundertelangen Kämpfen mit dem Fürstabt von Kempten erstritt die Stadt die Reichsfreiheit. 1632 zerstörten die Schweden das Kloster, und nach der Erstürmung Kemptens durch kaiserliche Truppen wurde auch ein großer Teil der Stadt vernichtet.

Fürstabt Roman Giel von Gielsberg (1639/73) reformierte das Stift und schuf mit der Stiftskirche St. Lorenz und der Residenz die erste barocke süddeutsche Klosteranlage, die von Michael Beer begonnen und von Johann Serro vollendet wurde (1652/70). Fürstabt Anselm Reichlin von Meldegg (1728/47) ließ zur gleichen Zeit, als die Reichen Zimmer in der Münchner Residenz eingerichtet wurden, die Prunkräume ausstatten, denen unter Fürstabt Engelbert von Syrgenstein um 1760 die Gästezimmer folgten.

Von Kempten führt eine der schönsten Allgäuer Straßen durch gebirgige Landschaft, vorüber an Seen nach Füssen am Lech, das am Fuße des großen fürstbischöflich-augsburgischen Bergschlosses liegt. In Füssen selbst sollte man nicht versäumen, das ehemalige Benediktinerkloster

St. Mang zu besuchen. Zwar ist der Nordflügel des Schloßgebäudes heute als Rathaus eingerichtet, ist die Bibliothek nach der Säkularisierung von den neuen Besitzern, den Fürsten zu Oettingen-Wallerstein, auf die Harburg übersiedelt worden, aber der prunkvolle Fürstensaal und der herrliche Bibliothekssaal zeugen noch immer von dem Glanz dieser großartigen Anlage. Hier haben die besten Künstler der Gegend zu Beginn des 18. Jahrhunderts gewirkt, allen voran Johann Jakob Herkomer, der die Pläne zum Bau des Klosters entwarf.

Unweit von Füssen über Alp- und Bannwald liegen die berühmten Königsschlösser Hohenschwangau und Neuschwanstein, die zum Anziehungspunkt von Besuchern aus aller Welt geworden sind. Wir haben uns angewöhnt, die Bauten des späten 19. Jahrhunderts, wie Neuschwanstein, zu belächeln. Daß man sie auch anders sehen kann, sagt uns der badische Schriftsteller Heinrich Hansjakob schon im Jahre 1905: «Man hat sich kaum Zeit genommen von einer Lichtung aus einen Blick hinabzuwerfen ins Tal, aus dem der Lech und der Bannwaldsee blitzen, als sich die Schlucht des Pöllatfalles auftut, der seine mächtigen Wasser in eine Felsentiefe hinunterdonnert, aus welcher der ‹Tegelberg›, der die Burg trägt, aufsteigt. Wer glauben wollte, man könne in dem ernsten romanischen Stil nicht wohnlich bauen, der mag sich einmal vor die Südwestfront von Neuschwanstein stellen und sehen, wie leicht und graziös und luftig der große Erker mit seiner doppelten Galerie und der gewaltige Palas mit seinen fünf Stockwerken einen anschauen. Die Burg Neuschwanstein zeigt ihre Wunder erst im dritten Stock, in den Wohnräumen des Königs und im Thronsaal und im vierten Stock im Festsaal ... Die kühnste Phantasie eines Minnesängers hätte sich die Ritterlichkeit und die bauliche und bildliche Wiedergabe der poesievollen Sagen des Mittelalters niemals so ausmalen können ...»

Schlösser wie Neuschwanstein werden nie mehr gebaut werden. Sie hätten auch keinen Sinn mehr. Etwas anderes ist es mit den ‹gewachsenen› Schlössern, die wir besucht haben, die noch bewohnt werden und noch eine Funktion im ländlichen Leben haben. Sie sind Bindeglieder zwischen Vergangenheit und Gegenwart, Zeugen auch vieler eigentümlicher menschlicher Schicksale, in denen die Geschichte unseres Volkes lebendig geblieben ist.

Neuburg an der Donau

Als nach dem bayerischen Erbfolgekrieg durch den Kölner Schiedspruch 1505 das Fürstentum Neuburg, die ‹junge› Pfalz, geschaffen wurde, waren die Söhne des Pfalzgrafen Ruprecht und seiner Gemahlin Elisabeth von Bayern-Landshut die designierten Erben des neuen Fürstentums. Von ihnen ist uns Ottheinrich wohlbekannt, der 1556 als Kurfürst von der Pfalz den ‹Ottheinrichsbau› des Heidelberger Schlosses errichten ließ. In Neuburg hat er ab 1522 regiert und ist 1542 zum lutherischen Glauben übergetreten. Im Schmalkaldischen Krieg zog er mit den anderen protestantischen Fürsten gegen Kaiser Karl V., der 1546 Neuburg besetzte und den Fürsten vertrieb. Die kaiserlichen Truppen plünderten das Schloß gründlich, die reichen Sammlungen verschwanden. (Nur einige der prächtigen Wandteppiche, die nach Entwürfen des Matthias Gerung aus Lauingen ab 1540 in Brüssel gezeichnet worden waren, werden heute im Neuburger Museum aufbewahrt.) Erst der Passauer Vertrag von 1552 setzte den Fürsten wieder in Neuburg ein.

Der Gestalt Ottheinrichs ist stets ein großes Maß an Zuneigung entgegengebracht worden. Sein Schicksal, seine menschlichen Qualitäten haben ihn volkstümlich werden lassen. Ottheinrich war keineswegs nur der lebensfrohe, ungeheuer fette Genießer und freigiebige Fürst, der lebte und leben ließ, er war auch ein ernsthafter Regent, ein Mann von tätigem Charakter, zwar immer in Geldnöten, aber immer voll großer Pläne und von starkem Unternehmungsgeist und Bildungsdrang erfüllt. In der schweren Zeit seiner Verbannung aus Neuburg zeigte sich der Kern seines Wesens, seine besinnliche und geistige Art. Sein Wahlspruch ‹Mit der Zeit› schien so recht für ihn gemacht, denn er konnte warten, hatte Geduld, suchte Ausgleich im Umgang mit schönen Dingen und geistigen Problemen. Eine der besten Porträtbüsten Ottheinrichs, aus Ton, wird im Neuburger Museum aufbewahrt.

Ottheinrich hat das Neuburger, aus dem frühen 15. Jahrhundert stammende Schloß großzügig um- und ausgebaut. 1527 wurde der Bau unter Leitung des Hans Knotz begonnen. Unter den Baumeistern, die der Fürst zu Rate zog, waren auch der bekannte Nürnberger Paul Behaim und wohl auch Constantino de Servi, Sohn des Neuburger Rats de Servi. Es entstanden bis 1538 drei Flügel, an deren Ausstattung noch 1556/57 im West- und Nordflügel gearbeitet worden ist. Zunächst baute Ottheinrich den ‹runden Bau und den Altan daran›; dann ließ er, vom sogenannten ‹Nadelöhr› aus, dem tiefen Torbau in die Unterstadt, über dem heute der nördliche Trakt mit den hohen Giebeln steht, die Dreiflügelanlage beginnen. Als erster entstand der Westflügel, der Haupttrakt, der seine mit gotischem Maßwerk

geschmückte Fassade der oberen Stadt zukehrt. Als südlicher Abschluß folgte der ‹Küchenbau›.

Nach Ottheinrichs Tod, 1559, hat Herzog Wolfgang von Pfalz-Zweibrücken-Neuburg das Schloß weiter ausbauen lassen und hundert Jahre später sind von Herzog Philipp Wilhelm die oberen Galerien im Schloßhof erneuert und wohl von Jeremias Doctor 1664/68 der barocke Ostflügel errichtet worden. Doch ist von dessen reicher Ausstattung nichts erhalten geblieben. Wenig glücklich war es für den ganzen Schloßkomplex, daß 1824 das oberste Geschoß des Westflügels mit den schönen Volutengiebeln wegen Baufälligkeit abgetragen und durch das heutige Stockwerk ersetzt wurde.

Durch die geräumige tiefe Torfahrt im risalitartig vorspringenden Portalerker des Westflügels mit der stukkierten, vielleicht von italienischen Meistern aus Landshut geschaffenen Kassettendecke von 1545, gelangt man in den weiten Hof, der auf drei Seiten von Arkaden umzogen ist. Es ist ein Bild von überraschender Schönheit, vor allem dank der luftigen Laubengänge, welche die Schwere der Baublöcke auflockern. Die ganze Fassade des Westtraktes ist mit Sgraffitti geschmückt, die in den letzten Jahren ausgezeichnet instand gesetzt worden sind. Sie zeigen biblische Szenen. Bei der vorstehend erwähnten Erneuerung der oberen Arkadengänge 1660 sind Teile dieser Dekoration zerstört worden.

Im Treppenturm, der im Innern über und über bemalt ist, vielleicht von Jörg Breu oder Melchior Feselen, sehen wir phantastische Landschaften mit Architekturen, ebenfalls Darstellungen aus der biblischen Geschichte, Grisaillen auf schwarzem Grund – Fabeltiere und Masken – überziehen die Fensterlaibungen und Gewölbekappen.

Die Portale im Saal des Westbaus und im Rittersaal des Nordflügels sind 1538 von Loy Hering oder Peter Flötner geschaffen worden. Der Nordflügel mit seinen prächtigen Volutengiebeln zum Hof und an den Schmalseiten enthält den großen Rittersaal im ersten Obergeschoß mit einer furnierten Holzkassettendecke, getragen von zwei herrlich bearbeiteten Säulen. Der Erker dieses Raumes zeigt ein bemaltes Sternrippengewölbe. Die ursprünglich sehr reiche Dekoration existiert nicht mehr. Die schöne Vertäfelung des Neuburger Schreiners Hans Pihel soll wieder eingebaut werden.

Die Kapelle selbst ist mit hervorragenden Fresken Hans Bocksbergers aus Salzburg geschmückt, vermutlich nach dem von dem Nürnberger Theologen Osiander aufgestellten Programm 1543 gemalt. Diese ‹protestantischen› Malereien stellen ein kunst- und religionsgeschichtliches Unikum im bayerischen Raum dar. Die Kapelle ist ein einschiffiger, durch zwei Stockwerke gehender Raum mit Spiegelgewölbe und Stichkappen und einer umlaufenden, durch die Apsis unterbrochenen Empore, deren Felder reichen Stuckdekor tragen, weiß auf hellblauem Grund, die Wappen mit Spuren farbiger Fassung. Die Fresken deuten den lutherischen Grundgedanken, daß die Sünder (Bilder von Sündenfällen aus dem Alten Testament) nur durch göttliche Gnade und die von Christus eingesetzten Sakramente (Bilder von Christi Himmelfahrt und der Sakramente, alt- und neutestamentlich belegt) vor Gott gerecht werden können. Der Rotmarmor-Altar wurde 1540/42 von Martin Hering ausgeführt. Auf der Mensa befindet sich das Wappen Pfalz-Bayern, von Putten gehalten. Der obere Aufbau hat die Form eines Triumphbogens mit der Inschrift ‹Ottheinrich Pfalczgraf›. Unter dem Bogen sieht man Christus und die Schächer am Kreuz (die Figur des Dismas um 1600 aus hellerem Marmor erneuert), vor den Kreuzen Maria und Johannes. Die Figuren sind aus Solnhofer Kalkstein gearbeitet. So erweist sich die Neuburger Residenz in allen Teilen als eine eigenwillige Schöpfung, der möglicherweise die Stadtresidenz in Landshut als Vorbild diente, an der aber die starke Persönlichkeit Ottheinrichs keinen geringen Anteil gehabt haben dürfte.

Abb. 204 bis 206

Grünau

Die Jagd war und ist die Krone aller ‹fürstlichen Lustbarkeiten›. Jede Jahreszeit hat ihre Besonderheit. Im 16. Jahrhundert wurde im Dezember der Wolf gejagt, im Sommer der Feisthirsch, der Rehbock, im Herbst gab es die Hirschbrunft und Sauhatz und dazwischen vergnügte man sich mit Fuchsjagd, Hasenhetze und Vogelwaid. An die Jagdleidenschaft jener Zeit erinnert am schönsten Grünau, das Herzog Ottheinrich von Pfalz-Neuburg, dieser lebensfrohe, fette, kluge, gebildete, in allem so menschliche Fürst, seiner Gemahlin Suzanna von Bayern «zu Gefallen» 1530/31 durch Hans Knotz bauen ließ, und zwar ist es das ‹Alte Haus› mit hohem Staffelgiebel und Turm mit lustiger bunter Ziegelhaube; das ‹Neue Haus› ließ der Herzog zwanzig Jahre später als einen langgestreckten Trakt mit hohen Giebeln und runden Ecktürmen danebensetzen. Zwei Marmortafeln haben die Baugeschichte auf Weisung des Fürsten festgehalten; Loy Hering hat die Tafeln mit der Darstellung einer Hirschjagd geschmückt.

Grünau liegt in der ungebrochenen Einsamkeit der Donauwälder auf einem weiten Wiesenplan. Ringsum ist es so still, daß man den Gesang der Vögel, das Gurren der Wildtauben, den geheimnisvollen Ruf des Kuckuck und das Klopfen der Spechte an den Stämmen lauter hört als an anderen Orten. Das Schloß steht, wie aus dem Märchenbuch geholt, breit und behaglich da, von Mauern mit runden Ecktürmchen unter spitzen Helmen umgeben. Die Wände

des kreuzgewölbten Säle des alten Hauses mit ihren dicken Säulen und tiefen Fensternischen tragen die Fresken von Jörg Breu d. J., 1536/37 gemalt, und die des Landshuters Hans Windberger aus dem Jahre 1555. Sie entsprechen durchaus der Geisteshaltung der Renaissance und sind von unbeschwerter Heiterkeit, ja Derbheit, und man braucht sich nur noch das lebhafte Treiben einer Jagdgesellschaft dazu vorzustellen. Da ist die ‹Flohstube›, auf deren Fresken nackte und bekleidete Frauen sich Flöhe ablesen. Einige heben neugierig den Vorhang eines Himmelbetts und überraschen ein Liebespaar. Das ‹Prunftstüblein› zeigt springende Hirsche, aus deren Köpfen natürliche Geweihe wachsen.

«Still und verlassen liegt heute Grünau am Wald», schreibt der Biograph Ottheinrichs, Alexander von Reitzenstein. «Die Bilder an den Wänden sind blaß, die geschmelzten Wappenscheiben ausgebrochen, die kunstvollen gußeisernen Öfen verschwunden, aber wenn Ottheinrich noch irgendwo umgeht, dann hier. Denn in keinem seiner Häuser ist die Stille so beredt. Lauscht man hinein, dann kommt es heraus wie frohes, warmes Lachen und schwillt an und wird laut; Schreien und Fluchen der Knechte draußen auf dem Hof, die eben das Rotwild zerwirken, Gelärm der Hunde, die ihres Anteils warten; Zuruf der Tafelnden in der Dürnitz – der Willkumm gaht um, gaht um.» *Abb. 207, 208*

Stepperg

Auf dem Weg von Neuburg an der Donau nach Rennertshofen sehen wir von einer bald erreichten Anhöhe wieder hinab ins Donautal und erreichen das Dorf Stepperg mit seinem Schloß.

Der Hauptbau der Dreiflügelanlage dürfte im ausgehenden 16. Jahrhundert von den Augsburger Welsern gebaut worden sein, denn Hans Jakob Welser hatte das Gut 1561 erworben. 1637 kam es durch Heirat an die Servi, die lange Zeit in Diensten der Herzöge von Pfalz-Neuburg standen und 1789 ausstarben. 1801 kaufte die verwitwete Kurfürstin Marie Leopoldine von Bayern das Gut. Sie war eine Tochter des Sohnes der Kaiserin Maria Theresia, des Erzherzogs Ferdinand, und der Prinzessin Maria Beatrix von Este-Modena und hatte 1795 den einundsiebzigjährigen Kurfürsten Carl Theodor geheiratet, der vier Jahre später beim Kartenspiel vom Schlage getroffen wurde. Sie war eine sehr reiche Frau, aber auch sehr geizig, und es wird berichtet, daß auf ihren Festen die Gäste hungern mußten. Im Jahre 1804 heiratete sie in zweiter Ehe ihren Oberstallmeister Grafen Ludwig von Arco, wodurch Stepperg an diese Familie kam. Die Tochter aus der Ehe ihres Sohnes Graf Aloys von Arco erhielt den Namen Arco, Gräfin von Stepperg; sie vermählte sich 1890 mit Ernst Grafen von Moy de Sons.

Die Moy entstammen dem Uradel der Picardie und die älteste Linie erhielt 1578 den Marquistitel. Charles Antoine de Moy, aus dem Haus der Barone Moy de Sons auf Brières in den Ardennen, war der erste Herr seines Namens in Bayern. Er war zum geistlichen Stand bestimmt, wurde aber Soldat und diente als Ordonnanzoffizier im Stabe des Generals de La Fayette. Als er seinem General Verrat an der Monarchie vorwarf, mußte er den Dienst quittieren und sich auf seine Güter zurückziehen.

Während der Französischen Revolution mußte er aus Frankreich fliehen; er trat in die Emigrantenarmee des Prinzen Condée ein, wurde schwer verwundet und kam nach Mainz. Dort verlobte er sich, doch verlangte sein zukünftiger Schwiegervater, daß er sich eine Existenz gründe, da er nicht an eine Rückgabe der französischen Güter glaubte. Charles Antoine legte sich ein kleines Lager von Galanteriewaren zu und zog damit durch die deutschen Badeorte. Das Geschäft ging gut; er ließ sich 1798 in München nieder, heiratete, und sein Geschäft wurde der Treffpunkt der eleganten Welt, die sich gern von dem witzigen französischen Edelmann unterhalten ließ. Auch die Könige Maximilian I. Joseph und Ludwig I. gehörten zu seinen Kunden und schätzten den Chevalier außerordentlich. Als das Geschäft schließlich infolge vieler Außenstände, die Charles Antoine nicht einzutreiben vermochte, bankerott machte, zog die Familie nach Würzburg, wo der Sohn Karl als Professor für Staatsrecht an der Universität lehrte, und von wo er 1837 an die Universität München berufen wurde. Karls Sohn Maximilian war Oberstzeremonienmeister am Hofe zu München. Seine Karikatur von Franz Graf von Pocci befindet sich in Stepperg. 1853 erkannte der König den Freiherrnstand an, 1868 wurde die Familie in den Grafenstand erhoben.

Gräfin Marie Leopoldine von Arco, die verwitwete Kurfürstin, fügte in der ersten Hälfte des 19. Jahrhunderts dem Schloß Stepperg die beiden Seitenflügel mit den Türmen hinzu. Gabriel von Seidl veränderte 1907 die Fassade des Hauptbaus, dessen Treppenturm auf der Gartenseite wohl aus der Welserzeit stammt. Besonders reizend ist ein Gartensälchen mit zartfarbigen Deckenfresken um 1830, dem ein Kabinett im Obergeschoß des rechten Seitenflügels entspricht, das einst Teil eines Saales bildete. Man will wissen, daß dieses Kabinett eigens für den Besuch der Kaiserin Marie Luise eingerichtet worden sei, als sie nach dem Sturz Napoleons auf der Heimreise nach Wien in Stepperg Aufenthalt genommen hatte.

Die Räume des Schlosses sind zur Zeit des Umbaus durch Seidl zum Teil verändert worden, so die Bibliothek in warmem braunem Holz und das Speisezimmer mit Jugendstilstuck, Jugendstilmöbeln und einem hübschen Ofen aus dieser Zeit. Die ganze Anlage Steppergs hat den Charakter eines schlichten, vornehmen Landsitzes, und das gilt auch

für das Innere. Weder gibt es hier breite Treppenläufe noch Säle, aber allenthalben herrscht anheimelnde Behaglichkeit. Die Räume sind mit schönen Möbeln, Bildern und Porzellanen ausgestattet, zum Teil von hoher Qualität und vielfach mit nahen Beziehungen zur Familie des Besitzers.

Übrigens wurde 1907 auch das Schiff der Stepperger Pfarrkirche St. Michael im Auftrag von Ernst Graf von Moy von Gabriel von Seidl umgebaut.

Der schöne kleine Park ist eine Schöpfung Friedrich Ludwig von Sckells. Er zieht sich mit Rasenflächen, herrlichen Baumgruppen und Waldparzellen an einem Hügelrücken hin, mit geschickt angelegten Durchblicken auf ein offenes Tempelchen und auf die Gruftkapelle der Arco und Moy, alles das wohlgepflegt und von großem Reiz. *Abb. 209, 210*

Bertoldsheim

Anstelle einer mittelalterlichen Burg am Südrand der Terrasse zur Donau ließ sich der kaiserliche und kurpfälzische General Freiherr Fortunat von Isselbach durch den Eichstätter Hofbaumeister Gabriel de Gabrieli 1718/30 ein neues Schloß erbauen. Seit 1828 ist es Eigentum der Grafen du Moulin-Eckart.

Das Schloß ist eine prächtige Dreiflügelanlage, deren Haupttrakt durch einen Mittelrisalit betont wird, gegliedert durch horizontale Bänder im Untergeschoß und durch Pilaster mit Volutenkapitellen in den Obergeschossen. An der Hofseite führt eine Freitreppe zu dem von Säulen flankierten Portal, über dem sich ein Balkon befindet. An Portal und Fensterbogen sind stukkierte Masken und Embleme angebracht.

Im Erdgeschoß des Mittelbaus liegt der Gartensaal, der sich gegen das Stiegenhaus öffnet. Im gewölbten Vorraum steht ein Brunnen. Der Gartensaal wird durch gemalte Säulen gegliedert, zwischen denen Landschaftsbilder sitzen, darunter ein Bild von Bertoldsheim mit Umgebung. Die anschließenden Räume tragen Wandbemalungen; vor allem ist das südöstliche Eckzimmer reich ausgestattet. Die Malereien zeigen Szenen aus der griechischen Mythologie.

Im Eckpavillon des westlichen Seitenflügels liegt die Kapelle mit einer schönen Immaculata, um 1740, und einer Stuckplastik des heiligen Georg, darunter Putten mit dem Allianzwappen Hornstein-Preysing. Das ehemalige Altarbild des 17. Jahrhunderts, mit seiner Ansicht des Schlosses, befindet sich jetzt in der Gemäldegalerie, die deutsche, italienische und niederländische Bilder vom Ende des 16. bis zum 18. Jahrhundert birgt.

Über der Kapelle liegt der Isselbachsaal, der Gemälde aus den Kriegszügen des Generals (Schlacht bei Höchstädt,

Landung in Spanien, Heimkehr nach Bertoldsheim, nach 1730 gemalt) enthielt. Diese Bilder hängen heute im Treppenhaus.

Bertoldsheim gehört zu den bedeutenden Barockschlössern in Bayerisch-Schwaben. Die Fassaden zeichnen sich durch leichte Eleganz aus, und nicht zuletzt steigert die Lage an der Donau die Harmonie des Gesamteindrucks. Eine Besichtigung des Schlosses ist nur nach vorheriger Vereinbarung möglich. *Abb. 211 bis 213*

Leitheim

Als 1134 Graf Heinrich von Lechsgemünd und Graisbach das Kloster Kaisheim (Kaisersheim) gründete, schenkte er den Zisterziensern auch das Hofgut Leitheim, unweit von Donauwörth. Hier wuchs schon in römischer Zeit Wein, und noch heute liegt auf dem Hang unterhalb des Schlosses der einzige Weingarten Südbayerns; daher heißt der Ort Leitheim, das Heim an der Leite, der Weinleite. Abt Leonhard Weinmayr – er trug seinen Namen zu Recht – vergrößerte den Weinberg 1427 beträchtlich.

1542 baute Abt Johannes Sauer das hübsche Weingärtnerhaus mit seiner Renaissance-Gliederung und dem Treppentürmchen. Etwa 1685 ließ Abt Elias Götz das Sommerschlößchen Leitheim samt Kirche und Laubengang errichten. Der Voralberger Barockmeister Wölfle entwarf die Pläne zur Aufstockung des niedrigen Gebäudes um 1740; sie sind noch heute im Entree des Schlosses zu sehen. Leitheim ist eine der reizendsten Schöpfungen des schwäbischen Barock in herrlichster Lage hoch über der Donau, die breit und still am Fuß des Hügels durch die Auwälder dahinfließt. Ein schönes Portal, bekrönt von einem Seepferdchen, dem Wappentier des Abtes Cölestin Meermoos, führt in den Hof, den Kirche, Schlößchen und Weingärtnerhaus umstehen. Abt Meermoos gab dem Schloß eine neue Wandgliederung durch Pilaster. Im Jahre 1803 fiel Kloster Kaisheim mit all seinen Besitzungen säkularisiert an Bayern. Aus diesem ehemaligen Klostervermögen erwarb zunächst Graf Montperny die Herrschaft Leitheim, die aber bald in den Besitz der Freiherren von Tucher überging. Die Tucher gehören zu Nürnbergs großer Zeit als freie Reichsstadt. Sie saßen im regierenden Rat der Stadt vom Beginn des 14. Jahrhunderts bis zum Verlust der reichsstädtischen Selbständigkeit 1803; sie sind also eines der ältesten und vornehmsten Geschlechter Nürnbergs. Es gibt viele und kostbare Kunstwerke, welche die Tucher im Lauf der Zeit ihrer Vaterstadt geschenkt oder deren Entstehung sie gefördert haben, wie etwa der ‹Englische Gruß› von Veit Stoss. Die schönsten Stücke aus dem Eigenbesitz der Familie sind im Tuchersaal des Germanischen Nationalmuseums in Nürnberg zu sehen.

Auch Leitheim wird ganz im Sinne alter tucherscher Kunstpflege erhalten und betreut.

Der Heiterkeit und Eleganz des Äußeren entspricht auch das Innere des Schlosses. Eine breite Treppe mit prachtvollem schmiedeeisernem Gitter führt in das obere Stockwerk. Alle Holz- und Schmiedearbeiten sind im Kloster Kaisheim ausgeführt worden. Im Gang des ersten Stocks, der sich im Laubengang zur Empore der Kirche fortsetzt, hängen rechts und links von einem prächtigen Nürnberger Schrank von 1693 die Porträts der Äbte Meermoos (1739/1771) und Cölestin II. Angelsprugger (1771/83). Angelsprugger lernte 1778 am Mannheimer Hof Wolfgang Amadeus Mozart kennen, der sich auf der Heimreise von Paris bei Kurfürst Carl Theodor aufhielt, und nahm ihn mit nach Kaisheim. Elf Tage war Mozart dort zu Gast, und sicherlich ist er auch in Leitheim gewesen.

Den Plafond des Treppenhauses schmückt ein Fresko ‹Der Tag vertreibt die Nacht› von Godefried Bernhard Götz gemalt, 1751. Alle Malereien in Leitheim stammen von diesem ausgezeichneten kaiserlichen Hofmaler, die Stukkaturen von dem Wessobrunner Anton Landes. Unter den Möbeln ist eine Brauttruhe der Tucher-Gebhard von 1616 zu nennen, die Barock- und Rokokomöbel sind von sehr guter Qualität.

Der Festsaal ist ein Raum der angenehmsten Proportionen, erfüllt von der Anmut und Lebensfreude des 18. Jahrhunderts, im wohlausgewogenen Zusammenspiel von spritziger Stukkatur in Lichtblau und Ocker auf weißem Grund und graziöser Malerei in zarten und doch ausdrucksvollen Farben. Das Deckenbild zeigt die ‹Fünf Sinne›, die je durch eine entsprechende Darstellung gekennzeichnet werden. Das ‹Gesicht›, die Hauptgruppe des Bildes, zeigt den Maler selbst, der das Bildnismedaillon seines Auftraggebers Meermoos betrachtet. Hinter dem Maler selbst steht ein Mönch, der einer Zahl von Buben eine Glasflasche zeigt, in der ein kleiner Teufel sitzt, der ‹Teufel im Glase zu Kaisersheim›. Damit hat es folgende Bewandtnis: zu Beginn des 14. Jahrhunderts wurde ein Kaisheimer Zisterzienser ins Kloster Stams im Oberinntal berufen, um eine Tochter des Herzogs von Kärnten und Grafen von Tirol vom Teufel zu befreien. Nachdem ihm das gelungen war, sperrte er ihn in eine Eisenkapsel und nahm ihn mit nach Hause. Dort bannte er ihn in eine Glasflasche und hängte ihn am Gewölbe der Vierung der Klosterkirche auf. Die täglichen Gottesdienste waren dem armen Teufel eine entsetzliche Qual und er benutzte jede Gelegenheit, um den Patres einen Schabernack zu spielen, wie die Chronik des Paters Knebel berichtet. Erst 1543, als der Kirchturm vom Blitz getroffen wurde, zersprang das Glas. Der Teufel entwich mit einem «gräßlichen Scheuz» und fuhr in der Harburger ‹Höll› wieder nieder, mit einem Donnerschlag.

Ein reizend stukkierter, wohnlicher Raum mit schönen Öfen, schönem Parkett und Möbeln ist der Empfangssalon. Das Deckenbild zeigt ‹Die vier Jahreszeiten›. An den Wänden hängen unter anderen drei Bilder des schwedischen Malers Alexander Roslin, der seit der Münchner Rokoko-Ausstellung erneut im Gedächtnis des deutschen Publikums ist. Die Porträts hier stammen aus seiner Bayreuther Zeit und zeigen die Baronessen von Künsberg und den Oberst-hofmeister Marquis de Montperny, der die Bauleitung des Neuen Schlosses in Bayreuth inne hatte.

Der Ecksalon ist einst wohl das Arbeitszimmer des Abtes gewesen. Die Decke zeigt das Fresko ‹Die Nacht vertreibt den Tag›, umrahmt von zarter Stukkatur. Das Deckenbild im ehemaligen Schlafzimmer des Abtes stellt die vier Lebens-alter dar. In den Kabinetten sehen wir bedeutende Porzellane und Seidenstickereien des 18. Jahrhunderts. Auch wird hier das Sterbekreuz der Maria Stuart (1587) aufbewahrt.

Der schöne, klargegliederte Kirchenraum – die Kirche wurde 1696 fertiggestellt – ist mit Pilastern geschmückt, das Tonnengewölbe mit reichem Akanthusstuck belegt. Diesen schönen Stuck hat wohl der Wessobrunner Altmeister J. Schmutzer geschaffen. Der prächtige Hochaltar, sowie die Seitenaltäre sind schwarz-gold gefaßt und stammen aus der Erbauungszeit der Kirche, während der Rokokotabernakel und die üppig geschnitzte Kanzel erst Mitte des 18. Jahr-hunderts entstanden sind. *Abb. 214 bis 219*

Die Harburg

Das Ries ist ein fruchtbarer ebener Landstrich mit reicher historischer Vergangenheit. Wälder, Felder und Wiesen bedecken den vulkanischen Boden, und eine große Anzahl malerischer Burgen, Schlösser, kleiner Städte und Dörfer liegt über das Land verstreut. Ringsum wird das Ries von bewaldeten Höhenzügen umschlossen, so daß das ganze Gebiet einer riesigen Schüssel gleicht.

Fährt man von Donauwörth in Richtung Nördlingen, erblickt man auf steilem Felsen, hoch über der Wörnitz eine mittelalterliche Burg mit bewegtem Umriß in mächtiger Ausdehnung. Die Harburg ist steingewordene ritterliche Gesinnung. Diente sie auch in der Hauptsache der Verteidigung, so wurde doch durch die Verbindung von Wehr- und Wohnbau ein sehr malerisches Gesamtbild geschaffen. Im 12. Jahrhundert ist sie noch Reichsveste, geht aber schon im 13. Jahrhundert in den Besitz der Grafen zu Oettingen über. Damals mögen dort die Lieder der Minnesänger ge-klungen haben, denn der Spervogel 1180 und der junge Meißner 1250 preisen den «werten Oetinger Stamm».

Von der Wörnitz aus gesehen ist die Burg noch das, was sie einst gewesen ist: eine einheitliche, großartige Wehran-lage. Zwei Bauperioden veränderten ihr Gesicht und gaben ihr das heutige Aussehen. Im 16. Jahrhundert entstanden der sogenannte Fürstenbau, der Kastenbau, die Burgvogtei und die noch erhaltenen Burgtore. Der Schöpfer dieser Bau-ten, Graf Gottfried zu Oettingen, liegt in der Schloßkirche begraben, wo sein Grabmal, von Michael Kern ausgeführt, steht. Fürst Albrecht Ernst ließ im 18. Jahrhundert den Saal-bau und die Kirche in den Formen des Barock ausstatten. Die Schloßkirche, ein festlicher Raum mit zierlichem Stuck und Deckenfresken, liegt über der Gruftkapelle. Zwei schöne Holzfiguren der Muttergottes und des heiligen Michael (um 1480 und 1500/10) schmücken den Chor. Eine Reihe prächtiger Grabmäler aus dem 16. und 17. Jahrhun-dert, mit Herren in schweren Rüstungen und Damen in reichen Kleidern, stehen in einem Querschiffarm. Es be-gegnen uns die Wappen der Oettingen, Hohenlohe, Wittels-bach, Hohenzollern, Lützelstein, Leuchtenberg, Erbach, Mansfeld, della Scala und sprechen von den großen Allian-zen des Hauses.

In den Jahren nach dem letzten Krieg ließ Eugen Fürst zu Oettingen-Oettingen und Oettingen-Wallerstein das Schloß wieder herstellen und verlegte Bibliothek, Archiv und Kunstsammlungen dorthin. 140000 Bände, darunter die be-rühmte Bücherei des Markus Fugger, umfaßt diese Biblio-thek.

Fürst Ludwig zu Oettingen – er war Kronobersthofmeister König Ludwigs I., dann Innenminister und verheiratet mit der Tochter eines aus Frankreich emigrierten Weingut-besitzers, weshalb er die Standesherrschaft seinem Bruder abtreten mußte – gehört zu den großen Sammlern des frühen 19. Jahrhunderts. Ein Rundgang durch die Samm-lungen auf der Harburg lohnt sich. Eine solche Sammlung im alten Rahmen wird dem Besucher den noch bestehenden Zusammenhang des Hauses mit der Umwelt, mit dem eige-nen Boden zeigen, und er wird mit um so größerer Freude und Hochachtung vor den Kunstwerken der Vergangen-heit stehen. Welche Vielfalt und Verschiedenheit wird hier sichtbar und spiegelt sich in allem, worauf das Auge fällt. Es seien vor allem genannt: zwei Figurengruppen von Til-man Riemenschneider, Plastiken aus der Schule des Veit Stoss, eine spanische Armenbibel des 11. Jahrhunderts aus Valladolid, ein irisches Evangeliar des 8. Jahrhunderts, schöne französische Elfenbeinschnitzereien des frühen 15. Jahrhunderts und zweiundzwanzig besonders wertvolle mittelfränkische Bildteppiche des 15. Jahrhunderts. Die Graphiksammlung enthält 30000 Blätter, die im Rittersaal in Wechselausstellungen gezeigt werden.

Fürst Ludwig, der Minister, ließ 1810 in Wallerstein ein Museum einrichten, dessen Bestände durch Ankäufe im In- und Ausland noch bereichert wurden. Er ließ eine ‹mittel-alterliche Bibliothek› aufstellen; er gründete ein Physikalisches Kabinett, ein Naturalien- und Forstkabinett, ein In- stitut für Glasmalerei und Lithographie. Damit sollten die Zeitgenossen angeregt werden, sich mit den Werken der Vergangenheit zu beschäftigen. Wallerstein sollte ein kul- tureller Mittelpunkt für die ländlichen Bezirke werden, und von allen Seiten wurde dem Gründer Beifall gezollt. Goethe machte 1817 auf Wallerstein und seine Galerie aufmerksam. Aber dem Museum war kein langes Leben beschieden, denn Fürst Ludwig war in Schulden geraten und ein Teil der Sammlungen mußte verkauft werden. Etwa zweihundert Gemälde erwarb König Ludwig I. für München, die rest- lichen 339 Bilder wurden später verkauft und kamen größ- tenteils nach England.

Wer heute die hervorragend aufgestellten Sammlungen auf der Harburg durchwandert, wird sich nicht dem Zauber entziehen können, der aus der Verbindung einer alten wohl- erhaltenen Burg mit einer solchen Fülle an Kunstwerken hervorgeht, und wer aus den Fenstern über das tief unten liegende Wörnitztal hinwegschaut, hinaus in das offene, weite Land, dem wird deutlich, was das Ries seinen ehemaligen Landesherren, den Oettingen, verdankt. *Abb. 220 bis 226*

Hohenaltheim

Aus der bösen alten Zeit – mit diesen Worten überschreibt der Ritter von Lang die Erinnerungen an seine Jugendjahre und seine Lehrzeit in der Grafschaft Oettingen. Gewiß sind die ‹guten alten Zeiten› nie so gut gewesen, wie sie verklärt in der Vorstellung der Nachwelt fortleben, aber vielleicht waren sie in mancher Hinsicht unserer Zeit überlegen. Hat nicht das 18. Jahrhundert der Kunst auf allen Gebieten zu einer Blüte verholfen, wie wir sie seitdem in ähnlichem Zu- sammenklang nicht mehr erlebt haben? Mögen die damali- gen Herren auch oft höchst unbequem und selbstherrlich gewesen sein, sie sind dennoch als Mäzene großen Stils in die Geschichte eingegangen. Auch die ‹böse alte Zeit› hat ihre guten Seiten, sie hat ihre Curiosa, und solche erfreuen des Menschen Herz.

Das schöne Land, das Ries, in dem Hohenaltheim liegt, war größtenteils dem Hause Oettingen untertan, einem der ältesten Geschlechter Süddeutschlands, seit 897 als Grafen und seit 1674 als Fürsten im Ries ansässig. Am Fuß bewal- deter Höhen liegt das kleine Schloß Hohenaltheim. Hier schuf sich Fürst Albrecht Ernst, General des schwäbischen Kreises und kaiserlicher Generalfeldmarschall, eine kleine Sommerresidenz, eine Villeggiatur von großem Reiz. 1711 begann der Fürst den Neubau des Schlosses. Es war die Zeit der großen Residenzbauten, der prunkvollen Sommersitze, und der Fürst, verwandt mit vielen großen Häusern Deutschlands, wollte nicht nachstehen, sich einen seinem

Rang entsprechenden Rahmen zu schaffen. Zudem war es hier draußen schöner als in der Hauptresidenz Wallerstein; daher ließ Albrecht Ernst die alte Wasserburg in ein fest- liches und anmutiges Schloß umwandeln, in dem die Fami- lie heute noch die Sommermonate verbringt.

Durch den Schloßhof, flankiert von Kavaliershäusern und dem Küchenbau, gelangt man über eine steinerne Brücke zum Haupthaus. Es ist kein prunkvoller Bau, doch mit dem hohen Walmdach und den zierlich geschweiften Giebeln fügt er sich gut in die schwäbische Landschaft ein. Es ist möglich, daß der oettingensche Ingenieurhauptmann Johann Christian von Lüttich, Schüler des Mainzer Hof- baumeisters Maximilian von Welsch, die Pläne entwarf und ausführte. Hinter dem Schloß zieht sich ein französisches Gartenparterre bis zur Orangerie.

Die Ausstattung der Räume, in zart abgestimmtem und duftigem Rokoko, ist durchaus von einheimischen Meistern geschaffen worden. Hier, wie in vielen anderen Landschlös- sern, wird der hohe Rang heimischer Kunstfertigkeit sicht- bar. Die Wände der Räume sind teilweise mit blau-weißen Fayenceplatten der nur kurze Zeit bestehenden Manufaktur Schrattenhofen verkleidet, und alle Räume mit schönen Möbeln gefüllt.

Bestrickende Anmut, bezaubernde Leichtigkeit ziehen den Besucher in ihren Bann. Alle Würde des strengeren 17. Jahrhunderts ist abgefallen; man lebte in ländlichem Be- hagen, ledig der strengen Etikette; man zog das Intime dem Großartigen vor und ahnte nicht, daß in kurzer Zeit die Revolution aus Frankreich den Untergang dieses heiteren Zeitalters bringen würde. Alles ist in Bewegung, singt und klingt nach dem Motto: car tel est notre plaisir.

Der Nachfolger des Bauherrn, Fürst Kraft Ernst, war ein großer Gönner der Musik. 1777 reiste der junge Mozart mit seiner Mutter nach Hohenaltheim. Er war schon eine Weile unterwegs und kam nun von Augsburg, wo er sich bei sei- nen Verwandten aufgehalten hatte. Die Mutter mag ihre Plage mit dem lebenslustigen, zu allerlei Narreteien aufge- legten Sohn und mit dem ewigen Aus- und Einpacken ge- habt haben, denn sie schreibt einmal ihrem Mann nach Salz- burg: «Ich schwitze, daß mir das Wasser über das Gesicht läuft vor lauter Mühung mit dem Einpacken, hole der Plun- der das Reisen, ich meine, ich muss die Füsse ins Maul schie- ben vor Müdigkeit.» Abends sind sie in Hohenaltheim ein- getroffen, das damals zu den berühmtesten Pflegestätten der Musik in Süddeutschland gehörte. Fürst Kraft Ernst spielte selbst die Violine und Klavier. Mozart hatte er 1770 in Rom getroffen, Gefallen an ihm gefunden und ihn zu sich eingela- den. Mozart wurde liebenswürdig empfangen, aber das Un- glück wollte, daß die Fürstin gerade gestorben war, so daß er den Hausherrn in Trauer und nicht in Stimmung für musikalische Unterhaltungen vorfand.

Heute liegt dieses Kleinod fürstlicher Baulust still und weltabgeschieden in seinen Gärten, von tiefen Wäldern umgeben. *Abb. 227 bis 231*

Wallerstein

Wallerstein war die Residenz des Fürstentums Oettingen-Wallerstein, von der Karl Heinrich Ritter von Lang in seinen Erinnerungen (1764–1835) lustig berichtet. Lang war ein Wallersteiner Kind und arbeitete als Kabinettssekretär 1790/92 in der fürstlichen Regierung unter Kraft Ernst, der 1774 in den Reichsfürstenstand erhoben worden war. Der Fürst, der sogar eine in jener Zeit recht bekannte Hofkapelle unterhielt, ließ seinen Verwaltungsbeamten nur wenig Freiheit, regierte auf höchst persönliche Weise und erließ seine Befehle aus einem Gewölbe neben der Hofküche, Kabinett genannt; und, so schreibt Lang wörtlich, «es gebührt dem Scharfsinn des Fürsten die Anerkennung, daß er in seinen Wahlen Geschicklichkeit mit Ehrlichkeit gepaart wohl zu treffen wußte . . . Da er übrigens in seinem Hause sehr gastfrei mit französischen Weinen, Pasteten und Austern war, so fehlte es ihm nicht an zahlreichen Morgenbesuchen.»

Nicht selten hatte der Fürst lange Unterhaltungen mit Lang: «Wir sprachen da von Europa, Asien, Afrika und Amerika, zuletzt auch vom Fürstentum Wallerstein. Dabei war des Fürsten Art zu arbeiten diese, daß er alle an ihn eingehenden Berichte, nachdem er sie geöffnet, neben seinem Schreibtisch so hoch aufschichtete, als er mit seinem Arm reichen konnte. Hatten aber die Geschäfte diese Höhe erreicht, so wurde beschlossen, den Stoß wieder kleiner zu machen. Im plaudernden Auf- und Abgehen zog also der Fürst bald oben, bald unten, bald aus der Mitte einen Bericht hervor, griff schnell den Gegenstand auf, erlauerte jede Gelegenheit, wo vielleicht gerade das Gegenteil von dem, worauf die Kollegien angetragen, durchzusetzen möglich wäre, bemerkte dann mit einem Silberstift in wenigen treffenden Worten seinen Beschluß und gab mir die Sache zum Expedieren.»

Das Schloß liegt als ein großer Dreiflügelbau um einen weiten Hof unterhalb des Burgbergs. Der Nordtrakt, der sogenannte Küchenbau, stammt wohl aus dem frühen 16. Jahrhundert. Anfang desselben Jahrhunderts wurde der Ostflügel des Südtraktes gebaut, das sogenannte ‹Grüne Haus›. 1651 baute Graf Martin Franz den Westtrakt – seit 1812 Galeriebau genannt – und um 1664 entstand im Norden der Kirchenbau, ein Jahr später unter Graf Ernst II., der ‹Welsche Bau›, westlich neben dem ‹Grünen Haus›, der 1805 verlängert und aufgestockt worden ist. Aus ‹Grünem Haus› und ‹Welschem Bau› ist dann schließlich der Hauptbau der Anlage hervorgegangen. Er besitzt eine vortreff-

liche Ausstattung an Mobiliar, Gemälden, Porzellanen und Gobelins.

Die Hofseite des Westtrakts ist in Arkaden geöffnet und an seinem Nordende steht die Schloßkirche, welche Ende des 15. Jahrhunderts gebaut worden ist. Im Hochaltar befindet sich ein gutes Relief der heiligen Sippe aus dem Umkreis des Daniel Mauch, gegen 1500.

Im Park des großen Schlosses steht nicht nur die schöne, von dem Wiener Paul Ulrich Trientel entworfene, 1739/51 gebaute Reitschule, die heute noch benutzt wird und eine interessante Sattelkammer birgt, sondern auch die ehemalige Orangerie, in der ein kleines Museum eingerichtet ist. Am Ende des Parkes liegt der ehemalige Witwensitz, das Moritzschlößchen, dessen Haupthaus von Joseph Anton von Belli 1803/04 erbaut wurde und dem 1809/10 die Seitenflügel angefügt worden sind. Es ist ein hübsches kleines Herrenhaus, dessen Speisezimmer mit Wandbildern im Stil des frühen 19. Jahrhunderts geschmückt sind, welche oettingensche Besitzungen zeigen, gemalt von dem Münchner S. Thiel. Das Moritzschlößchen ist heute Wohnsitz des Fürsten.

Oettingen

Die beiden Linien Oettingen sind für zwei Söhne des Grafen Wilhelm II. gestiftet worden, der 1602 gestorben ist. Dabei ist Graf Wilhelm III. der Stammvater der Linie Oettingen-Spielberg geworden, sein Bruder, Graf Wolfgang III., der der Linie Oettingen-Wallerstein. Aber erst nachdem beide Linien gefürstet worden waren, kam 1781 der Familienvertrag zustande, der beiden Linien das Recht zuerkannte, ihrem Namen die Bezeichnung ‹zu Oettingen-Oettingen› voranzustellen, ein Unikum bei deutschen Standesherren. Die Fürsten, die in Oettingen residiert haben, heißen also die Fürsten zu Oettingen-Oettingen und Oettingen-Spielberg.

Die feld- und wiesenreiche Rieslandschaft stimmt wunderbar mit der wohlerhaltenen Architektur der kleinen Stadt Oettingen zusammen. Das Schloß steht am Nordrand des bürgerlichen Gemeinwesens, als Stadtresidenz und Regierungssitz, eng verbunden mit dem Leben der Bürger. Der Dreißigjährige Krieg war 1648 mit dem Frieden von Münster und Osnabrück beendet worden, in die verarmten und kulturell verödeten Gebiete strömten nun Einflüsse der Nachbarländer ein, deren Kultur und Lebensstil als das Erstrebenswerteste galten. Es begann das à la mode-Wesen; man sprach französisch und italienisch, man trug die lange lockige Allongeperücke und bewunderte Ludwig XIV. von Frankreich. Dieses neue Lebensgefühl ergriff auch die Grafen zu Oettingen, wie landauf, landab alle großen Herren.

Das Schloß steht nicht als alles beherrschender Bau in der Stadt; es liegt breitgelagert in väterlicher Würde zwischen den Häusern, ja es läßt sogar die Hauptstraße unter sich hindurchgehen. Die patriarchalische Lebensführung des kleinen Hofes zeigte sich auch, wie der Ritter von Lang in seinen Erinnerungen schreibt, darin, daß die Kinder der Diener fest auf eine fortschreitende Versorgung rechnen konnten. So ist es vormals in vielen fürstlichen Häusern üblich gewesen.

Das Alte Schloß des 16. Jahrhunderts, das 1851/52 abgebrochen wurde, stand mitten in der Stadt neben der Gruftkapelle. Das Neue Schloß, 1679 von Matthias Weiß aus Kassel begonnen, wurde bereits 1686, obwohl nicht vollendet, von dem Bauherrn bezogen. Mit der Münze und den 1718/19 und 1735/36 errichteten Nebengebäuden bildet es ein großes Rechteck um den weiten Hof, in dessen Mitte seit etwa 1720 der prachtvolle Marienbrunnen von Johann Georg Bschorer steht.

Im Äußeren wirkt das Schloß etwas schwerfällig, wie manche Bauten der Zeit, die italienische Palastfassaden nachzugestalten suchten. Die Innenausstattung ist überaus reich und kostbar, vor allem der schwere Stuck des Wessobrunner Meisters Matthias Schmutzer im großen Festsaal, 1680/82, sowie die ein Vierteljahrhundert später erfolgten Stukkierungen im Grünen, Goldenen und Weißen Zimmer. Die Ölbilder in den Stuckrahmen des Saals – Jagd- und mythologische Szenen – malte Johann Murrer, der auch die Deckenbilder in den vorgenannten Räumen schuf: Apollo auf dem Parnaß (Grünes Zimmer), Allegorische Darstellung des Kampfes und in den Eckmedaillons vier Tugenden: Fides, Justitia, Caritas und Epes (Goldenes Zimmer oder Theatersaal). Im Weißen Zimmer rahmen reiche Stuckmedaillons Familienbildnisse. Alle Räume atmen noch die strenge Würde des ausgehenden 17. Jahrhunderts mit seinem zeremoniösen Lebensstil. Die gewichtige Persönlichkeit des Landesherrn, seine unumschränkte Macht werden hier offenbar. Es ist verständlich, daß der heutige Fürst das große Schloß verlassen und sich in der Orangerie niedergelassen hat.

Der barocke Garten wurde im 19. Jahrhundert in einen englischen Park verwandelt, und dort steht vor weitem Wiesenplan, der von herrlichem Baumbestand gefaßt wird, die ehemalige Orangerie und nimmt sich sehr heiter aus. Gabriel de Gabrieli, ansbachischer und eichstättischer Hofbaumeister, hat sie 1726 gebaut. Nach dem letzten Krieg ist sie zum Wohnsitz des Fürsten ausgebaut worden. Hier finden wir die gleiche ländlich unbeschwerte Atmosphäre, die auch Hohenaltheim auszeichnet.

Ein interessanter Bau ist die fürstliche Gruft-, ehemals Schloßkapelle des Alten Schlosses in der Stadt, die zwischen 1260/70 gebaut und 1798 im Innern erneuert worden ist.

Während der Restaurierung in den Jahren 1955/57, welche den alten Zustand in etwa wieder hergestellt hat, fanden sich unter dem Putz im Schiff Fresken aus der Erbauungszeit.

Wer nach den Gründen für den besonderen Reiz alter kleiner Städte wie Oettingen sucht, sollte sich bewußt machen, daß hier das harmonische Zusammenwirken des Schlosses mit der Stadt und die Schönheit der zahlreichen Kunstdenkmäler auch der nimmermüden Fürsorge eines kräftigen Geschlechtes, seiner noch heute vorbildlichen Verwaltung und seinem guten Einvernehmen mit der Bevölkerung zu danken sind. *Abb. 232 bis 239*

Amerdingen

Von etwa 1350 bis 1564 befand sich das Gut im Besitz der Herren von Scheppach und kam 1574 durch Kauf an die Herren Schenk von Stauffenberg. Johann Franz Graf Schenk von Stauffenberg baute das neue Schloß nach Plänen und unter Leitung des Bamberger Baumeisters Lorenz Finck 1784/88.

Amerdingen liegt im wald- und kornreichen Land südlich von Nördlingen, ein stattliches Dorf, in dem Pfarrkirche und Schloß die Akzente setzen. Zwischen zwei freistehenden eingeschossigen Flügelbauten steht das Schloß, ein vornehmer, schlichter und kühler Bau mit leicht vorgezogenem Mittelrisalit auf der Hofseite, den ein schöner schmiedeeiserner Balkon und im Giebel das Ehewappen Stauffenberg-Zobel von Giebelstadt schmücken. Auf der anderen Seite erstreckt sich ein kleiner Park mit dem Point de Vue eines hübschen Rundtempelchens, das um 1795 gebaut wurde.

Betreten wir das Schloß, aus dessen Eingangshalle die Treppe doppelläufig nach oben führt, erleben wir eine Überraschung: mitten im schwäbischen Bauernland stehen wir in einem der elegantest stukkierten Schlösser Bayerns. Der große Speisesaal und die Räume des Erdgeschosses tragen keinen Stuckdekor, doch sind die Wände des Speisesaals mit zartfarbigen Veduten stauffenbergischer Schlösser geschmückt.

Die dem Park zuliegende Enfilade des ersten Obergeschosses, die zu beiden Seiten des großen Mittelsaales liegt, zeigt die graziöse Ausstattung aus der Erbauungszeit. Der klassizistische, sehr fein gearbeitete Stuck des Würzburger Stukkateurs Materno Bossi ist von höchster Qualität, weiß auf zartem Gelb und Grün. Die Wandfelder des Saales tragen Landschaftsmalereien und allegorische Figuren. Einer der Salons zeigt gemalte klassizistische Papiertapeten in den Wandfüllungen, das Eckkabinett Landschaftstapeten, von Blumenbordüren gerahmt. Hier hängt über dem Marmorkamin das Porträt des Bauherrn Johann Franz. Gute Möbel und Bilder vervollständigen den Eindruck eines sehr vornehmen Landschlosses. *Abb. 240, 241*

Bächingen

Am Ufer der Brenz, an der Nordostecke des Dorfs liegt in seinem Park das Schloß, das im 13. und 14. Jahrhundert den Herren von Bächingen gehörte, die sich damals noch – wie auch das Dorf – Bechenheim nannten. Es folgten die Grafen von Helfenstein, die Herren von Riedheim, die es 1527 den Herren von Westernach übergaben. Bernhard von Westernach und seine Frau Margarethe von Knöringen bauten 1531 das neue Schloß. Von Dorothea von Westernach kam das Gut 1596 an die Freiherren von Stain, die fast zweihundert Jahre hier lebten. Die Stain verkauften es 1790 an den Herzog Carl Eugen von Württemberg, der es für seine Freundin Franziska von Hohenheim, spätere Herzogin von Württemberg, erwarb. Von ihr erbte es 1811 ihr Neffe und Kammerherr Carl Axel Ludwig Freiherr von Böhnen, der es aber schon zehn Jahre später an den Augsburger Bankier Johann Gottlieb Freiherrn von Süßkind verkaufte. Dieser Familie gehört es heute noch.

Es ist ein stattlicher Bau mit vier runden Ecktürmen unter Zeltdächern, dessen Westgiebel mit schrägen Zinnen besetzt ist. Der Schlußstein des von toskanischen Halbsäulen als Trägern des Architravs flankierten Hauptportals trägt das Süßkindwappen. Über dem Portal der Ostseite sitzt eine schön gearbeitete Inschrifttafel von 1531 mit dem Ehewappen Westernach-Knöringen, gehalten von einer Frau im Zeitkostüm.

Im Erdgeschoß liegt die Halle; diese und die anschließenden Räume sind tonnengewölbt, auf den Tonnen aufliegende Netzgrate. Aus der Halle steigt die Treppe mit Balustergeländer des 18. Jahrhunderts zu den Wohnräumen auf. Die Bibliothek im zweiten Obergeschoß zeigt einen bemerkenswerten Stuckkonsol- und Rankenfries sowie Empiretapeten mit Draperien und Säulenordnungen. Die Einrichtung des Raumes stammt aus der Zeit um 1820. Ein Schreinermeister aus Brenz fertigte die Bibliotheksschränke aus Birnenholz mit Ebenholzeinlagen an. Die Decke trägt figürliche und ornamentale Malerei der gleichen Zeit. Im Nordostturm befindet sich das Archiv. Es enthält Archivalien des 15. und der folgenden Jahrhunderte.

Jettingen

Fast drei Jahrhunderte lang (1469–1748) wohnten hier die Ritter und späteren Freiherren von Stain zu Ronsberg, die im Jahre 1480 südwestlich des Marktes Jettingen ein stattliches Wasserschloß erbauten. Bemerkenswerte Epitaphien in der Pfarrkirche erinnern noch heute an diese Familie. Ihr folgten die Freiherren und späteren Grafen Schenk von Stauffenberg. Sie erwarben 1716 die Güter der Freiherrn von Stain zu Eberstall und kauften etwa dreißig Jahre später auch Gut und Schloß Jettingen dazu, nachdem sich Freiherr Lothar Philipp Schenk von Stauffenberg mit einer Schwester des letzten Besitzers vermählt hatte. Seither sind die Stauffenberg hier ansässig.

Das Schloß ist eine Vierflügelanlage mit kräftigen Rundtürmen an den Ecken – ein dreigeschossiger Baukomplex, der einen schmalen Hof einschließt. Die ursprünglich im Nordflügel untergebrachte Schloßbrauerei (gegr. vor 1727) erhielt später in östlicher Richtung ein eigenes Brauhaus. Die langgestreckten Ökonomiegebäude, die einst im Westen des Schlosses lagen, sowie der Lustgarten mit Orangeriehaus und eine Baumschule mit Gemüsegarten sind heute längst verschwunden. Eine im Schloß befindliche Zeichnung aus dem Jahre 1795 zeigt uns sein damaliges Aussehen. Sehr reizvoll hat auch Gustav Kraus in einer Lithographie von etwa 1835 das damalige Jettingen festgehalten. In veränderter Form, aber nicht weniger idyllisch liegt Jettingen heute in einem schönen Park mit altem Baumbestand, der sich nach Süden und vor der westlichen Eingangsseite bis zur Mindel hin erstreckt.

1841 erfolgte eine Wiederherstellung des damals fast eingefallenen Schlosses und die Einebnung des Wassergrabens. Jettingen, das in den vergangenen Jahrhunderten von den Besitzern nur sehr selten bewohnt worden war, wurde ab 1919 ständiger Wohnsitz der Familie. Ein schwerer Brand 1928 zerstörte den Dachstuhl und die Obergeschosse. Dabei verbrannte auch die einstige Bibliothek. Beim Wiederaufbau wurde an den Längsseiten das oberste Stockwerk abgetragen und an dieser Stelle das Dach tiefer heruntergezogen.

Im Innern betritt man im Erdgeschoß eine geräumige Halle, von der aus man in das Speisezimmer gelangt, den einzigen Raum des Hauses, der noch alte Gewölbe besitzt. Korridore und Wohnräume im Obergeschoß, die auch die Turmstuben miteinbeziehen, sind mit altem Mobiliar behaglich eingerichtet. Die ursprüngliche Schloßeinrichtung ist jedoch nur noch teilweise im Haus; der andere Teil des Mobiliars wurde schon vor langer Zeit nach Schloß Greifenstein in der Fränkischen Schweiz gebracht, dem ehemaligen Hauptwohnsitz der Familie, oder er fiel dem Brand des Jahres 1928 zum Opfer.

Auch die Schloßkapelle wurde bei dem Brand durch den Einsturz der Decke zerstört, wobei aber der schöne geschnitzte Flügelaltar unbeschädigt blieb, wahrscheinlich weil sich seine Flügel durch den Luftdruck geschlossen hatten. Der Altar mit dem Bildnis des Stifters Hans Adam von Stain zu Eberstall und seiner Frau Leonora Truchsessin von Höringen stammt aus dem Jahre 1599 und stellt die Geburt Christi und die Epiphanie dar.

Trotz baulicher Veränderungen ist Jettingen ein gutes Beispiel eines in seinen Grundmauern alten Burgsitzes, der bis in unsere Zeit hinein wohnlich erhalten wird.

Seyfriedsberg

Das alte Reichslehen Seyfriedsberg war ehemals eine vorderösterreichische Herrschaft und lag bis zum Preßburger Frieden 1805 innerhalb des österreichischen Territoriums. 1668 erhielt Graf Ernst zu Oettingen-Wallerstein von Kaiser Leopold I. die Herrschaft als Pfandlehen. Graf Ernst übte seit 1664 das hohe Amt eines Reichshofratspräsidenten aus, und die schlechte Kassenlage des Wiener Hofes mag bei dieser Pfandleihung den Ausschlag gegeben haben, denn als Pfandschilling waren vom Gesamt-Haus Oettingen-Wallerstein 150000 fl an den Wiener Hof zu entrichten, schon damals keine geringe Summe. Man könnte davon ableiten, daß auch das Haus Oettingen zur architektonischen Ausgestaltung Wiens sein ‹Scherflein› beigetragen hat.

Graf Dominikus ließ 1709 das baufällige Schloß, das aus der ersten Hälfte des 16. Jahrhunderts stammt, von Valerian Brenner instand setzen. Aber erst im 19. Jahrhundert erhielt die Anlage ihre eigentliche Gestalt. Seither gehört Seyfriedsberg mit seinen einfachen gotischen Formen zu den im süddeutschen Raum nicht eben häufigen reizvollen Architekturen im ‹englischen Landhausstil›. Der Umbau, zu dem vermutlich der fürstliche Bauinspektor Broschek aus Wallerstein die Pläne entwarf, begann 1838. 1846 wurden die Nebengebäude um den Vorhof gebaut, die eine sehr reizvolle Anlage bilden, und zwei Jahre später entstand der Park in Form eines botanischen Gartens. 1945 raubten französische Truppen das Schloß vollkommen aus; es ist in den Jahren 1953/57 außen und innen renoviert worden und dient bis heute der Familie als Sekundogenitur.

Das Hauptschloß besteht aus zwei Flügeln mit Torfahrt und einem durch Mauer abgeschlossenen Hof. Im Innern gibt es bemerkenswerte neoklassizistisch eingerichtete Räume, aus deren Fenstern man den schönsten Blick über Park und Wälder nach Ziemetshausen hat.

Den Vorhof umstehen in den vier Ecken Bibliothek, Beschließerei, Remise oder Prinzenbau und Gärtnerhaus, alle um 1846 gebaut. Der schöne Park auf der hügeligen Hochfläche ist mit exotischen und einheimischen Bäumen bepflanzt. Dort steht auch eine Bronzebüste des Schöpfers dieser Anlagen Karl Prinz zu Oettingen-Wallerstein (1796 bis 1871), die ihm sein Freund Wilhelm Freiherr von Löffelholz von Kolberg gesetzt hat. *Abb. 244*

Neuburg an der Kammel

Zu den stattlichsten Schlössern des schwäbischen Gebietes gehört Neuburg an der Kammel, ein hoher Bau mit geschweiften Giebeln an den Schmalseiten, der hoch über dem Dorf auf einer Bergzunge liegt. Die Burg wird 1209 erwähnt; sie gehörte den Grafen von Neuffen, kam dann an die Herren von Ellerbeck, Rechberg und 1524 durch Kauf an den Augsburger Hans Paumgartner, der die Herrschaft im gleichen Jahr an Erhard II. Vöhlin von Frickenhausen, Freiherrn von Illertissen, verkaufte. Sein Sohn Johann Christoph I. Vöhlin und dessen Frau Veronika von Freyberg bauten anstelle der baufälligen Burg das neue, den Prinzipien der Renaissance entsprechende, symmetrisch angelegte Schloß (Baudatum am Torturm 1567). 1632 nahmen die Schweden das Schloß ein und steckten es in Brand. Es blieb lange unbewohnt; erst 1658 wurde es wieder hergestellt und 1720/30 ließen es die Vöhlin, vielleicht durch Simpert Kramer, umbauen. Aus dieser Zeit stammt die Stukkierung der Räume, möglicherweise durch Kaspar Radmiller, der die Nordwestzimmer der Winterabtei von Ottobeuren stukkiert hat (1728).

Die Familie Vöhlin-Illertissen erlosch im Mannesstamm 1785. Nach dem Tode der beiden Erbtöchter fiel Neuburg an die bayerische Krone zurück und wurde Adam Freiherrn von Aretin verliehen, dessen Nachkommen bis heute im Besitz des Schlosses sind.

Die Gesamtanlage bildet ein Rechteck mit Eckrondellen und Torturm in der Mitte der Schildmauer. Der Unterteil des Turms wurde um 1567, der achteckige Oberteil mit Haube um 1600 gebaut; er stammt aus dem Umkreis des Elias Holl.

Der Wohnbau enthält eine den ganzen Bau durchlaufende Einfahrtshalle mit kassettierter Tonnenwölbung. In der im Erdgeschoß liegenden Kapelle ist vor allem eine Kreuzabnahme des Christoph Rodt aus dem 1. Drittel des 17. Jahrhunderts zu nennen, deren Herkunft ungeklärt ist. Vielleicht stammt sie aus dem Kloster Roggenburg oder aus der Schloßkirche von Illertissen.

Die Wohnräume liegen im 1. Obergeschoß, dessen Korridor mit schönen Truhen und Schränken des 15. bis 18. Jahrhunderts bestellt ist; an den Wänden hängen meist Vöhlinsche Familienbilder des 18. Jahrhunderts. Die Ahnengalerie (Speisezimmer) mit schönem Bandelwerk- und figürlichem Stuck um 1720/30 zeigt in der weiß-gold gefaßten Vertäfelung ganzfigurige Bildnisse (Kopien, die Originale in der Alten Pinakothek zu München) der Erbauer des Schlosses, Hans Christoph von Vöhlin und der Veronika von Freyberg, sowie Erhard II. Vöhlin, alle drei Porträts mit Inschrift 1552 von Lambert Sustris, einem Schüler Tizians, gemalt. *Abb. 242*

204 – Neuburg an der Donau, Schloßhof: West- und Nordflügel

207 – *Grünau, ‹Prunfftstüeblein› des alten Schlosses*

208 – *Grünau, Das alte Schloß von 1530/31*

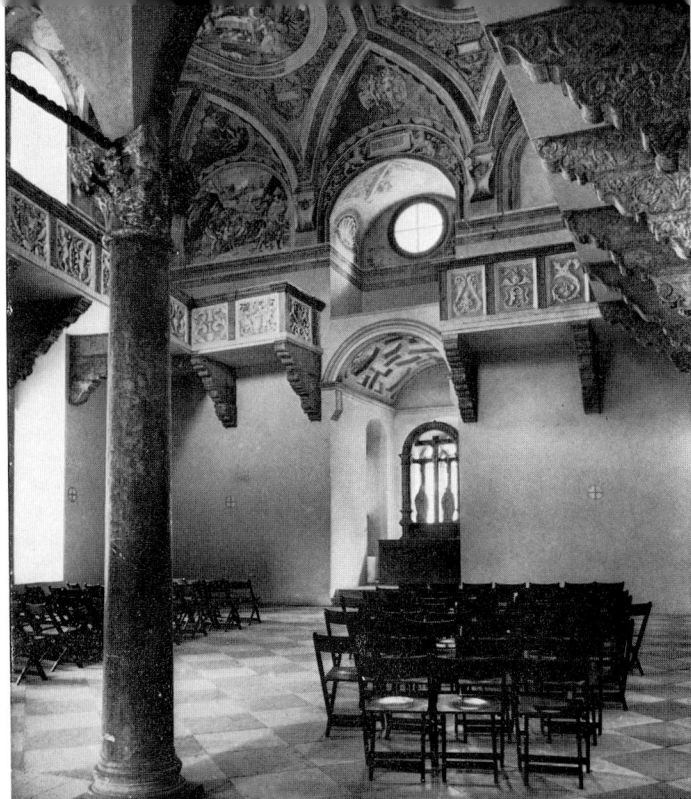

205 – *Neuburg an der Donau Blick in die Schloßkapelle*

206 – *Neuburg an der Donau Gewölbemalereien in der Schloßkapelle von Hans Bocksberger d. Ä., 1543*

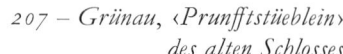

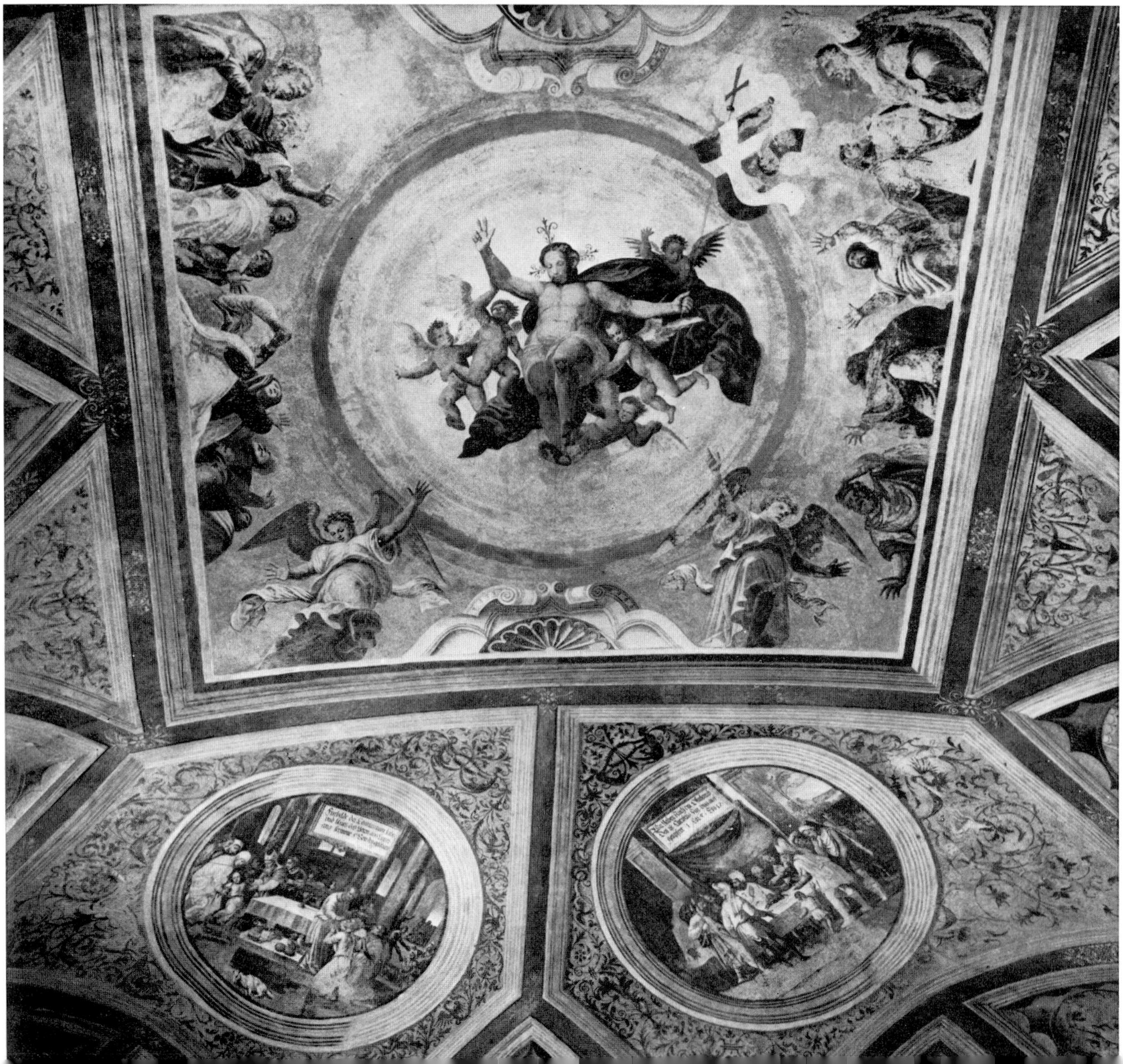

209 – *Schloß Stepperg von Osten*

210 – *Stepperg, Speisezimmer im Jugendstil*

211 – *Bertoldsheim Ansicht des Schlosses auf einer Wandmalerei im Gartensaal*

212 – *Bertoldsheim Empire-Ofen im Gartensaal*

213 – *Bertoldsheim, Ecksalon*

218 – Leitheim
Empfangssaal
mit Stukkaturen
von Anton Landes, 1751

219 – Leitheim
Detail eines Treppengeländers
mit Weinranke, 1745

220 – *Schloß Harburg über der Wörnitz*

221 – *Harburg Gedeckter Wehrgang und ‹Kornkasten›*

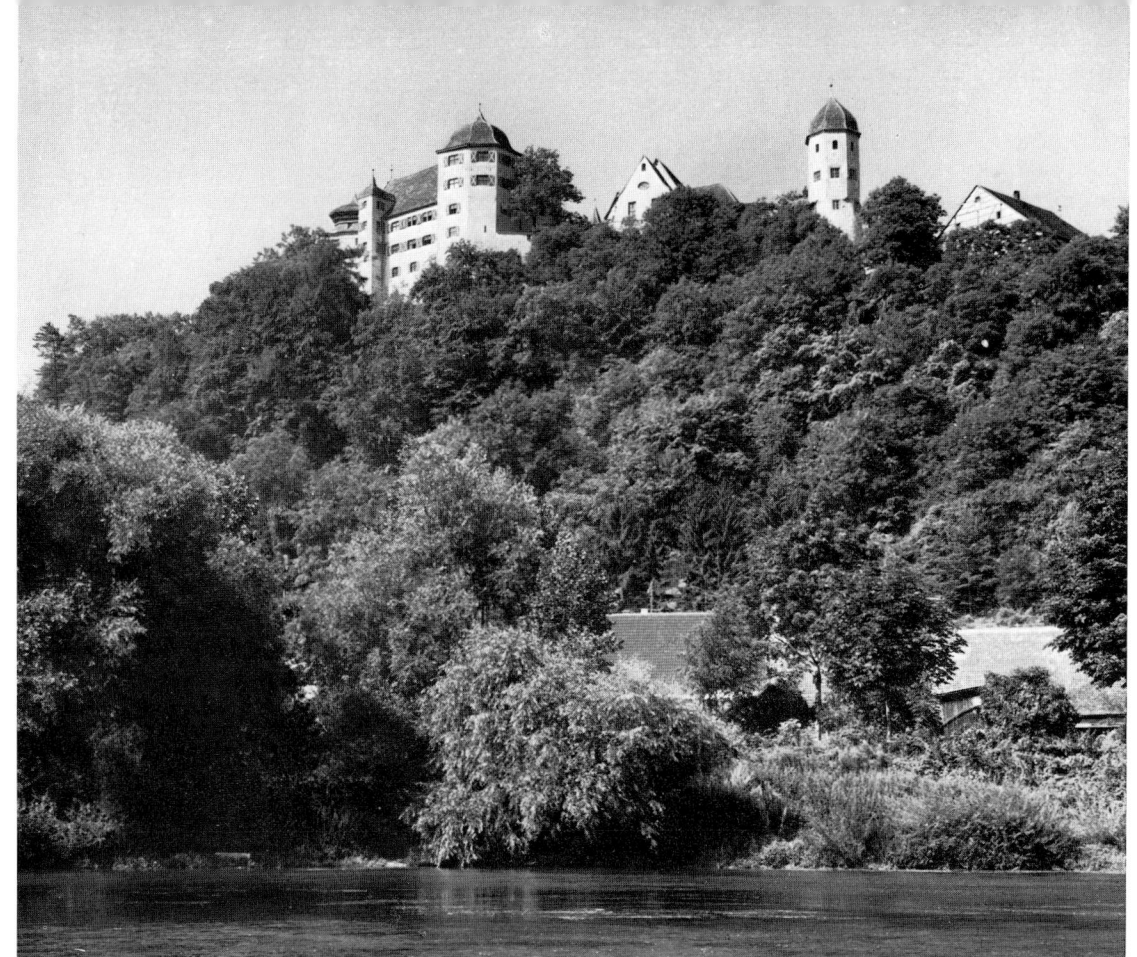

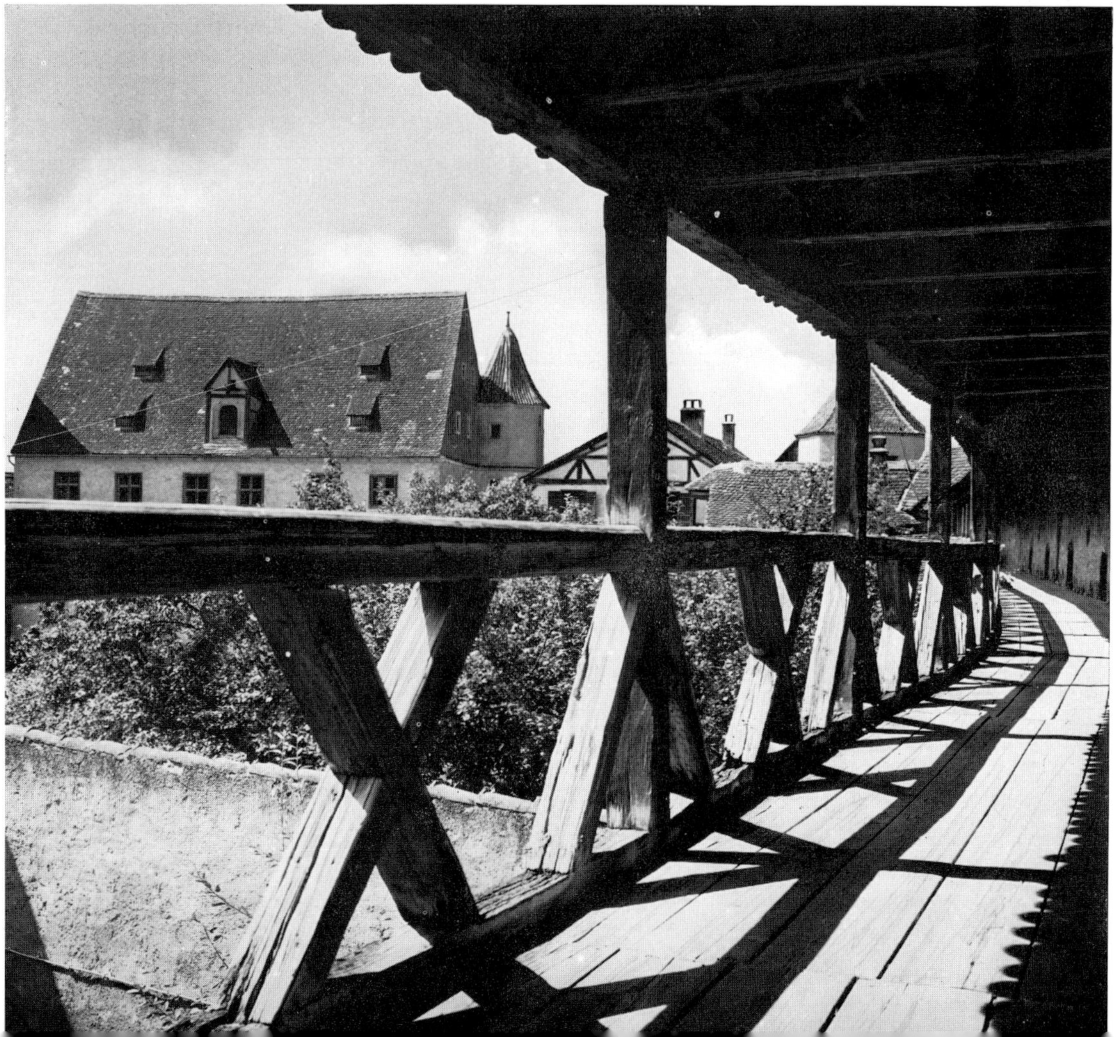

222 – Harburg
Blick in die Magazinräume
der Fürstlichen Bibliothek

223 – Harburg, Schloßkirche
Grabmal für Graf Gottfried zu Oettingen
und seine beiden Frauen
von Michael Kern, 1620

224 bis 226 – Harburg
Kunstsammlung

Detail eines Nürnberger Bildteppichs
mit Szenen aus dem Leben
der heiligen Walburga, 1460

Elfenbeinkruzifixus, 11. Jahrhundert

Gruppe unter dem Kreuz,
Schnitzwerk von Tilman
Riemenschneider, um 1490

227 – Schloß Hohenaltheim
Gartenpavillon

228 – Hohenaltheim
Ecksalon im Gatenpavillon

229 – Hohenaltheim, Stuckdecke
im Saal mit Orpheus-Relief

230 – Hohenaltheim, Rokoko-Ofen
im Frühstückszimmer

231 – Hohenaltheim, Blick in den Saal

234 – *Oettingen, Großer Festsaal*

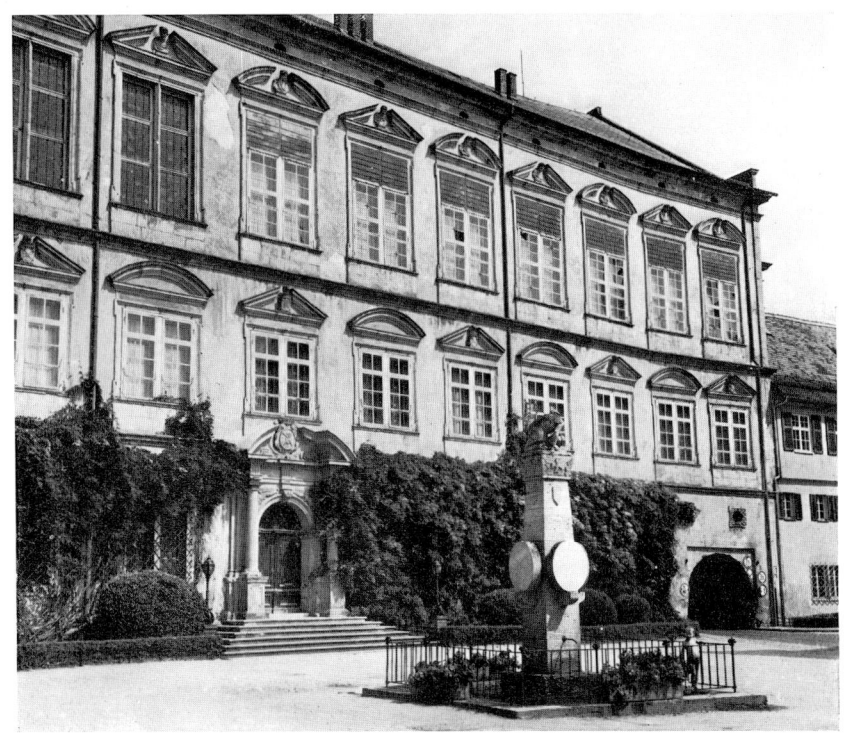

232 – *Schloß Oettingen, Ansicht von Süden*

233 – *Oettingen, Theatersaal*

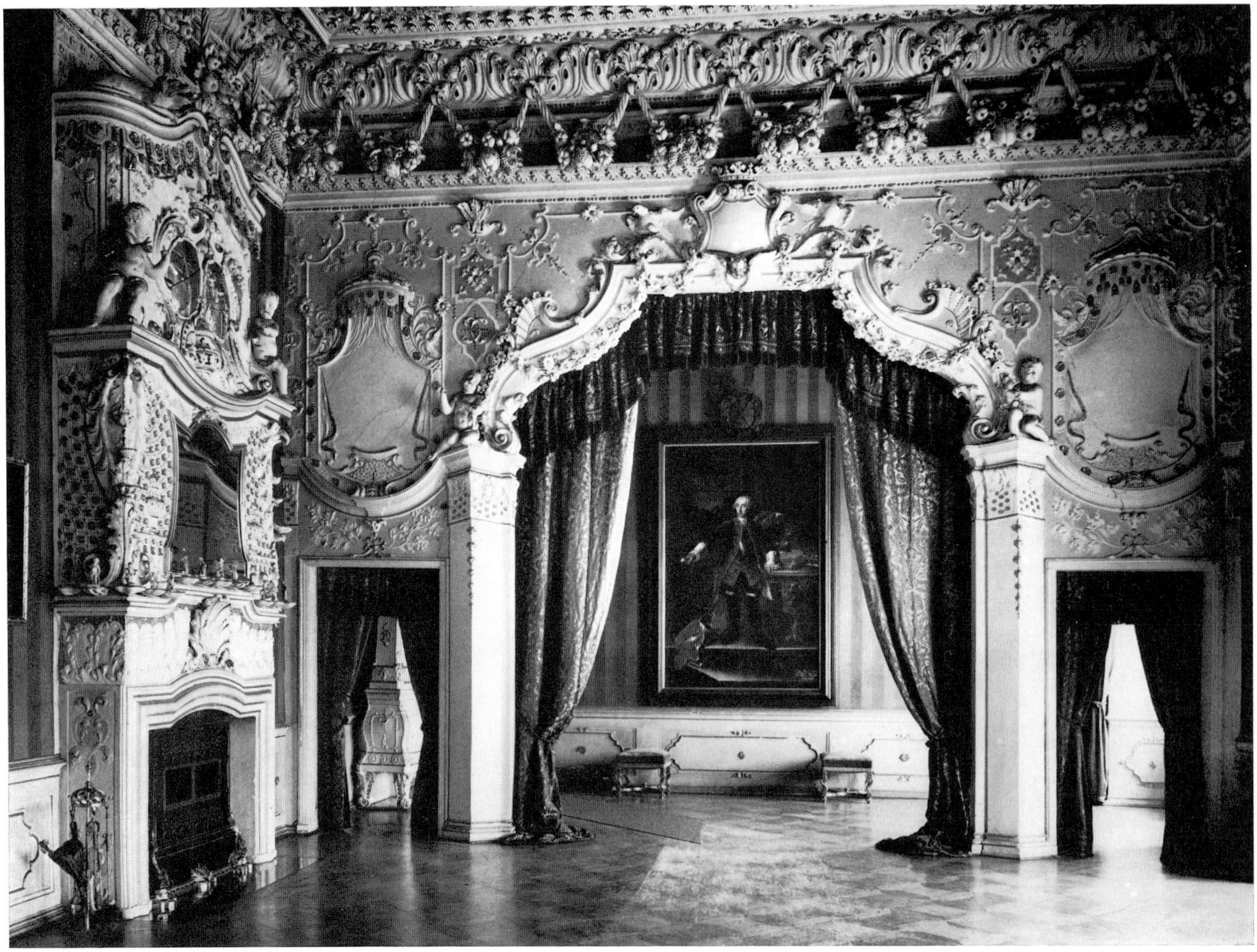

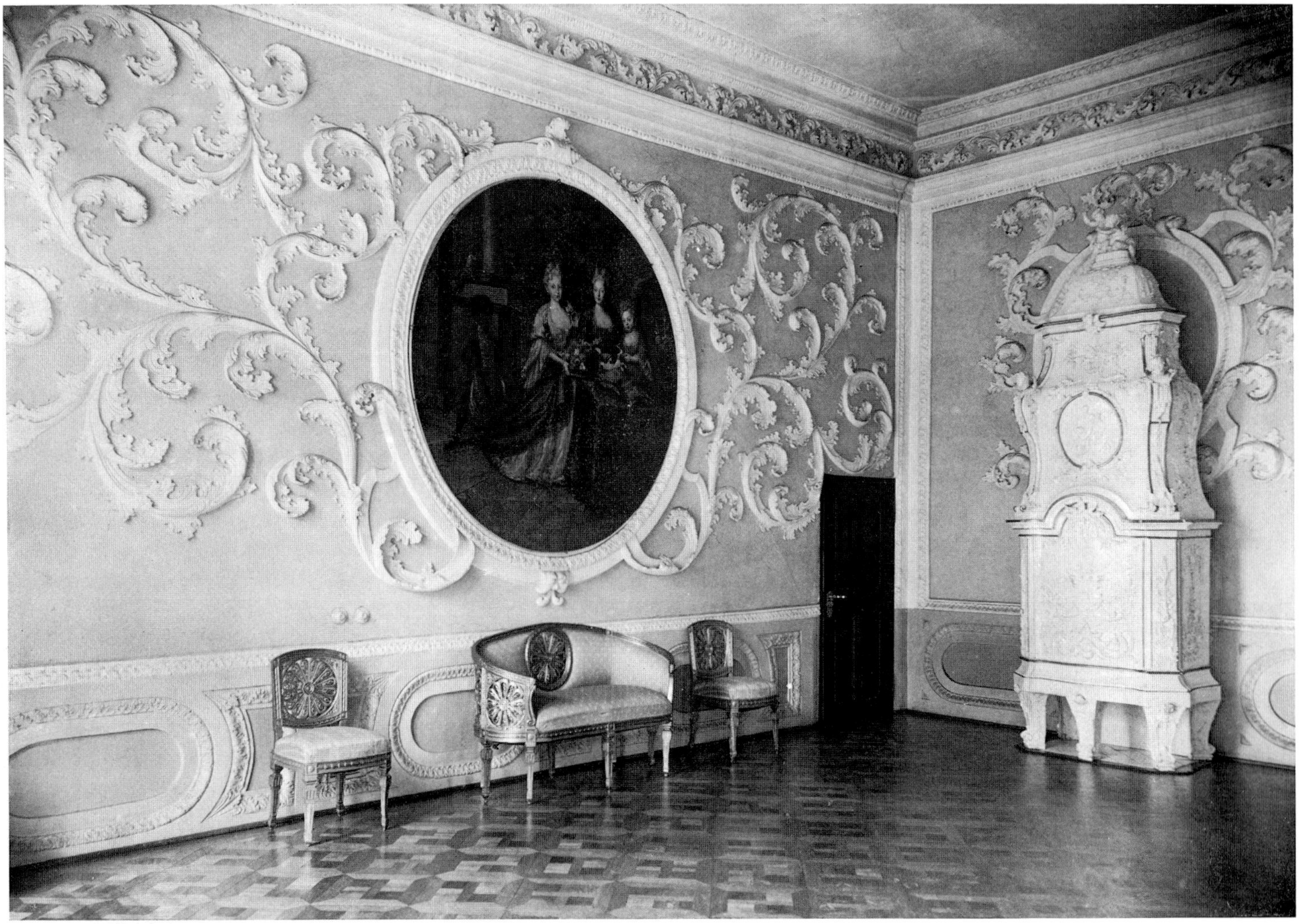

235 – Oettingen, Weißes Zimmer
Stuckdekoration des 18. Jahrhunderts

236 – Oettingen, Fayencezimmer
Stuck vom Ende des 19. Jahrhunderts

237 – Oettingen, Orangerie
– heute Wohnung des Fürsten

238/239 – Oettingen
Zwergenfiguren im Hofgarten

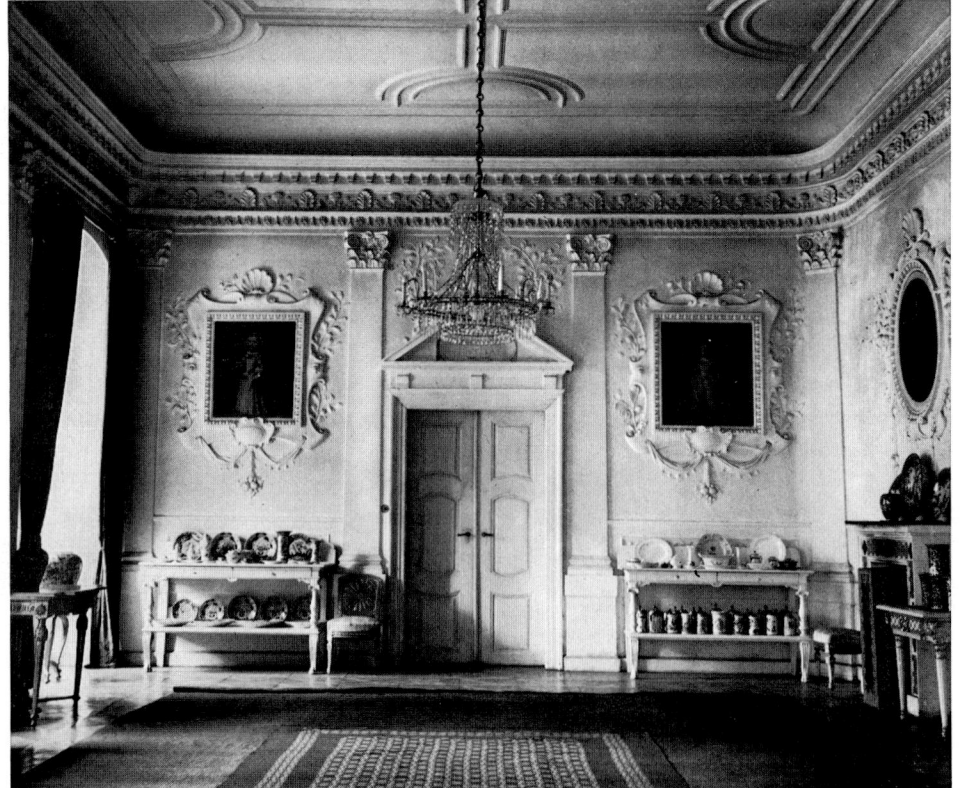

242 – Schloß Neuburg an der Kammel
mit Pfarrkirche Mariä Himmelfahrt

243 – Schloß Jettingen
Ansicht von Westen

244 – Schloß Seyfriedsberg

240 – Amerdingen, Speisezimmer
mit Landschaftstapeten des 18. Jahrhunderts

241 – Amerdingen, Saal
mit klassizistischer Ausstattung

245 – *Wellenburg*
Detail des Deckengemäldes
im Speisesaal

246 – *Wellenburg*
Baldachinbett mit Silberbeschlägen
Augsburg, 18. Jahrhundert

248 – Schloß Kirchheim
an der Mindel, Ostflügel

249 – Kirchheim, Portal
zur großen Eingangshalle

250 – Kirchheim, Zedernsaal

251 – Kirchheim
Südwest-Erker des Frundsbergsaales

252 – *Kirchheim, Maria-Theresia-Saal*

Wellenburg

Wellenburg ist seit dem 12. Jahrhundert urkundlich belegt und zu Beginn des 16. Jahrhunderts in den Besitz der Augsburger Patrizierfamilie Lang gekommen. 1513 errichtete der spätere Kardinal Matthäus Lang (Kreidezeichnung von Albrecht Dürer) hier ein Lustschloß, neben dem ein Landsitz Kaiser Maximilians I. entstand. Nach dem Tode Maximilians 1519 war König Ferdinand I. Mitbesitzer. 1530 fanden in Wellenburg Feste und Turniere zu Ehren Karls V. statt. Wohl aus diesem Anlaß entstand um 1536 ein Holzschnitt (heute im Germanischen Nationalmuseum, Nürnberg) mit der frühesten Ansicht der Burg, die damals eine rechteckige Anlage mit Satteldach, vier Ecktürmen und hohem Treppenturm war, dessen Unterbau heute noch besteht. Eine in Öl gemalte Stadtansicht Augsburgs von 1588, die in Wellenburg hängt, läßt im Hintergrund ebenfalls diese Anlage erkennen.

Nach dem Tode des Kardinals kam Wellenburg an seinen Bruder Wilhelm Lang, der es zwischen 1556–1561 völlig renovieren ließ. Aber auch dann wechselte es bald wieder den Besitzer. 1595 kaufte Jakob Fugger III. das Schloß und ließ das im Kern noch ursprüngliche äußere Tor von dem Augsburger Elias Holl errichten. Ein geplanter Neubau des Schlosses durch Holl wurde infolge des Todes von Jakob Fugger nicht ausgeführt. Erst hundert Jahre später wurden die Schloßkapelle und die Stallungen erneuert, erst 1737 führte Graf Joseph Maria Fugger eine Erneuerung der ganzen Anlage durch.

Seit 1764 ist Wellenburg im Besitz der Linie Fugger-Babenhausen. 1857/58 erfolgte unter Fürst Leopold Fugger eine neugotische Umgestaltung im Äußeren des nördlichen Haupttraktes sowie der Neubau des niedrigen Ostflügels, der im Erdgeschoß durch rundbogige Arkaden gegliedert ist. Der Treppenturm wurde erhöht und, wie der Ost- und Westgiebel, mit Zinnen besetzt. Die nördliche Längsfassade des Hauptflügels tritt in der Mittelachse leicht hervor und wird im ersten Obergeschoß durch einen Balkon betont, der von einem Treppengiebel mit Blendmaßwerk von zwei flankierenden Achtecktürmchen überhöht wird. An der Südostecke des Hauptbaus steht der polygonale Fahnenturm, der ebenso wie die beiden an den südlichen Ecken des Nebentraktes stehenden Türmchen mit Konsolgesims und Zinnen abschließt.

Das Schloß liegt in einem schönen Park, der vermutlich auf den alten ‹Basteigarten› von 1709 zurückgeht. Der Weg führt durch einen Torweg, über dessen Portal (Äußeres Tor) ein sehr schönes Fuggerwappen angebracht ist. Die Beschriftung lautet: Graf und Herr Fugger zu Kirchberg u. Weißenhorn u. Herr zu Babenhausen. K. Maj. Rath Anno 1523. Dahinter liegt der Schloßhof, der im Süden durch ein schönes zweitüriges, schmiedeeisernes Tor aus dem 3. Viertel des 18. Jahrhunderts geschlossen wird. Eine herrliche Linde steht auf dem Platz davor. Eine konkave Steinbalustrade mit zwei Sandsteinlöwen, die von dem ehemaligen Halltor in Augsburg vom Anfang des 19. Jahrhunderts stammen, umfängt nach Norden den Platz vor dem Schloß, dessen Mitte ein Brunnen mit einer Säule des 16. Jahrhunderts mit korinthisierendem Kapitell bildet, auf dem eine Figur des Don Quichotte (um 1900) steht.

Im Innern des Haupttraktes liegt im Erdgeschoß der Speisesaal. Einstmals bildete er mit der jetzt abgetrennten Küche und der Speisekammer einen großen quadratischen Raum mit reichem Sterngewölbe auf einer toskanischen Mittelsäule und Wandpfeilern ruhend. Das in der Küche noch erhaltene Sterngewölbe wurde im Speisezimmer barock abgerundet. Darin befindet sich ein großes Deckengemälde, von Johann Georg Lederer aus Augsburg 1738 gemalt, das die olympischen Götter zeigt. Im rechten Bildteil sieht man das von zwei Putten gehaltene Schloßmodell von Wellenburg (bez. Joann. Georgius Lederer pinxit 1738, Renov. 1966 S. W. (= Severin Walter). Zwei Ölgemälde auf Leinwand, die ebenfalls von Lederer stammen, sind in Stuckrahmen an der Südwand eingelassen: Diana und Aktäon und Diana im Bad. Besonders qualitätsvoll sind auch Gitterwerk und Rocailleformen des Deckenstucks, der von Johann Finsterwalder aus Augsburg um 1738 stammt. Die Nordwand des Speisesaals wird in der Mitte durch eine große Tür zum Garten geöffnet, eine hohe Freitreppe führt in den Schloßpark.

Über das breite Treppenhaus, das mit Familienbildnissen, venezianischen Veduten und Jagdtrophäen geschmückt ist, gelangt man in die oberen Geschoße. Im zweiten Obergeschoß liegt ein Zimmer, das seltene Augsburger Silbermöbel enthält, darunter ein Baldachinbett mit Silberbeschlägen auf dunklem Holz, Spiegel u. a., außerdem einen Sekretär, der verschiedene Jagdmotive in Bouletechnik zeigt.

In der Ostecke des Haupttraktes liegt im Erdgeschoß die Schloßkapelle St. Georg, die wie der Kern des Haupttraktes um 1513 erbaut worden ist. Sie enthält eine reiche Anzahl von mittelalterlichen Skulpturen. Hervorzuheben sind eine lebensgroße Georgsfigur vom Ende des 15. Jahrhunderts sowie ein Kruzifix, das aus der ersten Hälfte des 14. Jahrhunderts stammt. Die neugotische Altarmensa zeigt ein Holzrelief von etwa 1520: Kreuztragung Christi. Ein Altarflügelpaar mit dem heiligen Sebastian wurde von Ernst Buchner zwischen 1460 und 1470 datiert und in die Schule des ‹Augsburger Meisters der Ulrichslegende› eingereiht.

Von erlesener künstlerischer Beschaffenheit ist ein Solnhofer Kalksteinrelief an der linken Kapellenwand, 1525 bis 1530 entstanden. Philipp Maria Halm hat für die gleichsam wie aus Elfenbein geschnitzt wirkende Platte als kompositionelle Vorlage eine Plakette aus dem Kreis des Oberitalieners Maderno nachgewiesen. Der italienische Charakter wird besonders in der Gruppe der schlafenden Wächter augenfällig. Der Schild des rechten Wächters trägt die Fuggerlilien. Die Platte, die vermutlich das Mittelstück eines Reliefaltars gewesen ist, gehört eventuell dem italienischen Seitenzweig, der ‹Dauchergruppe› um 1525/30 an.

Abb. 245 bis 247

Kirchheim an der Mindel

Wenige deutsche Familien erlebten einen ähnlich glanzvollen Aufstieg wie die Fugger. Ihr Weg ist nur dem der Medici zu vergleichen, mit dem Unterschied, daß die Fugger noch heute ihre Herrschaften besitzen und eines der angesehensten Geschlechter Deutschlands geblieben sind. Jakob der Reiche wurde 1511 geadelt und 1514 in den Reichsgrafenstand erhoben. Von seinem Neffen, dem Grafen Anton, der die Familie zu höchstem Glanz führte und auch die Herrschaft Kirchheim kaufte, stammen die drei Linien ab: Fugger von Kirchberg, Fugger von Babenhausen und Fugger von Glött. Die Glötter Linie, die Kirchheim besitzt, ist 1911 in den bayerischen Fürstenstand erhoben worden.

Die Fugger erkannten, wie wenige ihrer Standesgenossen, daß der Adel als Stand die Berufung hat, am Leben des Volkes aktiv teilzunehmen. Für sie waren Adelsstand und Landbesitz eine Verpflichtung, der es galt mit allen Kräften zu entsprechen, und der Herr von Kirchheim lebt ganz in dieser dem Hause eigentümlichen Tradition.

Der Höhenzug über der Mindel trug eine Burg Kirchheim, die samt dem dazugehörigen Grundbesitz 1550 von Anton Fugger für 261 000 Gulden erworben wurde. Sein Sohn Johannes erhielt in der Teilung von 1575 diese Herrschaft Kirchheim, und er hat hier 1558/85 das Schloß gebaut, das samt Ausstattung 166 426 rheinische Gulden gekostet haben soll.

Johannes zog es vor, mehr seinen künstlerischen und wissenschaftlichen Neigungen zu leben und sich um seine Güter zu kümmern, als den Handelsinteressen seiner Vorfahren nachzugehen. Seine Bedeutung liegt in der nimmermüden Förderung der Kunstentwicklung in Süddeutschland, worüber uns ein sorgfältig geführter Briefwechsel mit Fürsten, großen Herren, Künstlern, Gelehrten und Untergebenen berichtet.

Man lebte bei ihm wie an einem fürstlichen Hof, aber kein üppiger italienischer Renaissancepalast steht vor uns, sondern ein schlichtes, massives Geviert von Flügeln – einer wurde im 19. Jahrhundert abgebrochen – dessen innere Einteilung nach den neuen architektonischen Gesichtspunkten

seiner Zeit angelegt worden war. Er gehört, wie Wolfegg und Meßkirch in Württemberg, Schlössern der Fürsten von Waldburg und der ausgestorbenen Grafen von Zimmern, zu den großen Bauten der Gegenreformation. Hoch über der Niederung erhebt sich weithin sichtbar das Schloß, von Ecktürmen flankiert, überragt von dem hohen schlanken Turm der Schloßkirche. Baumeister war der Augsburger Jakob Eschay.

Korridore und Zimmer sind mit den schönsten Holzdecken versehen. Der prachtvollste Raum aber ist der große Zedernsaal mit den schönen Portalen und der riesigen, tiefen, an Ketten aufgehängten Kassettendecke des Augsburgers Wendel Dietrich (1586). Hubert Gerhard und Carlo Pallago schufen die figurale Ausschmückung. In den Wandnischen stehen rote Terrakottafiguren: Cyrus, Alexander, Augustus, Cäsar, Karl der Große, Karl V., der große Freund der Familie; gegenüber Kaiserin Adelheid, Judith, Lukretia, Kaiserin Helena, die heilige Elisabeth von Thüringen, Kaiserin Isabella, die Gemahlin Karls V. Von Gerhards Hand sind die Terrakottafiguren auf dem Kamin und die reizenden Bronzetürgriffe und Beschläge in den Räumen des Schlosses. Sein bedeutendstes Werk für Kirchheim ist der große Bronzebrunnen, der heute in einem Hof des Bayerischen Nationalmuseums in München steht. Venus und Mars sind in unmißverständlicher Pose dargestellt; deshalb ist wohl auch der Brunnen im 19. Jahrhundert vom Besitzer verkauft worden.

Reich ist die Innenausstattung der Räume. Bildnisse, Landschaften, mythologische Szenen von Niederländern und Italienern bedecken die Wände. Als 1949 das Frundsbergzimmer – das Porträt des berühmten Landsknechtsführers hängt darin – restauriert wurde, kamen Freskomalereien zu Tage. Decke und Wände sind mit zartfarbigem Rankenstuck überzogen, in dem sich Eichhörnchen und Vögel tummeln. Die Wandnische enthält eine perspektivisch gemalte Landschaft. Alles das stammt aus der Erbauungszeit.

Der Nürnberger Nikolaus Juvenel malte eine Reihe von Fugger-Bildnissen, Vincento Campi lieferte 1578 fünf große Bilder für den Speisesaal, der Flame Fiammingo, ein Schüler Tintorettos, malte die vier Erdteile. Auf diesen Bildern finden sich die Mitglieder der Familie Fugger in Porträtdarstellungen. Manche Stücke der Einrichtung sind im Lauf der Zeit verschwunden. Die heutige Ausstattung stellt sicherlich nur noch einen geringen Teil des einstigen Reichtums vor. In der Mitte des 17. Jahrhunderts wurde die große Bibliothek von 15 000 Bänden an Kaiser Ferdinand II. verkauft, der damit den Grundstock zur Wiener Hofbibliothek legte.

Trotz aller Verluste aber blieb Kirchheim bis heute ein kunstvolles Ganzes, ein Haus, das den Geist und die Kultur der Spätrenaissance deutlich werden läßt; es strahlt heute noch etwas vom Geiste des Bauherrn, von seiner vornehmen Haltung aus. Wer die Ganzheit solcher Gebilde als eigentlichen Wert begreift, der ahnt die innere Harmonie, ihm erschließt sich die tiefe Schönheit des Hauses. In seinem Testament bestimmte Johannes Fugger, daß keinem seiner Nachkommen erlaubt sein sollte, Kirchheim «zu ewigen Zeiten jemand anderem zu verkaufen oder zu versetzen, auch nicht zu vertauschen». Es ist zu befürchten, daß sich diese Bestimmung angesichts der Entwicklung unserer Zeit nicht wird aufrechterhalten lassen.

Auf dem Sarkophag in der Schloßkirche liegt Johannes Fugger in reich zisiliertem Harnisch, neben ihm Helm, Schwert und eiserne Handschuhe. Dennoch, hier hält kein Krieger, sondern ein von der Schönheit begeisterter und in ihrer Sphäre schöpferischer Mensch seinen ewigen Schlaf.

Abb. 248 bis 252

Babenhausen

Im 17. Jahrhundert schrieb der Maler und Kunsttheoretiker Joachim von Sandrart: «Die Herren Grafen Fugger gaben zu allen Zeiten guten Künsten Ursach und machten alle Virtuosen lebendig und ihre grosse Liebe zu allen edlen Studien, wie dessen ihre grosse Bibliotheken und Kunstkammern mit allem, was rar und vollkommen, in ihren Palasten aller Orten Zeugnis geben.»

Anton Fugger hatte 1538 das alte Rechbergschloß Babenhausen unweit von Ottobeuren gekauft. Unter ihm erhielt das Schloß seine heutige Gestalt. Man begann 1541 den Bau mit dem Umbau des Rechberghauses. Nördlich von diesem Trakt zieht sich die lange Fassade des Neuen Schlosses hin, das 1543 im Rohbau fertig gewesen ist. Gleichzeitig entstand ein die beiden parallelen Trakte von Rechbergbau und Neuem Schloß verbindender Querbau, sowie im Osten an die Schloßkirche anschließend der Kanzleiturm mit dem Torturm. Eine weitgehende Umgestaltung und Neueinrichtung erfolgte im Laufe des 18. Jahrhunderts, und 1845 wurden alle Fassaden in schlichter Weise einheitlich umgestaltet, mit leichten Anklängen an die Neugotik. Der große, langgestreckte Hauptbau bildet mit dem Rechbergbau und dem Ostflügel eine zwar schlichte, aber großartige und eindrucksvolle Anlage, überragt von den westlichen Treppengiebeln und dem hohen Kirchturm. Die Räume sind gefüllt mit dem schönsten Hausrat, mit Gemälden und kostbarem Kunstgewerbe, nicht anders als Kirchheim.

«Stillschweigen steht wohl an», unter diesem Wahlspruch hatte Anton Fugger das Handelshaus zu höchstem Glanz geführt. Wie weit gespannt die Pläne dieses stolzen und klugen Mannes waren, zeigt der Versuch, das Fürstentum Neuburg an der Donau zu erwerben. Wäre dieser Plan Wirklichkeit geworden, so wären die Fugger, wie die Medici, zu landesfürstlicher Stellung aufgestiegen.

Abgesehen von dem im Schloß verteilten Hausrat und den Kunstgegenständen hat Fürst Friedrich Karl vor einiger Zeit im Rechbergbau ein Fuggermuseum eingerichtet, das die hervorragendsten Stücke aus dem Kunstbesitz der Linie Fugger-Babenhausen vereinigt. Wir sehen einen fesselnden Querschnitt durch die Entwicklung der Kunst, Kleinkunst, Kleidung, von Gebrauchsgegenständen, Waffen und vielem anderen. Da ist eine Waffensammlung zu sehen, dort stehen schwäbische Prunkschränke der Spätrenaissance oder der Korrespondenzschrank eines Kaufmanns aus dem 16. Jahrhundert. Hier befindet sich das Original des ‹Geheimen Ehrenbuches des Fuggerschen Geschlechts› von Clemens Jäger um 1545/57 verfaßt und in der Werkstatt des jüngeren Jörg Breu illustriert. Wir sehen Fuggerbildnisse, Reliquiare, Goldschmiedearbeiten, Vortragskreuze, Meßgewänder, silberne Deckelhumpen des 17. Jahrhunderts, alten Schmuck, Porträtminiaturen, Porzellane aus Wien, Frankenthal und Ludwigsburg, Proben aus der Büchersammlung des Hauses Fugger vom 16. bis zum 18. Jahrhundert, ausgezeichnete Medaillen zur Fuggergeschichte, altes Glas. Wo immer sich derartiges noch über alle staatlichen oder nationalen Grenzen hinweg in Häusern dieses Ranges erhalten hat, ist mehr damit bewahrt als kunst- oder kulturgeschichtliches Zeugnis. Vielmehr ist in einem solchen Hause die Heimat eines Geschlechts präsent, dessen Bedeutung in dieser Atmosphäre universaler Humanität fortbesteht. *Abb. 253 bis 257*

Illertissen

Hoch über dem Illertal und der Stadt liegt die weitläufige Anlage des Schlosses mit reich bewegtem Umriß seiner Gebäude. Es ist eine alte Burg, die wohl dem 12./13. Jahrhundert entstammt und sich im Besitz der Grafen von Kirchberg befand. Sie kam auf dem Erbweg 1510 an die Grafen von Montfort, dann an die Freiherren von Gundelfingen und 1520 durch Kauf an die patrizische Familie der Vöhlin aus Memmingen, die dort bis 1756 saßen.

Erhard II. Vöhlin von Frickenhausen, Freiherr von Illertissen, der auch Neuburg an der Kammel neu errichtete, begann 1523 den Umbau der baufälligen Burg mit der Errichtung des stattlichen Hinteren Schlosses, wozu umfangreiche Substruktionen notwendig waren. Um diese Zeit entstanden auch im Westen, Norden und Osten die Befestigungsmauern. 1549 brannte das Hintere Schloß ab. Vöhlin ließ es auf den alten Grundmauern, sicher durch Ulmer Werkleute, wieder aufbauen und zwar in Form eines «gleichsam ins Große gesteigerten Ulmischen Patrizierhauses».

1595 ließ er, ebenfalls durch Ulmer Meister, das Vordere Schloß unter Benutzung älterer Teile errichten, den Eckturm im Süden anbauen, die Kapelle erneuern, den Torturm um das Oktogon mit Kuppelhaube erhöhen. 1646 verwüsteten und plünderten die Schweden das Schloß. Hans Gotthard Vöhlin (gest. 1709) begann 1705 den Umbau als wohnliche, moderne Schloßanlage. Die nutzlos gewordenen Befestigungen wurden niedergelegt. Anstelle des Turms an der Nordostecke stellte er den sogenannten Französischen Bau, der sich der Ostseite des Hinteren Schlosses anfügt. Die Zugbrücke wurde durch eine Steinbrücke ersetzt und die unbebaute Hofseite durch eine lange, von Arkaden durchbrochene Balustrade geschlossen. Die Form der polygonalen Türme am Französischen Bau lassen vermuten, daß dieser Teil noch dem 16. Jahrhundert angehört.

Johann Joseph Christoph Vöhlin baute nach seiner Eheschließung mit Marie Luise Gräfin von Gravenegg das Innere des Hinteren Schlosses etwa 1720/30 aus, ließ das Stiegenhaus errichten und die Stukkaturen anbringen, diese wohl von Gaspare Mola. 1756 mußte Illertissen aus finanziellen Gründen an Kurfürst Maximilian III. Joseph von Bayern verkauft werden, um wenigstens den Neuburger Besitz halten zu können. Im Schloß ist heute das Amtsgericht untergebracht.

Die Kapelle im Vorderen Schloß wurde 1751 in die heutige Form gebracht. Sie wurde 1749 stukkiert, vielleicht von Kaspar Radmiller. In den Rocaille-Kartuschen sitzen die gemalten Allianzwappen der Vöhlin. Die Fresken malte Franz Martin Kuen 1751. In der Mitte der Decke sehen wir die Aufnahme Mariae in den Himmel, darüber die Dreifaltigkeit. Im Osten und Westen kleinere Ovale mit durchbrochener, kuppelartiger Architekturmalerei. Es gibt einen Scheinbalkon, hinter dessen Brüstung zwei Personen stehen, vermutlich der Bauherr Joseph Frhr. v. Vöhlin und der Maler Kuen. Schöner, weiß-gold gefaßter Altar von 1751, Gestühl aus dem gleichen Jahr.

Osterberg

Vom 14. bis zum 17. Jahrhundert war Osterberg mit dem benachbarten Dorf Weiler (bis 1806 eine reichsunmittelbare ritterschaftliche Herrschaft) im Besitz der Herren von Rechberg-Hohenrechberg, zu deren Hoheitsbereich auch Babenhausen, Kettershausen, Dattenhausen, Illereichen, Illertissen u. a. in dieser Gegend gehörten. Im Jahre 1679 kaufte der Rat und Syndikus der Reichsritterschaft in Schwaben, Johann Michael Mayer von Röfingen auf Bühl (Landkreis Günzburg) die Herrschaft. Sein Sohn Joh. Michael Adam und dessen Nachkommen wurden zu Reichsfreiherren von Osterberg erhoben. 1816 verkaufte Anselm Freiherr von Osterberg das Schloßgut mit bayerischem Patrimonialgericht an Christoph Friedrich Freiherrn von Ponickau.

Um 1600 (das genaue Datum ist unbekannt) war auf den Burgresten des frühen Mittelalters ein Renaissanceschloß erbaut worden. An der Südfassade – von hier erstreckt sich der Blick bei klarer Sicht bis zu den Allgäuer Alpen – lassen sich noch die ursprünglich kleinen Fenster erkennen. Im Innern liegen hier mit Kreuzgratgewölbe gedeckte Räume mit besonders tiefen Mauern, die zum ersten Burgbau gehörten. Das Schloß besaß an den Ecken vier kleine Erkertürmchen in Höhe des zweiten Obergeschosses, von denen drei noch vorhanden sind.

Seine heutige Gestalt erlangte das Hohe Schloß um 1720. Dabei wurde der Westfassade ein viergeschossiger Mittelrisalit vorgelegt, in dem sich das Treppenhaus befindet. Bis auf die Ostfassade erhielten alle Seiten geschweifte Giebel. – In den Jahren 1914/15 wurde dem älteren Schloß nach Westen anstelle einer Brauerei aus dem 17. Jahrhundert ein geschickter Anbau mit leicht gekrümmter Fassade, das Niedere Schloß, mit abschließenden Stallungen von Franz Xaver Huf hinzugefügt. Unter dem Niederen Schloß liegt der völlig erhaltene Burg- und Brauereikeller aus dem Mittelalter.

Als selbständiges Gebäude schließt sich das ehemalige Forsthaus, im frühen 19. Jahrhundert erbaut, an. Westlich davon und außerhalb des hier endenden Hofes steht das Gärtnerhaus, ein ebenerdiger Bau im Empirestil, an dessen östlichem Teil früher ein runder Wehrturm stand. Den rechteckigen Hof, der nach Westen geöffnet ist, und im Süden von niedrigen Gebäuden – der Nordseite angeglichen – begrenzt wird, beherrscht eine uralte Linde. Die wechselnde Folge der einzelnen Gebäude ergibt trotz ihrer Verschiedenartigkeit eine harmonisch geschlossene Baugruppe.

Im Erdgeschoß des älteren Schlosses liegt nach Osten die mit einem Spiegelgewölbe versehene Schloßkapelle, deren Deckenstuck mit Akanthuslaub, Bandelwerk und Gitterwerk um 1725/30 entstanden ist. Im Obergeschoß betritt man zunächst die große mit Jagdtrophäen und Schränken aus Renaissance und Barock ausgestattete Halle. Die umliegenden Räume, die eine großzügige Enfilade bilden, wurden unter dem damaligen Besitzer Christoph Friedrich Freiherrn von Ponickau (begonnen 1816) neu eingerichtet. Das Mobiliar aus Nußbaum, 1816 bis 1820 von süddeutschen Schreinern hergestellt, zeigt deutlich eine Nachempfindung des französischen Louis-seize und des Empirestils und ist daher möbelgeschichtlich von besonderem Interesse. Im sogenannten Roten Salon hängt das lebensgroße Porträt des einstigen Schloßherrn, rechts im Bild Schloß Osterberg vor dem Erweiterungsbau. Es folgt ein Kabinett mit gemalter Tapete – ein Federnmuster in grünen und weißen Tönen; die Decke hat eine farblich dazu abgestimmte dekorative, spätklassizistische Bemalung. Hier schließt sich längs der Halle der Speisesaal an, der wie ein Teil der anderen Räume in den Ecknischen gußeiserne Öfen mit Porträtbüsten als Aufsätze enthält (um 1870).

Durch Heirat der letzten Fideikommißherrin kam Osterberg Ende des 19. Jahrhunderts in den Besitz der Freiherrn von Malsen, seitdem Malsen-Ponickau. Hohes und Niederes Schloß sind in den vergangenen Jahren von dem gegenwärtigen Besitzer, Dieter Freiherrn von Malsen-Ponickau, mit großer Sorgfalt und Fachkenntnis erneuert worden, so daß der einstige Burgsitz sein ursprüngliches Aussehen bis heute bewahrt hat. *Abb. 258 bis 261*

Grünenfurt

Vermutlich entstand Grünenfurt als ein von Weihern umgebener befestigter Sitz eines Amendinger Ortsadelsgeschlechts, nachdem 972 das Stift Ottobeuren im Vertrag mit Kaiser Otto I. auf acht Orte – darunter das oppidum Amendingen – verzichtet hatte, um sich von der Kriegspflicht zu befreien. Später baute sich diese Familie auf dem Höhenrücken oberhalb von Grünenfurt die Eisenburg, deren Namen sie annahm.

Erstmals urkundlich erwähnt wird Grünenfurt in einem Vertrag vom 21. 2. 1455, in dem Heinrich VI. von Eisenburg – der letzte seiner Familie – die Herrschaft Eisenburg mit Grünenfurt, dem Dorf Amendingen, dem Weiler Schwaighausen und dem Gut Trunkelsberg an die Memminger Patrizier Hans und Jos. Settelin sowie Jörg Mair zum Hahn (verheiratet mit Elisabeth Settelin) um 6000 fl. verkaufte. Die Settelins erwarben zu jener Zeit noch weiteren ausgedehnten Grundbesitz, darunter die Herrschaft Fellheim und das Gut Wespach, die heute zusammen mit Grünenfurt trotz zahlreicher Erbteilungen noch immer oder wieder im Besitz der Nachkommen dieser Familie sind.

Schloß Grünenfurt – Besitzerin Frau Johanna von Rom geborene von Stoll zu Wespach – wurde 1737/38 innerhalb einer wesentlich älteren Burganlage für Johann von Scheidlin aus Augsburg erbaut. Aus der älteren Zeit stammen Reste des Burggrabens mit einer Brücke und ein kleiner runder Brückenturm mit Spitzhelm. Das hohe, dreigeschossige Gebäude mit Mansarddach wird durch Lisenen gegliedert. Vor ihm liegt ein kleiner Hof, von Mauern und Wirtschaftsgebäuden umgeben. Ein dreiseitig umlaufendes Treppenhaus mit schlanken Eichenholzbalustern führt in die oberen Stockwerke. Im ersten und zweiten Obergeschoß liegen zwei Säle mit schönen Stuckdecken und zweigeschossigen Öfen, deren reich verzierte Kachelaufsätze auf gußeisernen Unterbauten mit Rocailledekor ruhen. Der Saal im ersten Stock, auch der Blaue Salon genannt, zeigt innerhalb der rosafarbenen Hohlkehle jeweils über der Mittelachse Putten als Symbole der Jahreszeiten. Das Schloß enthält eine umfangreiche Sammlung von Ahnenbildnissen seit dem Ende des 16. Jahrhunderts aus dem Patriziat der Reichsstadt Memmingen. (Zwei der besten Porträts Bernhard Strigels von 1527: Hans Rott und seine Gemahlin Margaretha Vöhlin, eine Tochter von Conrad Vöhlin und Margarethe Settelin, wurden 1923 verkauft und befinden sich jetzt in der National Gallery of Art in Washington.) *Abb. 262*

Illerfeld

Illerfeld liegt südwestlich von Memmingen dicht an der Bundesstraße 18 nach Lindau. Das Gut wurde 1784 von den damaligen Besitzern, den Grafen von Waldburg-Zeil, an den Memminger Patrizier Johann Sigmund von Lupin verkauft, der sich dort einen Ruhesitz erbauen ließ. Johann Sigmund IV., dessen Familie nach der Überlieferung aus Italien nach Deutschland gekommen sein soll, war Kanzlei-Direktor in Memmingen und stand in der Stadt in hohen Würden. 1802 bat er um seine Entlassung und zog sich nach Illerfeld zurück, wo er sich seinen Liebhabereien, der Einrichtung seiner Bibliothek, dem Sammeln von Gemälden und Gemmen widmete.

Illerfeld war zunächst ein zweigeschossiger Bau. Über der Balkontür des Obergeschosses ist eine marmorne Tafel eingelassen mit der Inschrift JOH. SIGISMUNDUS DE LUPIN VILLAE ILLERFELD FUNDAMENTA POSUIT AO. D. MDCCLXXXIV, über dem Eingang steht das Losungswort: TRANQUILLITATI. Das schmiedeeiserne Balkongitter zeigt die Initialen F. v. L., die sich auf den Sohn Sigmunds, Johann Friedrich, beziehen. Er war Mineraloge, nach dem Ende der freien Reichsstadt Memmingen Bergkommissar in Schwaben, später Oberbergrat in Bayern. Nach dem Tode seines Vaters ging er nach Illerfeld, wo er einen Park mit seltenem Baumbestand (Eiben, Wacholder) sowie eine schöne Tulpenbaumallee anlegte. Auch widmete er sich dort seiner bedeutenden Mineraliensammlung.

Unter Johann Friedrich erhielt das Schlößchen um 1820/1830 seitlich zwei ebenerdige Flügelanbauten, die später nochmals verlängert wurden. Mit dem schönen Baumbestand ergibt der weiß verputzte Bau das Bild einer villa suburbana, wie man sie hierzulande nicht häufig antrifft.

Im ersten Stock liegt der große Salon, von dessen Balkon aus man in Verlängerung der Mittelachse einen Blick auf das auf einer Anhöhe stehende Denkmal für den legendären Ahnherrn der Familie, M. Antonius Antius Lupus, hat, das Johann Sigmund nach dem antiken Vorbild, das an der römischen Via Appia steht, errichtet hat. *Abb. 263, 264*

Mitten im Bauernland bei Memmingen, wo die Pflüger geruhsam über die Felder gehen, ragt in luftige Höhen, wie hergetragen aus einer anderen Welt, Schloß Kronburg auf. Ein schmaler Weg führt über den Schloßberg und durch die tiefe Einfahrt in den Hof, an dessen Fenstern gelbe und rote Blumen leuchten.

Es wird schon eine römische Besiedlung der Bergkuppe vermutet, die wahrscheinlich zum welfischen Besitz um Memmingen gehörte, den Herzog Welf VI. 1167 seinem Neffen Kaiser Friedrich I. verkaufte. Reste der Fundamente eines Bergfrieds im nordwestlichen Keller des Schlosses zeugen von einer Burg aus dem Ende des 12. Jahrhunderts. 1227 wird als kaiserlicher Ministeriale Rudolf von Kronburg urkundlich genannt, doch ist die Burg schon fünfzig Jahre später von den Habsburgern wieder ans Reich gezogen worden, und es ist anzunehmen, daß die Mittel der Kronburger zum Unterhalt einer Reichsburg nicht ausgereicht hatten, denn sie erscheinen als Bürger von Memmingen wieder. Nach verschiedenen anderen Lehensträgern erhielt 1478 Georg von Rechberg die inzwischen sehr verfallene Burg; aber er wirtschaftete sparsam, brachte die Herrschaft hoch und dürfte mit dem Neubau des Schlosses begonnen haben, den sein Sohn Gaudenz 1536 beendete.

1604 erlosch die Kronburger Linie der Rechberg; das Lehen wurde eingezogen und dem Markgrafen Karl von Burgau, dem Sohn Erzherzog Ferdinands und der Philippine Welser, übergeben, den der Kaiser zum Herrn der vorderösterreichischen Markgrafschaft Burgau ernannt hatte. Der eigentliche Erbe aber, Wolf Konrad von Rechberg, wenn auch aus einer anderen Linie stammend, dachte nicht daran, das Schloß aufzugeben. So mußte erst ein Vertreter des Landvogts mit einer Anzahl von Reitern vor Kronburg erscheinen und im Namen des Markgrafen die Öffnung des Tores erzwingen. Und auch noch nach dem baldigen Tod des kinderlosen Markgrafen Karl, 1616, ging Wolf Konrad von Rechberg leer aus. Trotz Rechbergs Anspruch erhielt der Deutschmeister Johann Eustach von Westernach die Herrschaft, die nun als Eigentum dieser Familie bestätigt wurde; erst 1660 verglichen sich Westernach und Rechberg.

Im Spanischen Erbfolgekrieg lag eine französische Besatzung auf dem Schloß, und 1704 befahl der Kommandant von Memmingen, General d'Usson, die Burg zu schleifen. Die Türme waren bereits zur Hälfte abgetragen, als der Befehl des Oberkommandierenden Marschalls Marquis de Marcin, eintraf, den Abbruch einzustellen. Man begann 1705 mit dem Wiederaufbau. Damals wurde die Schloßkapelle umgestaltet, arbeiteten die Stukkatoren Simpert und Mang Kramer und der stiftskemptische Hofmaler Franz Joseph Hermann im Schloß.

Die letzte Westernach, Maria Theresia, heiratete 1844 den Freiherrn Maximilian von Vequel. Diese Familie stammt aus Lothringen. Herzog Karl IV. von Lothringen hatte im 17. Jahrhundert mit Cathérine de St. Rémy einen Sohn Lothar, der den Namen Vequel erhielt. Er kam 1676 nach Bayern und wurde Feldmarschalleutnant. Am Ende des 18. Jahrhunderts waren nur noch zwei Töchter Vequel am Leben, deren eine, Gräfin Portia, keine Kinder hatte, während die andere den Landrichter in Pfaffenhofen an der Ilm, Johann Baptist Reingruber, heiratete. Ihr unverheirateter Onkel Theodor Freiherr von Vequel adoptierte Reingruber, und 1818 genehmigte der König von Bayern für ihn den Namen Freiherr von Vequel, dem durch die Ehe seines Sohnes der Name Westernach hinzugefügt wurde. Noch heute gehört Kronburg den Freiherren von Vequel-Westernach.

Das Schloß ist eine große Vierflügelanlage. Das außen schmucklose Gebäude mit vier runden Ecktürmen unter geschweiften Kuppelhauben und einer nördlichen Altane, die dem Hof zu in Bogen geöffnet ist, hat die breite, tiefe Torfahrt im Ostflügel. In der Einfahrt, über der ein rechbergisches Wappen um etwa 1590 sitzt, sehen wir eine architektonische Wandmalerei und an der Holzdecke wiederum das Rechbergwappen, beides aus der zweiten Hälfte des 16. Jahrhunderts.

Im Innern finden wir reich geschnitzte Türgerüste aus Nußbaum, um 1700, mit gedrehten Freisäulen und gesprengten Giebeln, bedruckte Leinwandtapeten des frühen 18. Jahrhunderts, an der Decke des Turmzimmers im Ostflügel das stukkierte Wappen des Augsburger Weihbischofs Eustach Egenolf von Westernach, um 1704. Ein anderes Turmzimmer trägt noch schweren Stuck von 1693 von Elias Zimmermann, Simpert und Mang Kramer. Der Saal im Osttrakt ist an der kassettierten Holzdecke mit Arabeskenmalerei aus der Mitte des 16. Jahrhunderts geschmückt. Das ‹Goldene Zimmer› im Westflügel zeigt hölzerne Boiserien mit vergoldeten Profilen in Muschelwerkdekor, um 1750. Alle Räume sind prächtig ausgestattet, wohlgehalten und zu besichtigen.

Die Schloßkapelle gehört in der Substanz wohl noch dem 16. Jahrhundert an. Sie wurde in der zweiten Hälfte des 18. Jahrhunderts auf das reizendste erneuert. J. M. Koneberg malte 1766 das Deckenbild der Heimsuchung Mariae, Gabriel Dreer 1620, unter Einfluß von Peter Candid, das Altarbild.

Lehnt man an einem heißen Tag schauend an der Brüstung der Schloßterrasse, hört man nur das leise Sausen des Windes, die Glocken des weidenden Viehs, während die Wolken über den Himmel ziehen und das Land im Wechsel von Licht und Schatten unter uns liegt. Der Adel wußte, daß es ein gutes Land ist, und so entstanden allenthalben Burgen und Schlösser, und die Bürger und Mönche wußten es auch, wie wir an den hochgiebeligen Häusern von Mem-

mingen oder Leutkirch, an der herrlichen Kirche von Ottobeuren oder Maria Steinbach, gegenüber von Kronburg,
erkennen können.   *Abb. 268 bis 270*

Kempten | Die Fürstäbtliche Residenz

Das Fürststift Kempten entwickelte sich aus einer im
8. Jahrhundert von St. Gallener Mönchen gegründeten
Missionszelle zu einem glanzvollen Stiftsstaat. Schon unter
König Pippin wurde Kempten als königliches Eigenkloster
mit Privilegien ausgestattet. Eine Gönnerin war die Gemahlin Karls des Großen, Hildegard. Weiter gefördert von
den Welfen und Hohenstaufen im 13. Jahrhundert, wurde
der Abt reichsunmittelbarer Fürst. Unter Fürstabt Roman
Giel von Gielsberg (1639–1673) begann 1651 der Barockbau
durch den Vorarlberger Baumeister Michael Beer. Die Bauleitung übernahm 1654 der Graubündner Meister Johann
Serro. Die Größe der Anlage des Benediktinerstifts sowie die
prunkvollen Repräsentationsräume im Innern sind ein Beispiel für die gewaltige Baulust und den Aufwand des Barock.
   1742 fuhr der Fürstabt Anselm Freiherr von Reichlin-
Meldegg mit einem Begleiterstab von achtzig Personen als
Erzmarschall zur Krönung der Kaiserin Maria Amalie nach
Frankfurt am Main. Der gesamte Hofstaat mit der Verwaltung umfaßte noch bis zum Ende des 18. Jahrhunderts 232
Personen. Als 1766 der Fürstabt zur Kirchweihe und Jahr-
tausendfeier nach Ottobeuren reiste, wurde in der Quartier-
liste folgender Zusatz vermerkt: «Welcher Lärm und welche
Arroganz! Größere Fürsten von Geblüt und Bischöfe in
Würden hatten kein solches Gefolge wie dieser Benediktiner Fürst.»
   Unter Anselm Freiherrn von Reichlin-Meldegg begann
1730 eine Neugestaltung der Abteiräume. Sie fällt in die
Blüte des Rokoko, die Zeit, in der die Reichen Zimmer in
der Münchner Residenz ausgestattet und die Amalienburg
unter Kurfürst Karl Albrecht errichtet wurden. Von den
beteiligten Künstlern sind vor allem die Wessobrunner
Stukkateure zu nennen: Abraham Bader, Johann Schütz,
ein Schüler Dominikus Zimmermanns, der Wanderstukka-
tor Johann Georg Üblhör und der Hofbildhauer Ägid Verhelst d. Ä., der aus den Niederlanden stammte. Hofmaler
war Franz Georg Hermann. Die längsrechteckige Anlage
des Stiftes wird durch einen Mitteltrakt in den Konventbau
im Osten und die Abtresidenz im Westen geteilt. Es entstehen dadurch zwei Höfe: der Konventhof und der Resi-
denzhof. Die Raumfolge im Innern vollzieht sich nach dem
französischen Vorbild der Enfilade. Die fürstäbtlichen Räume bestehen aus folgenden Zimmern: Vorraum, Audienzzimmer, Tagzimmer des Abtes und Schlafzimmer. Diesen
gegenüber liegt der Thronsaal, welcher 1746 «der große

Festinsaal», 1761 und 1785 «Spiegelsaal» genannt wurde;
es schließen sich eine kleine Folge von Gästezimmern und
die Hofkanzlei an.
   Die genannten Zimmer zeigen verschiedene Stilstufen in
der Innenausstattung. Da ist zunächst die Zeit der Régence
(um 1720), die sich in den Stukkaturen der Decken im ersten
Obergeschoß des Quertraktes manifestiert (im westseitigen
Saal und des Platzes im Gang nördlich der Mitte) sowie im
zweiten Obergeschoß in den Fenstergewänden des Gang-
flurs im östlichen Nordtrakt. Dann die Portalumrahmungen
des Abteisaals, die schrägen Türumrahmungen des Schlaf-
gemachs, sowie Stuckdraperien und Vasen, die schon auf
eine Verwandtschaft mit Dominikus Zimmermann hindeu-
ten, obwohl in den architektonischen Bestandteilen der
Räume noch der Spätbarock nachklingt. Zeitlich aufeinander folgen: Audienzzimmer, Tagzimmer des Abtes und
Schlafzimmer. Der Beginn des Rokoko läßt sich am südlichen Teil der Decke des Schlafzimmers in den Rocaille-
kartuschen erkennen; es sind Arbeiten der Wessobrunner
Stukkateure.
   Der Thronsaal wurde um 1740/41 von Johann Georg
Üblhör in der Blütezeit des Rokoko geschaffen. Anstelle des
Gitterwerkmotivs tritt hier endgültig die Rocailleform. Von
Ägid Verhelst stammen wahrscheinlich vier überlebensgroß
geschnitzte Standbilder, die in Weiß mit goldenem Rand
gefaßt sind und durch Politur wie Porzellanfiguren erschei-
nen. Es sind Personifikationen der Herrschertugenden: der
Friedfertigkeit, der Liebe, der Macht und der Weisheit. Die
weiblichen Figuren sind voller Bewegung und Grazie. Über
dem Portal der Längswand befindet sich eine mit Putten
gerahmte Stuckdekoration, die in die Deckenzone eingreift.
Sie stammt wiederum von Üblhör. Unter einer thronenden
Muttergottes ist das Wappen des Fürstabtes Anselm von
Reichlin-Meldegg angebracht. An der Westwand ist eine
Personifizierung der Architektur mit der Inschrift: LA-
BORE NEPOTUM abgebildet. Gegenüber an der Ostwand
sieht man eine schwebende Frau mit den Attributen der
Geometrie, außerdem hält sie ein Füllhorn und die Grün-
dungsurkunde des Stifts, darunter die Inschrift: PIETATE
PATRUM. Beide Inschriften beziehen sich auf das große
Deckengemälde von Franz Georg Hermann. Thema ist die
Geschichte und die ruhmreiche Verherrlichung des Fürst-
stifts Kempten. An der Nordseite sieht man die Gründung
des Klosters durch Karl den Großen und seine Gemahlin
Hildegard, westlich davon die Bestätigung durch Papst
Hadrian I. Das Deckengemälde im Audienzzimmer stellt
den Besuch der Königin von Saba bei König Salomon
dar, ebenfalls von Hermann.
   Von den Gästezimmern sind das Grüne und Rote Zimmer zu nennen, welche besonders zarte Stukkaturen, darunter feine Phantasielandschaften und Architekturszenen

an den Decken und in den Hohlkehlen aufweisen (um 1760). Unter Fürstabt Rupert von Neuenstein entstand 1791 schließlich die Hofkanzlei. Sie wurde von dem Sohn Franz Georg Hermanns, Joseph Hermann, mit fünf Deckenbildern geschmückt.

Die Kemptener Residenz vereinigt Kloster und Schloß zugleich. In der Zeit des Rokoko wurde sie zu einer bequemen Wohnanlage mit relativ kleinen Räumen umgestaltet. Daß es sich dennoch um eine geistliche Residenz handelt, läßt sich vor allem an den streng durchkomponierten Bildprogrammen moralischen Inhalts erkennen. In der Kunst des 18. Jahrhunderts in Schwaben nimmt Kempten die Mitte zwischen Ottobeuren und dem Schaezlerpalais in Augsburg ein. *Abb. 271 bis 273*

Waal

Auf einer Anhöhe über dem Dorf sitzt das Schloß, ein hoher Bau mit vier polygonalen Ecktürmen unter steilem Walmdach. Reste einer mittelalterlichen Burg bilden den Westteil des Schlosses, das aus der Ferne einer behäbigen Barockkommode gleicht.

Ursprünglich saßen hier die Herren von Waal. Im Städtekrieg von 1397 wurde die mittelalterliche Burg von den Augsburgern zerstört. 1401 kauften die Herren von Freyberg die Herrschaft, aber wahrscheinlich erst unter den Herren von Landau (1511–1601) erhielt das Schloß seine heutige Gestalt, die dann im 18. Jahrhundert leicht verändert worden ist. Den Landau folgten die Grafen von Muggenthal, welche die Gebäude um den Wirtschaftshof bauten. Schließlich erwarben im Jahre 1820 die Fürsten von der Leyen und zu Hohengeroldseck die Herrschaften Waal und Unterdießen.

«Von jeher hat man denen von der Leyen den Vorrang unter allen in der trierischen Provinz ansässigen Geschlechtern zugestanden», sagt der ‹Rheinische Antiquarius›, und er fährt fort: «Daß sie ein Geschlecht von Autochthonen, ergibt sich aus dem Wappenschild, die blaue Ley, eine Stapelware des Landes, mit dem silbernen Pfahl in der Mitte; beiläufig gesagt, ein Wappen, das in vornehmer Einfachheit lediglich durch den roten Schild der Herren von Albrecht, am Fuße der Pyrenäen, übertroffen wird.» Heinrich von der Leyen wurde 1104 als Kandidat für die Papstwahl nach Rom gesandt. Zwei Herren des Hauses saßen auf dem erzbischöflichen Stuhl von Trier (Johann VI. 1556/67, Johann Kaspar 1652/76), ein dritter war Erzbischof von Mainz (Damian Hartard 1675/78). Kurfürst Johann Kaspar war ein energischer Herr und das Haupt der rheinischen Allianz gegen Frankreich. Er setzte sich für die Wahl Kaiser Leopolds I. ein; er gründete das kurtrierische Landrecht 1668.

Das Haus von der Leyen wurde 1653 in den Reichsfreiherrenstand und 1711 in den Reichsgrafenstand erhoben. Es besaß neben seinen Stammgütern die Grafschaft Hohengeroldseck in Baden sowie die Grafschaft Blieskastel an der Saar, wo die Familie hauptsächlich residierte. 1806 unterzeichnete Graf Philipp Franz die Rheinbundakte, um seiner Familie die linksrheinischen Besitzungen zu erhalten. Als der Rheinbund sich auflöste, wurden die Länder der Rheinbundmitglieder teilweise sequestriert, und so wurde auch Philipp Franz, der den Fürstentitel angenommen hatte, abgesetzt und zum Feind der deutschen Sache erklärt.

Er erhielt seine Besitzungen nicht wieder. 1815 gab die Wiener Schlußakte die Grafschaft Hohengeroldseck an Österreich, das sie an Baden verkaufte, die Grafschaft Blieskastel an Bayern. Von der Leyen wurde weder entschädigt – er hatte durch die Wegnahme der Herrschaften und anderer Güter einen Verlust von 1 767 000 Florin erlitten – noch in den Deutschen Bund aufgenommen. Nur Arenfels und Gondorf durfte er behalten. Aus dem Erlös dieser Herrschaften kaufte er Waal und Unterdießen.

Das Schloß Waal steht in einem schönen alten Park. Aus der Eingangshalle, die um 1820 umgestaltet worden ist, führt eine doppelläufige Treppe in die Obergeschosse. Dort befindet sich auch der lustige Sessellift von 1820. Die Wohnräume sind mit bemerkenswert gutem Mobiliar und Gemälden ausgestattet, die zum Teil noch aus den westdeutschen Besitzungen stammen und in nicht wenigen Stücken französische Handschrift zeigen. Zu Waal gehört der Hauptsitz Unterdießen, das auf der anderen Seite des östlich verlaufenden Höhenzuges über dem Lech liegt. Das Schloß brannte 1526 ganz nieder, brannte 1598 abermals ab. Der bestehende Neubau dürfte zum Teil auf eine Erweiterung in der ersten Hälfte des 17. Jahrhunderts zurückgehen, ein schlichter Bau mit polygonalen Türmen an der Ost- und Rundtürmen an der Westseite.

Da der einzige Sohn des Fürsten Erwein von der Leyen 1945 an der Ostfront gefallen ist, hat der Fürst, bevor er 1971 starb, seinen Enkelsohn Philipp-Erwein Freiherrn von Freyberg an Sohnesstatt angenommen. *Abb. 265 bis 267*

Füssen | Das Hohe Schloß

Herzog Ludwig von Bayern begann 1269 den Bau der Burg, verzichtete jedoch 1292 auf den Weiterbau, da sich das Bistum Augsburg hier niederlassen wollte. Tatsächlich erwarb Bischof Friedrich von Augsburg 1322 die Burg, die Sitz des hochstiftischen Pflegeamtes Füssen wurde. Aber erst Ende des 15. Jahrhunderts setzte hier rege Bautätigkeit ein: 1494/1499 entstand der Fürstenbau.

Unter Bischof Johann Christoph von Freyberg-Eisenberg wurden zweihundert Jahre später (um 1680) Räume im Nord- und Westflügel, im südlichen Teil die Kapelle St. Veit umgestaltet. Aus derselben Zeit stammen die Stuckarbeiten, die wohl von Johann Schmutzer und Simon Bader ausgeführt sind; letzterer war 1687 im Schloß beschäftigt. Im 19. Jahrhundert diente das Schloß zeitweilig als Sommersitz des Kronprinzen Maximilian von Bayern. 1862/63 erfolgten Umbauten im Südflügel zur Unterbringung des Amtsgerichts; 1931 wurde im Nordflügel eine Filialgalerie der Staatlichen Gemäldesammlung München eröffnet.

Das Hohe Schloß ist eine der bedeutendsten Burganlagen Schwabens. Es liegt oberhalb von St. Mang auf dem östlichen Ausläufer der Saloberge. Der Aufgang zur Burg führt durch den ‹Malerwinkel›, durch den äußeren Mauerring, durch den Torturm zu dem geräumigen, asymmetrischen Hof. An den Fassaden des Nord-, West- und Südflügels sowie am Torturm sind gotische Malereien um Fenster und Portale freigelegt worden; diese Architekturmalereien stammen angeblich von Fidelis Eichele aus Hechingen. Malereien des ausgehenden 15. Jahrhunderts wurden 1913 im Altarraum der Kapelle St. Veit entdeckt. Über dem Eingang zur Sakristei befindet sich in einem kielbogenförmigen Maßwerkrahmen das Wappen Bischof Johanns II. Grafen von Werdenberg (1469/86). Unter dem Schildbogen sind zwei Männer und eine Frau in einem Boot zu sehen, vielleicht die Flucht der Heiligen Vitus, Modestus und Kreszentia darstellend.

Der Rittersaal im zweiten Obergeschoß trägt eine reich geschnitzte, farbig gefaßte Kassettendecke, deren mittlere Felder Halbfigurenreliefs der Muttergottes mit dem Wappen Bischof Friedrichs von Zollern, der Augsburger Patrone Ulrich und Afra, Simpertus und fünf anderer heiliger Bischöfe zeigen. Die übrigen Kassetten enthalten Blattwerk-Rosetten. Die Decke stammt wohl von dem Allgäuer Schnitzer Jörg Lederer, der 1499 als Bürger in Füssen genannt ist.   *Abb. 276, 277*

Hohenschwangau

Das Schloß, in herrlichster Lage hoch zwischen Alp- und Schwansee, gehörte einst den Herren von Schwangau, Lehensträgern der Welfen, dann der Staufer. Reste der Burg aus dem 12./13. Jahrhundert sind vielleicht in den Fundamenten des heutigen Schlosses enthalten. Einst hieß das Schloß Schwanstein, und im Zusammenhang mit ihm werden drei andere Burgen genannt: auf dem Perzenkopf der Frauenstein und hoch über der Pöllatschlucht die Burgen Vorder- und Hinterschwangau.

1535 kaufte der kaiserliche Rat Hans von Paumgartner den Schwanstein und errichtete dort unter Leitung des Baumeisters Lucio de Spari aus Neapel 1538/47 ein neues Schloß mit Mauern, Türmen und Bastionen. Die Paumgartner gerieten aber bald in Schulden und ihre Gläubiger veräußerten die Schuldbriefe 1567 an Herzog Albrecht V. von Bayern. So kam Hohenschwangau zum ersten Mal in wittelsbachischen Besitz.

Die bayerischen Kurfürsten weilten manchmal zur Jagd in Hohenschwangau, wo 1757/58 eine Beamtenwohnung eingerichtet wurde. Da aber die Burg in den napoleonischen Kriegen 1800 und 1809 durch Beschießung beschädigt worden war, sollte sie 1820 auf Abbruch verkauft werden. Damals erwarb Fürst Ludwig zu Oettingen-Wallerstein die Ruine und ließ sie mit einem Notdach versehen. Doch mußte auch er das Schloß bald wieder verkaufen. 1829 sah der achtzehnjährige Kronprinz Maximilian von Bayern, der spätere König Maximilian II. Joseph, die Ruine und war so entzückt von ihrer Lage und der Schönheit der Landschaft, die sie umgibt, daß er sie zu besitzen wünschte. 1832 konnte er sie von dem damaligen Besitzer Adolf Sommer erwerben.

Aber nicht nur die landschaftliche Schönheit hatte es dem Kronprinzen angetan, es kam auch seine romantische Vorliebe für den Schwan hinzu, der das Wappentier der Schwangauer und auch Lohengrins war. Ein Gemälde auf Hohenschwangau von Lorenz Quaglio, 1841, zeigt König Maximilian II., wie er vom Boot aus auf dem Alpsee die Schwäne füttert. Der Schwanenrittersaal des Schlosses behandelt die Lohengrinsage. Maximilian wollte die Ruine restaurieren, ihr die «ursprüngliche mittelalterliche Gestalt wiedergeben», sie als Wohnung nutzen und das Ganze «als ein Denkmal herstellen, welches von der Liebe Seiner Königlichen Hoheit sowohl für die Kunst, als für die vaterländische Geschichte zeugt.»

Die Bauarbeiten begannen 1833. Der Architektur- und Theatermaler Domenico Quaglio, Zeichenlehrer des Kronprinzen, fertigte die Entwürfe an, ein für die Romantik bezeichnender Vorgang. Quaglio hat die Substanz der alten Burg kaum angetastet. Er beschränkte sich darauf, «die äußere Erscheinung durch regelmäßigere Reihung der Fenster und deren dekorative Bekrönung im Sinne der englischen Neugotik dem Stil der Zeit und den Erfordernissen einer repräsentativen Fassadengestaltung anzupassen. Überall auch sonst treten neugotische dekorative Einzelheiten hervor, seien es gotisches Maßwerk an den zahlreichen Balkonen und Plattformen, seien es gotische Fensterstürze oder Portale und dekorative Gemälde an den Außenfassaden. Im Grundriß blieb die alte Einteilung bestehen, mit einem mittleren Fletz, von dem aus seitlich je drei Räume zugänglich waren, von denen Quaglio dann zwei auf der Ostseite dazu verwendete, um sein Treppenhaus einzubauen.» (Heinrich Kreisel)

Ganz neue Zutaten sind lediglich die Torbauten auf der Nordseite und der Schloßgarten mit Springbrunnen und Durchblicken und einer Flora, die, wie eine zeitgenössische Schilderung meint, «an die Zeit mahnen, wo der vom Orient heimkehrende Kreuzritter seltene Pflanzen morgenländischer Fluren und von den feinen Sarazenen oder Griechen erlernte Künste der Pracht als schöne Beute brachte.»

Quaglio hat auch die neugotische Ausstattung des Innern geschaffen. 1835/36 entstanden die Wandbilder in Hohenschwangau. Damals war gerade der Königsbau der Münchner Residenz fertig geworden, wo auf Wunsch König Ludwigs I. die Räume mit großen Wandbildern geschmückt wurden. Für Hohenschwangau fertigte Moritz von Schwind 1835/36 Skizzen für den Rittersaal, für Authari- und Bertha-Zimmer, für Schlaf- und Arbeitszimmer des Kronprinzen und für das Badezimmer der Kronprinzessin; aber andere Maler malten die Bilder nach seinen Entwürfen. 1836 konnte Maximilian in Hohenschwangau einziehen. Ein Jahr später starb Quaglio und der Architekt Jos. Daniel Ohlmüller vollendete die Einrichtung nach Quaglios Entwürfen noch im gleichen Jahr. Als König Ludwig I. 1844 das Schloß sah, sagte er: «Hohenschwangau ist ein wahres Feenschloß.»

Durch die romantische Kulisse des zinnenbewehrten äußeren Tores gelangen wir zum Torbau, der, wie im Mittelalter, dem alten Nordturm vorgelegt ist. Über dem Torbogen zwei Ritterfiguren mit den Wappen Bayern und Schwangau, und über dem Maßwerkfenster, von Michael Neher gemalt, die Wappen von Bayern und Pfalz. In der Einfahrt Netzgewölbe mit Wappen auf Konsolen der Dienste: Bayern, Wittelsbach, Schwangau und bayerische Städte. Durch ein weiteres Tor gelangen wir in den Schloßhof und stehen vor der Ostfront, deren Ausführung mit den Ecktürmen der alten Burg, und vermutlich auch im Grundriß, dem mittelalterlichen Palas entspricht. Nur hat Quaglio das Ganze durch neugotische Einzelheiten bereichert; so erhielten etwa die Tore, Balkons und Abschlußgesimse gotisches Maßwerk.

An der Südostseite des Hofes steht der Fürstenbau, dessen Obergeschoß die Wohnung des Prinzen enthielt. Hier befindet sich eine Loggia mit Maßwerkbrüstung und dem Wandgemälde eines Hofnarren und eines Metzgers, in der Mitte zwei Halbfiguren mit Schilden, gemalt von Franz Xaver Glink. Das Innere ist so ausgestattet worden, wie es dem romantischen Geschmack jener Zeit entsprach. Da ist vor allem der Schwanenrittersaal zu nennen, dessen gotisches Netzgewölbe auf blauem, mit goldenen Sternen besetztem Grund den Pfälzer Löwen und den preußischen Adler trägt (die Kronprinzessin war eine Prinzessin von Preußen). Die Wandgemälde, entworfen von Christian

Ruben, ausgeführt von Michael Neher und Lorenz Quaglio, zeigen die Sage des Schwanenritters Lohengrin. Die Möbel sind aus Nußbaum gefertigt, der reiche Tafelaufsatz, bekrönt von Schwänen – er ist aus Silber und teilvergoldet – wurde nach Entwurf von E. N. Neureuther gefertigt.

Die Reise, die der Kronprinz 1833 in die Türkei machte, bestimmte die Ausstattung des Schlafzimmers seiner Gemahlin; der orientalische Stil entsprach ganz dem Geschmack der Romantik. Alle übrigen Zimmer tragen gotische Decken und sind mit Wandbildern geschmückt. Im Helden- und Rittersaal ist die Holzdecke bemalt. Die Wandgemälde sind der Wilkina-Sage gewidmet, die dem Themenkreis der Dietrichsage angehört. Die Fresken zeigen Szenen aus dem Leben Dietrichs von Bern. Die drei Figuren, die rechts von der Hauptszene aus einem Faß Wein ausschenken, sollen Bildnisse sein: Moritz von Schwind kniend, rechts davon Peter Cornelius, links oben Wilhelm Kaulbach. Auf dem Mitteltisch steht der Nibelungenaufsatz aus der Münchner Residenz, für den Ludwig Schwanthaler 1823 das Modell für König Maximilian I. Joseph entworfen hatte. Er wurde 1840 für König Ludwig I. ausgeführt.

So ist Hohenschwangau ein einzigartiges, wohlgelungenes Beispiel für die neugotische Baukunst und die Ausstattung jener Zeit, allein dem in denselben Jahren erbauten Arco'schen ‹Wasserschloß› Anif bei Salzburg vergleichbar. Hier hat König Ludwig II. die entscheidenden Anregungen für seine eigenen Schöpfungen, vor allem für das benachbarte Neuschwanstein, empfangen. *Abb. 278 bis 283*

Neuschwanstein

Das Leben Ludwigs II. ist mit den beiden Schlössern am Alpsee und Schwansee, Hohenschwangau und Neuschwanstein, eng verknüpft. Die Jahre der Kindheit, die er auf Hohenschwangau verbracht hat, sind bedeutungsvoll für die Entwicklung seiner Bauleidenschaft geworden. Hier ist wohl schon damals aus dem romantischen Wunsch, das mittelalterliche Rittertum wieder erstehen zu lassen, wie es schon der Vater nach politischen Enttäuschungen in Hohenschwangau versucht hatte, der Plan entstanden, gegenüber von Hohenschwangau eine Burg zu bauen. Sie sollte der Sitz der Schwanenritter werden, mit denen er sich zu identifizieren liebte, mit denen er leben wollte. Der Hauptantrieb für diesen gigantischen Plan war aber wohl seine Verehrung für Richard Wagner, die sich in einer solchen ‹Gralsburg› widerspiegeln sollte.

Die phantastische, romantische Welt, in die sich der König gern versetzte, begegnete ihm in Wagners Musik auf Schritt und Tritt. Kaum war der Neunzehnjährige König geworden, da lud er Wagner nach München ein und war ihm ein Mäzen, der alle Erwartungen seines Gastes übertraf. Jeder Wunsch wurde ihm erfüllt, doch hat er dem König die Gastfreundschaft schlecht gelohnt. Er mischte sich in die bayerische Politik, er belog Ludwig über sein Verhältnis zu Cosima von Bülow, er machte Schulden, deren Bezahlung er nun nicht mehr vom König erbat, sondern von ihm forderte. Als Wagner immer mächtiger wurde, begann die Hauptstadt zu rebellieren, und auch Ludwig mußte die persönlichen Eingriffe des Freundes in sein königliches Amt als unerwünscht und vulgär empfinden. Schließlich verwies er den Meister des Landes, aber er blieb ein Verehrer des Genies und seiner Kunst, und Neuschwanstein ist ein steingewordener Wagnertraum.

Mit untrüglichem Sinn für die geeignete Lage hatte der König hoch über dem Alpsee den Platz für die Burg gewählt. 1868 wurde der Grundstein gelegt, und rasch türmte sich der fünfstöckige Bau unmittelbar aus dem Fels auf, mit Strebepfeilern, Giebeln, Türmen, mit Torbau, Ritterhaus, Palas und Kemenate.

Zuerst entstand der Torbau. Die Arbeiten begannen hier 1868, aber erst zehn Jahre später war der Torbau fertig. Hofbaurat Eduard von Riedel leitete die Arbeiten; ihm folgte 1874 Georg von Dollmann, seit 1884 Julius Hofmann. Der Palas an der Westseite des Burghofs, 1869/86 entstanden, ist durch romanische Reihenfenster gegliedert. An den Kanten des risalitartig vorspringenden Baus sitzen achteckige Erkertürmchen, den Giebel bekrönt ein Bronzelöwe. Anschließend folgt das Ritterhaus, und diesem gegenüber steht die erst nach dem Tode des Königs gebaute Kemenate.

Ein Gang durch das Innere ist sehr aufschlußreich. Das Mittelalter präsentiert sich hier in wagnerischen Dimensionen, geschmückt mit Bilderzyklen aus der Welt der Sigurd- und Gudrun-, der Tannhäuser- und Nibelungen-, der Lohengrin- und Tristansage, mit Szenen aus dem Leben Walthers von der Vogelweide und Hans Sachs'. Es ist ein einziges riesiges Bühnenbild, eine Verquickung spätromanischer und frühgotischer Elemente im Sinne des späten 19. Jahrhunderts, kalt, ja beinahe trostlos, während doch der Außenbau mit seiner Sparsamkeit im architektonischen Detail ganz eindrucksvoll ist. Die großen Säle waren für die Entfaltung königlichen Prunks gedacht, aber nie sah Ludwig Gäste dort oben, nie hatte er hier Menschen um sich, weder die erträumte Ritterschaft, noch den Adel seines Landes, noch die Künstler. Minister und Würdenträger betraten die Burg zum ersten Mal, als sie kamen, um dem König seine Absetzung mitzuteilen. Sie kamen unerwünscht, und Ludwig befahl nur: Ins Verließ mit ihnen! Man denke sich ein Leben inmitten dieses ungeheuren Bilderbuchs von Fresken, inmitten der schweren, geschnitzten gotischen Möbel und Vertäfelungen. Wie in Herrenchiemsee legte der König

Wert auf die farbige Ausgestaltung der Räume, die grün und gold, blau und silber, hellblau und gold, violett, weinrot und gold gehalten sind. Im Schlafzimmer umschnörkelt Bett, Wände, Türen, Schränke, Gebälkträger und eichene Stützsäule reichstes neugotisches Ornament. Das Bett gleicht einem gotischen Altarschrein, in dem den Schläfer Alpträume befallen haben müssen. Aber alles das ist von höchster handwerklicher Qualität, und der König beaufsichtigte die Ausarbeitung jedes Details. Er liebte Neuschwanstein, in dem er seine Träume verwirklicht zu haben glaubte.

Der Thronsaal, dem der königliche Sitz fehlt, ist einer romanischen Basilika nachgebildet und versinnbildlicht des Königs Idee vom Gottesgnadentum des Herrschers. Er wurde in seiner Vorstellung allmählich zur Halle des Heiligen Gral. Die reiche Ornamentik auf den gemalten Wandfeldern, in bunten Mustern auf Goldgrund, soll Mosaik vortäuschen. Das gleiche gilt für die Wandgemälde. Nur der Fußboden wurde in Mosaik ausgeführt und zeigt das Leben der Kreatur, des Tieres und der Pflanzen als Nutznießer göttlicher und königlicher Gnade. Den sakralen Charakter des Saales verdeutlichen vor allem die Wandbilder von W. Hauschild unter Mitwirkung anderer Künstler. In der Halbkuppel der Apsis: Jesus in der Glorie mit Evangelistensymbolen, Maria und Joseph, darunter in strenger Anordnung die lebensgroßen Gestalten von heiliggesprochenen Königen. An den Wänden neben der zum Thron führenden Treppe die zwölf Apostel. Die Kuppel des Saales ist mit Goldsternen und Strahlen geschmückt, und Engel mit den königlichen Insignien schweben in ihr. Die Wandflächen unter den Schildbogen, welche die Kuppel tragen, zeigen Darstellungen der gesetzgeberischen Offenbarungen der Welt: Moses mit den Gesetzestafeln, die Lex Romana. Innerhalb der Arkaden trägt die Wand die Bilder der Heiligen Georg und Michael, die Wände dahinter Bilder mit Darstellungen der Taten heiliger Könige.

Der Sängersaal ist der bezeichnendste Raum für die Verbundenheit Ludwigs mit den Stoffen wagnerischer Dichtung. Den Saal überwölbt eine mächtige Holzdecke, durch Kassetten gegliedert. Die Tribünenwand ist durch eine Arkatur aufgeteilt, Hauptschmuck des Saales ist die reiche Wandmalerei mit dem Thema der Parzival-Sage.

In Neuschwanstein gibt es eine dämmerige künstliche Tropfsteinhöhle, durchbraust von einem Wasserfall und beschienen von einem künstlichen Mond. Hier saß Ludwig II., versponnen in seine Träume von ritterlichem Glanz, ein Einsamer, dem sich Diener nur in Masken nähern durften. Dennoch war er der letzte große Bauherr mit klar umrissenen Wünschen, und seine Schöpfungen wurden von der Phantasie des Volkes verklärt. Es erkannte in seinen Schlössern die Symbole fürstlicher Stellung und fürstlichen Glanzes, erkannte sie selbst in der eklektischen Architektur des 19. Jahrhunderts, das nicht mehr an göttliche und legitime Autorität glaubt. So entstand Neuschwanstein als Ausdruck königlichen Willens, getreu der Arie Wotans:

> Vollendet das ewige Werk!
> Auf Berges Gipfel
> Die Götterburg,
> Prächtig prahlt
> der prangende Bau!
> Wie im Traum ich ihn trug
> Wie mein Wille ihn wies,
> Stark und schön
> Steht er zur Schau:
> Hehrer, herrlicher Bau!

Abb. 284 bis 288

Rauhenzell

Schloß Rauhenzell wurde ab 1555 von den Herren von Laubenberg erbaut. 1656 heiratete Maria Elisabeth von Laubenberg, die Erbin von Rauhenzell, den Franz Appronian Pappus von Tratzberg, dessen später Nachfahre, Wilhelm Pappus 1878/79 das Schloß durch den Immenstadter Maurermeister Christian Weiß umbauen und das Äußere nach Plänen der Münchner Architekten J. von Schmaedel und Schönhammer neubarock umgestalten ließ. Besitzer des Schlosses sind heute die Freiherren von Lerchenfeld.

Das Schloß ist ein Rechteckbau mit reicher Putzgliederung an Gesimsen und Fenstern. Das Innere wurde seit 1878 vielfach verändert, vor allem durch das neue Stiegenhaus in der Mittelachse. Nur die große Halle im Erdgeschoß mit der Balkendecke auf mächtigen Ständern hat noch ihren Renaissance-Charakter.

Im Schloß finden sich schöne Kachelöfen des Hochbarock und Klassizismus, gute Gemälde und Skulpturen, Totenschilde des 16. Jahrhunderts und Möbel des Barock und Biedermeier.

Syrgenstein

Auf dem Weg von Kempten über Isny nach Lindau sehen wir nahe bei Eglofs linkerhand am Hang des Argen ein Schloß wie aus dem Märchenbuch – Syrgenstein. Zwischen alten Eichen, Buchen, Ahornen und Fichten steht es auf einem Wiesenplan am Hang des Bergs, umzogen von einem längst trockengelegten Graben. Durch die tiefe Torfahrt gelangen wir in den kleinen Hof, in dem Blumen blühen und aus dem wir durch ein großes schmiedeeisernes Gittertor in den Park hinaussehen.

Im Einkunftsbuch von St. Gallen wird Syrgenstein 1265 zum ersten Mal genannt und 1304 erscheint die Familie der Herren von Syrgenstein, die 1647 in den Reichsfreiherrenstand erhoben wurde. 1820 ist das Schloß verkauft worden und seit 1913 befindet es sich im Besitz der Grafen von Waldburg-Zeil-Hohenems.

Wahrscheinlich ist das Schloß 1491 nach einem Brand wieder neu aufgebaut worden. Die Arbeiten dürften im ersten Drittel des 16. Jahrhunderts fortgeführt und 1539 (Jahreszahl im Renaissance-Saal) abgeschlossen worden sein. Um 1740 erfolgten größere Umbauten am Südwestflügel, und 1913 ist der ganze Südwestflügel mit Einfahrt sowie der kleine runde Turm dem Berghang zu umgestaltet worden. Die schloßartige Burg hat durchaus den Charakter des ausgehenden 15. und frühen 16. Jahrhunderts bewahrt, einer Zeit, die Wert auf behagliche Wohnlichkeit gelegt hat. Der Hauptbau des 15. Jahrhunderts mit zwei neuen Treppengiebeln ist insofern merkwürdig, als er gegen das Tal zwischen zwei Rundtürmen keilförmig vorspringt.

Aus der weiten Halle mit Kreuzgratgewölben führt die 1740 gebaute Treppe nach oben. Hier hängt ein großes Syrgensteinsches Epitaph von 1611. Der Rittersaal im ersten Obergeschoß mit flacher Bretterdecke auf hohen achteckigen Holzsäulen und schönem Boden des 18. Jahrhunderts aus Fichten- und Eichenholz wurde 1538 ausgestattet. Das Deckenbild, wohl von Franz Hermann gemalt, der auch in der Kemptner Residenz arbeitete, zeigt die Allegorie der Klugheit.

Der große Salon enthält ausgezeichnete Rokokostukkatur aus Muschelwerk und Puttengruppen, vielleicht von dem Kemptner Hofstukkator Johann Georg Üblhör, sowie ein großes Deckenbild von Franz Joseph Spiegler, 1739, das die Königin von Saba vor König Salomon zeigt. Sie läßt ihm unter anderem einen Stamm des kostbaren Teakholzes überbringen. Der kleine Salon trägt eine schöne Kassettendecke des 18. Jahrhunderts aus dem Waldburgschloß Kißlegg. Das sogenannte, um 1913 eingerichtete Kaiserzimmer enthält Erinnerungen an Kaiser Franz Joseph und Kaiserin Elisabeth von Österreich.

Der prächtigste Raum ist der Renaissance-Saal mit seiner Vertäfelung von 1539, die möglicherweise von dem Nördlinger Hans Fuchs geschaffen wurde. Die Fensterwände sind um 1890 unter teilweiser Verwendung alter Pilaster erneuert worden. Reich geschnitzte Türen und Türgerüste tragen die Wappen des Hans Ulrich von Syrgenstein und der Rachel von Schellenberg beziehungsweise die Wappen Syrgenstein und Königsegg. In den Friesen befinden sich Bildnismedaillons von Angehörigen der Familie Syrgenstein. Es gibt einen prachtvollen Kachelofen des 17. Jahrhunderts mit Figuren aus dem bäuerlichen Leben und einen Globus aus Glas, den Abt Engelbert von Kempten, ein Syrgenstein, 1716 selbst bemalt hat.

Abb. 274, 275

253 – Schloß Babenhausen vom Schloßgarten aus gesehen

254 – Babenhausen, Bibliotheksgang

255 – Babenhausen, Goldener Salon

256 – Babenhausen, Gobelinsaal, ehemaliges Musikzimmer

257 – Babenhausen, Pfarrkirche St. Andreas

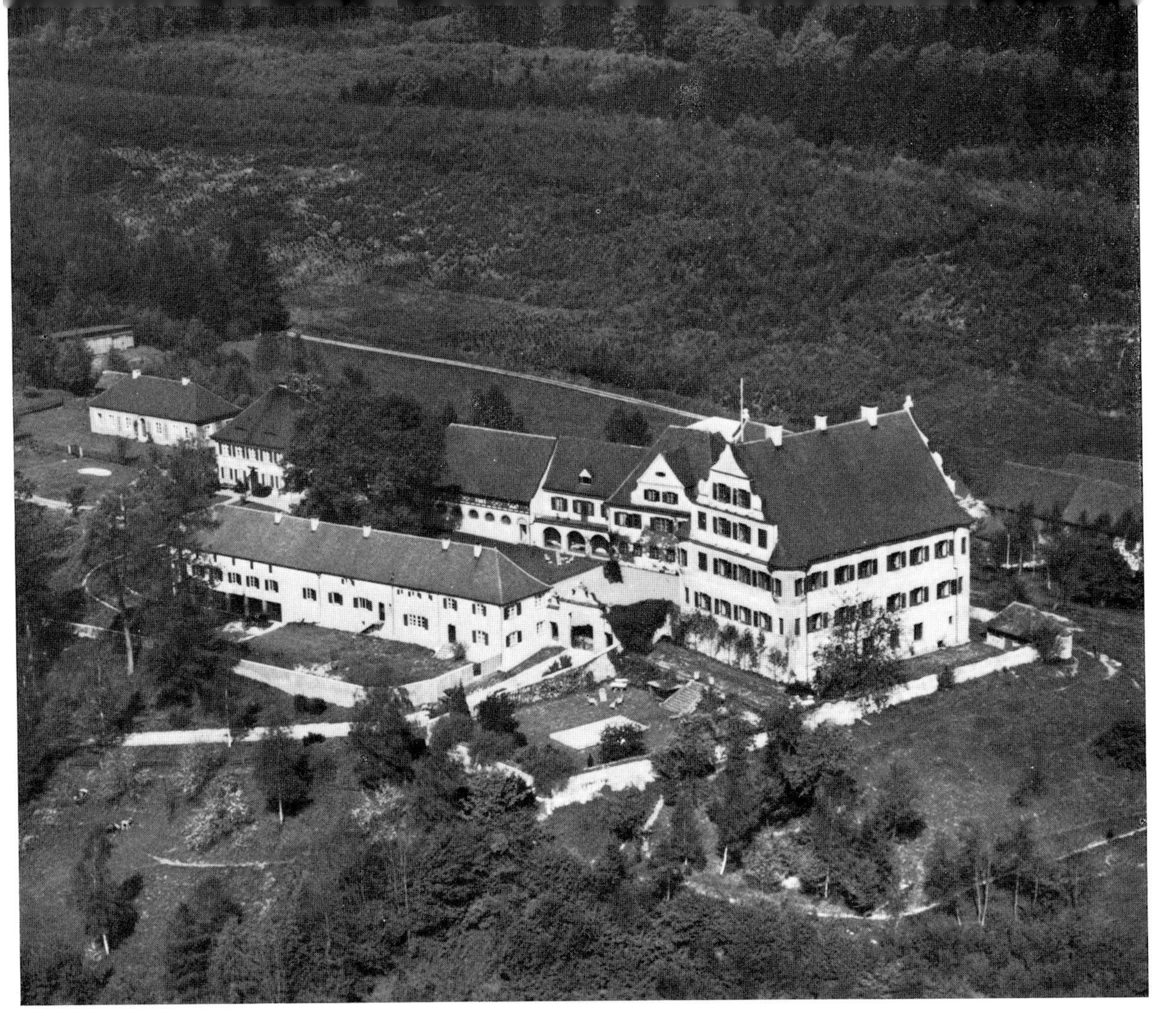

258 – Schloß Osterberg

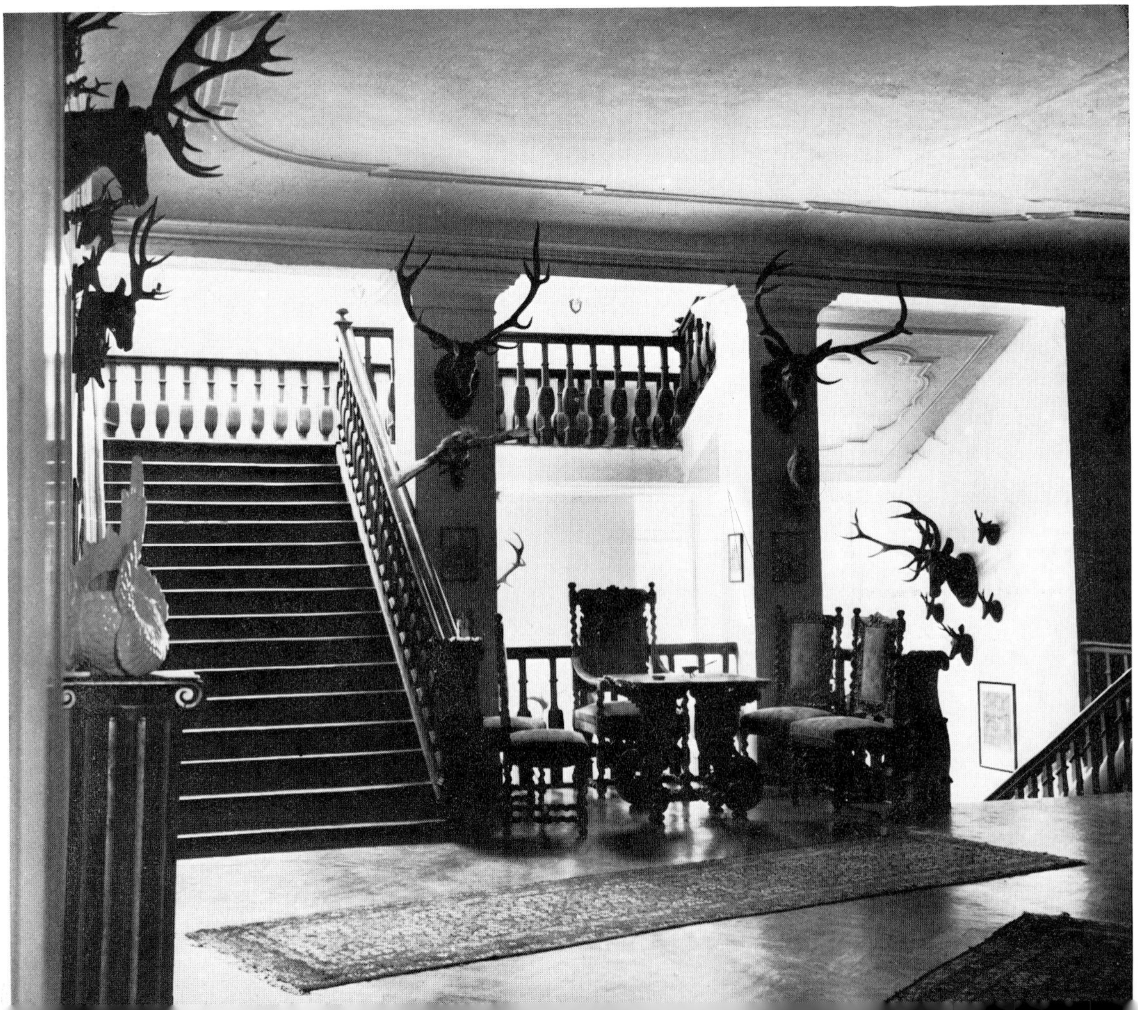

259 – Osterberg Treppenhaus

260 – Osterberg, Roter Salon

261 – Osterberg, Kabinett
mit gemalter Tapete

268 – Kronburg, Roter Saal mit kassettierter Holzdecke, Mitte des 16. Jahrhunderts

269 – Kronburg, Gang
im östlichen Obergeschoß

270 – Kronburg
⟨Deutschmeister-Saal⟩

271 – Kempten · Ehemalige Fürstäbtliche Residenz
Wandfigur der ‹Liebe› im Thronsaal

272 – Kempten · Ehemalige
Fürstäbtliche Residenz, Stuckdetail
aus dem Audienzzimmer

273 – Kempten · Ehemalige Fürstäbtliche
Residenz Audienzzimmer, 1733/34

274 – Schloß Syrgenstein

275 – Syrgenstein, Treppenhaus von 1740

276 – Füssen mit Hohem Schloß

277 – Füssen, Hof im Hohen Schloß

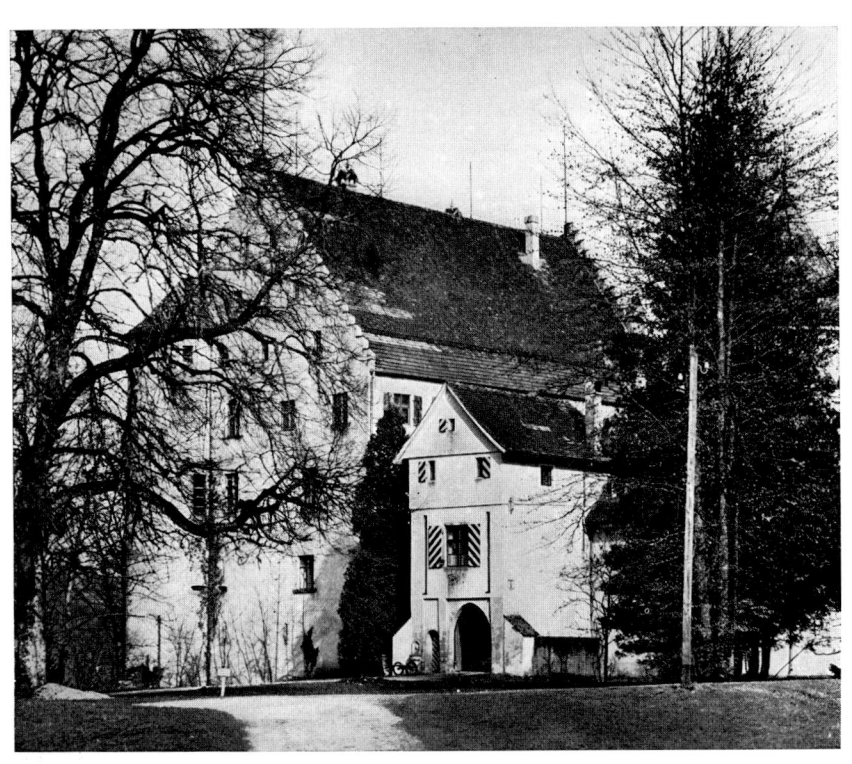

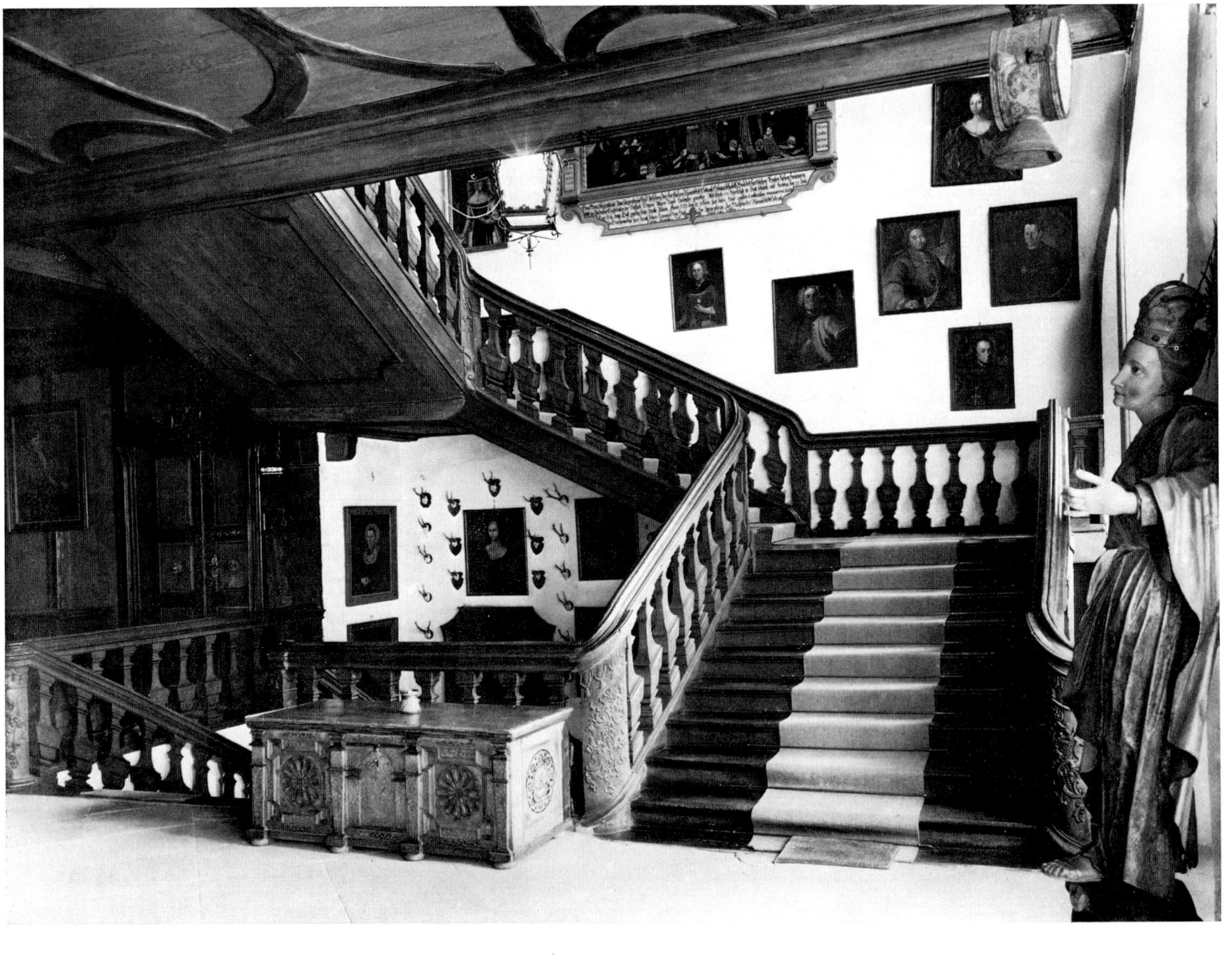

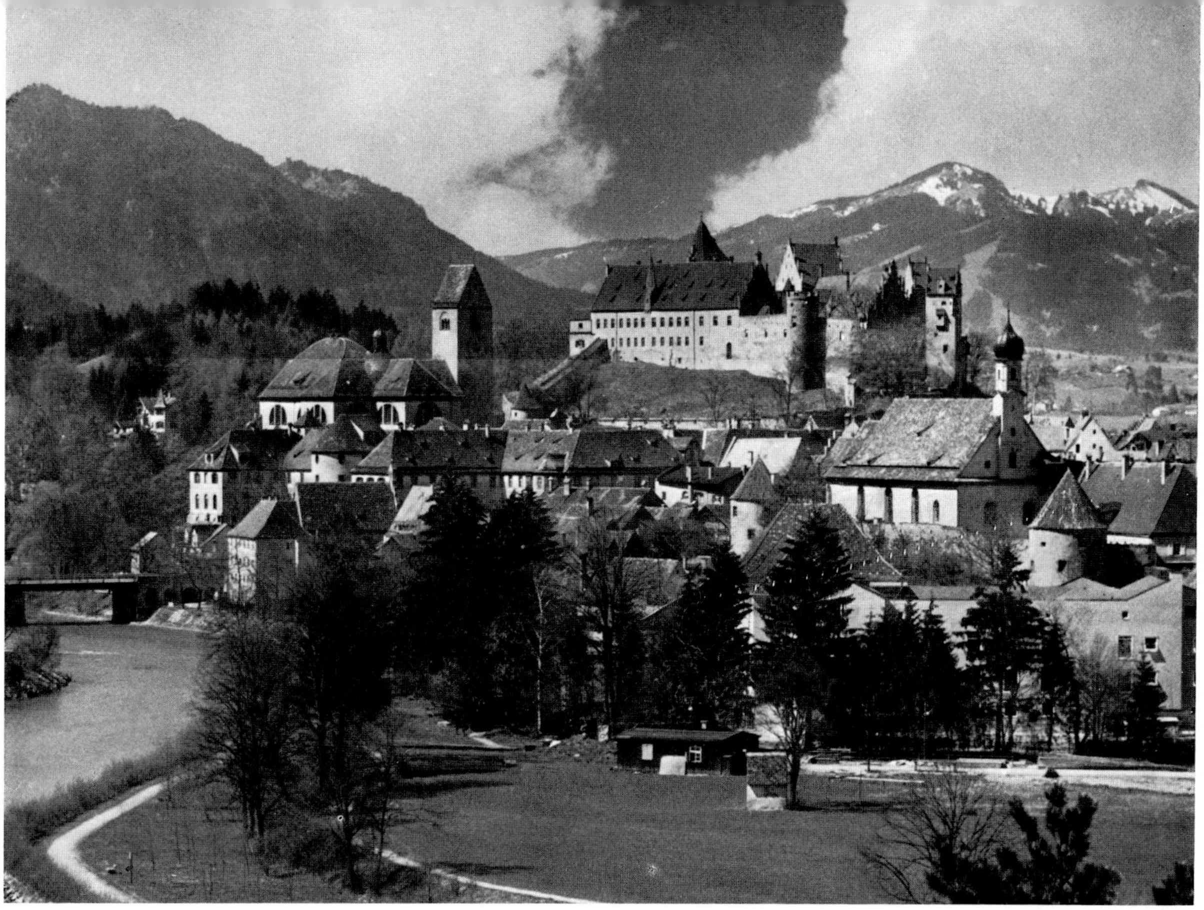

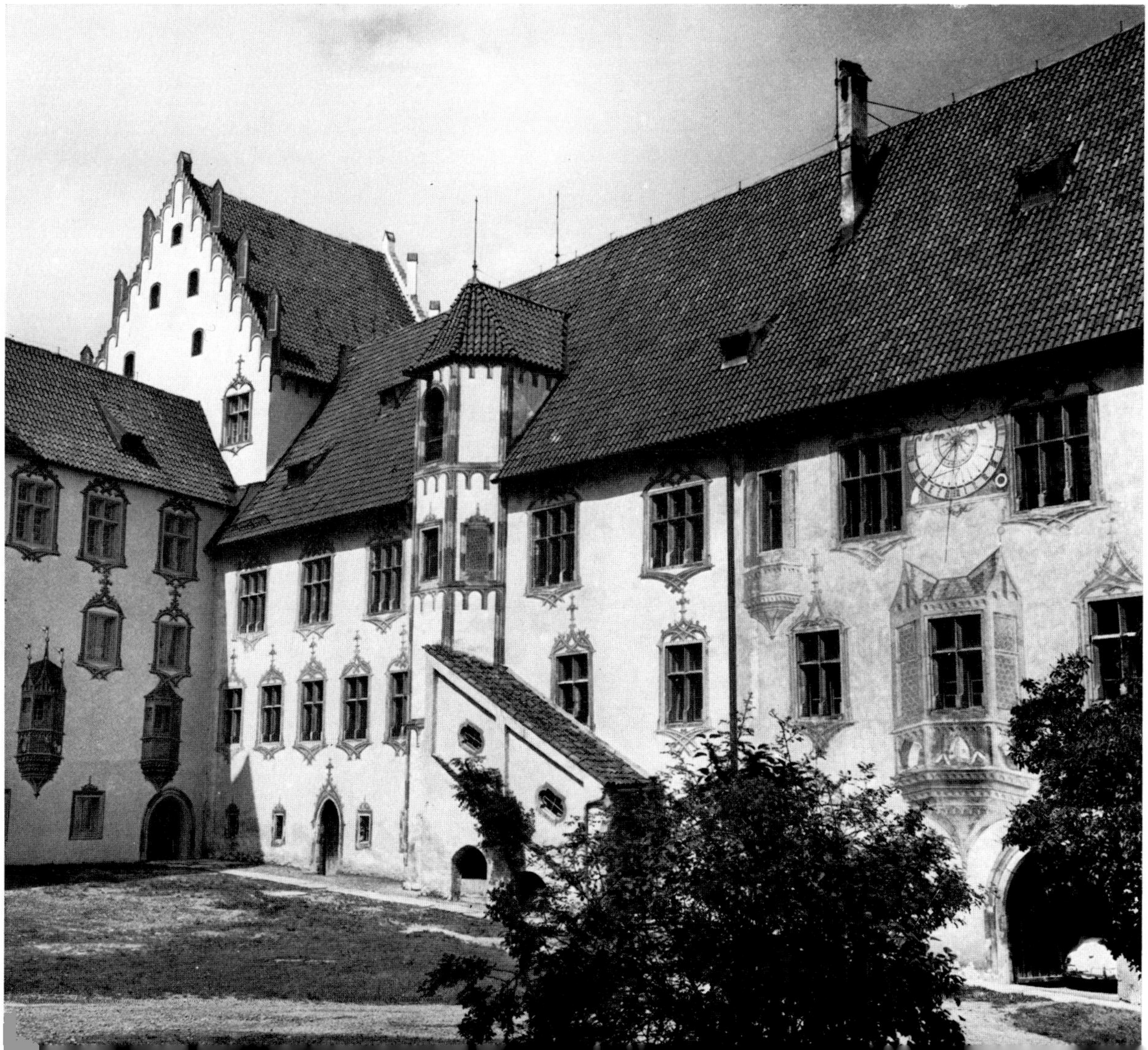

278 – *Schloß Hohenschwangau mit Blick auf Neuschwanstein*

279 – *Hohenschwangau, Erker im Löwenturm*
280 – *Hohenschwangau, Bertha-Zimmer*
281 – *Hohenschwangau, Tasso-Zimmer*
282 – *Hohenschwangau, Schyren-Zimmer*

284 – Schloß Neuschwanstein von der Marienbrücke aus gesehen

285 – Neuschwanstein,
Arbeitszimmer des Königs

286 – Neuschwanstein,
Baldachin-Bett des Königs

287 – Neuschwanstein, Sängersaal

288 – Neuschwanstein, Thronsaal

Anhang

Bilderläuterungen

in deutscher, englischer und französischer Sprache

1 – München. Residenz, Westfassade. Nördliches der beiden in Form von Triumphbogen angelegten Portale, seitlich flankiert von zwei Bronzelöwen, die ursprünglich für das Grabmal Wilhelms V. bestimmt waren; 1597 waren sie vor der Fassade der Michaelskirche aufgestellt. Die Portalarchitektur stammt von Hans Krumpper. Auf den Giebelschrägen lagern allegorische Frauengestalten, die die Kardinaltugenden darstellen, hier Fortitudo und Temperantia (Justitia und Prudentia), 1616 von Hubert Gerhard geschaffen. *(Photo A. F. Kersting)*

2 – München. Residenz, Blick in den Grottenhof (so benannt nach einer Grotte in der offenen Säulenhalle). Im Auftrag Herzog Wilhelms V. hat Friedrich Sustris 1581–1586 einen Vierflügelkomplex im Anschluß an das Antiquarium errichtet. Zur Zeit Cuvilliés d. Ä. wurden die Fassaden im Norden und Süden erneuert, wurde die westliche Loggia vermutlich geschlossen. – In der Mitte des Hofes steht der sog. Perseusbrunnen, 1595 von Hubert Gerhard (nach Benvenuto Cellini) geschaffen.

3 – München. Residenz, Königsbau am Max-Joseph-Platz. Er wurde 1826–1830 nach dem Vorbild des Palazzo Pitti in Florenz (mit einigen Abweichungen in den Details) von Leo von Klenze erbaut.

4 – München. Residenz, Festsaalbau am Hofgarten. 1832–1842 als Gegenstück zum Königsbau ebenfalls von Leo von Klenze erbaut. Der Bau hat eine Gesamtlänge von 250 Metern.

5 – München. Residenz, Antiquarium, von Wilhelm Egckl zwischen 1569 und 1571 für die Antikensammlung Herzog Albrechts V. (1550–1579) errichtet, umgestaltet von 1586 bis 1600 durch Friedrich Sustris. (Länge d. Saales: 69 m.) Die auf Öl gemalten, in die Decke eingelassenen Gemälde stammen von Peter Candid, Antonio Maria Viviani und Antonio Ponzano. Die in Medaillons gefaßten Ansichten in den Stichkappen zeigen Besitzungen der Wittelsbacher sowie bayerische Städte, von Hans Thonauer gemalt.

6 – München. Residenz, Herzkabinett. Kurfürstin Adelaide von Savoyen wurde durch den Roman ‹Clélie› von Madeleine de Scudéry zu der Gestaltung des Herzkabinetts angeregt. Die symbolischen Bilder, in denen das Herz das Hauptmotiv ist, stammen von Stefano Catani, 1669. Unsere Abbildung zeigt eins der Hauptgemälde: Drei Hofdamen (Gräfinnen Anastasia und Anna Maria von Toerring und Katharina Barbara Gräfin von Spaur) sticken Herzen auf einen Teppich.

7 – München. Residenz, Miniaturenkabinett. Entwurf von Cuvilliés d. Ä. Die Schnitzereien stammen von Joachim Dietrich, 1732. Die Wände des schmalen Raumes sind mit 130 Miniaturen von holländischen, französischen und deutschen Künstlern des 16.–18. Jahrhunderts bedeckt. Die im Zweiten Weltkrieg zerstörte Deckendekoration wurde 1958 nach dem Original des Johann Bapt. Zimmermann (1731–1732) wiederhergestellt.

8 – München. Residenz, Blick in das Paradeschlafzimmer der Reichen Zimmer, entworfen von François Cuvilliés d. Ä., 1730–1737 ausgestattet, 1958 erneuert. Die vergoldeten Schnitzereien stammen von Wenzeslaus Miroffsky, Joachim Dietrich und Adam Pichler. Der Deckenstuck von Johann Bapt. Zimmermann wurde 1957/58 erneuert.

9 – München. Residenz, Blick von der Porzellankammer in die Ahnengalerie. Die Porzellankammer wurde 1731–1733 nach Plänen von Cuvilliés d. Ä. ursprünglich als Schatzkammer des Kurfürsten erbaut. 1911 wurde sie als Porzellankabinett eingerichtet. Die Schnitzarbeiten wurden 1733 von Joachim Dietrich, der Deckenstuck von Johann Bapt. Zimmermann ausgeführt. Die Ahnengalerie bekam 1726 bis 1731 ihre reiche Ausstattung, als Joseph Effner vermutlich noch im Dienst des Hofes stand. Die vergoldeten Schnitzarbeiten der Paneele wurden 1729–1730 von Wenzeslaus Miroffsky geschaffen. Das Gewölbe wurde von Johann Bapt. Zimmermann (1728–1730) stukkiert und mit einem Gemälde von Balthasar Augustin Albrecht geschmückt. Die 121 Porträts von Ahnen und Verwandten des Hauses Wittelsbach, die in die Paneele eingelassen sind, sind Kopien nach alten Vorlagen von Jacopo Amigoni, Georges Desmarées und deren Umkreis. *(Photo Fritz Thudichum)*

10/12 – München. Residenz, Nibelungensäle im Königsbau der Residenz. Die fünf Säle wurden im Auftrag König Ludwig I. 1827 bis 1834 und 1843–1867 von Julius Schnorr von Carolsfeld unter Mitarbeit von Friedrich von Olivier und Wilhelm Hauschild mit Szenen aus dem Nibelungenlied ausgemalt. Die Wiederherstellung erfolgte 1955–1960.

13 – München. Blutenburg, Ansicht des Schlosses mit Umfassungsmauer und achteckigen Türmen.

14 – München. Blutenburg, Inneres der Schloßkapelle mit Blick in den Altarraum. Die beiden Seitenaltäre am äußeren Chorbogen sowie der Dreifaltigkeits-Hochaltar zeigen Gemälde von Jan Pollak, 1491. Die Kapelle birgt eine Folge von Glasmalereien (1497), sowie die berühmten Blutenburger Apostel vom Ende des 15. Jahrhunderts.

15 – München. Schloß Nymphenburg, Hauptansicht. Der Mittelbau wurde im Auftrag der Kurfürstin Adelaide von Savoyen, Gemahlin des Kurfürsten Ferdinand Maria (reg. 1651 bis 1679) von A. Barelli ab 1664 erbaut. Ihr Sohn, Kurfürst Max Emanuel (reg. 1679–1726), baute das Gartenschloß zu einer weitläufigen Schloßanlage aus. Die Pläne dafür lieferte der Graubündner Enrico Zuccalli, die Bauleitung hatte A. Viscardi.

16 – München. Schloß Nymphenburg, Festsaal (‹Steinerner Saal›). Die Architektur der Pilastergliederung der Wände geht in den Grundzügen noch auf J. Effner zurück. François Cuvilliés d. Ä. unterteilte zur Zeit Maximilians III. Joseph 1756/57 den Raum zur Gartenseite hin in zwei Geschosse. Die Stuckarbeiten und Deckengemälde wurden zur gleichen Zeit von dem 76jährigen J. B. Zimmermann und seinem Sohn Franz ausgeführt. Das Deckengemälde zeigt die Huldigung der Göttin Flora durch Nymphen sowie Götter des Olymp. *(Photo Toni Angermayer)*

17/18 – München. Nymphenburg, Pagodenburg.
17 – Chinesischer Salon. Detail aus den Deckenmalereien, die auf Anton Gumpp zurückgehen.
18 – Salettl. Achteckiger Mittelraum im Erdgeschoß. Die Wände sind mit Kacheln aus

303

Fayence belegt. Die Hohlkehlen besitzen Stukkaturen aus der Werkstatt G. de Groff.

19/20 – München. Nymphenburg, Badenburg.
19 – Die Badenburg, gegenüber der Pagodenburg. Kurfürst Max Emanuel ließ 1719–1721 die Badenburg durch J. Effner als Badeschloß erbauen. *(Photo Otto Angermayer)*
20 – Bad. Die Wände über dem Wasserspiegel sind mit blau-weißen Kacheln verkleidet. Der Stuckmarmor des oberen Galerieraumes stammt von dem Stukkator J. G. Baader. Das Geländer von dem Hofschlosser Motté gearbeitet, zeigt die Initialen des Bauherrn (ME).

21/25 – München. Nymphenburg, Amalienburg.
21 – Das Jagdschlößchen Amalienburg. Das Schloß wurde im Auftrag Karl Albrechts für die Kurfürstin Amalie 1734–1739 von François Cuvilliés d. Ä. erbaut. *(Photo Peter Neumeister)*
22 – Dianagruppe an der Hauptfassade. Der plastische Schmuck über dem Eingang stammt vielleicht von Egid Verhelst d. Ä. oder seiner Werkstatt. *(Photo Peter Neumeister)*
23 – Spiegelsaal. Der kreisrunde Saal wird von einer Flachkuppel überwölbt. Die geschnitzten Umrahmungen der Spiegel stammen von Joachim Dietrich, die Stukkaturen der Decke von Johann Bapt. Zimmermann.
24 – Küche. Die Wände sind mit blau-weißen und bunten holländischen Kacheln verkleidet. Decke und Holzvertäfelungen zeigen gemalte Chinoiserien. *(Photo Toni Angermayer)*
25 – Hundekammer. Wandvertäfelungen und Decke zeigen dekorative Malereien in Blau auf weißem Grund nach ‹indianischem› Geschmack, von Pascalin Moretti.

26 – München. Schloß Planegg, Ansicht des Schlosses vom Park aus.

27 – München. Asam-Schlößl. Das Schloß wurde 1729 von Cosmas Damian Asam erbaut. Die Fassadenbemalung ist im Zuge des Wiederaufbaus 1958/59 erneuert worden.

28 – München. Schleißheim, Neues Schloß, Gartenfront mit Barockgarten. Der Garten geht in seinen Anfängen auf Enrico Zuccalli, 1683 ff., zurück. Es setzte sich jedoch die französische Gartenkunst André Le Nôtres durch. Ab 1715 lag die Gartengestaltung in den Händen Dominique Girards und Joseph Effners.

29 – München, Schleißheim, Neues Schloß, Festsaal. Die Ausstattung, wie die zahlreichen Stucktrophäen von Johann Bapt. Zimmermann, nimmt Bezug auf Kurfürst Max Emanuel als Türkensieger. An den Schmalseiten hängt je ein großes Schlachtengemälde von Joachim Beich. Das Deckengemälde: Der Kampf des Aeneas und Turnus, stammt von Jacopo Amigoni.

30 – München. Schleißheim, Neues Schloß, Treppenhaus. Die dreiläufige Anlage wurde nach dem endgültigen Entwurf von Joseph Effner erst im 19. Jahrhundert unter König Ludwig I. unter Verwendung alter Werkstücke in Marmor ausgeführt. Die Stuckverzierung der Wände stammt von Johann Bapt. Zimmermann und dem Franzosen Ch. Dubut (Hermen und Masken).

31 – München. Schleißheim, Neues Schloß, Große Galerie oder ‹Schöne Galerie› an der Gartenseite gelegen. 61 Meter langer Festsaal mit 11 Fensterachsen. Die Deckenbemalung ursprünglich von J. Amigoni und N. Stuber wurde bereits im 19. Jahrhundert erneuert. Die Konsoltische stammen von Joseph Effner, die Kristallüster wurden 1757 in Wien gefertigt. Einstmals befanden sich hier die besten Gemälde der Sammlung Max Emanuels. Heute hängen hier Gemälde niederländischer, italienischer und deutscher Meister der Barockzeit.

32 – München. Schleißheim, Neues Schloß, ‹Laterne› der Kammerkapelle im nördlichen Flügel. Die Deckenstukkierung sowie die Stuckfiguren an der Balustrade der Laterne stammen von Johann Bapt. Zimmermann.

33 – München. Schleißheim, Neues Schloß, Zweites Zimmer der Audienzsäle im Südflügel. Das Deckengemälde zeigt Achilles unter den Töchtern des Lykomedes von Jacopo Amigoni. Die Gobelins stammen aus der berühmten Folge der Feldzugsszenen Kurfürst Max Emanuels (sign. J. de Vos, Le Clerc, L. de Hondt, 1699 und 1705).

34 – München. Schleißheim, Schloß Lustheim. Das Schloß wurde am Ostende des Schleißheimer Parks 1684–1689 als Gartenkasino von Enrico Zuccalli errichtet.

35 – München. Schloß Ismaning, Napoleonsaal mit Durchblick in den Blauen Saal. Das Schloß wurde im Auftrag des Herzogs von Leuchtenberg durch Leo von Klenze umgebaut (Einweihung 1817). Die ornamentalen Malereien an den Wänden gehen vermutlich auf Eugen Napoleon Neureuther zurück, die Tänzerinnen auf Wilhelm Kaulbach.

36 – Schloß Schwindegg, Ostseite. An der Südseite steht das zweigeschossige Torgebäude. Der Schloßbau wurde 1594 begonnen.

37 – Schloß Tüßling, Blick in den Arkadenhof.

38 – Schloß Tüßling, Gartenfront. *(Photo N. P. Molodovsky)*

39 – Schloß Tüßling, Festsaal im Nordflügel, 1725 unter Graf Ferdinand Marquard Joseph von Wartenberg erbaut. Das Deckengemälde stammt vom Beginn unseres Jahrhunderts. *(Photo Strauß, Altötting)*

40/43 – Schloß Tüßling, Detailaufnahmen des Deckenstucks in den Südräumen des zweiten Obergeschosses. Stukkator war Alexius Bader (Pader) aus Dorfen (1729). Der Stuck ist vor kurzer Zeit mit großer Umsicht erneuert worden.

44 – Schloß Tüßling, Wohnsalon im zweiten Obergeschoß mit dem Stuck, dessen Detail die No 41 zeigt.

45 – Schloß Winhöring, Großer Saal, an der Flachdecke das Wappen der Toerring von rahmenartigem Stuck umgeben. Über dem Kamin hängt das Reiterbildnis des Ignaz Felix Graf von Toerring-Gronsfeld. *(Photo Strauß, Altötting)*

46 – Schloß Winhöring, Ganzporträt des Ignaz Felix Graf von Toerring-Gronsfeld als Feldmarschall und Komtur des Georgsordens (1682–1763). Das Bild ist 1759 datiert und mit Georges Desmarées bezeichnet. Es befand sich früher im Toerring-Palais in München. *(Photo Strauß, Altötting)*

47 – Ottenhofen, Gartenpavillon im ehemaligen Schloßpark. Das einstige Schloß steht nicht mehr. Der Pavillon wurde 1760 erbaut; Auftraggeber ist (laut Inschrift) Graf Carl Felix von Perusa gewesen.

48 – Ottenhofen, Mansarde im Pavillon. Die Wandfelder sind mit Chinoiserien bemalt; der Künstler ist nicht bekannt. *(Photo Bayer. Landesamt für Denkmalpflege, J. Sowieja)*

49 – Burghausen an der Salzach, Blick auf Burghausen von jenseits der Salzach.

50 – Burghausen an der Salzach. Burg, Georgstor von Süden. Es wurde als wichtigster Verteidigungsbau des mittleren Burgteils von Herzog Georg d. Reichen (1479–1503) erbaut.

51 – Burghausen an der Salzach. Burg, Dürnitz. Die zweischiffige Halle wird durch fünf Joche unterteilt. Sie war der einzige Raum, der durch einen Kamin beheizt werden konnte. Hier nahmen die Bediensteten ihre Mahlzeiten ein.

52 – Burghausen an der Salzach. Burg, Groß-Stube des Herzogs im Palas. Sie besitzt eine Balkendecke und ist mit gotischem Mobiliar eingerichtet. An der Wand hängt ein niedere ländischer Wirkteppich.

53 – Burghausen an der Salzach. Burg, Eckzimmer im Palas. Der Raum besitzt eine mächtige Holzdecke, lediglich der Erker hat eine gotische Gewölbefiguration. Die Abbildung zeigt einen gotischen Schrank mit schöner Fassade.

54 – Schloß Tittmoning, Blick auf die Schloßanlage mit den äußeren Befestigungsmauern auf dem Uferberg. Rechts im Bild steht der Getreidekasten aus dem 16. Jahrhundert. Daran anschließend verläuft ein gedeckter Wehrgang mit Schlüsselscharten und Seh-

schlitzen. (Photo Bayer. Landesamt für Denkmalpflege, J. Sowieja)

55 – Stein an der Traun, Unteres Schloß mit Höhlenschloß. Ansicht des Unteren Schlosses (1565, umgestaltet etwa 1875), das mit dem Hochschloß (Ende 15. Jahrhundert) durch Stollen und Kammern verbunden ist, die in den Nagelfluhfelsen eingehauen sind.

56 – Schloß Elkofen, Ansicht von Süden mit Hauptbau, Bergfried und gedecktem Wehrgang.

57 – Schloß Elkofen, Detail: Der geschnitzte Löwe aus dem Rechbergwappen am Fuß des Stiegengeländers.

58 – Schloß Elkofen, Roter Salon. Der Plafond zeigt profilierten Rahmenstuck. Die Einrichtung besteht aus Louis-seize Möbeln.

59 – Schloß Amerang, Ansicht von Osten. Der ursprünglich gotische Bau wurde nach der Mitte des 16. Jahrhunderts umgestaltet. (Photo: Besitzer)

60 – Schloß Amerang, Blick in den Rittersaal. Der Saal ist mit Jagdtrophäen aus verschiedenen Zeiten ausgestattet. (Photo: Besitzer)

61 – Schloß Urfahrn, Luftaufnahme des Schlosses (erbaut 1723–1727). Rechts im Bild liegt das Karmeliterkloster Reisach (gegr. 1732). Die Klosterkirche wurde 1737–1747 nach einem Entwurf Johann Anton Gunetzrhainers von Abraham Millauer und dessen Sohn Philipp erbaut. (Photo Aero-Express, München)

62 – Schloß Urfahrn, Lüftlmalerei am Wirtschaftsgebäude am äußeren Ende des Schloßhofes. (Photo N. P. Molodovsky)

63 – Schloß Hohenaschau, Blick von der Burg in den Chiemgau. Im Vordergrund Stallungen vom Beginn unseres Jahrhunderts.

64 – Schloß Hohenaschau, Der alte Trakt (links) mit dem Anbau von 1904/06.

65 – Schloß Hohenaschau, Blick in die Spindel der Ehrentreppe. Im Gewölbescheitel ein Gemälde, das Jupiter mit dem Adler in einer Wolke zeigt, hinter ihm Merkur.

66 – Schloß Hohenaschau, Burgterrasse über dem Neubau.

67 – Schloß Hohenaschau, Detail der Stuckdekoration im ersten Vorsaal (alte Bezeichnung: ‹Fürstenzimmer›). Die Aufnahme zeigt auf dem Gebälk eines Portals zwei Putten, die einen Kranz halten, seitlich zwei Vasen mit Blumen und Früchten. Von den vier Relieffeldern der Decke, die die vier Jahreszeiten darstellen, ist hier der Herbst abgebildet: Mädchen mit Füllhorn, Putten mit Trauben und Flöte.

68 – Schloß Hohenaschau, Saal (Ahnensaal) gegen Osten gesehen. Unsere Aufnahme zeigt die reiche Portalarchitektur: das Mittelportal wird von Engelshermen flankiert; darüber ist in einer Kartusche eine Bauinschrift aus dem Jahr 1686 angebracht. Auf dem Gebälk lagern die Figuren der Justitia und Prudentia, seitlich werden Relieflandschaften von zwei großen Putten gehalten.

69 – Herrenchiemsee. Altes Schloß (ehem. Klostergebäude), Ansicht des einstigen Speisesaals im Südtrakt, auch ‹Fürsten- oder Kaisersaal› genannt. An der Decke zeigt ein großes Gemälde das Gastmahl des Zöllners. Den Rand der Decke und die Kehle füllt gemalte Scheinarchitektur mit sitzenden Figuren aus. Auch an den Wänden setzt sich die gemalte Architektur fort: zwischen Pilastern sind Nischen mit Standbildern römischer Imperatoren gemalt (nach dem Wappen zu schließen wurden die Malereien unter Propst Jakobus VI. 1691 bis 1718 ausgeführt). (Photo N. P. Molodovsky)

70 – Herrenchiemsee. Neues Schloß, Gartenseite mit Latona-Brunnen (einer Nachbildung des entsprechenden Brunnens in Versailles) von J. Hautmann, 1883. Die bekrönende Brunnenfigur ist Latona, um sie herum sitzen die in Frösche verwandelten Bauern, ganz unten auf dem Rasen Schildkröten und Lurche (Bleiguß).

71 – Herrenchiemsee. Neues Schloß, Cour d'Honneur, von Osten gesehen. Die Fassaden wiederholen in vereinfachter Form den Aufriß der Gartenfront. (Photo Lala Aufsberg)

72 – Herrenchiemsee. Neues Schloß, Große Spiegelgalerie. Sie erstreckt sich mit einer Länge von 98 Metern über die gesamte Front des Schlosses. Den siebzehn Bogenfenstern der westlichen Längswand entsprechen an der gegenüberliegenden Seite rundbogig geschlossene Wandspiegel. Die Deckendekoration besteht aus plastischem Stuck und neun großen und achtzehn kleineren Gemälden mit allegorischen Darstellungen der Taten Ludwigs XIV. Sie stammen von A. von Courten, J. Frank, W. Hauschild, J. Munsch, F. Piloty, E. Schwoiser, J. Watter und Fr. Widnmann. Der Saal enthält 44 Standleuchter und 33 große Glaslüster. An den Wänden stehen Marmorkopien von Standbildern römischer Kaiser. Die Galerie geht auf einen Entwurf des Theatermalers Christian Jank zurück. Die endgültige Ausführung erfolgte nach den Plänen Georg von Dollmanns 1879 ff.

73 – Herrenchiemsee. Neues Schloß, Beratungssaal. Die reichgeschnitzten Vertäfelungen wurden nach Entwürfen von Fr. Widnmann ausgeführt. Das große Bild Ludwigs XIV. ist eine Kopie nach dem Gemälde von H. Rigaud. Die Prunkuhr auf dem Marmorkamin ist die Nachbildung eines französischen Originals.

74 – Herrenchiemsee. Neues Schloß, Speisezimmer mit versenkbarem Tisch. Die Schnit-

zereien der Vertäfelung zeigen Motive der Jagd, der Fischerei, des Obst- und Gartenbaus, und stammen von Ph. Perron. Ein Blumenkorb auf dem Tisch sowie Vasen und Uhren sind aus Meißner Porzellan. Ebenso der achtzehnarmige Lüster, dessen Modell auf Wunsch des Königs vernichtet wurde, um eine Nachbildung zu verhindern.

75 – Herrenchiemsee. Neues Schloß, Kleine Spiegelgalerie. Die mit mehrfarbigem Stuckmarmor verkleideten Wände werden durch Bogen, Spiegel, Fenster, Türen und vergoldete Zieraten gegliedert. Die Stuckfiguren an den Schmalseiten der Galerie stellen die vier Erdteile von J. Hirt dar. Die Figurengruppen auf dem Hauptgesims sind Allegorien auf die bildenden Künste von J. Scharpt. Das im Bild sichtbare Gemälde zeigt Apollo und Minerva.

76 – Höglwörth (ehem. Augustiner-Chorherrenstift), Gesamtansicht. Südlich der Kirche liegt der einstige Konventbau.

77 – Höglwörth, Wohnhalle im einstigen Klostergebäude.

78 – Schloß Staufeneck, Südansicht mit Blick auf den Hochstaufen. Unter dem Dach des spätgotischen Schlosses (um 1513) ist der ringsum laufende Wehrgang zu erkennen. (Photo N. P. Molodovsky)

79 – Berchtesgaden. Schloß im ehemaligen Augustiner-Chorherrenstift, Ansicht der Residenz von Süden, rechts das einstige Konventgebäude.

80 – Berchtesgaden. Schloß im ehemaligen Augustiner-Chorherrenstift, Westflügel des Kreuzgangs (1. Hälfte des 13. Jahrhunderts). Im Vordergrund zeigt die Aufnahme vier gekoppelte Säulen. Die doppelbogige Arkade mit der Teilungssäule im mittleren Teil des Bildes bildete einst den Eingang in das quadratische Brunnenhaus.

81 – Berchtesgaden. Schloß, Blick in den mit Jagdtrophäen ausgestatteten Dekanatsgang.

82 – Berchtesgaden. Schloß, Salon der Kronprinzenwohnung. Die Decke zeigt Stukkaturen von Peter Pflauder (1733–1811), links ein Salzburger Ofen (um 1785), Brüsseler Wirkteppiche nach Entwürfen von David Teniers (nach 1693) entstanden.

83 – Berchtesgaden. Schloß, Großer Speisesaal. Die Hohlkehle zeigt wiederum eine Stuckdekoration von Peter Pflauder im Girlandenmotiv (um 1785).

84 – Berchtesgaden. Schloß, Blick vom Salon in das Tafelzimmer. Der Salon zeigt über der Tür stukkierte Girlanden, im Wandfeld Gartenbaugeräte, 1780–1785 von Peter Pflauder gearbeitet.

85 – Harmating, Teilansicht des Kanzlerzimmers mit dem Jugendbildnis des Kanzlers Ferdinand von Barth.

86 – Harmating, Kanzlerzimmer. Der Ofen wurde vermutlich von einem Wolfratshauser Hafner 1671 geschaffen. Den bekrönenden Abschluß bilden die Wappen Barth und Ligsalz (Wappen der Gemahlin des Kanzlers). Der Raum enthält zahlreiche Barth'sche Familienbilder.

87 – Schloß Harmating, Außenansicht des Turmschlosses.

88 – Harmating, Detail aus dem Deckengemälde im Kanzlerzimmer: Die Nacht. Das Gemälde mit Helios auf dem Sonnenwagen wurde im ausgehenden 17. Jahrhundert von Melchior Steidl gemalt.

89 – Harmating, Saal mit Felderdecke und Medaillonbemalung vom Anfang des 19. Jahrhunderts. Der spätgotische Erker wurde in der Renaissance mit Wappen und ornamentalen Malereien verziert. Seitlich des Erkers sieht man folgende Wappen, links: Balthasar von Barth, des Innern Rats 1484; rechts: Magdalene Barthin von Harmating geborene Riedlerin von Reichertshausen 1484.

90 – Schloß Seefeld, Ansicht der spätmittelalterlichen Anlage von Süden. Rechts der Bergfried aus dem 13. Jahrhundert. Die ältesten Mauern der Schloßgebäude stammen aus dem Anfang des 16. Jahrhunderts. Im Vordergrund ist der Anbau mit einer Loggia von Gabriel von Seidl aus dem Jahre 1897 sichtbar.

91 – Seefeld, Halle im Obergeschoß.

92 – Seefeld, Schloßkapelle, Blick auf den Hochaltar. Die Kapelle wurde 1774 errichtet. Sie besitzt im Norden ein schmales Seitenschiff mit einer Patronatsloge. Die Stuckdekoration stammt von Thassilo Zöpf; das Deckengemälde, die Taufe Christi, schuf Joseph Ott, 1776.

93 – Hochschloß Pähl, Gesamtansicht. Das jetzige Schloß wurde 1885–1887 von Albert Schmidt für Prof. Dr. Johann Nepomuk Czermak erbaut. (Photo Aero-Express, München, freigegeben durch Bayer. Staatsm. f. W. u. V. Nr. G 1/3)

94 – Schloß Linderhof, Schloßansicht mit Terrassengarten und großem Bassin. Das Schloß wurde im Auftrag König Ludwigs II. von Georg von Dollmann, einem Schüler Leo von Klenzes, erbaut. Die Parkanlage mit Terrassen und Springbrunnen schuf Karl von Effner.

95 – Linderhof, Venusgrotte. Der erste Entwurf zu dieser künstlichen Tropfsteinhöhle, die aus einer Hauptgrotte und zwei Nebengrotten besteht, stammt von F. Schabet. Die Ausführung übernahm A. Dirigl, der auch

die Grottenarchitektur in Schloß Neuschwanstein gestaltete. Das Motiv der Blauen Grotte von Capri wird hier durch einen unterirdisch beleuchteten See, in den sich ein Wasserfall ergießt, wieder aufgenommen.

96 – Linderhof, Pfauenthron im Maurischen Kiosk. Der Thron wurde in Paris gearbeitet.

97 – Schloß Linderhof, Paradeschlafzimmer König Ludwigs II. Der ursprünglich kleinere Raum wurde auf Grund eines Entwurfs von Angelo Quaglio (1871) durch J. Hofmann und E. Drollinger nach dem Vorbild des Schlafzimmers der Reichen Zimmer in der Münchner Residenz neugestaltet. An den Wänden befinden sich weiße Vertäfelungen und vergoldete Schnitzereien; die Supraporten zeigen Szenen aus dem Hofleben Ludwigs XIV. in Versailles.

98 – Schloß Haimhausen, Ansicht von Westen mit der doppelläufigen Freitreppe des späten 19. Jahrhunderts. (Photo Peter Neumeister)

99 – Haimhausen, Lebensgroße, idealisierte Porträtbüste des Reichsgrafen Sigmund von Haimhausen, des Leiters der Münchner Porzellanmanufaktur. Die Büste ist im Schlößchen Neudeck vor dem Mai 1761 entstanden, dem Umzugsjahr der Manufaktur nach Nymphenburg. Sie wurde von Franz Anton Bustelli geschaffen und befindet sich heute im Bayerischen Nationalmuseum in München. (Photo Museum)

100 – Jagdschloß Schachen, Außenansicht. Das äußerlich einer Berghütte ähnliche Jagdschloß ist der erste Bau Ludwigs II. im ‹orientalischen› Stil (1870). (Photo Peter Neumeister)

101 – Jagdschloß Schachen, Der Türkische Salon. Der Raum ist im ‹orientalischen› Stil mit einem maurischen Brunnen in der Mitte ausgestaltet. (Photo Peter Neumeister)

102 – Schloß Sandizell, Mittelrisalit der Südfassade mit Brücke über dem Wassergraben.

103 – Sandizell, Altar der Schloßkapelle. Er wurde 1756–1757 von Friedrich Schwertführer und Ignaz Baldauff geschaffen. Die Skulpturen arbeitete Anton Diessmayer.

104 – Sandizell, Torgebäude an der Einfahrt zum Schloßhof. Das Schloßtor wurde als selbständiges Gebäude mit elegantem Turmaufbau über dem breiten Torweg 1763 von Veit Haltmayr erbaut.

105 – Sandizell, Blauer Salon (um 1770). In die Wände sind auf Leinwand gemalte Bilder mit galanten Szenen von Ignaz Baldauff eingelassen.

106 – Schloß Pöttmes, Mittelbau der Dreiflügelanlage; im Hof ein Marienbrunnen aus dem 18. Jahrhundert.

107 – Schloß Reichertshausen, Ansicht der beiden parallelen Flügel, von einem breiten Wassergraben umgeben. (Photo: Besitzer)

108 – Schloß Niederarnbach, Ansicht des Schlosses mit der Kapelle im Südflügel. Nach einem handkolorierten Kupferstich von 1802, auf dem noch die ursprünglichen Kuppelhauben, der Turm über dem Eingang und der Giebelabschluß über dem Südflügel zu sehen sind.

109 – Niederarnbach, Teilansicht des Saales im Obergeschoß. Die gefelderte Stuckdecke (um 1600) wird von einer marmornen Mittelsäule getragen.

110 – Schloß Isareck, Ansicht des Schlosses mit Eingangsbrücke.

111 – Isareck, Blick in das Treppenhaus mit Kreuzgratgewölbe aus der Erbauungszeit.

112 – Isareck, Wohnräume mit breitem Korbbogengewölbe, wohl aus der Erbauungszeit.

113 – Isareck, Halle im Obergeschoß mit Korbbogengewölbe.

114 – Schloß Isareck, Schloßhof mit Rundbogenarkaden und gotischem Turm.

115 – Landshut. Burg Trausnitz, Ansicht von Südwesten mit Bergfried (1204).

116/119 – Landshut. Burg Trausnitz, Details der Malereien mit Figuren aus der Commedia dell'arte entlang der Narrentreppe im Italienischen Anbau. Die Figuren wurden vielleicht schon vor 1575 konzipiert, jedoch erst 1578 von A. Scalzi, genannt Paduano, ausgeführt.
116 – Eine Frau gießt über Zanni ein Gefäß aus;
117 – Zanni trägt einen Korb mit Nahrungsmitteln und eine große Kugelflasche davon, ein weißer Hund springt ihm entgegen;
118 – Der kranke Pantalone reitet auf einem Esel, während Zanni ihm folgt und dem Tier ein Klistier verabreicht;
119 – Pantalone mit seinem Diener Zanni im Kampf mit dem überraschten Liebhaber.

120 – Landshut. Stadtresidenz, Blick aus der westlichen Säulenhalle (1540–1543) auf die Hofseite des Deutschen Baus. Die Malereien in den Gewölbefeldern der Westhalle mit Szenen aus dem Alten Testament wurden von Ludwig Refinger gemalt. (Photo J. Leiter – Bavaria)

121 – Landshut. Stadtresidenz, Italienischer Saal. Die Ausstattung dieses Festsaals stammt fast ausschließlich aus der Erbauungszeit um 1542. Die Gemälde in den Feldern des kassettierten Tonnengewölbes wurden von Hans Bocksberger d. Ä. geschaffen. Die Wände sind durch ionische Pilaster und marmorierte Wandfelder gegliedert.

122 – Landshut. Stadtresidenz, Venuszimmer. Im Vordergrund eine süddeutsche Truhe mit eingelegten, zum Teil gefärbten Hölzern (Mitte 16. Jahrhundert). Das Bild darüber, eine Leihgabe der Bayer. Staatsgemäldesammlung, stellt nach Motiven Tizians die Einführung in den Bacchuskult dar (Italien, Mitte 16. Jahrhundert).

123 – Landshut. Stadtresidenz, Deckenbemalung im Sternenzimmer (Ausschnitt). Die Malereien in den Kassettenfeldern zeigen den Planeten- und Fixsternhimmel von Ludwig Refinger, 1543.

124 – Landshut. Stadtresidenz, Deckenbemalung des Venuszimmers (Ausschnitt). Um das Bild der Venus steht die lateinische Losung: Balnea Vina Venus Corrumpunt Corpora Nostra Restaurant Corpus. Das Thema der Gewölbebemalung von Herman Posthumus (1541, renoviert 1781) weist auf die ursprüngliche Verwendung des Raumes als Schlafzimmer hin.

125 – Landshut. Stadtresidenz, Deckenbemalung im Apollozimmer (Ausschnitt). Das rechteckige obere Gewölbefeld zeigt Apollo auf dem Sonnenwagen. Die Malereien stammen von Hans Bocksberger d. Ä., 1542.

126 – Landshut. Stadtresidenz, Birkenfeldtrakt, Arbeitszimmer des Herzogs Wilhelm von Birkenfeld-Gelnhausen. Die insgesamt fünf Knüpfteppiche mit Allianzwappen und Blumengehängen – vier davon werden auf der Abbildung sichtbar – wurden in der kurpfälzischen Savonneriefabrik in Mannheim und Heidelberg gearbeitet (seit 1756). Das große Rollbureau ist mit reichen Intarsien geschmückt und um 1770 entstanden.

127 – Neufraunhofen, Schloßkirche, Blick in das Kircheninnere. Der mit Säulen flankierte Hochaltar ist 1715 entstanden. Der nördliche Seitenaltar mit Rokokoschnitzwerk birgt den Reliquienschrein des heiligen Simplizius, um 1750. Die Kanzel mit graziösem Zierat ist um 1740 zu datieren.

128 – Schloß Kronwinkl, Außenansicht. Den Mittelpunkt der Anlage bildet der romanische Bergfried. Die Stufengiebel der Schloßgebäude wurden 1880 aufgesetzt.

129 – Kronwinkl, Speisezimmer im Erdgeschoß. Der Raum zeigt altes Kreuzgratgewölbe, das auf einem Rundpfeiler ruht.

130 – Schloß Schambach, Ansicht von Osten. Die Nordseite zeigt in drei Geschossen Lauben, die am Westende von einem Treppenturm begrenzt werden.

131 – Schloß Kapfing, Westansicht mit Park. Die rechteckige Gesamtanlage wurde um 1720 erbaut. Der Westtrakt mit den beiden Ecktürmen ist 1910/11 von dem Münchner Architekten Felix Graf von Courten, einem Enkel Leo von Klenzes, angebaut worden.

132 – Kapfing, Blick in das Speisezimmer.

133 – Kapfing, Ecke im Salon mit dem Porträt des Cajetan Grafen von Spreti, geboren 1770, gefallen 1807 bei Kosel in Schlesien.

134 – Kapfing, Schloßhof. Der Hof wurde 1910/11 im Zuge der Erweiterung des Schlosses von Felix Graf von Courten umgestaltet und mit einer Spalierdekoration im Jugendstil versehen.

135 – Irlbach, Ecke des Empirezimmers, um 1820. Die eingelassenen Relieffelder stammen von Bertel Thorvaldsen, Ludwig Schwanthaler und Johann Leeb. Die Themen sind der griechischen Mythologie entnommen.

136 – Irlbach, Deckenrelief aus dem Empirezimmer. Das Relief zeigt Brustbilder griechischer Götter mit ihren Attributen.

137 – Irlbach, Empirezimmer. Links im Bild steht die Büste des Bauherrn François Gabriel Grafen von Bray (1765–1832) von Bertel Thorvaldsen; an der gegenüberliegenden Wand ein bunt glasierter Ofen mit bekrönender Vase.

138 – Offenberg, Stuckdetail einer Decke im ersten Obergeschoß des Südflügels. Der Ausschnitt zeigt Samson mit Dalila, die dem Schlafenden die langen Haare raubt (um 1690).

139 –Offenberg, Salon mit Stuckdecke. Die Stuckdekoration mit Bandelwerk und Ranken ist typisch für die Régence-Zeit (um 1720).

140/142 – Ering, Stuckdetails aus dem Festsaal. Der Saal wurde laut der Inschrift in der Hohlkehle (auf dem Bild teilweise sichtbar) unter Maximilian Joseph Graf von Baumgarten 1772 errichtet. In diesem Jahr starb der Bauherr, und die Dekoration des Saales ist erst unter seinem Neffen Maximilian Joseph Edmund Graf von Baumgarten ausgeführt worden. Unsere Abbildung zeigt in der Supraporte ein Relief Schloß Erings. Ahnenbildnisse in längsovalen Stuckrahmen sind von anmutsvollem Rokokostuck umgeben. (Photos Strauß, Altötting)

143 – Schloß Thurnstein, Schloßansicht mit Kapellenanbau von Nordosten gesehen. Das Schloß wurde Ende des 17. Jahrhunderts unter Johann Ludwig Sebastian Freiherrn von Imsland erbaut.

144 – Thurnstein, Blick auf das Stiegenhaus mit Korbbogenwölbung und geschnitzter Holzstütze.

145 – Thurnstein, Schloßkapelle, nördliches Oratorium. Die beiden Oratorien an der Nord- und Südwand der Kirche springen an der umlaufenden Galerie segmentförmig vor. Die vierteiligen Fenster werden von einem Rokokoaufsatz bekrönt.

146 – Thurnstein, Schloßkapelle, Blick auf den Hochaltar und einen Teil des Deckengemäldes. Der Altar wurde um 1670 von dem Passauer Bildhauer Joseph Deutschmann und seinem Gesellen Franz Anton Zauner gearbeitet. Darüber wird im Ausschnitt das große Deckengemälde sichtbar, das sich über das gesamte Spiegelgewölbe erstreckt. Es wurde von Joh. Nep. della Croce 1783 gemalt und stellt Ereignisse aus dem Leben Esthers dar. Über dem Altar wird die Darreichung des Szepters an Esther durch König Xerxes gezeigt.

147 – Schloß Oberlauterbach, Ansicht des Schlosses vom Park aus.

148 – Schloß Neuburg am Inn, Terrakottasaal. Das ‹rotmarmorsteinerne› Zimmer besitzt ein Gewölbe aus reich verzierten Terrakottarippen und eine Akanthusbemalung von 1705. *(Photo N. P. Molodovsky)*

149 – Schloß Schönau, Wandteppich, Fragment. Der Wandteppich gehört zu einer Folge, von der 19 Stücke bekannt sind, die für das Schloß des Pfalzgrafen Ottheinrich in Neuburg an der Donau bestimmt waren. Sie lassen sich in vier Gruppen einteilen. Zu der ersten, die die Genealogie der Ahnen Ottheinrichs zum Thema hat, gehört dieser Teppich. Der obere Abschluß mit den Inschriften fehlt. Die drei anderen Teppiche dieser Folge befinden sich im Bayerischen Nationalmuseum in München. Auf der Randborte rechts unten ist das Entstehungsjahr 1540 eingewebt. – Das Schönauer Fragment wurde vom kgl. bayer. Gesandten in Paris, Freiherrn Riederer von Paar, zu Beginn des Jahrhunderts im Pariser Kunsthandel erworben. *(Photo Bayer. Landesamt für Denkmalpflege)*

150 – Arnstorf. Oberes Schloß, Südostfassade mit Brücke, die über einen trockengelegten Graben führt.

151 – Arnstorf. Oberes Schloß, Blick in den Innenhof. An der Nordwest-, Südost- und Südwestseite ziehen sich Arkaden mit toskanischen Säulen entlang. Die Gänge besitzen Kreuzgewölbe aus dem 17. Jahrhundert. Im Arkadengang steht eine Figur des hl. Georg, die aus der Pfarrkirche stammt. Am Ende des Ganges befindet sich der Eingang zur Schloßkapelle.

152 – Arnstorf. Oberes Schloß, Korridor im ersten Obergeschoß des Südflügels. Im Vordergrund steht ein Prunkschlitten, der aus Schloß Mariakirchen stammt. Der Gang ist mit Ahnenporträts des 18. Jahrhunderts geschmückt.

153 – Arnstorf. Oberes Schloß, Großes Speisezimmer. Der Raum besitzt eine Decke mit Rahmenstuck um 1700. Die Einrichtung

stammt aus der Empire- und Biedermeierzeit, die handkolorierten Stiche sind von der Hand Georg Philipp Rugendas aus Augsburg.

154 – Arnstorf. Oberes Schloß, Langes Zimmer. Detail der Wandmalereien: Türkentrophäen von Melchior Steidl gemalt.

155 – Arnstorf. Oberes Schloß, Wandgemälde im Kaisersaal, Ausschnitt. Die Boiserie der Sockelzone zeigt eine gemalte Ansicht von Schloß Schönburg. Das Wandgemälde darüber stellt eine Allegorie auf den Winters dar.

156 – Arnstorf. Oberes Schloß, Südecke des Kaisersaals. Das große Deckengemälde wurde 1714 von Melchior Steidl geschaffen. Es zeigt Helios auf dem Sonnenwagen, umgeben von den Göttern des Olymp. Über der Südecke sieht man das Wappen der Monfort, darunter in der gemalten Säulenarchitektur die Personifikation Asiens. Das untere Wandfeld stellt die Allegorie des Sommers dar. Die Paneele sind von links beginnend mit den Ansichten folgender Schlösser geschmückt: Gern, Blöcking und Hirschhorn. Der Marmorkamin an der Südwand wird von großen Holzskulpturen, Venus und Bacchus, flankiert.

157 – Schloß Aicha vorm Wald, Charakteristisches niederbayerisches Herrschaftshaus mit Nebengebäuden. *(Photo N. P. Molodovsky)*

158 – Schönburg, Torhaus (früheres Expositurhaus). Die dreiflügelige Rokokoanlage liegt an der Nordwestseite des Schlosses und schließt den Schloßhof zur Straße hin ab. *(Photo H. Duyffes)*

159 – Ortenburg, Schloßkapelle, Holzkassettendecke (23 m : 9 m). Die Decke befindet sich in einem großen Saal des Südflügels, der erst später als Kapelle eingerichtet wurde. Die aus verschiedenen Hölzern geschnitzte Decke zeigt in der Mitte das Ortenburg-Wappen. Im Gegensatz zu der Zederndecke des Fuggerschlosses Kirchheim, hat sie bereits barocke Elemente. Sie wurde 1628 vielleicht in der Werkstatt Wendel Dietrichs in Augsburg angefertigt. Diese Vermutung wird gefestigt durch die Beziehung der Ortenburgs zu Augsburg. Die erste Gemahlin des Grafen Joachim (gestorben 1600) war eine geborene Fugger.

160 – Schloß Moos, Schloßportal. Der Schlußstein nennt als Anfangsjahr des Baus 1625. Zwischen den beiden Giebelschenkeln halten zwei erneuerte Löwen das Preysing-Wappen; seitlich rechts das Gumppenberg-Wappen, links das der Marschalk zu Pappenheim. Über dem Bogen befindet sich das Wappen der Adelzhausen. Das gesamte Portal wird von einer Muttergottes in einer Nische bekrönt.

161 – Moos, Vorzimmersalon im zweiten Obergeschoß. Im Hintergrund ein Fassadenschrank aus dem 16. Jahrhundert, sowie eine Kommode mit Intarsien.

162 – Moos, Gastzimmer im ersten Obergeschoß mit einem Baldachinbett aus dem 17. Jahrhundert.

163 – Moos, Roter Salon, Fensterwand. Die Aufnahme zeigt ein Bildnis des Johann Maximilian IV. Grafen von Preysing-Hohenaschau als Komtur des Georgsordens. Er ist der Erbauer des Preysing-Palais' in München. Das Porträt gleicht dem Gemälde des Dargestellten in Dreiviertelansicht, das ebenfalls von Georges Desmarées, um 1755, gemalt wurde (Berlin, Staatliche Gemäldesammlungen). Das Schreibpult unter dem Bild war im Besitz der Kurfürstin-Witwe Marie-Leopoldine von Bayern, die 1806 in zweiter Ehe den Grafen Ludwig von Arco heiratete. Das Möbel kommt aus der Herzog-Maxburg in München.

164 – Moos, Kamin-Ecke im Roten Salon. Über dem Kamin hängt ein Gemälde von Moritz Kellerhoven (1758–1830), das Johann Maximilian V. Grafen von Preysing-Hohenaschau zeigt.

165/166 – Moos, Stuckdetails. Die Relieffelder zeigen allegorische Figuren an der Decke der Bibliothek (aus der Erbauungszeit, um 1625).

167 – Moos, Teilansicht der Bibliothek mit Stuckdecke um 1625.

168 – Passau. Neue bischöfliche Residenz, Stiegenhaus gegen Osten. Balustergeländer und Treppenpfeiler sind aus Rotmarmor gearbeitet. Kindergruppen, die Laternen tragen, auf der Balustrade des zweiten Obergeschosses – auf der Aufnahme links im Bild – sind Bleigußarbeiten nach Modellen von Joseph Bergler. Der ornamentale Stuckdekor stammt von Johann Modler aus Kößlarn. Die Jahreszahl 1768, die auf einem Steinwappen zu lesen ist, bezieht sich entweder auf den Beginn oder die Vollendung der Innenstukkierung.

169 – Passau. Neue bischöfliche Residenz, ‹Salon› (Eckzimmer) der ehemaligen Audienzzimmer. Die Supraporten rahmen vergoldete Schnitzereien. Die Decke ist mit reichem Rokokostuck geschmückt. Durch die geöffnete Tür fällt der Blick auf eine Ofennische in Stuckmarmor.

170 – Passau. Neue bischöfliche Residenz, Rokoko-Ofen im ‹Salon›. An der Südwand zwischen zwei Türflügeln steht ein großer Tonofen (um 1730) in Weiß und Gold gefaßt.

171 – Passau. Neue bischöfliche Residenz, Blick durch die Vorzimmer (Antikamera oder Lakaizimmer) an der Nordseite. Im Vordergrund zeigt die Aufnahme das erste Vorzimmer mit Eichenholzvertäfelung, in die in zwei Reihen Gemälde mit Landschafts- und Tiermotiven eingelassen sind. Die Wände waren ehemals mit karminrotem Damast bespannt.

172 – Passau. Neue bischöfliche Residenz, Detail der Stuckdekoration im ehemaligen ‹Salon›. Der Deckenstuck des ‹Salons› stellt in den Ecken Kinder dar, die als die vier Jahreszeiten charakterisiert werden. Die Abbildung zeigt eine dieser Kindergruppen, den ‹Sommer›, von einer Rocaillekartusche eingerahmt.

173 – Passau. Neue bischöfliche Residenz, ehemaliges bischöfliches Theater. Das Theater – das heutige ‹Stadttheater› – befindet sich neben dem Redoutengebäude am Fuß der Residenz. Es wurde unter Fürstbischof Joseph Graf von Auersperg nach 1783 von Georg Hagenauer erbaut. Die Galerien ruhten ursprünglich auf schlanken Holzpfeilern, die Brüstungen zeigten Füllungen aus dünnem Gitterwerk mit Rautenmotiv. Vorläufer des Theaters war ein Hoftheater, das schon unter Fürstbischof Leopold von Firmian (nach dem Residenzinventar von 1783) bestand. Das Stadttheater wurde 1961 wiederhergestellt. *(Photo R. Schneider, Passau)*

174 – Passau. Freudenhain, ehemaliges fürstbischöfliches Sommerschloß, Ansicht des Hauptbaus. Das Schloß wurde 1785 von Joseph Franz Graf von Auersperg westlich von Oberhaus errichtet. Es wurde 1792 vollendet.

175 – Regensburg. Residenz der Fürsten von Thurn und Taxis, Blick vom Davidshof in den inneren Schloßhof mit Ost- und Südflügel des Schlosses.

176 – Regensburg. Fürstliche Residenz, Gelber Salon. Die Wandvertäfelungen mit Musikinstrumenten und anderem Dekor sind um 1740 entstanden. Die Raumausstattung wurde aus dem Palais Thurn und Taxis in Frankfurt hierher überführt.

177 – Regensburg. Fürstliche Residenz, Spiegelsalon. Die Vertäfelungen, in die Wandspiegel eingelassen sind, wurden 1792 in Regensburg gearbeitet. Das Mobiliar stammt aus Straßburg, 1803.

178 – Regensburg. Fürstliche Residenz, Magdalenensalon. Die Ausstattung des Salons wurde aus dem Palais Thurn und Taxis in Frankfurt hierher überführt. Rechts im Bilde ein niederländischer Gobelin aus dem späten 17. Jahrhundert, davor eine Pariser Kommode, um 1750. Die Wandvertäfelungen wurden um 1740 gearbeitet.

179 – Regensburg. Fürstliche Residenz, Kabinett neben dem Ballsaal. Die Wandspiegel wurden von Fürstin Margarete von Thurn und Taxis (gest. 1955) bemalt; Sessel und Konsoltisch Ende 19. Jahrhundert.

180 – Regensburg. Fürstliche Residenz, Großes Speisezimmer. Das Prunkstück des Raumes ist der große Hochzeits- oder Reiterteppich, der den Grafen Leonhard von Taxis zu Pferde zeigt. Ihm entgegen reitet die Gräfin

Alexandrina von Rye. Der Wandteppich ist signiert Nic. Van der Horst, pinx. et delin. Daniel Eggermans, 1646. Van der Horst war im 17. Jahrhundert eine bekannte Teppichwirkwerkstatt in Brüssel.

181 – Regensburg. Fürstliche Residenz, Ballsaal. Der Saal hat zahlreiche eingelassene Wandspiegel. Die Stukkierung der Decke und der Wände wurde um 1740 geschaffen; sie verleiht dem Ballsaal zusammen mit den Spiegeln viel Grazie und Leichtigkeit.

182 – Regensburg. Fürstliche Residenz, Hofbibliothek. Blick von Nordosten in den Kuppelsaal der fürstlichen Hofbibliothek, die etwa 165 000 Bände umfaßt. Sie war 1732 durch den Baumeister Johann Michael Prunner erbaut worden. Die Ausmalung der Gewölbe stammt von Cosmas Damian Asam, 1737. Die Wiederfreilegung der 1812 im klassizistischen Stil übermalten Decke erfolgte 1966–1968.

183 – Schloß Prunn, Ansicht von Süden. Das Bergschloß liegt auf einem Jurafelsen über der Altmühl. (Photo Wilkin Spitta)

184/185 – Hirschberg, Nischenfiguren am Portal des Mittelbaus. Die beiden komödiantenhaften Steinfiguren stammen von Johann Jakob Berg, um 1764. Sie stellen links (184) den Kellermeister, rechts (185) den Hof- und Zeremonienmeister dar. (Photos Wilkin Spitta)

186 – Schloß Hirschberg (Exerzitienhaus), Mitteltrakt der Dreiflügelanlage. Der Name des Schlosses leitet sich von seiner Lage auf dem Hirschberg her. Die Ostfassade des Mittelbaus ist reich gegliedert. Hinter dem Balkon im ersten Obergeschoß liegt der Kaisersaal. Die Balkontür wird von einer Rokokokartusche bekrönt, die die Wappen des Hochstifts Eichstätt, des Domkapitels und der Grafen von Hirschberg enthält. (Photo Wilkin Spitta)

187 – Hirschberg, Plafond in einem Kabinett des Nordflügels. Die Abbildung zeigt eine laubenartig stuckierte Decke mit konzentrisch angeordneten Kreisen, die von vegetabilen Strahlen geschnitten werden. (Photo Bayer. Landesamt für Denkmalpflege, J. Sowieja)

188 – Hirschberg, Rittersaal im zweiten Obergeschoß. Die gliedernden Wandpilaster sind mit Fayenceplatten ausgefüllt. Das Porträt links zeigt den Erbauer des Schlosses: Johann Anton Graf von Strasoldo (1757–1781); über dem Kamin ein Landschaftsgemälde mit Beilngries und Schloß Hirschberg. Das Deckenfresko mit der Opferung der Iphigenie in Aulis wurde 1764 von Johann Michael Franz gemalt. (Photo Dr. Johannes Steiner)

189 – Schloß Parsberg. Der Haupttrakt des Schlosses mit den beiden runden Ecktürmen wurde in der ersten Hälfte des 16. Jahrhunderts erbaut. (Photo Wilkin Spitta)

190 – Burg Falkenberg, Ansicht von Westen. Die Burg, die lange als Ruine dastand, wurde bei ihrer Instandsetzung völlig neu gedeckt. (Photo Wilkin Spitta)

191 – Vohenstrauß. Schloß Friedrichsburg, Südansicht. Das Schloß wurde nach seinem Erbauer, dem Pfalzgrafen Friedrich, benannt, dessen lebensgroßes Bildnis von 1573 im Bayerischen Nationalmuseum in München hängt. (Photo Wilkin Spitta)

192 – Schloß Wörth an der Donau, Ansicht von Osten. Die Anlage mit Bering und vier runden Ecktürmen und dem mächtigen Bergfried liegt über dem Markt Wörth auf dem leicht ansteigenden Schloßberg. Die Abbildung zeigt die Eingangsseite mit der östlichen Zufahrtsstraße. (Photo Wilkin Spitta)

193 – Schloß Neidstein. Gesamtansicht mit dem Torbau im Osten und dem abschließenden Rundturm im Westen. (Photo Bayer. Flugdienst Hans Bertram, München, freigeg. durch Bayer. Staatsm. f. W. u. V. G 4/1)

194 – Schloß Köfering, Einer der Salons.

195 – Schloß Köfering, Schloßhof mit offenen Lauben in den Untergeschossen. (Photo Peter Neumeister)

196 – Schloß Sünching, Wohnbibliothek.

197 – Schloß Sünching. Schloßkapelle, Stukkiertes Wandfeld. Die Aufnahme zeigt einen Ausschnitt der Stuckdekoration in der Schloßkapelle (um 1761). Das mit Musikinstrumenten geschmückte Wandfeld befindet sich an der Westempore. Als Stukkatoren der berühmten Kapelle waren Franz Xaver Feichtmayr und sein Schwiegersohn Jakob Rauch tätig, außerdem Ignaz Demel und Simpert Feichtmayr.

198 – Schloß Sünching, Chinesisches Kabinett. Der Raum ist mit Chinoiserietapeten ausgekleidet.

199 – Schloß Sünching, Festsaal. Die Stukkierung des großen Saales lag in Händen von Franz Xaver Feichtmayr und dessen Schwiegersohn Jakob Rauch. Die Konsoltische an der Fensterseite gehen auf Entwürfe von Ignaz Günther zurück. Das Gemälde über dem Rotmarmorkamin ist ein Porträt des Bauherrn Joseph Franz Maria Grafen von Seinsheim. Das Deckengemälde stellt die Götter des Olymp dar, umgeben von Gruppen, die die vier Jahreszeiten symbolisieren, 1761 von Matthäus Günther gemalt. – Seit einigen Jahren werden in diesem Saal während des Sommers Schloßkonzerte veranstaltet. (Photo Peter Neumeister)

200 – Schloß Alteglofsheim, Deckengemälde im Kaisersaal. Das Bild zeigt Kaiser Leopold I. und seine Gemahlin auf einem Adler schwebend, umgeben von Fürsten und Fürstinnen des hl. römischen Reiches. Es wurde vermutlich von Jakob Heubel gemalt. (Photo Gertrud Herbrich)

201/202 – Schloß Alteglofsheim, Stuckdetails aus der Decke des Kaisersaals. Das mittlere Deckengemälde wird von plastisch hervortretendem Stuck umgeben (um 1680). An den abgerundeten Ecken der Umrahmung vier weibliche Gestalten, die die vier Erdteile personifizieren. Die beiden Aufnahmen zeigen die Figuren ‹Afrika› (201) und ‹Amerika› (202).

203 – Schloß Alteglofsheim, Ovaler Saal. Er wurde unter Johann Georg Grafen von Königsfeld um 1730 im Querflügel erbaut. Die Ausstattung stammt von Cosmas Damian Asam, die Stukkaturen in Gold und Weiß von Egid Quirin Asam. Die vier Gemälde in der oberen Wandzone sind Jagdbilder und Stilleben von Frans Snyders und Jan Weenix. In dem Deckengemälde, das Apollo auf dem Sonnenwagen darstellt, hat sich Cosmas Damian Asam im Jagdkostüm am unteren Bildrand selbst porträtiert. (Photo Peter Neumeister)

204 – Schloß Neuburg an der Donau, Schloßhof. Der Westflügel – links im Bild – wurde ab 1530 von Hans Knotz errichtet. Die Fassadenmalereien zeigen perspektivische Architekturansichten mit biblischen Szenen aus der zweiten Hälfte des 16. Jahrhunderts.

205 – Neuburg an der Donau, Blick in die 1540 erbaute Schloßkapelle. Die Empore der Kapelle war für den Fürsten bestimmt, während die Hofbeamten im Untergeschoß Platz nahmen. Die Gemälde in den Gewölbefeldern, 1543 von Hans Bocksberger d. Ä. gemalt, sind ein frühes Zeugnis einer Kirchenausstattung nach protestantischem Programm, hier vermutlich von dem Nürnberger Theologen Ossiander zusammengestellt. Die Bilder zeigen vor allem Szenen aus dem Alten und Neuen Testament.

206 – Neuburg an der Donau, Schloßkapelle, Detail der Gewölbedekoration. Um das Hauptbild, Christi Himmelfahrt, sind vorwiegend Szenen aus dem Alten Testament angeordnet. Die Malereien wurden von Hans Bocksberger d. Ä., 1543 ausgeführt.

207 – Grünau, Altes Schloß, ‹Prunffstüeblein› oder Kanzlei. Das Turmzimmer wurde mit jagdlichen Szenen ausgemalt. Die Malereien sind ein Vermächtnis des früh verstorbenen Jörg Breu d. J. (1537). (Photo Bayer. Landesamt für Denkmalpflege, J. Sowieja)

208 – Grünau, Altes Schloß, Ansicht von Südwesten. Das Schloß ist ein dreigeschossiger Giebelbau, an den im Westen der viergeschossige Treppenturm angebaut worden ist. In ihm befindet sich eine flache hölzerne Reittreppe in vier Läufen mit Eckpodesten.

209 – Schloß Stepperg, Gartenansicht. Das Schloß wurde vermutlich im letzten Viertel des 16. Jahrhunderts von den Augsburger Welsern erbaut.

210 – Stepperg, Speisezimmer. Der Raum zeigt eine Einrichtung im Jugendstil um 1905. Der Deckenstuck stammt ebenfalls aus dieser Zeit.

211 – Bertoldsheim, Teil einer Wandmalerei im Gartensaal: Blick auf Schloß Bertoldsheim von SW mit Rennertshofen und Stepperg.

212 – Bertoldsheim, Gartensaal, Empire-Ofen in einer Ecke des Saales. Die Wände werden durch gemalte Säulen gegliedert. Die Zwischenfelder sind mit Landschaftsbildern geschmückt. *(Photo Bayer. Landesamt für Denkmalpflege, J. Sowieja)*

213 – Bertoldsheim, Ecke im kleinen Salon. Die Wände des südöstlichen Ecksalons sind mit Profilleisten unterteilt. Gemälde in den Wandfeldern zeigen Landschaften, außerdem Genien und Figuren der griechischen Mythologie.

214 – Schloß Leitheim, Gesamtanlage mit Weinleite. Die Ansicht zeigt die Sommerresidenz der freien Reichsabtei der Zisterzienser mit einem Laubengang, der das Schloß mit der Schloßkirche St. Blasius verbindet.

215 – Leitheim, Festsaal von 1751 – heute Konzertsaal. Der Deckenstuck – sogenanntes zerrissenes Muschelwerk –, der das große Deckengemälde umrahmt, die Hohlkehle ausfüllt und die Fensterbogen bekrönt, wurde freihändig nach einer Holzkohlenzeichnung von dem Wessobrunner Stukkator Anton Landes geformt. Das Deckenbild: ‹Die fünf Sinne› schuf Godefried Bernhard Göz, 1751. In der Rocaillekartusche über der Tür sieht man das gemalte Wappen der freien Reichsabtei Kaisheim. Die Zwischenwände der Fensterseiten werden von Chinoiserien geschmückt, die in Secco-Technik gemalt sind. Im Bilde sichtbar ist die Darstellung des ‹Ernst›; an der gegenüberliegenden Wand wird die ‹Freude› dargestellt.

216/217 – Leitheim, Details des Deckengemäldes im Hofzimmer, zwei Szenen aus dem Gemälde ‹Die vier Lebensalter› von G. B. Göz, 1751: ‹Die Jugend› (216) und ‹Das Alter› (217).

218 – Leitheim, Empfangssaal. Die Stukkaturen über der Tür und an der Decke stammen von Anton Landes aus Wessobrunn, 1751. Links ein Augsburger Barockschrank. Am Fenster hängt ein Porträt der Comtesse de Castellane, die eine Großmutter Mirabeaus war (um 1720).

219 – Leitheim, Detail des Treppengeländers. Die Motive zeigen Gitter- und Bandelwerk, in der Mitte eine Weinranke, die auf den Leit-

heimer Weinbau Bezug nimmt. Das Geländer wurde in der Klosterwerkstatt um 1745 gearbeitet.

220 – Schloß Harburg über der Wörnitz, Blick auf die Ostseite der Anlage. Links der Fürstenbau, in dem heute Bibliothek und Kunstsammlung untergebracht sind.

221 – Harburg, Blick vom nördlichen Wehrgang auf den Kastenbau von 1595, den ‹Kornkasten›, in dem Getreide gelagert wurde.

222 – Harburg, Magazinraum der Fürstlichen Bibliothek. Das früheste Bücherverzeichnis ist aus dem Jahre 1413 erhalten. Graf Ernst zu Oettingen-Wallerstein (1594–1670) begründete bereits eine stattliche Hausbibliothek, die er neben anderen Ankäufen mit der berühmten Markus-Fugger-Bibliothek seines Schwagers Marquard Fugger vereinte. Später ließ Fürst Krafft Ernst (1748–1802) Tausende von Bänden im Stil der Zeit binden und mit seinen Initialen versehen. Die Bibliothek befand sich lange Zeit in Maihingen, wohin 1841 auch das Museum altdeutscher Kunst von Wallerstein verlegt worden war. Seit 1948 befinden sich die bedeutenden Sammlungen wieder auf der Harburg. Die Bibliothek zählt heute 140000 Bände.

223 – Harburg, Schloßkirche St. Michael. Das dreiteilige Grabmal für Graf Gottfried zu Oettingen und seine beiden Frauen wurde 1620 von dem Bildhauer Michael Kern gearbeitet.

224 – Harburg, Kunstsammlung. Ausschnitt aus dem sogen. älteren Walburgateppich. Die Heilige (mit Fürstenkrone) ist mit ihren Gefährtinnen in einem Schiff dargestellt, auf dem sie nach einer stürmischen Überfahrt von Irland nach Mainz gelangt. Nürnberg, um 1460.

225 – Harburg, Kunstsammlung. Ottonischer Elfenbeinkruzifixus, eine deutsche Arbeit aus dem 11. Jh.

226 – Harburg, Kunstsammlung. Tilman Riemenschneider, Maria mit den Frauen und Johannes unter dem Kreuz. Linkes Teilstück einer Kreuzigungsgruppe. Lindenholz mit alter Fassung, um 1490.

227 – Hohenaltheim, Gartenpavillon. Der mittlere Pavillon wird von zwei nach Norden vorspringenden Eckrisaliten eingerahmt.

228 – Hohenaltheim, Gartenpavillon. Linkes Seitenkabinett. Der Salon, der sich an das Salettl anschließt, enthält eine Louis-seize-Garnitur mit Ecketageren. Das Doppelbildnis – Fürst Krafft Ernst von und zu Oettingen-Wallerstein mit seiner ersten Gemahlin – ist ein Werk Martin Knollers, 1776.

229 – Hohenaltheim, Rokoko-Ofen im Frühstückszimmer. Die Wandvertäfelung zeigt Platten der nicht mehr bestehenden oettingi-

schen Fayencemanufaktur Schrattenhofen, ca. 1740/50.

230 – Hohenaltheim, Stuckdecke im Saal. Die Aufnahme zeigt das Mittelstück mit dem Orpheusrelief. Als Stukkatoren kommen Leonhard Wechs, Johann Bühler und Konrad Lehner in Frage.

231 – Hohenaltheim, Saal. Als Marmorierer werden Hans Georg Pfizer und sein Sohn in den Jahren 1740/41 erwähnt.

232 – Schloß Oettingen, Ansicht von Süden. Das Schloß wurde ab 1679 von Matthias Weiß erbaut.

233 – Oettingen, Theatersaal (Goldenes Zimmer). Die Stukkaturen stammen von Matthias Schmu(t)zer (Wessobrunner Schule) aus den Jahren 1680/82.

234 – Oettingen, Festsaal im zweiten Obergeschoß. Die Fensterlaibungen wurden von Matthias Schmu(t)zer stukkiert, 1680/82. Die in Stuckrahmen eingelassenen Ölbilder an der Decke mit jagdlichen und mythologischen Szenen stammen von Johann Murrer.

235 – Oettingen, Weißer Salon. Die Wandstukkierung wurde um 1715/20 erneuert. Stukkator war wahrscheinlich Sebastian Benck aus Ellingen. Aus dieser Zeit stammt wohl auch der Fayenceofen. Das Gemälde (von einem unbekannten Künstler) inmitten der großen Stuckranken stellt Gräfin Johanna Margarethe von Oettingen-Spielberg, geb. Freiin v. Schwendi (1672–1727) mit ihren beiden Töchtern dar. *(Photo Bayer. Landesamt für Denkmalpflege, J. Sowieja)*

236 – Oettingen, Fayencezimmer (bis 1952 Speisesaal). Die Stukkierung erfolgte vermutlich im letzten Viertel des 19. Jh., als Gabriel von Seidl den Raum umgestaltet hat. Die Maler der in die Stuckrahmen eingelassenen Kinderbildnisse sind unbekannt.

237 – Oettingen, Orangerie – jetzt Wohngebäude des Fürsten. Die Orangerie im Hofgarten wurde 1726 von Gabriel de Gabrieli erbaut.

238/239 – Oettingen. Zwergenfiguren im Hofgarten. Die Aufnahmen zeigen zwei von den insgesamt fünf Zwergen, die aus dem ehemaligen Schloßpark von Hohenaltingen stammen könnten (frühes 18. Jh.).

240 – Amerdingen, Speisesaal im Erdgeschoß. Der Speisesaal des Schlosses ist mit Landschaftstapeten des 18. Jh. dekoriert.

241 – Amerdingen, Saal mit klassizistischer Ausstattung im ersten Obergeschoß. Die Stuckarbeiten stammen von Materno Bossi, der die Stukkaturen im Julius-Spital und der St. Michaelskirche in Würzburg ausführte, und auch in Bamberg in der Residenz und der

Martinskirche gearbeitet hat. Verschiedene Wandfelder zeigen gemalte Landschaften. (*Photo Bayer. Landesamt für Denkmalpflege, J. Sowieja*)

242 – Schloß Neuburg an der Kammel, Außenansicht mit kath. Pfarrkirche Mariä Himmelfahrt. Das Schloß liegt auf einer Bergzunge über dem Kammeltal. (*Photo Weiss, Krumbach*)

243 – Schloß Jettingen, Westfassade.

244 – Schloß Seyfriedsberg, Gesamtansicht mit Schloßpark. Im Norden liegt der zweiflügelige Schloßbau, im Mittelgrund rechts das Bibliotheksgebäude, anschließend der Prinzenbau. Im Vordergrund sieht man Gärtnerhaus und Hausmeisterwohnung. Der Park, 1848 von Karl Anselm Prinz zu Oettingen-Wallerstein angelegt, ist ein forstbotanischer Landschaftsgarten mit exotischen Bäumen. (*Photo Bayer. Flugdienst Hans Bertram, München*)

245 – Wellenburg, Detail des Deckengemäldes im Speisesaal. Das Bild ‹Die olympischen Götter› wurde 1738 von Johann Georg Lederer gemalt. Der Ausschnitt stellt Diana als Göttin der Jagd dar, darüber Jupiter und Juno bei Tisch, Merkur schwebt heran, ein Adler mit Krone trägt das Szepter. Darunter die Worte: Haec tria delectant; gemeint sind: das Mahl, die Jagd und die Kunst.

246 – Wellenburg, Baldachinbett. Das Bett aus dunklem Holz mit eingelassenen Gemälden und Silberbeschlägen ist eine wertvolle Augsburger Arbeit des 17. Jahrhunderts, wahrscheinlich für Kaiser Leopold I. gefertigt, der vom 21. bis 31. August 1689 im Fuggerhaus in Augsburg wohnte.

247 – Wellenburg, Speisesaal. Das ursprüngliche Sterngewölbe des Raumes, das sich von dem jetzt in der Südwand halb eingemauerten Rundpfeiler aus erstreckte, ist in der danebenliegenden Küche noch erhalten, während im Speisesaal die Grate im Barock abgeschlagen worden sind. Der Deckenstuck stammt von Johann Finsterwalder aus Augsburg, um 1738. Das darin enthaltene Gemälde von Johann Georg Lederer 1738 (renoviert 1966 von Severin Walter) zeigt ‹Die olympischen Götter›, zwischen Bäumen schweben zwei Putten, die ein Modell des Schlosses halten.

248 – Schloß Kirchheim an der Mindel, Osttrakt der vierflügeligen Anlage. Auf der Aufnahme sieht man das Haupteingangsportal in Rustikarahmung aus Sandstein, in dessen Nischen Terrakottafiguren von Hubert Gerhard (1583) stehen, die Herkules und Mars verkörpern. Im Innern des Flügels liegt der große Zedernsaal.

249 – Schloß Kirchheim an der Mindel, Rundbogentor an der Westfront des Osttraktes. Über der Sandsteinrahmung befindet sich ein neubarockes Stuckrelief: St. Georg zu Pferde (bez. AKM = Anton Kaindl, München).

250 – Kirchheim an der Mindel, Blick in den Zedernsaal. Der Saal erstreckt sich durch zwei Geschosse des Ostflügels. Die riesige Kassettendecke (375 qm groß, bis zu 1,80 m tief) wurde aus verschiedenen Holzarten (Zeder, ungarische Esche, Eiche, Linde, Ahorn, Nuß, Birke u. a.) auf dunklem Zederngrund 1585 von Wendel Dietrich gearbeitet. Sie wurde frei an einem Gerüst im Dachstuhl aufgehängt, und von dem Augsburger Kunstschmied Michael Mezger mit 400 Schrauben befestigt. Die Portale an den Schmalseiten wurden ebenfalls 1585 von Wendel Dietrich gearbeitet. Die Gemälde zu beiden Seiten stellen Tätigkeiten des Menschen dar, und stammen vielleicht von Paolo Franceschi, genannt Fiammingo, gegen oder um 1600. Darunter stehen Schränke mit gewundenen Säulen, um 1720. Die Nischenfiguren der Längswände wurden 1582–1585 von Hubert Gerhard und Carlo Pallago gefertigt. Sie stellen bedeutende Herrscher und Frauen dar. Der Kamin aus dem Jahr 1587 ist mit Terrakottafiguren Hubert Gerhards geschmückt.

251 – Kirchheim an der Mindel, Südwest-Erker des Frundsbergsaales (ursprüngliches Wohnzimmer Hans Fuggers). Die weißgefaßte Terrakotta-Dekoration der Decke stammt aus dem Jahre 1580. Am Gewölbebogen befindet sich das Wappen Fugger-Kirchberg-Weißenhorn. Die Dekorationsmalerei an den Wänden im Gewölbe von 1720/30 wurde 1949 freigelegt. Die Fensterlaibungen zeigen gemalte Blumenstilleben.

252 – Kirchheim an der Mindel, sogen. Maria-Theresia-Saal. Der südöstliche Ecksalon, das ursprüngliche Tafelzimmer, wurde um 1760/70 ausgestaltet. An der Ostwand befindet sich über einem Spiegel ein Ölbild Maria Theresias in Witwentracht. Beide sind in eine Vertäfelung mit Rocaille-Schnitzereien eingelassen. Die Decke zeigt Rokokostuck, das Mobiliar stammt aus der Einrichtungszeit.

253 – Schloß Babenhausen, Ansicht vom Schloßgarten gegen Norden. Im Bild links der älteste Teil der Anlage, der Rechbergbau. Im Norden liegt als langgestrecktes Gebäude das Neue Schloß, das im Osten durch den Kanzleibau und den Torturm begrenzt wird. Über das Dach des Neuen Schlosses ragt der Turm der Pfarrkirche.

254 – Babenhausen, Bibliotheksgang. Im Obergeschoß des nordwestlichen Quertraktes liegt ein langer Gang (Länge 40 m, Breite 2,50 m), der als Bibliothek eingerichtet wurde. Er enthält neben alten Bücherbeständen zahlreiche Ölgemälde und Miniaturporträts.

255 – Babenhausen, Goldener (oder Roter) Salon im Obergeschoß des Neuen Schlosses. In die Wandvertäfelung mit vergoldetem Schnitzwerk (1740/50) sind übereinander Gemälde eingelassen, größtenteils Schlachtenbilder aus den Türkenkriegen von Georg Philipp

Rugendas (1. Hälfte 18. Jh.). Der Deckenstuck stammt von Michael Stiller, 1710/20.

256 – Babenhausen, Gobelinsaal im zweiten Obergeschoß des westlichen Quertraktes (ehemaliges Musikzimmer). Der Raum erhielt seine Ausstattung um 1740. Die Wände zeigen Holzverkleidung mit vergoldeten Schnitzereien. Die Wandfelder sind mit Spiegeln und Porträts ausgefüllt; flämische Gobelins, 1. Hälfte 17. Jh.

257 – Babenhausen, Kath. Pfarrkirche St. Andreas, Kirchenschiff mit Westemporen. Die ehemalige Stichkappentonne wurde 1846 beseitigt, und durch Einziehung von vier marmorierten Holzstützen in eine dreischiffige Halle umgewandelt. Die drei Emporen ruhen ebenfalls auf Holzsäulen toskanischer Ordnung. Während die obere Empore aus der Zeit des Umbaus stammt, wurden die unteren um 1715/20 eingebaut.

258 – Schloß Osterberg, Gesamtansicht. Die Aufnahme zeigt die Geschlossenheit der Anlage. Im Vordergrund steht das Hohe Schloß mit dem angebauten Niederen Schloß und den angrenzenden Stallungen. (*Photo Bayer. Flugdienst Hans Bertram, München*)

259 – Osterberg, Halle des Obergeschosses mit Blick auf das Treppenhaus.

260 – Osterberg, Fensterecke im Roten Salon.

261 – Osterberg, Kabinett. Das südöstliche Eckzimmer mit gemusterter Tapete und dekorativer Deckenbemalung ist mit einheitlichem Mobiliar aus der Einrichtungszeit des Schlosses um 1820 ausgestattet.

262 – Schloß Grünenfurt, Saal im Obergeschoß (Blauer Salon). Der Plafond zeigt stukkierte Eckkartuschen, über den Wandmitten Putten als Symbole der Jahreszeiten (1737 bis 1738).

263 – Schloß Illerfeld, Fragment eines Orgelflügels. Das Gemäldefragment stammt aus der St. Martinskirche in Memmingen. Der Bildausschnitt zeigt König David und zwei Bläser, rechts zwei Memminger Patrizier, vermutlich die Stifter der Orgeltafeln. Das Gemälde ist bezeichnet: H. Kuhl, 1598, ren. 1827.

264 – Illerfeld, Saalecke mit Ofennische im Obergeschoß. Zahlreiche Gemälde des 17. und 18. Jahrhunderts schmücken die Wände.

265 – Waal, Treppenhaus. Die Aufnahme zeigt den um 1820 eingebauten Personenlift, der von Hand betrieben wurde.

266 – Schloß Waal, Haupt- und Gartenansicht.

267 – Waal, Salon der Rechberg-Zimmer im zweiten Obergeschoß mit Sitzgarnitur um 1850.

268 – Kronburg, Ostansicht des Roten Saales, der durch Zwischenwände unterteilt worden ist. Die kassettierte Holzdecke ist mit Arabesken (Mitte 16. Jahrhundert) bemalt. Der zweigeschossige Ofen ist am Unterbau mit Gußeisenplatten belegt, bez. 1699. Die Stirnplatte zeigt das Wappen des Bischofs Eustach Egolph v. Westernach, die Seitenplatten Reliefs: Jonas mit dem Walfisch und Tobias mit dem Engel. Der obere Teil ist mit Kacheln um 1730 verkleidet. Die Gemälde stellen rechts Eustach v. Westernach als Hochmeister des Teutschen Ordens um 1625 dar, links Karl d. Großen nach einem Gemälde von Albrecht Dürer, eine Kopie aus der Zeit. Stühle und Standuhr sind vermutlich Augsburger Arbeiten um 1700.

269 – Kronburg, Gang im Obergeschoß/Ost. Der Gang besitzt sieben Türen mit gedrehten Freisäulen und gesprengten Giebeln aus Nußbaum geschnitzt, um 1700. Dazwischen hängen westernachsche Ahnenporträts.

270 – Kronburg, ‹Deutschmeistersaal›. Die Stuckdecke mit schweren Girlandenrahmen und Spiralzweigen in den Feldern wurde von Elias Zimmermann, Mang und Simpert Kra(e)mer um 1693 geschaffen. Die Deckengemälde stellen die vier Kardinaltugenden und das westernachsche Wappen dar. Neben dem geschnitzten Türstock mit Pilastern und geschwungenen Giebelschenkeln (um 1700) hängt ein Gemälde von Heinrich Schönfeld, das Martyrium des hl. Laurentius, um 1720. Die Decke des Tisches ist der ursprüngliche Himmel eines Himmelbettes, der Tafelaufsatz eine Fayence aus der Manufaktur Göggingen, um 1700.

271 – Kempten. Ehemalige Fürstäbtliche Residenz, Wandfigur ‹Die Liebe› im Thronsaal. Die insgesamt vier überlebensgroßen Frauengestalten sind aus Lindenholz geschnitzt, weiß gefaßt und tragen vergoldete Attribute. Sie stammen von Ägid Verhelst, um 1740. Die abgebildete Figur zeigt auf dem Schild die Umschrift ‹ILLUSTRANTUR IN ILLA›. Die vier Statuen werden als die Grundlagen des gerechten Herrschertums angesehen: Liebe und Friedlichkeit, Macht und Weisheit. – Die Bezeichnung Thronsaal ist neuzeitlich. 1746 heißt er der große ‹Festin Saal›, 1761 und 1785 ‹Spiegelsaal›. Stukkator war der Wessobrunner Johann Georg Üblhör.

272 – Kempten. Ehemalige Fürstäbtliche Residenz, Stuckdetail aus der Hohlkehle des Audienzzimmers. Die Aufnahme zeigt einen Putto mit Helm an einen Säulenschaft gelehnt, während das zugehörige Kapitell ihm zu Füßen liegt. Es ist die Verkörperung der Stärke, eine der vier Kardinaltugenden. Das Stuckrelief befindet sich rechts über dem Kamin, links davon wird die Mäßigung dargestellt. Die Entstehung fällt in die Jahre 1733/34. Als ausführende Künstler kommen Johann Schütz, Johann Georg Üblhör und Franz

Xaver Feichtmayr – alle aus Wessobrunn – in Betracht.

273 – Kempten. Ehemalige Fürstäbtliche Residenz, Audienzzimmer des Fürstabts. Die Figurengruppe über dem Kamin ist eine Arbeit des Johann Schütz. Sie zeigt Herkules als Träger der Weltkugel; darüber Chronos, der Gott der Zeit; rechts zwei Putten mit Zeichen der Vergänglichkeit. In die Wandfelder sind Spiegel mit Stuckumrahmung eingelassen. Die Stukkierung zeigt Formen des Frührokoko sowie Nachklänge der Régence. In diesem Raum befand sich ehemals ein Hausaltar des Fürstabts. Das Deckengemälde stammt von dem Kemptener Hofmaler Franz Georg Hermann.

274 – Schloß Syrgenstein, Ansicht von Westen mit dem Neuen Torhaus (1911). Der Hauptbau besitzt erneuerte Treppengiebel. *(Photo Karl-Heinz Gebhart)*

275 – Schloß Syrgenstein, Treppenhaus von 1740. *(Photo Karl-Heinz Gebhart)*

276 – Füssen mit dem Hohen Schloß. Links oberhalb der Lechbrücke steht die ehemalige Benediktinerklosterkirche St. Mang. Im Vordergrund rechts ist das Franziskaner-Kloster mit Stadtmauer und Wehrtürmen zu sehen. Über der Stadt erhebt sich das Hohe Schloß. *(Photo Lala Aufsberg)*

277 – Füssen, Hof im Hohen Schloß. Das Bild zeigt rechts den Fürstenbau mit dem Aufgang zum Rittersaal, 1494/99 unter Bischof Friedrich von Zollern erbaut. Daran schließt sich der Storchenturm an. Die Fassadenmalereien um 1499 stammen angeblich von Fidelis Eichele aus Hechingen. Sie stellen illusionistische Erkerbauten dar, sowie Fensterumrahmungen, deren Wimperge mit Krabben und Kreuzblumen besetzt sind.

278 – Schloß Hohenschwangau mit Blick auf Neuschwanstein.

279 – Hohenschwangau, Erker im Löwenturm. Der Erker besitzt zwei Glasgemälde, die die Wappenschilde Herzog Albrechts von Bayern und seiner Gemahlin Mechthilde 1614 darstellen. Decke und Wände haben neugotische Maßwerkdekoration.

280 – Schloß Hohenschwangau, ‹Bertha-Zimmer›. Das Zimmer ist nach Berchta, der Mutter Karls des Großen benannt. Die Ausmalung stellt Ereignisse aus dem Leben des Kaisers dar. Über der Tür sieht man Pippin, der den kleinen Karl hält. Das Wandfeld neben der Tür zeigt das Jagdgefolge Pippins. Die Malereien sind von Franz Xaver Glink nach Entwürfen von Moritz von Schwind ausgeführt. Die Pferde malte Albrecht Adam, die Jagdtiere Lorenzo Quaglio, die ornamentale Umrahmung Michael Neher. Die Decke besitzt gotische Fischblasenornamentik.

281 – Hohenschwangau, ‹Tasso-Zimmer› (Schlafzimmer des Königs). Die Gemälde im Tasso-Zimmer erzählen die Geschichte von Rinaldo und Armida nach Torquato Tasso's ‹Befreitem Jerusalem›. Die Abbildung zeigt: Guelf und Ubald widerstehen den Lockungen der Sirenen und dringen in Armidas Zaubergarten vor. Rechts oben: Rinaldo in den Armen von Armida. Die Wandgemälde wurden nach Entwürfen von Moritz von Schwind von Franz Xaver Glink ausgeführt.

282 – Hohenschwangau, ‹Schyren-Zimmer› (Ankleidezimmer der Königin). Das Schyren-Zimmer im ersten Obergeschoß – genannt nach den Vorfahren der Wittelsbacher – enthält Wandgemälde aus der Geschichte der Schyren von Wilhelm Lindenschmitt. Das Gemälde im Hintergrund stellt den Sturm Herzog Luitpolds auf das Lager der Normannen dar, 892. Das Bild links: den Wettkampf Herzog Christophs mit dem polnischen Riesen Lublin, 1475.

283 – Hohenschwangau, Türkisches Zimmer oder Orient-Zimmer. Das im orientalischen Stil eingerichtete Zimmer enthält mehrere Wandbilder, die eine Erinnerung an die Orientreise des Kronprinzen Maximilian im Jahre 1833 darstellen. Sie wurden von Wilhelm Scheuchzer und Dietrich Monten geschaffen. An der Rückwand sieht man Ansichten von Konstantinopel und Bujukdere.

284 – Schloß Neuschwanstein von der Marienbrücke aus gesehen.

285 – Neuschwanstein, Arbeitszimmer des Königs. Die Eichenholzvertäfelung trägt Gemälde mit Szenen aus der Tannhäuser-Sage von Josef Aigner. Über der Tür in der Lünette: Pegasus mit Amoretten, anschließend: Tannhäuser als Büßer vor Papst Urban IV., und ein Teil des Gemäldes: Tannhäuser und Venus.

286 – Neuschwanstein, Schlafzimmer des Königs. Der Raum besitzt eine geschnitzte Eichenholzvertäfelung. Die Möbel zeigen spätgotische Formmotive; die Entwürfe dazu lieferte Julius Hofmann, 1881–1882. In die Rückwand des Baldachinbettes ist ein Marienbild eingelassen, das Julius Frank nach einem byzantinischen Vorbild malte.

287 – Neuschwanstein, Sängersaal. Als Vorbild diente der Saal auf der Wartburg, in dem unter Landgraf Hermann von Thüringen zu Anfang des 13. Jahrhunderts ein Dichter-Wettstreit stattgefunden haben soll. Er war König Ludwig II. durch Richard Wagners ‹Tannhäuser› vertraut. – Die ersten Entwürfe für den Saal lieferte Christian Jank bereits 1868. Für die Wanddekoration wurde 1882 bis 1883 das Thema der Parzival-Dichtung von Julius Hofmann festgelegt, die Ausmalung lag in den Händen von August Spieß, 1883–84. Der Saal endet an einer der Schmalseiten

mit drei Arkaden und einer ‹Bühne›, dahinter liegt eine naturalistisch ausgemalte Laube.

288 – Neuschwanstein, Blick in die Apsis des Thronsaals. Die Dekoration des Saales wurde durch byzantinische Vorbilder beeinflußt. Der König sah in dem Saal die Halle des Schwanenritters Lohengrin, mit dem er sich gern identifizierte. Die Wandmalereien wurden von Wilhelm Hauschild und anderen Künstlern ausgeführt. In der thronlosen Apsis sieht man Christus in der Glorie, darunter sechs heiliggesprochene Könige. Neben der Treppe aus Carrara-Marmor sind an den Wänden die zwölf Apostel abgebildet. Die Kronleuchter wurden von Eugen Drollinger entworfen und von Eduard Wollenweber gearbeitet.

Annotations in English

1 – Munich. Residenz, West front. Detail: the northern of the two portals designed as triumphal archways, flanked on either side by two bronze lions which were originally intended for the tomb of Duke Wilhelm V; they were placed in front of St. Michael's Church in 1597. The architectural design of the portal is by Hans Krumpper.

2 – Munich. Residenz, View of the Grotto Courtyard. The name derives from a grotto in the open gallery. Commissioned by Duke Wilhelm V, Friedrich Sustris built a four-wing complex adjoining the Antiquarium, 1581 to 1586.

3 – Munich. Residenz, Royal Buildings on Max-Joseph-Platz. Built by Leo von Klenze, 1826–1830; with certain variations the Palazzo Pitti in Florence served as model.

4 – Munich. Residenz, Great Hall facing the Court Gardens. Built by Leo von Klenze, 1832–1842 as a counterpart to the Royal Buildings facing Max-Joseph-Platz. The building has a total length of 250 metres.

5 – Munich. Residenz, Antiquarium, built by Wilhelm Egckl between 1569 and 1571 to house the antique art treasures collected by Duke Albrecht V (1550–1579) and remodelled between 1586 and 1600 by Friedrich Sustris. (Length of the hall: 69 metres).

6 – Munich. Residenz, Heart Cabinet. Electress Adelaide of Savoy was inspired to create this Heart Cabinet by the novel ‹Clélie› by Madeleine de Scudéry. The symbolic paintings in which the heart is the central feature are the work of Stefano Catani, 1669.

7 – Munich. Residenz, Miniature Cabinet. Designed by Cuvilliés the Elder. The woodcarvings are by Joachim Dietrich, 1732. The walls of the narrow room are covered with 130 miniatures by Dutch, French and German artists dating from the 16th to 18th centuries.

8 – Munich. Residenz, View of the State Bedchamber in the ‹Rich Apartments› designed by François Cuvilliés the Elder, furnished 1730–1737, renovated 1958.

9 – Munich. Residenz, View of the Ancestral Gallery from the China Cabinet. The China Cabinet was built 1731–1733 according to plans by Cuvilliés the Elder, originally as a treasury for the Elector. It was furnished as a China Cabinet in 1911.

10/12 – Munich. Residenz, Nibelung Halls in the Royal Buildings of the Residenz. King Ludwig I commissioned Julius Schnorr von Carolsfeld to paint the walls of the five halls with scenes from the Nibelungenlied.
11 – The photographs show paintings from the ‹Hall of Heroes›: Siegfried and Kriemhild, Brünhild and Gunter;
12 – ‹Hall of the Betrayal›: Siegfried is murdered by Hagen.

13 – Munich. Blutenburg Castle, View of the castle with enclosure walls and octagonal towers; the centre tower partially obscures the Gothic chapel.

14 – Munich. Blutenburg, Interior of the castle chapel with view of the sanctuary. The paintings of both the high altar of the Holy Trinity and the two side altars are by Jan Pollak, 1491.

15 – Munich. Nymphenburg Castle, Main view. The centre building was erected by A. Barelli from 1664 on under commission of Electress Adelaide of Savoy, wife of Elector Ferdinand Maria, who reigned from 1651 to 1679. Her son, Elector Max Emanuel (reigned 1679–1726), further developed the garden castle into an extensive castle complex. The plans for this scheme were provided by the Grison architect Enrico Zuccalli; building operations were supervised by A. Viscardi.

16 – Munich. Nymphenburg, Great Hall (‹Steinerner Saal›). The characteristic arrangement of the wall pilasters is essentially the work of Josef Effner, whereas François Cuvilliés the Elder, working under Maximilian III Joseph, divided the section overlooking the gardens into two storeys.

17/18 – Munich. Nymphenburg, Pagodenburg.
17 – Chinese Salon. Detail from the ceiling frescos by Anton Gumpp.
18 – The ‹Salettl›. Octagonal centre hall on the ground floor. The walls are decorated with faïence tiles.

19/20 – Munich. Nymphenburg.

19 – Badenburg, opposite the Pagodenburg. Elector Max Emanuel had the Badenburg built by Josef Effner between 1719 and 1721 as a bathing pavilion.
20 – Bath. The walls above water level are covered with blue and white tiles.

21/25 – Munich. Nymphenburg, Amalienburg.
21 – Hunting Lodge Amalienburg. The lodge was built by Elector Karl Albrecht for Electress Amalie between 1734 and 1739. The architect was François Cuvilliés the Elder.
22 – Figure of Diana above the main doorway. The ornamentation above the entrance originated from Egid Verhelst the Elder or his workshop.
23 – Hall of Mirrors. The circular hall has a flat-domed ceiling. The carved frames of the mirrors are by Joachim Dietrich, the stucco decoration of the ceiling by Johann Baptist Zimmermann.
24 – Kitchen. The walls are covered with blue and white and multicoloured tiles.
25 – The kennels. The wall panelling and ceiling are painted with decorative blue designs on a white ground.

26 – Munich. Planegg Castle, View of the castle from the park.

27 – Munich. Asam house, built in 1729 by and for Cosmas Damian Asam. The painted front was restored in the course of the work of reconstruction in 1958/59.

28 – Munich. Schleissheim, New Castle, Garden front with the Baroque gardens. The gardens were originally laid out by Enrico Zuccalli, starting in 1683, but the French garden architecture of André Le Nôtre eventually prevailed.

29 – Munich. Schleissheim, New Castle, Great Hall. The whole decoration of this hall, above all the stucco trophies by Johann Baptist Zimmermann, alludes to the victory of Elector Max Emanuel over the Turks.

30 – Munich. Schleissheim, New Castle, Staircase. The final design by Josef Effner for a three-flight staircase was only executed in the 19th century under King Ludwig I, when old pieces of marble were used in the construction. The stucco decoration of the walls is by

Johann Baptist Zimmermann and the Frenchman Charles Dubut (herms and masks).

31 – Munich. Schleissheim, New Castle, Grand Gallery (or ‹Schöne Galerie›) facing the gardens, a hall 61 metres in length with 11 windows. Today it houses paintings by Dutch, Italian and German masters of the Baroque period.

32 – Munich. Schleissheim, New Castle, Lantern in the small chapel in the north wing. The ceiling stucco as well as the stucco figures on the balustrade of the lantern are by Johann Baptist Zimmermann.

33 – Munich. Schleissheim, New Castle, Second room of the suite of audience apartments in the south wing.

34 – Munich. Schleissheim, Lustheim Castle. The castle was built as a garden casino by Enrico Zuccalli, 1684–1689, at the eastern end of the Schleissheim park.

35 – Munich. Ismaning Castle, Napoleon Hall with view into the Blue Hall. The castle was rebuilt by Leo von Klenze for the Duke of Leuchtenberg (dedication 1817).

36 – Schwindegg Castle, East side. On the south side is the two-storeyed gatehouse. Building work on the castle began in 1594.

37 – Tüssling Castle, View of the courtyard arcades.

38 – Tüssling, Garden front.

39 – Tüssling, Great Hall in the north wing, built in 1725 under Count Ferdinand Marquard Joseph von Wartenberg. The ceiling painting dates from the early years of our century.

40/43 – Tüssling, Details of the ceiling stucco in the south rooms on the second floor, executed by Alexius Bader (Pader) from Dorfen (1729).

44 – Tüssling, Salon on the second floor, with the stucco shown in detail in No. 41.

45 – Winhöring Castle, Great Hall. On the flat ceiling is the coat of arms of the Toerring family, surrounded by stucco. Above the fireplace hangs the equestrian portrait of Count Ignaz Felix von Toerring-Gronsfeld.

46 – Winhöring, Full-length portrait of Count Ignaz Felix von Toerring-Gronsfeld as Field Marshal and Commander of the Order of St. George (1682–1763). The painting is dated 1759 and signed Georges Desmarées. His pupils may possibly have contributed to the work.

47 – Ottenhofen, Garden pavilion in the former castle park. The castle no longer exists.

The pavilion was built in 1760; according to an inscription the patron was Count Carl Felix von Perusa.

48 – Ottenhofen, Mansard in the pavilion. The sloping walls are painted with chinoiserie ornamentation by an unknown artist.

49 – Burghausen on the River Salzach, View of Burghausen from across the Salzach.

50 – Burghausen. Fortress, Duke George's Gate from the south. Built by Duke George the Rich (1479–1503), this was the most important defensive element of the centre section of the fortress.

51 – Burghausen. Fortress, Dürnitz. The two aisles of the hall are subdivided by five bays. This was the only room which could be heated by means of a fireplace. Here the servants had their meals.

52 – Burghausen. Fortress, The Duke's chamber in the Palas (hall-range). The room has a timbered ceiling and is outfitted with Gothic furniture.

53 – Burghausen. Fortress. Corner-room in the Palas. The room has a massive timbered ceiling, only the oriel has the typical Gothic vault figuration.

54 – Tittmoning Castle, View of the fortress with the outer fortifications.

55 – Stein on the River Traun. Lower Castle with Cave Castle. Behind the Lower Castle is the Upper Castle (late 15th century). Both buildings are connected by underground passages and chambers hewn out of the rock.

56 – Elkofen Castle, View from the south with main building.

57 – Elkofen, Detail: The carved lion from the Rechberg coat of arms at the foot of the stair railing.

58 – Elkofen, The Red Salon. The ceiling has stucco profile frame decorations.

59 – Amerang Castle, View from the east. Originally Gothic, the castle was rebuilt in the second half of the 16th century.

60 – Amerang, View of the Knights' Hall. The walls of the hall are hung with hunting trophies dating from various periods.

61 – Urfahrn Castle, Aerial view of the castle (built 1723–1727). On the right in the background is the Carmelite monastery of Reisach (founded 1732).

62 – Urfahrn, Frescoes on a farm building at the extreme end of the castle courtyard.

63 – Hohenaschau Castle, View from the fortress over the Chiemgau.

64 – Hohenaschau, the new part of the castle.

65 – Hohenaschau, the staircase designed in the form of a snail. In the cupola is a painting showing Jupiter with eagle in a cloud, with Mercury behind him.

66 – Hohenaschau, View of the terrace.

67 – Hohenaschau, Detail of the stucco decoration in the first antechamber (formerly known as the ‹Prince's Chamber›).

68 – Hohenaschau Hall (Ancestral Hall) viewed from the east. Our photograph shows the ornate architecture of the portals. The centre portal is flanked by terms depicting angels. Above the door a cartouche bearing an inscription dated 1696.

69 – Herrenchiemsee. Old Castle (formerly a monastery), View of the one-time refectory, also known as the ‹Prince's Hall› or ‹Imperial Hall›. From the coat of arms it can be assumed that the paintings were executed under Provost Jakobus VI, 1691–1718.

70 – Herrenchiemsee. New Castle, Garden front with the Latona Fountain, a copy of the fountain of the same name in Versailles; it was executed by J. Hautmann in 1883.

71 – Herrenchiemsee. New Castle, Cour d'honneur viewed from the east. The façades repeat in a simplified form the elevation of the garden front.

72 – Herrenchiemsee. New Castle, Grand Gallery of Mirrors. The gallery extends with a length of 98 metres across the entire garden front. The seventeen bay windows along the west wall correspond with the round arches of the mirrors on the opposite wall. The ceiling decoration consists of plastic stucco moulding and nine large and eighteen smaller paintings with allegorical representations of the deeds of Louis XIV.

73 – Herrenchiemsee. New Castle, Council Chamber. The richly carved panelling was executed according to designs by F. Widmann. The painting of Louis XIV is a copy of a work by H. Rigaud.

74 – Herrenchiemsee. New Castle, Dining-room with a table which can be raised or lowered through the floor. The carvings of the panelling display motives from hunting, angling, fruit-growing and horticulture and are the work of Ph. Perron. The basket of flowers on the table and vases and clocks are of Meissen china, as is also the eighteen-arm chandelier, the design for which was destroyed at the wish of the king so as to prevent imitation.

75 – Herrenchiemsee. New Castle, Small Gallery of Mirrors. The walls of the gallery, decorated with multicoloured marble stucco, are articulated by arches, mirrors, windows, doors and gilt ornamentation. The stucco figures by J. Hirt at either end of the long room represent the four continents.

76 – Höglwörth Castle (formerly an Augustinian monastery), View of the castle. South of the church lies the former monastery building.

77 – Höglwörth, Hall in the former monastery building.

78 – Staufeneck Castle, seen from the south with view of the Hochstaufen. Below the roof of the late Gothic castle (circa 1513) can be seen the ramperts which extend around the whole building.

79 – Berchtesgaden. Castle in the former Augustinian monastery. View of the residence from the south, on the right the former monastery building.

80 – Berchtesgaden. Castle in the former Augustinian monastery, West wing of the cloisters (first half of the 13th century).

81 – Berchtesgaden. Castle, View of the so-called ‹Deanery Corridor› with its display of hunting trophies.

82 – Berchtesgaden. Castle, Salon in the Crown Prince's Apartment. The stucco decorations on the ceiling are by Peter Pflauder (1733–1811). The Brussels tapestries follow designs by David Teniers (woven after 1693).

83 – Berchtesgaden. Castle, Large Dining-room. The stucco decoration of garlands in the cavetto moulding is also by Peter Pflauder (circa 1785).

84 – Berchtesgaden. Castle, View from the Salon of the Panelled Room, executed by Peter Pflauder (1780–85).

85 – Harmating, Partial view of the Chancellor's Room with a portrait of Chancellor Ferdinand von Barth as a young man.

86 – Harmating, Corner of the Chancellor's Room. The room contains numerous Barth family portraits.

87 – Harmating, View of the castle.

88 – Harmating, Detail of the painted ceiling in the Chancellor's Room: ‹Night›, executed by Melchior Steidl at the end of the 17th century.

89 – Harmating, Hall with coffered ceiling ornamented with painted medallions dating form the early 19th century.

90 – Seefeld Castle, View of the late medieval castle buildings. In the foreground is the annex with a loggia built by Gabriel von Seidl in 1897.

91 – Seefeld, Corridor with antlers.

92 – Seefeld, Castle Chapel, View of the high altar. The chapel was built in 1774. The stucco decoration is by Thassilo Zöpf; the ceiling fresco painted by Joseph Ott, 1776.

93 – Pähl Castle, Full view. The present castle was built by Albert Schmidt, 1885–1887.

94 – Linderhof Castle, View of the castle with terrace garden and pool. The castle was built by Georg von Dollmann, a pupil of Leo von Klenze, for King Ludwig II.

95 – Linderhof, Venus Grotto. The motif of the Blue Grotto in Capri is repeated here in a lake with subterranean illumination into which a waterfall cascades.

96 – Linderhof, Peacock Throne in the ‹Moorish Kiosk›. The throne was made in Paris.

97 – Linderhof, State Bedchamber of King Ludwig II. Modelled on the bedchamber in the ‹Rich Apartments› in the Munich Residenz, the walls are covered by white panelling with gilt ornamentation; the sopraporta depict scenes from the Court life of Louis XIV in Versailles.

98 – Haimhausen Castle, View form the park.

99 – Haimhausen, Bust of Count Sigmund von Haimhausen, Director of the Munich China Manufactory. The work of Franz Anton Bustelli, it is now exhibited in the Bavarian National Museum.

100 – Hunting Lodge Schachen, View of the lodge. This hunting castle, which from the outside resembles a timber mountain chalet, is the first building erected by Ludwig II in ‹oriental› style (1870).

101 – Schachen, The Turkish Salon. The room is furnished in the ‹oriental› manner with a Moorish fountain in the centre.

102 – Sandizell Castle, Centre projection of the south front with bridge over the moat.

103 – Sandizell, Altar in the Castle Chapel, executed by Friedrich Schwertführer and Ignaz Baldauff, 1756–1757. The sculptures are by Anton Diessmayer.

104 – Sandizell, Gateway tower over the entrance to the castle courtyard.

105 – Sandizell, Blue Salon (circa 1770), Scenes of gallantry painted on canvas by Ignaz Baldauff.

106 – Pöttmes Castle, Centre building of the three-wing complex. In the courtyard an 18th century fountain.

107 – Reichershausen Castle, View of the two parallel wings surrounded by a wide moat.

108 – Niederarnbach Castle, View of the castle with the chapel in the south wing after a hand-coloured engraving, 1802.

109 – Niederarnbach, Partial view of the hall on the first floor. The coffered stucco ceiling (circa 1600) is supported by a centre pillar of marble.

110 – Isareck Castle, View of the castle from the park with the entrance bridge. The castle was newly built by Wilhelm Egckl, 1559–1570.

111 – Isareck, View of the staircase with cross vault ceiling.

112 – Isareck, Salon with wide vaulted ceiling, presumably original.

113 – Isareck, Hall on the first floor with vaulted ceiling.

114 – Isareck, Castle courtyard with arcades and Gothic tower.

115 – Landshut. Trausnitz Castle, View from the south-west (1204).

116/119 – Landshut. Trausnitz, Details of paintings with figures from the Commedia dell'arte along the Buffoons' Staircase, 1578.
116 – Woman pouring water over Zany;
117 – Zany carries off a basket of food and a bottle while a dog jumps up at him;
118 – While the sick Pantaloon rides a donkey, Zany follows with a clyster for the animal;
119 – Pantaloon and his servant Zany take the lover unawares.

120 – Landshut. Town Residenz, View from the western gallery (1540–1543) of the German Buildings. The paintings in the ceiling vaults depict scenes from the Old Testament.

121 – Landshut. Town Residenz, Italian Hall. The decoration dates from 1542, the paintings are by Hans Bocksberger the Elder.

122 – Landshut. Town Residenz, Venus Room. In the foreground a South German chest (mid-16th century).

123 – Landshut. Town Residenz, Painted ceiling in the Star Chamber (detail), with the planets and fixed stars, 1543.

124 – Landshut. Town Residenz, Painted ceiling in the Venus Room (detail). The theme of the ceiling paintings (1541, renovated 1781) indicates that this room was once a bedchamber.

125 – Landshut. Town Residenz, Detail of the painted ceiling in the Apollo Room (1542).

126 – Landshut. Town Residenz – Birkenfeld Wing. Study of Duke Wilhelm von Birkenfeld-Gelnhausen. The wall behind the roll-top bureau is hung with tapestries displaying alliance coats of arms (German, 1756).

127 – Neufraunhofen. Castle Church, View of the interior. The high altar dates from 1715.

128 – Kronwinkl Castle, View of the castle with the Romanesque ramparts.

129 – Kronwinkl. Dining Hall on the ground floor.

130 – Schambach Castle, view from the east. The arcades on three storeys on the north side terminate at the west end in a tower.

131 – Kapfing Castle, West front with park. This west wing with the two corner towers was added in 1910/11.

132 – Kapfing, Dining Hall.

133 – Kapfing, Corner of the salon with the portrait of Count Cajetan von Spreti, born 1770, killed in action 1807.

134 – Kapfing, Castle Courtyard. The courtyard was refashioned when the castle was enlarged in 1910/11, with art nouveau trellis decoration.

135 – Irlbach, Corner of the Empire Room, circa 1820. The reliefs let into the walls depict scenes from Greek mythology.

136 – Irlbach, Ceiling relief from the Empire Room.

137 – Irlbach, Empire Room. On the left is the bust of the patron Count François Gabriel von Bray (1765–1832) by Bertel Thorvaldsen.

138 – Offenberg, Detail of a stucco ceiling on the first floor: Samson and Dalila (circa 1690).

139 – Offenberg, Salon with stucco ceiling (circa 1720).

140–142 – Ering, Stucco details from the Great Hall. According to the inscription in the cavetto moulding the hall was built under Count Maximilian Joseph von Baumgarten, 1772. Our photograph shows Ering Castle as a relief surrounded by rocaille ornamentation in a sopraporte. Portraits in oval stucco frames with graceful rococo decoration.

143 – Thurnstein Castle, Castle with chapel annexe view from the north-east.

144 – Thurnstein, View of the staircase with vaulted ceiling.

145 – Thurnstein, Castle Chapel, Northern oratory.

146 – Thurnstein, Castle Chapel, View of the high altar and a section of the ceiling fresco. The altar dates from 1670, the ceiling was painted in 1783 with scenes from the life of Esther.

147 – Oberlauterbach Castle, View from the park.

148 – Neuburg Castle on the River Inn, Terracotta Hall. The hall has an elaborately decorated vaulted ceiling with acanthus ornamentation dating from 1705.

149 – Schönau Castle, Wall tapestry, fragment, 1540.

150 – Arnstorf. Upper Castle, South-east front with bridge leading over a dry moat.

151 – Arnstorf. Upper Castle, View of the inner courtyard.

152 – Arnstorf. Upper Castle, Corridor on the first floor of the south wing. In the foreground is a richly ornamented sledge from Mariakirchen Castle.

153 – Arnstorf. Upper Castle, Large Dining Hall, furnished in Empire and Biedermeier style.

154 – Arnstorf. Upper Castle, Detail of the Turkish trophies in the Long Room painted by Melchior Steidl.

155 – Arnstorf. Upper Castle, Murals in the Imperial Hall. The boiserie of the socle displays a painted view of Schönburg Castle. The mural is an allegory of Winter.

156 – Arnstorf. Upper Castle, South corner of the Imperial Hall. The vast ceiling fresco was painted in 1714 by Melchior Steidl. It depicts Helios in the sun-chariot surrounded by the gods of Olympus. The lower wall panel represents an allegory of Summer.

157 – Aicha vorm Wald, Former manor house with outhouses.

158 – Schönburg Castle, Gatehouse. The three-wing rococo building on the north-west side of the castle.

159 – Ortenburg Castle. Castle Chapel, Coffered ceiling (23 m × 9 m). The ceiling is in a large hall in the south wing which was later furnished as a chapel. In the centre of the ceiling carved from various woods is the Ortenburg coat of arms. In contrast to the cedar ceiling in the Fugger castle, it already reveals Baroque elements. It was executed in 1628, possibly in the workshop of Wendel Dietrich in Augsburg.

160 – Moos Castle, Castle Portal. Building began on the castle in 1625. Above the pediment two lions support the Preysing coat of arms.

161 – Moos, Ante-chamber salon on the second floor.

162 – Moos, Guest Room with four-poster bed, 17th century.

163 – Moos, Red Salon, with a portrait of Count Johann Maximilian IV von Preysing-Hohenschau as Commander of the Order of St. George. The portrait resembles another painting of the Count, three-quarter length, by Georges Desmarées, circa 1755 (Berlin State Collection).

164 – Moos, Red Salon. Above the fireplace hangs a painting of Count Johann Maximilian V von Preysing-Hohenaschau by Moritz Kellerhoven (1758–1830).

165/166 – Moos, stucco details. Allegorical figures from the library ceiling, circa 1625.

167 – Moos, Partial view of the library with stucco ceiling, circa 1625.

168 – Passau. New Episcopal Residenz, Staircase. Balustrade and columns are of red marble. The groups of children bearing lanterns surmounting the balustrade of the second storey are of cast-lead. The ornamental stucco ceiling dates from circa 1768.

169 – Passau. New Episcopal Residenz, ‹Salon› (corner room) of the former Audience Chamber.

170 – Passau. New Episcopal Residenz, Rococo stove in the ‹Salon›.

171 – Passau. New Episcopal Residenz, View through the antechambers on the north side.

172 – Passau. New Episcopal Residenz, detail of the stucco decoration in the former ‹Salon›. In the four corners of the ceiling are groups of children representing the four seasons. The photograph shows ‹Summer› framed by a rocaille cartouche.

173 – Passau. Former Episcopal Theatre. The theatre – today the Municipal Theatre – lies at the foot of the Residenz and was built in 1783 (restored in 1961).

174 – Passau. Freudenhain, Formerly the summer residence of the Prince Bishop, was erected by Count Joseph Franz von Auersperg in 1785 and completed in 1792.

175 – Regensburg. Residenz of the Princes Thurn and Taxis. View from the David's Courtyard of the inner castle courtyard with the east and south wings.

176 – Regensburg. Residenz of the Princes Thurn and Taxis. Yellow Salon. The wall panelling with musical instruments and other decorations dates from circa 1740.

177 – Regensburg. Residenz of the Princes Thurn and Taxis, Mirror Salon. The panels let into the mirror wall were executed in Regensburg, 1792. The furniture was made in Strassbourg, 1803.

178 – Regensburg. Residenz of the Princes Thurn and Taxis, Magdalene Salon. The furnishing of the salon were originally in the Palais Thurn and Taxis in Frankfurt. On the right a Dutch tapestry, late 17th century; in front a chest of drawers, Paris, circa 1750. The wall panelling dates from circa 1740.

179 – Regensburg. Residenz of the Princes Thurn and Taxis, Room leading off the Ballroom. The mirrors were painted by Princess Margarete von Thurn and Taxis (died 1955); chair and console table late 19th century.

180 – Regensburg. Residenz of the Princes Thurn and Taxis, Large Dining Room. The great tapestry represents Count Leonhard von Taxis on horseback, while opposite him rides Countess Alexandrine von Rye. The tapestry was woven in Brussels and is dated 1646.

181 – Regensburg. Residenz of the Princes Thurn and Taxis, Ballroom. Mirrors articulate the walls. The stucco decoration of the ceiling and walls (circa 1740) endows the room with a graceful lightness.

182 – Regensburg. Residenz of the Princes Thurn and Taxis, Court Library. View from the north-east of the domed hall of the Court Library containing some 165.000 volumes. The library was built in 1732, the cupola was painted by Cosmas Damian Asam in 1737. The ceiling decoration, which was covered with a classic design in 1812, was restored between 1966 and 1968.

183 – Prunn Castle, view from the south. The castle is situated on a jurassic cliff above the River Altmühl.

184/185 – Hirschberg Castle (retreat house), Figures in the niches of the portal of the centre building, 1764, representing the ‹Cellarer› (184) and the ‹Court Chamberlain› (185).

186 – Hirschberg Castle, central block of the three-wing complex. Behind the balcony on the first floor is the Imperial Hall.

187 – Hirschberg, ceiling in a cabinet in the north wing.

188 – Hirschberg, Knights' Hall on the second floor. The wall between the pilasters is ornamented with faïence tiles. The portrait on the left shows the patron of the castle, Count Johann Anton von Strasoldo (1757 to 1781).

189 – Parsberg Castle. The main building of the castle with the two round corner towers was erected in the first half of the 16th century.

190 – Falkenberg Castle, view from the west. The castle, for years a ruin, was completely re-roofed during its restoration.

191 – Vohenstrauss. Friedrichsburg Castle, south view. The castle bears the name of its patron the Count Palatine Friedrich.

192 – Wörth Castle on the Danube, view from the east. The castle buildings with the walls, four round corner towers and the massive keep lie above Markt Wörth on a slightly sloping glocis.

193 – Neidstein Castle. Overall view with the gatehouse in the east and the round tower in the west.

194 – Köfering Castle, Salon.

195 – Köfering, Castle Courtyard with open arcades in the lower storeys.

196 – Sünching Castle, Library.

197 – Sünching. Castle Chapel, detail of the stucco decoration in the chapel. The wall ornamentation with musical instruments is on the west gallery, circa 1761.

198 – Sünching, Chinese Cabinet. The room is hung with chinoiserie wallpaper.

199 – Sünching, Great Hall. Stucco decoration by Franz Xaver Feichtmayr and his son-in-law Jakob Rauch. Over the red marble fireplace hangs a portrait of the patron, Count Joseph Franz Maria von Seinsheim. The ceiling fresco depicts the gods of Olympus surrounded by groups symbolizing the four seasons. This hall is used in summer for concerts.

200 – Alteglofsheim Castle, ceiling fresco in the Imperial Hall. The painting shows the Emperor Leopold I and his Empress poised upon an eagle, surrounded by princes and princesses of the Holy Roman Empire.

201/202 – Alteglofsheim, stucco details from the ceiling of the Imperial Hall. The centre ceiling fresco is surrounded by stucco relief (circa 1680). The four female figures on the rounded corners personify the four continents. The two photographs show the figures of Africa (201) and America (202).

203 – Alteglofsheim, Oval Hall. The hall was built in the transverse wing under Count Johann Georg von Königsfeld circa 1730. The decoration and the stucco work is by the Asam brothers. In the ceiling fresco, which represents Apollo in the sun-chariot, Cosmas Damian Asam painted a portrait of himself in hunting costume on the lower corner of the picture.

204 – Neuburg on the Danube, Castle Courtyard. The west wing – on the left – dates from 1530. The façade frescos are from the second half of the 16th century.

205 – Neuburg on the Danube, View of the Castle Chapel, 1540. The paintings in the ceiling vaults mainly depict scenes from the Old and New Testament, 1543.

206 – Neuburg on the Danube, Castle Chapel, detail of the vault decoration, 1543.

207 – Grünau, Old Castle, ‹Hunting Room› or Office. The walls of the tower room are painted with hunting scenes, 1537.

208 – Grünau, Old Castle, View from the south-west.

209 – Stepperg Castle, View from the gardens. The castle was built in the last quarter of the 16th century.

210 – Stepperg, Dining-room. The stucco ceiling decoration and the furniture of this room are in art nouveau style, circa 1905.

211 – Bertoldsheim Castle, Part of a wall fresco in the Garden Hall: view of Bertoldsheim Castle from the south-west with Rennertshofen and Stepperg.

212 – Bertholdsheim, Garden Hall, Empire stove in a corner of the Hall.

213 – Bertholdsheim, Corner in the Small Salon. The paintings in the wall panels depict landscapes as well as genii and figures from Greek mythology.

214 – Leitheim Castle, View of the castle with vineyard. The photograph shows the summer Residenz of the sovereign Abbey of the Cistercians with an arcade connecting the castle with the castle church of St. Blaise.

215 – Leitheim, Great Hall, 1751 – today used as a concert hall. The stucco work is by the Wessobrunn stucco-worker Anton Landes. The ceiling fresco depicts ‹The Five Senses›, 1751.

216/217 – Leitheim, Details of the ceiling paintings in the Court Room. The photographs show two scenes from the painting ‹The Four Ages of Man›, 1751: ‹Youth› (216) and ‹Old Age› (217).

218 – Leitheim, Reception Hall. The stucco decoration is by Anton Landes of Wessobrunn, 1751. By the window hangs a portrait of a Countess de Castellane, grandmother of Mirabeau (about 1720).

219 – Leitheim, detail of the stair railing.

220 – Harburg Castle above the River Wörnitz, View of the east side of the castle. On the left the Prince's Building which today houses the library and art collection.

221 – Harburg, View from the northern rampart of the granary, 1595.

222 – Harburg, Storeroom of the Library. The earliest library records are dated 1413. Today the library contains 140000 volumes.

223 – Harburg, Castle Church of St. Michael. The three-fold tomb for Count Gottfried zu Oettingen and his two wives is the work of the sculptor Michael Kern, 1620.

224 – Harburg, Art Collection. Section of the so-called ‹Walburga Tapestry›. The saint (with prince's coronet) is depicted with her companions in the ship in which she reached Mainz from Ireland after a stormy crossing. Nuremberg, circa 1460.

225 – Harburg, Art Collection. Oettingen ivory crucifix, German, 11th century.

226 – Harburg, Art Collection. Tilman Riemenschneider: Mary with the women and St. John beneath the Cross. Left fragment of a crucifixion group. Limewood, circa 1490.

227 – Hohenaltheim, Garden Pavilion.

228 – Hohenaltheim, Garden Pavilion. Left Side Cabinet. The double portrait of Prince Krafft Ernst von und zu Oettingen-Wallerstein and his first wife is by Martin Knoller, 1776.

229 – Hohenaltheim, Breakfast Room. The rococo stove is in a niche in the Breakfast Room, the walls of which are covered with faïence tiles from the no longer existent Oettingen Faïence Manufactory Schrattenhofen, circa 1740/1750.

230 – Hohenaltheim, Stucco ceiling in the Hall. The photogtaph shows the centrepiece with relief of Orpheus.

231 – Hohenaltheim, Hall. The marble decoration dates from 1740/41.

232 – Oettingen Castle, View from the south. The castle was built by Matthias Weiss, 1679.

233 – Oettingen, Theatre Hall (Golden Room). The stucco work dates from 1680/82 and the first quarter of the 18th century.

234 – Oettingen, Great Hall on the second floor. The stucco decoration in the window niches is by Matthias Schmutzer, 1680/82.

235 – Oettingen, White Salon. The wall stucco work was renovated in 1715/20, from which

period the faïence stove also dates. The painting surrounded by stucco tracery depicts Countess Johanna Margarethe von Oettingen-Spielberg with her two daughters.

236 – Oettingen, Faïence Room (until 1952 Dining-room). The stucco work is presumably late 19th century.

237 – Oettingen, Orangery – the present residence of the Prince. The Orangery in the Court Gardens was built by Gabriel de Gabrieli, 1726.

238/239 – Oettingen, Dwarfs in the Court Gardens. The photographs show two of the five dwarfs, early 18th century.

240 – Amerdingen, Dining Hall on the ground floor. The hall is hung with landscape wallpaper, 18th century.

241 – Amerdingen, Hall in Classical style on the first floor. The stucco work is by Materno Bossi. Various wall panels depict painted landscapes.

242 – Neuburg Castle on the River Kammel, View of the castle with Church of the Ascension of the Blessed Virgin.

243 – Jettingen, west front.

244 – Seyfriedsberg Castle, Aerial view with the park. The park, laid out in 1848 by Prince Karl Anselm zu Oettingen-Wallerstein, is a botanical landscape garden with exotic trees.

245 – Wellenburg, Detail of the ceiling fresco in the Dining Hall. The painting is the work of Johann Georg Lederer, 1738.

246 – Wellenburg, Four-poster bed. Carved from dark wood, with inset paintings and silver fittings, the bed is an Augsburg masterpiece, 17th century.

247 – Wellenburg, Dining Hall. The original star vaulting which extended from the round column half embedded in the south wall still exists in the adjoining kitchen, whereas in the dining hall the groins were flattened during the Baroque period. The ceiling fresco surrounded by stucco works shows the gods of Olympus, with two putti bearing a model of the castle.

248 – Kirchheim Castle on the River Mindel, east wing of the four-wing complex. The photograph shows the main portal with its rustic framework of sandstone. In the niches are terracotta figures of Hercules and Mars by Hubert Gerhard, 1583. Beyond the door is the great Cedar Hall.

249 – Kirchheim. Round arch gateway on the west front of the east wing. Above the sandstone pediment is a neo-Baroque stucco relief: St. George and the dragon.

250 – Kirchheim, View of the Cedar Hall. The hall extends over two storeys of the east wing. The enormous coffered ceiling was carved from various woods (cedar, Hungarian ash, oak, limewood, elm, walnut, beechwood, etc.) on a dark background of cedar by Wendel Dietrich in 1585.

251 – Kirchheim. South-west oriel of the Frundsberg Hall. The terracotta and white decoration of the ceiling dates from 1580.

252 – Kirchheim, so-called Maria Theresia Hall. The corner salon, originally the dining-room, was furnished circa 1760/70. Above the mirror on the east wall is a portrait of Empress Maria Theresia as a widow.

253 – Babenhausen Castle, View from the castle gardens to the north. On the left is the Rechberg Building, the oldest section of the castle. To the north lies the elongated building of the New Castle.

254 – Babenhausen, Library Corridor on the upper storey of the north-west transverse wing.

255 – Babenhausen, Gold (or Red) Salon on the upper story of the New Castle. In the wall panelling with gilt carvings (1740/50) are inset paintings, largely battle scenes from the Turkish Wars, early 18th century.

256 – Babenhausen, Tapestry Hall on the second storey of the west transverse wing (formerly Music Room). The room was furnished circa 1740. The panelled walls are hung with mirrors and portraits and Flemish tapestries (early 17th century).

257 – Babenhausen, St. Andrew's Catholic Parish Church, Nave with west gallery. The old vaulting was removed in 1846 and transformed into a three-aisle building by the introduction of four marbled supports. The upper galleries date from the period of reconstruction while those below were built 1717/20.

258 – Osterberg Castle, Overall view. In the foreground are the High Castle with the adjoining Low Castle and the adjacent stables.

259 – Osterberg, View of the staircase from the hall on the upper storey.

260 – Osterberg, Corner by the widow in the Red Salon.

261 – Osterberg, Cabinet, south-east corner room with patterned wallpaper, 1820.

262 – Grünenfurt Castle, Hall on the upper storey (Blue Salon). The ceiling displays stucco cartouches in the corners; the putti (1737–38) symbolize the seasons.

263 – Illerfeld Castle, Fragment of an organ side-panel. The fragment was originally in

St. Martin's Church in Memmingen. The detail shows King David and two trumpeters, on the right two patricians of Memmingen. The painting is dated 1598, renovated 1827.

264 – Illerfeld, Corner of the hall on the upper floor with stove niche.

265 – Waal Castle, Staircase. The photograph shows the lift constructed in 1820.

266 – Waal, main view with the gardens.

267 – Waal, Salon of the Rechberg Apartments on the second floor.

268 – Kronburg Castle, East view of the Red Hall. The coffered ceiling is painted with mid-16th century arabesques. The two-storey stove is dated 1699.

269 – Kronburg, Corridor on the upper floor, east. The corridor has seven doors carved in walnut, 1700. Between the doors hang portraits of the Westernach family.

270 – Kronburg, ‹Deutschmeister› Hall. The ceiling stucco decoration dates from circa 1693. The frescos represent the four temporal virtues with the Westernach coat of arms.

271 – Kempten. Former Residenz of the Prince Abbot, Wall statue of ‹Charity› in the Throne Room.

272 – Kempten. Residenz, Detail of stucco from the cavetto moulding of the Audience Chamber, 1733/34.

273 – Kempten. Residenz, Audience Chamber. The group of statuary over the fireplace represents Hercules bearing the globe; above Chronos, god of time; on the right two putti with symbols of transience.

274 – Syrgenstein Castle, View from the west with the new gatehouse (1911).

275 – Syrgenstein, Staircase, 1740.

276 – Füssen, View of Füssen with the former Benedictine monastery church of St. Mang. In the foreground on the right the Franciscan monastery, above the town the High Castle.

277 – Füssen, Courtyard of the High Castle. The photograph shows the Prince's Building on the right with access to the Knights' Hall, 1494/1499. The wall frescos were painted circa 1499.

278 – Hohenschwangau with view of Newschwanstein.

279 – Hohenschwangau, Oriel in the Lion's Tower. The two glass paintings depict the coat of arms of Duke Albrecht of Bavaria and his wife Mechthilde, 1614.

280 – Hohenschwangau, Bertha Room. The room bears the name of Berchta, mother of Charlemagne. The paintings depict events from the life of the Emperor.

281 – Hohenschwangau, Tasso Room (the King's Bedchamber). The paintings in the Tasso Room tell story of Rinaldo and Armida after Torquato Tasso's ‹Jerusalem Delivered›.

282 – Hohenschwangau, Schyren Room (the Queen's dressing-room). The Schyren Room on the first floor contains wall paintings from the story of the Schyren by Wilhelm Lindenschmitt.

283 – Hohenschwangau, Turkish Room or Oriental Room. Furnished in the oriental manner, the room contains wall paintings recording Crown Prince Maximilian's journey to the East.

284 – Neuschwanstein seen from St. Mary's Bridge.

285 – Neuschwanstein, The King's Study. In the oak panelling are inserted paintings with scenes from the Tannhäuser saga.

286 – Neuschwanstein, The King's Bedchamber. The room has carved oak wall panelling. The furniture is late Gothic in style.

287 – Neuschwanstein, Singers' Hall. The hall is modelled on the hall in the Wartburg in which a poets' contest is said to have been held in the early 13th century. It was well known to Ludwig II through Richard Wagner's ‹Tannhäuser›.

288 – Neuschwanstein, View of the apsis of the Throne Room. The decoration of the hall was Byzantine-inspired. In the eyes of the King this was the hall of Lohengrin, with whom he liked to identify himself.

Translated by
Barbara Gräfin Waldstein-Wartenberg

Notices en français

1 – Munich. Résidence, Façade Ouest. Un des deux beaux portails avec les lions de bronze originairement destinés au tombeau de Wilhelm V. Architecture du portail de Hans Krumpper. Sur le fronton on remarque deux sculptures allégoriques féminines représentant ‹la Justice› et ‹la Prudence› (1616).

2 – Munich. Résidence, La ‹Grottenhof›, dénommée ainsi d'après une grotte se trouvant sous la salle à colonnes. Entre 1581–1586 Friedrich Sustris, sur ordre du duc Wilhelm V, ajouta un ensemble de quatre ailes à ‹l'Antiquarium›.

3 – Munich. Résidence, ‹Königsbau›, ou édifice royal, par Leo von Klenze (1826–1830) dans le style du Palais Pitti à Florence.

4 – Munich. Résidence, ‹Festsaalbau‹ (salle des fêtes). Le bâtiment, de 250 m de long, est également de Leo von Klenze.

5 – Munich. Résidence, ‹L'Antiquarium›, bâti entre 1569 et 1571 pour recevoir la collection des antiquités du duc Albrecht V. La salle imposante, de 69 m de long, possède de jolies peintures.

6 – Munich. Résidence, ‹Herzkabinett› ou boudoir du coeur. La princesse-électrice Adélaïde de Savoie, s' inspirant de ‹Clélie›, le roman de Madeleine de Scudéry, ordonna la décoration de ce boudoir. Les peintures symboliques, dont le coeur est le thème principal, sont de Stefano Catani (1669).

7 – Munich. Résidence, ‹Cabinet des miniatures›, ébauche de Cuvilliés le Vieux. Les murs sont ornés de 130 miniatures d' artistes hollandais, français et allemands des XVIe, XVIIe et XVIIIe s.

8 – Munich. Résidence, Chambre à coucher des salles d'apparat, d'après Cuvilliés le Vieux.

9 – Munich. Résidence, Salle de la porcelaine et vue sur la galerie des ancêtres. La salle, exécutée entre 1731 et 1733 sur des plans de Cuvilliés le Vieux servit d'abord à abriter le trésor du prince-électeur. La somptueuse ornementation de la galerie des ancêtres date probablement de l'époque où Josef Effner travaillait encore pour la Cour (1726 à 1731).

10/12 – Munich. Résidence, Salles dites des Nibelungen dans l'édifice royal. Les cinq salles, datant du roi Louis Ier (1827–34 et 1843 –1867) sont ornées de peintures représentant des scènes du ‹Chant des Nibelungen›.

13 – Munich. Blutenburg, Le château avec son mur d'enceinte et ses tours octogonales.

14 – Munich. Blutenburg, Intérieur de la chapelle du château avec le maître-autel de Jan Pollak (1491).

15 – Munich. Château de Nymphenburg, Vue principale. Le bâtiment central fut entrepris en 1664 par A. Barelli pour la princesse Adélaïde de Savoie, épouse du prince-électeur Ferdinand-Marie (1651–79). Son fils, le prince-électeur Max-Emmanuel (1679–1726) chargea l'architecte A. Viscardi d'agrandir le château sur les plans d'Enrico Zuccalli.

16 – Munich. Château de Nymphenburg, Salle des fêtes. Architecture de J. Effner. Sous le règne de Max III Joseph (1756–57) F. Cuvilliés le Vieux partagea en deux étages la partie donnant sur les jardins. Décoration en stuc et peintures des plafonds de la même époque, de J. B. Zimmermann et de son fils Franz.

17/18 – Munich. Nymphenburg, Pagodenburg.
17 – Salon chinois, détail des peintures du plafond.
18 – Le ‹salettl› (petite salle), pièce octogonale du rez-de-chaussée. Les murs portent un revêtement de faïence de Delft.

19/20 – Munich. Nymphenburg, Badenburg.
19 – Vue d'ensemble. Ce petit ‹château des bains› fut réalisé de 1719 à 1721 par J. Effner.
20 – Bassin. Les murs au-dessus du niveau de l'eau sont revêtus de carreaux bleus et blancs de faïence de Delft.

21/25 – Munich. Nymphenburg, Amalienburg.
21 – Pavillon de chasse, commandé par le prince-électeur Karl-Albrecht pour son épouse Amélie, fut construit par Cuvilliés le Vieux.
22 – Portail principal avec un groupe de Diane.
23 – Salle des glaces, en rotonde. Murs garnis de glaces encadrées de lambris. Stucs du plafond de J. B. Zimmermann.
24 – Cuisine. Murs revêtus de faïence de Delft. Plafond et boiseries ornés de chinoiseries peintes.
25 – Chenil, avec peintures bleues sur fond blanc.

26 – Munich. Château de Planegg, Vue du château et du parc.

27 – Munich. Manoir d'Asam, ‹Asam-Schlössl›, construit en 1729.

28 – Schleissheim. Nouveau château, Façade côté jardins. Le parc, commencé par Zuccalli, fut remplacé par des jardins à la française dans le goût de Le Nôtre.

29 – Schleissheim. Nouveau château, Grande salle. Décoration et nombreux trophées en stuc de J. B. Zimmermann se rapportant aux victoires du prince-électeur Max-Emmanuel sur les Turcs.

30 – Schleissheim. Nouveau château, Escalier par J. Effner, seulement exécuté sous le règne

de Louis Ier. Stucs des murs de J. B. Zimmermann et du français Ch. Dubut.

31 – Schleissheim. Nouveau château, Grande galerie. C'est une salle des fêtes de 61 m de long avec 11 voûtes aux beaux plafonds peints.

32 – Schleissheim. Nouveau château, Aile Nord. Lanterne de l'oratoire.

33 – Schleissheim. Nouveau château, Aile Sud. Deuxième salle d'audience. Les tapisseries proviennent de la célèbre suite de scènes des batailles du prince-électeur Max-Emmanuel.

34 – Schleissheim. Château de Lustheim, Pratiquement contigu au parc du château de Schleissheim, c'est l'œuvre de E. Zuccalli. Il abrite aujourd'hui un très beau musée de porcelaines de Meissen.

35 – Château d'Ismaning, Salle Napoléon et vue sur la salle bleue. Le duc de Leuchtenberg fit transformer le château par Leo von Klenze (1817).

36 – Schwindegg, Le château côté Est. La construction de l'ensemble s'étend de 1594 jusqu'au XVIIe s.

37 – Tüssling, La cour à arcades.

38 – Tüssling, Le château, façade sur les jardins.

39 – Tüssling, Salle des fêtes.

40/43 – Tüssling. Détails des stucs décorant les salons du deuxième étage.

44 – Tüssling, Salon du deuxième étage dont on voit un détail photo 41.

45 – Winhöring, Grande salle. Au plafond, blason peint des Toerring avec encadrement de stuc. Au-dessus de la cheminée, portrait du comte Ignaz Felix de Toerring-Gronsfeld (1682–1763).

46 – Winhöring, Portrait du comte Ignaz Felix de Toerring-Gronsfeld en tenue de feldmaréchal et commandeur de l'ordre de Saint-Georges, par Georges Desmarées (1759).

47 – Ottenhofen, Pavillon dans l'ancien parc du château (1760).

48 – Ottenhofen, Pièce mansardée du pavillon ornée de jolies peintures.

49 – Burghausen. Le château vu de la Salzach.

50 – Burghausen. Château, ‹Georgstor›, porte construite par le duc Georges le Riche (1479 à 1503).

51 – Burghausen. Communs du château.

52 – Burghausen. Château, Grande pièce du corps de logis principal avec plafond à poutres apparentes et mobilier gothique.

53 – Burghausen. Coin d'une pièce d'habitation dans le logis du château.

54 – Château de Tittmoning, Vue d'ensemble avec le mur d'enceinte.

55 – Stein-an-der-Traun. Château inférieur avec les galeries creusées dans les falaises pour le relier an château supérieur (fin XVe s.).

56 – Château d'Elkofen vu du Sud.

57 – Elkofen, Rampe de l'escalier. Détail d'un lion sculpté du blason des Rechberg.

58 – Elkofen, Le salon rouge. Stucs du plafond et mobilier de style Louis XVI.

59 – Château d'Amerang. D'époque gothique, il fut transformé au début du XVIe s.

60 – Amerang, Salle des chevaliers avec trophées de chasse de différentes époques.

61 – Urfahrn, Vue aérienne du château (1723 jusque 1727).

62 – Urfahrn, Communs aux murs peints (XVIIIe s.).

63 – Hohenaschau, Vue sur la région du Chiemgau.

64 – Hohenaschau, Le vieux château et la nouvelle partie (1904/06).

65 – Hohenaschau, L'escalier d'honneur, en colimaçon.

66 – Hohenaschau, Une terrasse du château.

67 – Hohenaschau, Détail du décor en stuc de la première antichambre (anciennement dite salle des princes).

68 – Hohenaschau, Salle des ancêtres. Portes richement ornées (1686).

69 – Herrenchiemsee. Vieux château, Partie Sud. Salle dite des princes ou de l'empereur, richement décorée de peintures.

70 – Herrenchiemsee. Nouveau château, Vue des jardins et le bassin de Latone, imitation de Versailles (1883).

71 – Herrenchiemsee. Nouveau château, Cour d'honneur.

72 – Herrenchiemsee. Nouveau château, Grande galerie des glaces, longue de 98 m, donnant sur les jardins, construite vers 1879 sur les plans de Georg von Dollmann. Aux 17 fenêtres correspondent 17 glaces sur le mur opposé.

Voûtes avec décoration en stuc et tableaux représentant des scènes allégoriques de la vie de Louis XIV. Candélabres et lustres en cristal. Dans les niches, 8 copies en marbre de sculptures antiques célèbres.

73 – Herrenchiemsee. Nouveau château, Salle du Conseil. Boiseries richement sculptées d'après F. Widnmann. Sur la cheminée grande pendule, copie d'une pendule française.

74 – Herrenchiemsee. Nouveau château, Salle à manger. Lambris sculptés inspirés de scènes de chasse, de pêche et de l'art floral. Sur la table escamotable, corbeille de fruits, vases et pendules en porcelaine de Meissen. Lustre à 18 bras dont le modèle fut détruit à la demande du roi.

75 – Herrenchiemsee. Nouveau château, Petite galerie des glaces. Murs en marbre de différentes couleurs, glaces, peintures, décoration dorée.

76 – Château d'Höglwörth (ancien couvent), vue d'ensemble.

77 – Höglwörth, Une des salles de l'ancien couvent.

78 – Château de Staufeneck avec le Hochstaufen.

79 – Berchtesgaden. Le château (ancien couvent de chanoines de Saint-Augustin) vu du Sud. A droite, ancien bâtiment du couvent.

80 – Berchtesgaden. Château, L'ancien déambulatoire (première moitié de XIIIe s.).

81 – Berchtesgaden. Château, Couloir dit du décanat décoré de trophées de chasse.

82 – Berchtesgaden. Château, Salon dans les appartements du prince héritier.

83 – Berchtesgaden. Château, Grande salle à manger. Belle décoration en stuc avec motifs à guirlandes (vers 1785).

84 – Berchtesgaden. Château, Salon décoré de stucs représentant des instruments d'horticulture (1780–1785).

85 – Harmating, Détail de la pièce du chancelier avec un portrait du chancelier Ferdinand von Barth, jeune homme.

86 – Harmating, Détail de la pièce du chancelier où se trouvent de nombreux portraits de la famille Barth.

87 – Harmating, Vue du château.

88 – Harmating, ‹La nuit›, détail du plafond peint de la pièce du chancelier.

89 – Harmating. Salle au décor d'époque Renaissance avec blasons et peintures.

90 – Seefeld, Vue du château. A droite, beffroi du XIIIe s. Au premier plan, nouvelle partie et loggia (fin du XIXe s.).

91 – Seefeld, Couloir avec trophées de chasse.

92 – Seefeld, Chapelle du château (1774). Décoration en stuc et remarquables peintures au plafond.

93 – Château de Pähl, Vue d'ensemble. Le château actuel fut construit à la fin du siècle dernier.

94 – Linderhof, Vue du château, bâti pour le roi Louis II sur les plans de Georg von Dollmann, avec les jardins en terrasse et le grand bassin.

95 – Linderhof, La grotte de Vénus. On reconnait l'imitation de la célèbre grotte bleue de Capri.

96 – Linderhof, Trône aux paons dans le kiosque Maure. Le trône fut exécuté à Paris.

97 – Linderhof, Chambre à coucher du roi Louis II, exécutée en 1871 d'après les ‹Reiche Zimmer› de la Résidence de Munich.

98 – Haimhausen, Le château (XVIIIe s.) avec le perron du XIXe s.

99 – Haimhausen, Buste en porcelaine du comte Sigmund von Haimhausen, directeur de la manufacture de porcelaine qui devint celle de Nymphenburg. Œuvre d'Anton Bustelli, ce buste se trouve aujourd'hui au Musée National Bavarois.

100 – Pavillon de chasse sur le Schachen.

101 – Pavillon de chasse sur le Schachen. Le salon turc. C'est la première pièce que Louis II fit décorer en style oriental (1870).

102 – Sandizell, Le château et le pont sur les douves.

103 – Sandizell, Autel de la chapelle du château.

104 – Sandizell, Tour à l'entrée de la cour du château.

105 – Sandizell, Le salon bleu (vers 1770). Sur les murs, toiles peintes représentant des scènes galantes.

106 – Pöttmes, Partie centrale du château.

107 – Reichertshausen, Vue des deux ailes du château qu'entoure un large fossé.

108 – Château de Niederarnbach, Estampe coloriée de 1802.

109 – Niederarnbach, Partie de la grande salle. Plafond à caissons (vers 1600) décoré de stucs.

110 – Isareck, Le château vu du parc.

111 – Isareck, Escalier de la plus ancienne partie du château.

112 – Isareck, Vue des salons du premier étage.

113 – Isareck, Hall du premier étage.

114 – Isareck, Cour du château et la tour gothique.

115 – Landshut. Château de Trausnitz, Château-fort et beffroi (1204) vus du Sud-Ouest.

116/119 – Landshut. Château de Trausnitz, Détails des fresques aux sujets de la ‹Commedia dell'arte›. Ici, l'escalier dit ‹des fous›.
116 – Femme renversant un récipient sur Zanni.
117 – Zanni emporte une corbeille d'aliments et une carafe;
118 – Pantalon malade sur un âne, Zanni le suit et donne un lavement à l'animal;
119 – Pantalon et son serviteur Zanni avec l'amant surpris.

120 – Landshut. Résidence, La cour italienne (1540–1543) avec, au fond, la cour allemande.

121 – Landshut. Résidence, Salle italienne dont la décoration date de l'époque de la construction du palais (1542). Peintures de la voûte à caissons de Hans Bocksberger le Vieux.

122 – Landshut. Résidence, Salon de Vénus. Au premier plan coffre d'Allemagne du Sud orné de marqueterie (milieu du XVIe s.).

123 – Landshut. Résidence, Détail du plafond de la salle dite des étoiles. Peintures des caissons représentant les planètes et le ciel par Ludwig Refinger (1543).

124 – Landshut. Résidence, Détail des peintures du plafond du salon de Vénus. Ces peintures, oeuvre de Herman Posthumus (1541) montrent que le salon fut d'abord une chambre à coucher.

125 – Landshut. Résidence, Détail du plafond du salon d'Apollon. ‹Apollon sur le char du soleil›, peinture de Hans Bocksberger le Vieux (1542).

126 – Landshut. Résidence, Partie dite de Birkenfeld. Cabinet de travail du duc Wilhelm von Birkenfeld-Gelnhausen.

127 – Neufraunhofen, Eglise du château. L'autel latéral, orné de motifs sculptés de style rococo renferme les reliques de Saint Simplizius (vers 1750).

128 – Kronwinkl, Vue du château avec le beffroi roman.

129 – Kronwinkl, Salle à manger dans la vieille partie du château.

130 – Schambach, Le château vu de l'Est.

131 – Kapfing, La nouvelle partie du château (1910–1911).

132 – Kapfing, La salle à manger.

133 – Kapfing, Coin d'un des salons avec le portrait du comte Cajetan von Spreti.

134 – Kapfing, Cour intérieure du château avec décoration de style ‹art nouveau› (1911).

135 – Irlbach, Un coin du salon Empire, vers 1820. Bas-reliefs de Bertel Thorvaldsen, Ludwig Schwanthaler et Johann Leebs représentant des scènes de la mythologie grecque.

136 – Irlbach, Plafond du salon Empire.

137 – Irlbach, Salon Empire. A gauche, de Thorvaldsen, le buste du comte François-Gabriel de Bray (1765–1832) qui fit décorer le château.

138 – Offenberg, Détail d'un plafond en stuc représentant Samson et Dalila (vers 1690).

139 – Offenberg, Vue d'un des salons.

140/142 – Ering, Salle des fêtes que fit exécuter, en 1772, le comte Maximilian-Joseph de Baumgarten. Détails des stucs.

143 – Thurnstein, Le château et la chapelle vus du Nord-Est.

144 – Thurnstein, L'escalier, avec sa rampe en bois sculpté.

145 – Thurnstein, Chapelle du château. L'oratoire Nord.

146 – Thurnstein, Chapelle du château. Le maître-autel, œuvre de Joseph Deutschmann et de son compagnon Franz Anton Zauner (1670). Grande peinture du plafond de Joh. Nep. della Croce (1783).

147 – Oberlauterbach, Le château vu du parc.

148 – Neuburg am Inn, Salle dite des ‹terres cuites› décorée de marbre rouge avec une voûte aux nervures richement ornées de terres cuites.

149 – Schönau, Fragment d'une tapisserie faisant partie d'une série de 19 destinées au château du comte palatin Ottheinrich à Neuburg sur le Danube. Elle représente la généalogie de Ottheinrich.

150 – Arnstorf. Château supérieur, Façade Sud-Est et pont sur un ancien fossé.

151 – Arnstorf. Château supérieur, La cour intérieure ornée sur trois côtés d'arcades de style toscan.

152 – Arnstorf. Château supérieur. Corridor du premier étage avec un beau traineau provenant du château de Mariakirchen.

153 – Arnstorf. Château supérieur, Grande salle à manger.

154 – Arnstorf. Château supérieur, Salle longue ornée de trophées turcs peints par Melchior Steidl.

155 – Arnstorf. Château supérieur. Peintures murales de la salle impériale: allégorie de l'hiver.

156 – Arnstorf. Château supérieur, Coin Sud de la salle impériale. Splendide plafond peint de Melchior Steidl (1714).

157 – Aicha vorm Wald, Vue du château, exemple typique d'une petite seigneurie bavaroise.

158 – Schönburg, Portail d'entrée.

159 – Ortenburg, Chapelle du château avec un magnifique plafond en bois, à caissons (25 m × 9 m), vraisemblablement exécuté en 1628 dans l'atelier de Wendel Dietrich à Augsbourg.

160 – Moos, Portail du château avec armes des Preysing tenues par deux lions (1625).

161 – Moos, Antichambre du deuxième étage.

162 – Moos, Chambre d'amis avec un lit à baldaquin du XVIIe s.

163 – Moos, Salon rouge. Portrait de Johann Maximilian IV, comte de Preysing-Hohenaschau en tenue de commandeur de l'ordre de Saint-Georges.

164 – Moos, Salon rouge. Au-dessus de la cheminée, portrait de Johann Maximilian V, comte de Preysing-Hohenaschau par Moritz Kellerhoven.

165/166 – Moos, Détails des stucs du plafond de la bibliothèque.

167 – Moos, La bibliothèque (vers 1625).

168 – Passau. Nouvelle résidence épiscopale, Rampe d'escalier en marbre rouge.

169 – Passau. Nouvelle résidence épiscopale, ‹Salon› ou salle des audiences.

170 – Passau. Nouvelle résidence épiscopale, Poêle de style rococo dans le ‹salon›.

171 – Passau. Nouvelle résidence épiscopale, Enfilade des antichambres de la partie Nord.

172 – Passau. Nouvelle résidence épiscopale, Détail des stucs de l'ancien ‹Salon› avec, dans les angles du plafond, des groupes d'enfants représentant les quatre saisons. On voit ici ‹l'été› avec un cartouche de style rocaille.

173 – Passau. Ancien théatre épiscopal (fin du XVIIIe s., par Georg Hanauer) aujourd'hui théatre municipal, près de la Redoute au pied de la Résidence.

174. – Passau. Freudenhain, Ancienne résidence d'été des princes-évêques. Construite par le comte Franz Joseph von Auersperg en 1785 et complétée en 1792.

175 – Ratisbonne (Regensburg). Résidence des princes de Thurn et Taxis, La cour intérieure du château vue de la cour David, avec les ailes Est et Sud.

176 – Ratisbonne – Résidence, Salon jaune. Boiseries avec instruments de musique et autres décorations de 1740 env.

177 – Ratisbonne. Résidence, Salon des glaces. Miroirs des lambris faits à Ratisbonne (1792). Le mobilier provient de Strasbourg (1803).

178 – Ratisbonne. Résidence, ‹Magdalensalon› dont le mobilier provient du Palais Thurn et Taxis à Francfort. Boiseries (1740), tapisserie flamande (fin XVIIe s.).

179 – Ratisbonne. Résidence, Boudoir voisin de la salle de bal. Mobilier de la fin du XIXe s. Miroirs peints par la princesse Margarete de Thurn et Taxis (décédée en 1955).

180 – Ratisbonne. Résidence, Grande salle à manger avec une tapisserie de Bruxelles de l'atelier de Van der Horst (1646) montrant le comte Leonhard de Taxis, à cheval, et la comtesse Alexandrine de Rye.

181 – Ratisbonne, Résidence, Salle de bal. On remarque les beaux miroirs, la gracieuse décoration des murs et du plafond (vers 1740).

182 – Ratisbonne. Résidence, Bibliothèque. Elle compte environ 165.000 volumes. Architecture de J. M. Prunner (1732), peintures de la coupole par C. D. Asam (1737).

183 – Château de Prunn vu du Sud, construit sur des falaises jurassiques qui dominent la vallée de l'Altmühl.

184/185 – Château de Hirschberg, Sculptures des niches du portail central par Johann Jakob Berg (1764) représentant ‹Le sommelier› (184) et ‹Le maître de cérémonies› (185).

186 – Hirschberg, Corps central du château. Au premier étage on voit le balcon de la ‹Salle Impériale›.

187 – Hirschberg, Plafond d'un salon en forme de charmille.

188 – Hirschberg, ›Salle des chevaliers‹. A gauche de l'entrée portrait du comte Johann Anton von Strasoldo (1757–1781) qui fit construire le château. Au-dessus de la cheminée, Beilngries et le château de Hirschberg.

189 – Château de Parsberg, Partie centrale du château et ses deux tours rondes (début du XVIᵉ s.).

190 – Château de Falkenberg vu de l'Ouest.

191 – Vohenstrauss, Friedrichsburg. Le château porte le nom du comte palatin Friedrich qui le fit bâtir.

192 – Château de Wörth sur le Danube.

193 – Château de Neidstein, Vue d'ensemble avec le portail à l'Est et la tour ronde à l'Ouest.

194 – Château de Köfering, Un des salons.

195 – Köfering, La cour à arcades.

196 – Château de Sünching, La bibliothèque.

197 – Sünching, Chapelle du château. Détail des stucs de la galerie Ouest décorés d'instruments de musique (vers 1761).

198 – Sünching, Cabinet chinois. La pièce est tapissée de papiers peints représentant des chinoiseries.

199 – Sünching, Salle des fêtes. Les stucateurs Franz Xaver Feichtmayr et son gendre Jakob Rauch ont participé à la décoration. Au-dessus de la cheminée de marbre rouge, portrait du châtelain, le comte Joseph Franz Maria de Seinsheim. Consoles (côté fenêtres) d'Ignaz Günther. Plafond peint représentant les dieux de l'Olympe entourés de groupes symbolisant les quatre saisons, par Matthäus Günther (1761). Pendant l'été on donne dans cette salle des concerts.

200 – Château d'Alteglofsheim, Plafond peint de la ‹Salle Impériale› représentant l'empereur Leopold Ier et l'impératrice voguant sur un aigle, entourés de princes et princesses du Saint Empire Romain Germanique (attribué à Jakob Heubel).

201/202 – Alteglofsheim, Détail des stucs de la ‹Salle Impériale›, ici deux des continents: ‹L'Afrique› (201) et ‹L'Amérique› (202).

203 – Alteglofsheim, Salle ovale construite dans l'aile transversale (vers 1730) à l'époque du comte Johann Georg von Königsfeld. Décoration de Cosmas Damian Asam, stucs blancs et or d'Egid Quirin Asam.

204 – Neuburg sur le Danube, Cour du château. A gauche aile Ouest, de 1530. Fresques de la façade de la seconde moitié du XVIᵉ s.

205 – Neuburg sur le Danube, Chapelle du château (1540) avec fresques de Hans Bocks-

berger le Vieux représentant des scènes de l'Ancien et du Nouveau Testament (1543).

206 – Neuburg sur le Danube, Chapelle du château. Détail de la décoration de la voûte. Peintures de Hans Bocksberger le Vieux (1543).

207 – Grünau. Vieux château, ‹Salle de chasse› dans la tour. Murs décorés de cerfs (1537).

208 – Grünau. Le vieux château (1530/31) vu du Sud-Ouest.

209 – Château de Stepperg vu du parc. L'édifice date de la fin du XVIᵉ s.

210 – Stepperg, Salle à manger. Ameublement et plafond de style ‹Art nouveau›, vers 1905.

211 – Bertoldsheim, Salle du jardin. Détail d'une des fresques. On voit le château de Bertoldsheim sur le Danube avec Rennertshofen et Stepperg.

212 – Bertoldsheim, Salle du jardin. Poêle Empire dans un angle de la salle.

213 – Bertoldsheim, Un petit salon avec peintures représentant des paysages, génies et personnages de la mythologie grecque.

214 – Château de Leitheim, Vue d'ensemble avec les vignes.

215 – Leitheim, Salle des fêtes (1751) où se donnent maintenant des concerts. Stucs d'Anton Landes, de l'école de Wessobrunn. Beau plafond représentant ‹Les cinq sens›, par Godefried Bernhard Göz (1751).

216/217 – Leitheim, Détails d'un plafond de la ‹Salle de la Cour› avec ‹Les quatre âges de l'homme› par G. B. Göz. Ici ‹La jeunesse› (216) et ‹La vieillesse› (217).

218 – Leitheim, Salle de réception. Stucs d'Anton Landes (1751). Près de la fenêtre un portrait de la Comtesse de Castellane, grand-mère de Mirabeau (vers 1720).

219 – Leitheim, Détail de la rampe d'escalier (1745).

220 – Château de Harburg sur la Wörnitz, Vue d'ensemble du côté Est. A gauche le ‹bâtiment des princes› avec la bibliothèque et les collections.

221 – Harburg, Le grenier (1595) vu du chemin de ronde.

222 – Harburg, Les réserves de la bibliothèque dont le plus ancien registre est de 1413. Le comte von Oettingen-Wallerstein (1594 à 1670) réunit cette bibliothèque à celle de Markus Fugger. Elle compte aujourd'hui 140000 volumes.

223 – Harburg, Chapelle du château. Monument funéraire du comte Gottfried zu Oettin-

gen et de ses deux épouses, oeuvre du sculpteur Michael Kern (1620).

224 – Harburg. Collections des princes, Détail de la ‹tapisserie de Walburga› (Nuremberg, vers 1460).

225 – Harburg. Collections des princes, Crucifix en ivoire (Ouvrage allemand du XIᵉ s.).

226 – Harburg. Collections des princes, ‹Marie avec les Saintes Femmes et St Jean sous la Croix›, groupe sculpté, œuvre de Tilman Riemenschneider (vers 1490).

227 – Hohenaltheim, Pavillon d'été.

228 – Hohenaltheim, Pavillon d'été. Salon de gauche avec le portrait du prince Krafft Ernst von und zu Oettingen-Wallerstein et de sa première femme, par Martin Knoller (1776).

229 – Hohenaltheim, Petite salle à manger. Poêle rococo dans une niche de la salle à manger aux murs décorés de carreaux de faïence (1740/50), provenant de la manufacture de Schrattenhofen, propriété des princes Oettingen.

230 – Hohenaltheim, Salle. Partie centrale du plafond avec le relief dit ‹d'Orphée›.

231 – Hohenaltheim, Salle, Décor de marbre attribué aux marbriers Hans Georg Pfizer et son fils (1740/41).

232 – Château d'Oettingen vu du Sud. Commencé en 1679 par Matthias Weiss.

233 – Oettingen, Salle de théatre (pièce dorée). Stucs (1680/82) de Matthias Schmuzer (école de Wessobrunn).

234 – Oettingen, Salle des fêtes du second étage. Stucs des fenêtres de Matthias Schmuzer (1680/82). Plafond peint de Johann Murrer (XVIIᵉ et XVIIIᵉ s.) représentant des scènes mythologiques et de chasse.

235 – Oettingen, Salon blanc. Stucs des murs attribués à Sebastian Beck d'Ellingen (1715/20). Poêle en faïence de la même époque. Portrait de la comtesse Johanna Margarethe von Oettingen-Spielberg avec ses deux filles.

236 – Oettingen, Pièce des faïences, salle à manger jusqu'en 1952. Stucs sans doute de la fin du XIXᵉ s.

237 – Oettingen, L'Orangerie où demeurent aujourd'hui les princes. L'Orangerie, qui se trouve dans les jardins, fut construite par Gabriel de Gabrieli (1726).

238/239 – Oettingen, Statues de nains dans les jardins de l'Orangerie (XVIIIᵉ s.).

240 – Château d'Amerdingen, Salle à manger du rez-de-chaussée, décorée de papiers peints avec paysages du XVIIIᵉ s.

241 – Amerdingen, Salle du premier étage avec mobilier classique. Stucs de Materno Bossi.

242 – Château de Neuburg sur la Kammel avec l'église paroissiale.

243 – Château de Jettingen, Façade Ouest.

244 – Château de Seyfriedsberg, Vue aérienne du château et du parc qui est un jardin botanique avec des arbres exotiques, créé en 1848 par le prince Karl-Anselm zu Oettingen-Wallerstein.

245 – Château de Wellenburg, Détail du plafond de la salle à manger. Fresques de Johann Georg Lederer (1738).

246 – Wellenburg, Lit à baldaquin, ouvrage augsbourgeois (XVIIᵉ s.) en bois sculpté avec décorations en argent et peintures.

247 – Wellenburg, Salle à manger, Beau décor en stuc de Finsterwalder d'Augsbourg (vers 1738). Peintures de Johann Georg Lederer (1738) avec deux chérubins portant un modèle du château.

248 – Château de Kirchheim sur la Mindel, Portail principal de l'aile Est du château. Dans les niches, Hercule et Mars par Hubert Gerhard (1583).

249 – Kirchheim, Portail de la façade Ouest de l'aile Est. Relief néo-baroque avec St Georges et le dragon.

250 – Kirchheim, La salle en cèdre qui s'étend sur deux étages de l'aile Est. Immense plafond à caissons (375 m² de superficie et 180 cm de profondeur) de Wendel Dietrich, travaillé en divers bois (cèdre, frêne de Hongrie, chêne, citronnier, aune, noyer, hêtre) sur un fond de cèdre foncé (1585). Remarquer aussi les belles peintures, les meubles (vers 1720) et la cheminée ornée de figures en terre-cuite (1587).

251 – Kirchheim, Pièce en encorbellement de la salle dite de Frundsberg (ancien salon d'Hans Fugger). Le décor du plafond date de 1580, des murs et voûtes de 1720/30.

252 – Kirchheim, Salle dite de l'impératrice Marie-Thérèse. Décoration et mobilier de 1760/70 env. Au-dessus d'un miroir, portrait de l'impératrice.

253 – Château de Babenhausen vu des jardins. A gauche ‹Aile Rechberg›, partie la plus ancienne du château. Au centre le long corps de bâtiment du nouveau château.

254 – Babenhausen, La bibliothèque, sorte de long corridor de 40 m de long et 2 m 50 de large.

255 – Babenhausen, Salon doré (ou rouge) du nouveau château, décoré de boiseries dorées et de tableaux avec scènes de batailles des guerres contre les Turcs. Stucs du plafond de Michael Stiller (1710/20).

256 – Babenhausen, Salle des tapisseries (ancienne salle de musique) décorée vers 1740. Boiseries avec miroirs, portraits et tapisseries flamandes (début du XVIIᵉ s.).

257 – Babenhausen, Eglise St-André. Nef et galerie Ouest.

258 – Château d'Osterberg, Vue d'ensemble avec écuries et communs.

259 – Osterberg, L'escalier et le hall du Iᵉʳ étage.

260 – Osterberg, Un coin du salon rouge.

261 Osterberg, Petit salon d'angle. Papiers peints, décor du plafond et mobilier de 1820 env.

262 – Château de Grünenfurt. Salon du Iᵉʳ étage (Salon bleu). Plafond avec chérubins symbolisant les saisons (1737/38).

263 – Château d'Illerfeld. Volet peint provenant de l'orgue de l'église St-Martin de Memmingen, par H. Kuhl (1598).

264 – Illerfeld, Un des salons. Aux murs nombreux tableaux du XVIIᵉ et du XVIIIᵉ s.

265 – Waal, L'escalier du château avec l'ascenseur de 1820.

266 – Château de Waal, Façade principale vue des jardins.

267 – Waal, Salon de la suite dite ‹de Rechberg›. Mobilier du milieu du XIXᵉ s.

268 – Château de Kronburg, La salle rouge. Plafond à caissons peint d'arabesques (milieu du XVIᵉ s.) Poêle de 1699. A gauche, portrait de Charlemagne (copie d'époque d'après Albrecht Dürer), à droite portrait d'Eustache von Westernach en tenue de Grand Maître de l' Ordre Teutonique (vers 1626).

269 – Kronburg, Corridor Est avec sept portes richement sculptées en noyer (1700); entre celles-ci portraits de la famille Westernach.

270 – Kronburg, ‹Salle de l'Ordre Teutonique›. Au plafond peintures d'Elias Zimmermann, Mang et Simpert Kraemer (vers 1693).

271 – Kempten. Ancienne Résidence des Princes-abbés, ‹L'Amour›, une des quatre statues d'Ägid Verhelst pour la salle du trône (vers 1740). Stucs de Johann Georg Üblhör.

272 – Kempten. Résidence, Détail d'une moulure de la salle d'audience.

273 – Kempten. Résidence, Salle d'audience. Figures ornant le dessus de la cheminée par Johann Schütz, avec Cronos et Hercule portant le globe terrestre.

274 – Château de Syrgenstein vu de l'Ouest et le nouveau bâtiment d'entrée (1911).

275 – Syrgenstein, Escalier de 1740.

276 – Füssen, Vue d'ensemble avec, à gauche, au-dessus du pont du Lech, l'ancienne église de l'abbaye bénédictine St-Magnus. Au premier plan, à droite, le couvent des Franciscains et les murs d'enceinte de la ville que domine le château dit ‹Hohes Schloss›.

277 – Füssen. Hohes Schloss, La cour du château. Aile des princes et entrée de la salle des chevaliers, 1494/1499. Peintures de la façade de la même époque.

278 – Château de Hohenschwangau avec vue sur Neuschwanstein.

279 – Hohenschwangau, Pièce d'angle dans la ‹Tour des Lions› avec deux peintures sous verre représentant les armes du duc Albert de Bavière et de la duchesse Mechthilde (1614).

280 – Hohenschwangau, Chambre dite de ‹Berthe›, mère de Charlemagne. Peintures de Franz Xaver Glink d'après Moritz von Schwind représentant des scènes de la vie de l'empereur.

281 – Hohenschwangau, chambre dite ‹du Tasse› (Chambre à coucher du roi). Peintures de Franz Xaver Glink d'après Moritz von Schwind illustrant l'histoire de ‹Renaud et Armide› de Torquato Tasso.

282 – Hohenschwangau, Boudoir de la reine, dit ‹Schyren-Zimmer› avec peintures de Wilhelm Lindenschmitt.

283 – Hohenschwangau, Chambre turque ou orientale, avec peintures de Wilhelm Scheuzer et Dietrich Monten évoquant le voyage en Orient du prince héritier Maximilian.

284 – Château de Neuschwanstein vu du pont de la Vierge (‹Marienbrücke›).

285 – Neuschwanstein, Cabinet de travail du roi. Boiseries de chêne avec panneaux peints de Josef Aigner représentant la légende de Tannhäuser.

286 – Neuschwanstein, Chambre à coucher du roi. Boiseries en chêne et mobilier de style néo-gothique de Julius Hofmann (1881/82).

287 – Neuschwanstein, Salle des chanteurs, imitant une salle de la Wartburg dans laquelle le landgrave Hermann von Thüringen organisa au XIIIᵉ s. un concours de poètes et de chanteurs. Louis II en connaissait bien l'histoire par le ‹Tannhäuser› de Richard Wagner.

288 – Neuschwanstein, Salle du trône, de style byzantin. Louis II de Bavière la considérait comme la salle du chevalier du Cygne, Lohengrin, avec lequel il aimait s'identifier. Abside pour le trône (jamais réalisé) avec demi-coupole montrant le Christ dans sa gloire.

Traduit par Nicole Caillé

Verzeichnis der Künstler und Kunsthandwerker

A = Architekt, Baumeister; B = Bildhauer, Bildschnitzer, Bronzebildner; D = Dekorateur; F = Freskant;
GA = Gartenarchitekt; M = Maler, Zeichner; Ste = Stecher, Radierer; Stu = Stukkator.

Verzeichnis der Namen
ohne Künstler und Kunsthandwerker

Verzeichnis der Orte

Die Kartographie besorgte Alfred Beron, Graphisches Atelier, München

Karte